英語の語順	1
時制	2
完了形	3
助動詞	4
受動態	5
不定詞	6
動名詞	7
分詞	8
関係詞	9
比較	10
仮定法	11
否定	12
疑問文・感嘆文	13
時制の一致と話法	14
さまざまな表現	15
名詞・冠詞	16
代名詞・限定詞	17
形容詞・副詞	18
前置詞	19
接続詞	20

高校総合英語

Harmony
ハーモニー

鈴木希明 = 編著

IIZUNA SHOTEN

音声のご案内

スマートフォンで音声を聞く方法 いいずなサウンド

本書では，無料アプリ「いいずなサウンド」を利用して，スマートフォンで手軽に音声を聞くことができます。はじめに音声を一括ダウンロードすることで，以降は各ページのコードにスマートフォンをかざすだけで，オフラインでどこでも音声を聞くことができます。音声を効果的に使って，学習に役立ててください。

【音声のダウンロード〈初回のみ〉】（インターネット環境が必要です）

① スマートフォンで，専用アプリ「いいずなサウンド」（無料）をインストール
② 「いいずなサウンド」を起動
③ 右の音声一括ダウンロード用のコードを読み取り，音声を一括ダウンロードする

アプリでコードを読み取ってください▶

【音声の再生】（インターネット環境不要）

① 「いいずなサウンド」を起動
② 各ページにあるコードを読み取る
③ すぐに音声が流れます

音声再生用コード▶

※「いいずなサウンド」のご利用は無料ですが，最初の音声一括ダウンロードには通信料が別途かかります。Wi-Fi環境下でご利用いただくか，パケット定額制への加入をおすすめします。
※ コードの部分が汚れると，アプリで読み取れなくなることがあります。コードの上に，何かを書いたり塗ったりしないでください。
※「いいずなサウンド」のアプリは，スマートフォンの機種によってはご利用いただけない場合がございます。

いいずな書店のウェブサイトでも音声をご用意

いいずな書店のウェブサイトからも，無料で音声を聞いたり，ダウンロードしたりできます。→ http://www.iizuna-shoten.com

はじめに

文法・意味・コミュニケーション

● 文法はことばの設計図
　ことばで何かを伝えようとするときは，相手にわかるように文を組み立てる必要があります。文はいくつかの語から成り立っていますが，ある決まった組み立て方に従わなければ，伝えたい意味を表すことはできません。この文の組み立て方が「文法」です。
　文法は，私たちが母語でないことばを学習するときに，どうやって文を組み立てたらよいかを示す，設計図の役割をしてくれるのです。

● 形だけでなく意味も考える
　文法に従えば正しい文をつくることができますが，形が正しいというだけではコミュニケーションは成り立ちません。たとえば，You'd better go now. という表現は，「今行かないとだめだぞ」という強い警告の意味になるため，目上の人には使いません。また，Do you have a pen? と聞かれたときは，「ペンを貸してほしいんだな」と，相手の意図を考えることも必要になります。窓を閉めてほしいときに，Close the window. と言うのはいかにも乱暴です。please をつけるとすこしはよくなりますが，Could you close the window? くらいのていねいな表現を使いたいところです。
　ある文が文法的に正しいかどうかを考えるのと同時に，その文はどのような意味を表し，どういう場面で使うものかを考えることも大切なことなのです。

●「覚える」から「理解する」へ
　文法の学習には，「覚える」というイメージがあります。確かに覚えることも大切なことです。でも，たくさんの知識を詰め込むだけでは使うことにはなかなか結びつきません。どうしてそういう形になっているのかを理解し，納得しながら学習を進めていくことが大切なのです。用語や用法を覚えるだけでなく，そこにある基本イメージをつかむようにしてください。

　母語以外のことばを学ぶということは，新しい文化に触れることを意味します。また，それは新しい発見につながります。「文法」はことばのひとつの側面にすぎません。文法・意味・コミュニケーションをキーワードに，実りのある英語の学習を進めていってください。

HOW TO STUDY
学習の進め方

この参考書を使って効果的に学習を進めていく順番を紹介します。

● 英語の語順感覚を身につける

日本語は「私は本を買った」，英語はI bought a book.のように，日本語と英語とでは語を並べる順番が違います。主語の後に動詞を続ける，言いたいことをコンパクトに言ってから情報を付け足していく，という英語の語順感覚を身につけることは，日本語話者にはとても大切なことです。

「ここから始めよう！」で英語の文の基本単位と，英語の文を構成する部品（品詞）について確認してから，SECTION 1「英語の語順」に進みます。SECTION 1で扱う英文は簡単なものですから，何度も声に出すことで語順感覚を身につけるようにしましょう。

● 名詞と動詞の性質を理解する

英語の基本語順は〈主語＋動詞〉です。主語になるのは名詞ですから，名詞と動詞の理解は最重要ということになります。

名詞については，数えられるか数えられないかという区別と，名詞をどのような形で使うのかを理解することが大切です。SECTION 16「名詞・冠詞」と，SECTION 17「代名詞・限定詞」の「理解へのアプローチ」は，SECTION 1の学習時に読んでおくようにしましょう。

動詞については，後に名詞が必要かどうか（他動詞と自動詞）と，時の表し方を理解する必要があります。SECTION 1で語順を理解した後で，SECTION 2と3で「時制」と「完了形」の使い方を確実に押さえるようにしましょう。

● 品詞の意識をする

英語を理解するためには，文を構成する部品である品詞についての理解が必要です。SECTION 16～20で，名詞，冠詞，代名詞，形容詞，副詞，前置詞，接続詞について解説してありますから，早い時期にひととおり読んでおくことを勧めます。

● 頭で理解して身体で覚える

英語の学習で必要なことは2つあります。まず，日本語とは違う英語のしくみを頭で理解することです。そして，例文を何度も声に出してみたり練習問題を数多くこなすことによって，身体で覚えることです。英語学習もトレーニングです。継続することで効果が出てくるのです。

CONTENTS
もくじ

この参考書の使い方 …………………………………… 6
ここから始めよう！（英語のしくみ）………………… 8

| SECTION ▶ ❶ 英語の語順 ………………………… 12
| SECTION ▶ ❷ 時制 …………………………………… 40
| SECTION ▶ ❸ 完了形 ………………………………… 60
　　時制と完了形のまとめ ………………………………… 76
| SECTION ▶ ❹ 助動詞 ………………………………… 78
　　助動詞のまとめ ………………………………………… 108
| SECTION ▶ ❺ 受動態 ………………………………… 110
| SECTION ▶ ❻ 不定詞 ………………………………… 128
| SECTION ▶ ❼ 動名詞 ………………………………… 158
| SECTION ▶ ❽ 分詞 …………………………………… 178
　　準動詞のまとめ ………………………………………… 202
| SECTION ▶ ❾ 関係詞 ………………………………… 204
　　句と節 …………………………………………………… 232
| SECTION ▶ ❿ 比較 …………………………………… 234
　　形容詞と副詞の比較変化 ……………………………… 262
| SECTION ▶ ⓫ 仮定法 ………………………………… 264
| SECTION ▶ ⓬ 否定 …………………………………… 284
| SECTION ▶ ⓭ 疑問文・感嘆文 ……………………… 300
| SECTION ▶ ⓮ 時制の一致と話法 …………………… 320
| SECTION ▶ ⓯ さまざまな表現 ……………………… 334
| SECTION ▶ ⓰ 名詞・冠詞 …………………………… 356
　　名詞の複数形と所有格 ………………………………… 376
| SECTION ▶ ⓱ 代名詞・限定詞 ……………………… 378
| SECTION ▶ ⓲ 形容詞・副詞 ………………………… 402
| SECTION ▶ ⓳ 前置詞 ………………………………… 428
　　前置詞のまとめ ………………………………………… 448
| SECTION ▶ ⓴ 接続詞 ………………………………… 450

付録 ……………………………………………………… 468
EXERCISES　解答・問題文訳 ……………………… 478
さくいん ………………………………………………… 490
言語のはたらき ………………………………………… 506
文法用語解説 …………………………………………… 508

この参考書の使い方

SECTIONの構成 この参考書には全部で20のセクションがあり, それぞれのセクションは, 次の3つのパートから成り立っています。

理解へのアプローチ＆学習ガイド

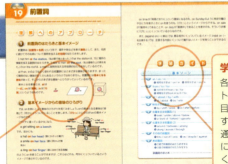

理解へのアプローチ
セクションで扱う文法項目の基本的な考え方を示してあります。アプローチを読むことで, ユニットでの学習を効果的に進めることができます。

学習ガイド
各ユニットのタイトルと学習する項目を示してあります。セクションを通して, どのように学習が進んでいくかを把握することができます。

学習ユニット

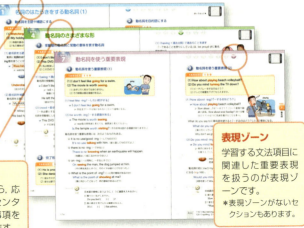

基本ゾーン
それぞれの文法項目の基本となる部分です。まずはこの基本ゾーンを確実にマスターしましょう。

応用ゾーン
基本ゾーンをマスターしたら, 応用ゾーンへと進みます。センター試験レベルまでの文法事項をここで押さえることができます。
＊応用ゾーンがないセクションもあります。

表現ゾーン
学習する文法項目に関連した重要表現を扱うのが表現ゾーンです。
＊表現ゾーンがないセクションもあります。

EXERCISES

学習ユニットの文法項目の理解度を確認する問題です。解答は巻末(pp. 478〜489)に掲載してあります。

UNITの構成

「基本ゾーン」「応用ゾーン」「表現ゾーン」に分かれています。各ユニットは2ページ単位で，次のような構成になっています。

TARGET
各文法項目のポイントを盛り込んだターゲットセンテンスです。繰り返し声に出したり，書いたりして，覚えるようにしましょう。

参照ページ
関連するページを示してあります。ほかの文法項目と関連させることで，理解が深まります。

解説
「●」はターゲットセンテンスです。解説は，ターゲットセンテンス中心に展開してあります。

参考
学習するうえで参考になる事項です。

UNIT 1 仮定法過去

① 条件を表す文と仮定を表す文

TARGET 183
(1) If it **rains** tomorrow, I'll **stay** home.
(2) If I **had** time and money, I **would travel** around the world.
　(1) 明日雨が降れば，私は家にいます。
　(2) 時間とお金があれば，私は世界中を旅行するでしょう。

(1) 可能性のあることを表す
「～であれば」という可能性のある条件を示す場合，ifの後では動詞の現在形を使う（⇒p.53）。
● If it **rains** tomorrow, I'll **stay** home.
　▶ 明日雨の可能性があると考えている。「家にいる」ことも実現の可能性があるので，〈will+動詞の原形〉を使う。

(2) 可能性のないことを表す
現在の事実とは違うことや，可能性がなさそうなこと，話し手の想像を述べるときは，ifの後で動詞の過去形を使う。このような動詞の使い方が仮定法で，動詞の過去形を使うのを仮定法過去と呼ぶ。
● If I **had** time and money, I **would travel** around the world.
　▶ 時間とお金がない (I don't have time and money now.) ので，想像であることを示す過去形を使っている。

実現できないことについて「～するだろう」と言うときは〈would+動詞の原形〉を使う。「～できるだろう」はcould，「～するかもしれない」はmightを使っている。

If my father **had** a car, we **could go** for a drive.
(父が車を持っていれば，ドライブに行くことができるのに。／「父は車を持っていないのでドライブに行くことができない」という現実が前提になっている)

Q 183 日本語の意味に合うように，( )に適語を入れなさい。
1) タケシを見かけたら，あなたに電話させます。
　If I ( ) Takeshi, ( ) have him call you.
2) もし路上で財布を見つけたとしたら，私は警察に届けるでしょう。
　If I ( ) a wallet on the street, I ( ) take it to the police.

② 仮定法を使ってありそうもないことを表す

TARGET 184
(1) If I **were** you, I **would accept** his offer.
(2) What **would** you **do** if you **won** the lottery?
　(1) 僕が君なら，彼の申し出を受けるのになあ。
　(2) 宝くじが当たったら，あなたは何をしますか。

(1) 現実とは違うことを表す
現実とは違うことを表す仮定法過去の文では，ifに続く文の動詞は過去形にする。
If I **lived** in Hawaii, I **would go** surfing every day.
(ハワイに住んでいれば，毎日サーフィンに行くのに。)

● 「～することができたら」という仮定の場合，ifの後でcouldを使う。
If your cat **could talk**, what would you do?
(あなたのネコが話すことができたら，どうしますか)

ifの後でbe動詞を使う場合は，主語の人称や数に関係なくwereを使う。
● If I **were** you, I **would accept** his offer.
　▶ 現在形はam。wereを使う。「もし私があなたなら」という表現。

可能 主語が I や 3人称単数の場合は，was を使うこともできる。
If he **was** ready, we would go.
(彼の準備ができていれば，出かけるのになあ。)

(2) 未来に起こりそうにないことを表す
未来のことについての仮定も，仮定法過去で表すことができる。話し手が可能性がないと思えば仮定法を使うことになる。
● What **would** you **do** if you **won** the lottery?
　▶ 「宝くじに当たる」ことをありそうもないことだと考えている。汗節を主節の後にすることもできる。

Q 184 日本語の意味に合うように，( )内の語を正しい形に変えなさい。
1) もしジョーがここにいたら，私たちを助けてくれるのに。
　If Joe (be) here, he would save us.
2) 雨がすぐにやんでくれたらいいのになあ。
　It would be nice if it (stop) raining soon.

Ans. 183-1) see, I'll 2) found, would
184-1) were/was 2) stopped

Q
簡単な確認問題です。学習した文法事項が理解できているか確認しましょう。

図・イラスト
イラストや図解を使って，文法事項の理解をサポートします。

Ans.
Qの解答です。

/の両側の語句は，どちらも使えることを表しています。また，( )はその中の語句を省略できることを表しています。

注意
学習するうえで注意が必要な事項です。

START HERE
ここから始めよう！

英語のしくみ

いくつかの語をある順序で並べると，ある意味を表す文をつくることができます。文をつくるそれぞれの語にも意味があり，文の中での役割があります。まずは，英語の文のしくみと語のはたらきを確認しましょう。

1 文をつくる

英語の文は，〈**主語＋述語動詞**〉の語順が基本です。主語になるのは名詞か代名詞ですから，名詞と動詞の組み合わせが英語の文の基本になります。

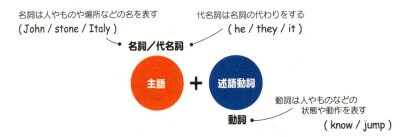

● 名詞

名詞には数えられる名詞と数えられない名詞という区別があります。数えられる名詞がひとつのときはaをつけ，複数の場合は複数形にします。どれのことを言っているのか特定できる場合にはtheをつけます。the dogと言えばどのイヌのことを言っているのか決まっていることになります。

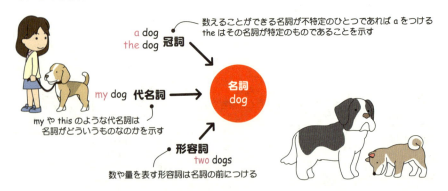

START HERE

　myやthisのような代名詞も名詞の前につけることができます。その名詞がどういうものなのかを示すわけです。

● 代名詞

　代名詞にはIやsheのような人称代名詞や，thisのような指示代名詞などがあります。代名詞は文の中では名詞と同じはたらきをします。

● 動詞

　日本語では「ケンはボールを蹴った」のように「何をどうする」という語順にしますが，英語ではKen kicked the ball. のように「何を」を表す名詞は動詞の後に続けます。動詞には，kickのように名詞を直接続けるものと，jumpのように動詞だけで意味を表すことができるものがあります。

The frog jumped.

主語 → 述語動詞

Ken kicked the ball.

主語 → 述語動詞 → 名詞

　述語動詞は主語の状態や動作を表し，主語や，表す時（現在のことか過去のことか）によって形を変えます。主語が3人称単数で現在のことを表すときは，「3単現のs」をつけます。

　I like cats. （私はネコが好きです。）

　She likes dogs. （彼女はイヌが好きです。）

　人称とは，話し手，聞き手，第三者の区別のことです。**1人称**は自分，または自分を含む複数の人（I / we）で，**2人称**は自分が話しかけている相手（you），**3人称**は1人称・2人称以外の人やもの（he / she / it / theyなど）のことです。

　現在のことを表すときは現在形，過去のことを表すときは過去形を使います。

　I play the guitar. （私はギターを弾きます。）

START HERE

I broke the window.（私は窓ガラスを割りました。）

● 形容詞

「私の父は医者だ」のように，主語が何であるかを伝えるときや，「彼女は怒っている」のように，主語がどうであるかを伝えるときは，be動詞に名詞や形容詞を続けます。

My father is a doctor.　She is angry.

形容詞は人やものがどうであるかを表します。She is angry. のように主語がどうであるかを表したり，a big dog（大きなイヌ）とか beautiful music（美しい音楽）のように，名詞の前につけることができます。

❷ 文に意味を加える

助動詞や副詞を使うと，文にさまざまな意味を加えることができます。

● 助動詞

動詞の前に入れて，話し手がどう思っているのかを表します。助動詞には未来のことを表す will や，能力を表す can などがあります。助動詞を使うときは，動詞は原形にして，〈助動詞＋動詞の原形〉という形にします。

　It will be fine tomorrow.（明日は晴れになるだろう。）

START HERE

🔵 副詞

「いつ」「どこで」「どのように」といった情報を加えるときに副詞を使います。副詞には，yesterday（きのう），abroad（外国に），happily（楽しそうに）のようなものがあります。副詞には，形容詞やほかの副詞を修飾して，程度を表すものもあります。

③ 語や文をつなぐ

名詞とほかの語を直接つなぐことができないときには前置詞を使い，文と文をつなぎたいときには接続詞を使います。

🔵 前置詞

名詞を直接つなぐことができない動詞に名詞をつなぎたいときは，walk to the door（ドアまで歩く）や，talk to him（彼と話す）のように，前置詞を使います。

〈前置詞＋名詞〉は，a dog in a doghouse（犬小屋の中のイヌ）のように名詞を後ろから修飾する形容詞のはたらきや，sing in the rain（雨の中で歌う）のような副詞のはたらきをします。

🔵 接続詞

文と文をつなぎたいときは，andやbutのような接続詞を使います。

I have a cat and she has a dog.
（僕はネコを飼っていて，彼女はイヌを飼っている。）

when, because, ifなどの接続詞を使うと，文に副詞のはたらきをさせることができます。

My father was watching TV when I came home.
（僕が家に帰ってきたとき，父はテレビを見ていた。）

接続詞は，my cat and her dogのように語と語をつなぐこともできます。

SECTION 1 英語の語順

1 英語の語順は〈主語＋動詞〉が基本

ケンは怪しい男を見つけたので，その男をつけてみました。

日本語では「ケンはその男を尾行した」のように，動詞は最後にしますよね。でも，英語ではKen followed the man. のように，動詞は主語のすぐ後に続けます。

[ケンは]　　[その男を]　　[尾行した]。
[Ken]　　　[followed]　　[the man].

日本語では「は」や「を」などを使いますから，「その男をケンは尾行した」と言っても，表している意味は変わりません。

[その男を]　[ケンは]　　　[尾行した]。

でも，英語ではKenとthe manを入れかえると，The man followed Ken. となって，「その男はケンを尾行した」という意味になってしまいます。

[The man]　[followed]　[Ken].

日本語の場合，「ケンは尾行したその男を」のように，無理に英語のような語順にしても何を言いたいのかはわかりますが，英語でKen the man followed. としてしまうと，意味は通じなくなってしまいます。

英語の語順の基本は〈主語＋動詞〉です。この語順感覚を身につけることが英語学習の第一歩なのです。

2 動詞の後に名詞を続ける

次に動詞の後に何を続けるのかを見てみましょう。英語の動詞は，

Ken followed the man. （ケンはその男を尾行した。）

のように，名詞を直接続ける場合と，

Ken looked at the man. （ケンはその男を見た。）

のように，動詞と名詞の間に前置詞を入れる場合があります。

followは「何かの後をつける」ことを表しますから，followという動詞と「何か」には密接なつながりがあります。**動詞の意味と強いかかわりをもつ名詞**は，動詞に直接つなぐのです。

それに対し，lookは「目を向ける」という意味ですから，lookが表す「見る」には「何か」は含まれません。「何か」を示すときは「目を向ける」目標を指し示すatを入れて，look at the manとするのです。

ここで，動詞の使い方を確認しておきましょう。

kickやopenという動詞には，「蹴るもの」や「開けるもの」が必要ですよね。動詞の意味と，相手になる名詞の結びつきが強いときは，kick the ball（ボールを蹴る），open the door（ドアを開ける）のように，名詞を直接続けます。

laughやrunという動詞は，動詞だけで「笑う」とか「走る」という意味を表すことができますから，名詞を直接続ける必要はないわけです。

このような動詞は，She laughed.（彼女は笑った。）のように，〈主語＋動詞〉だけで意味のある文をつくることができます。

動詞の後に名詞を続けるかどうかは，その動詞が表す意味で決まります。たとえば，knowに名詞を続けてI know the man.とすると，その相手のことを直接知っていることになります。knowとthe manのつながりが強いわけです。でも，「だれかに聞いたから知ってるよ」くらいであれば，I know of the man.のようにofをknowとthe manの間に入れます。これで，直接は知らないことを表すことができるのです。

③ 文に情報を加える

だれかに何かを伝えるときは，「どこで」とか「いつ」という情報を加えることがよくあります。日本語では，

「何が」→「いつ」→「どこで」→「何を」→「どうした」

13

という順番で「ケンはきのう公園で怪しい男を見た」のように言いますが，英語では，

「**何が**」→「**どうした**」→「**何を**」→「**どこで**」→「**いつ**」

のように，主語の後の順番が日本語とはまったく逆になります。

　ケンはきのう公園で怪しい男を見た。
を英語にすると，

　　Ken saw a strange man in the park yesterday.

となるのです。〈主語＋動詞〉で**言いたいことをばしっと言ってから情報を加えていく**，これが英語の語順なのです。

　さて，ここで「おや？」と思いませんでしたか。そう，「怪しい男を見た」の部分です。lookのときはlook at the manだったのに，ここではsaw a strange manとなっています。動詞の後には前置詞がありませんね。これは，lookが「目を向ける」ことを意味するのに対し，seeは「何かが見える」ことを意味するからです。このため，seeの後には見えているものを直接続けることができる，というわけです。

語順を変えて質問であることを示す

　英語の基本語順は〈主語＋動詞〉ですが，これは「何がどうした」というようなことを相手に伝えるときの語順です。何かを相手に伝えるのではなく，相手に何かを尋ねたいときは，そのことを最初に示す必要があります。

　　Is he a detective?（彼は探偵ですか。）

　日本語では「彼は探偵ですか」のように，文の最後で質問していることを示すだけでいいのですが，英語では**文の最初で疑問文であることを示す**のです。

　be動詞の場合は〈be動詞＋主語〉の語順になりますが，be動詞以外の動詞の場合は，主語の前に助動詞のdoを入れて語順の変化を示します。〈Do＋主語＋動詞の原形〉という語順になるわけです。

　　Do you know him?（彼を知っていますか。）

　英語の文は最初が肝心です。〈主語＋動詞〉で伝えたいことの核心を表す方法，語順を変えることで質問であることを表す方法をしっかり身につけておきましょう。そのためには，簡単な文を何度も口に出して言ってみることが効果的です。英語のリズムが体に染み込むまでやってみましょう。

学習ガイド

基本ゾーン

UNIT 1　主語＋動詞 ································· p. 16
　❶ 主語と動詞で文をつくる
　❷ 〈主語＋動詞〉に「どこ」「いつ」を加える

UNIT 2　主語＋動詞＋名詞 ···························· p. 18
　❶ 動詞に名詞を続ける
　❷ 〈主語＋動詞＋名詞〉に「どこ」「いつ」を加える

UNIT 3　主語＋動詞＋前置詞＋名詞 ···················· p. 20
　❶ 動詞に〈前置詞＋名詞〉を続ける
　❷ 動詞に名詞を続けるか〈前置詞＋名詞〉を続けるか

UNIT 4　主語＋動詞＋名詞＋名詞 ······················ p. 22
　❶ 動詞に「だれに」と「何を」を続ける
　❷ 〈主語＋動詞＋何を〉に〈to/for＋だれ〉を加える

UNIT 5　主語＋動詞＋名詞／形容詞 ···················· p. 24
　❶ 主語について述べる
　❷ 動詞の後の名詞／形容詞のはたらき

UNIT 6　主語＋動詞＋名詞＋名詞／形容詞 ·············· p. 26
　❶ 動詞の後の名詞について述べる
　❷ 動詞の後の〈名詞＋名詞／形容詞〉のはたらき

UNIT 7　群動詞 ····································· p. 28
　❶ 動詞と副詞の組み合わせで意味を表す
　❷ 動詞と前置詞の組み合わせで意味を表す

UNIT 8　否定文と疑問文 ····························· p. 30
　❶ not を使う否定文
　❷ Yes か No を尋ねる疑問文

UNIT 9　疑問詞を使う疑問文 ························· p. 32
　❶ who / what を使う疑問文
　❷ when / where / why / how を使う疑問文

UNIT 10　命令文と there で始める文 ················· p. 34
　❶ 動詞の原形で始めて命令を表す
　❷ there で始めて存在を表す

UNIT 11　文と文をつなぐ接続詞 ······················ p. 36
　❶ 接続詞を使って文をつなぐ／文を組み込む
　❷ 接続詞を使って文に文を加える

SECTION 1　英語の語順

UNIT 1 主語＋動詞

1 主語と動詞で文をつくる

TARGET 001

(1) The frog jumped.
(2) The girl smiled happily.

(1) カエルが跳んだ。
(2) その女の子はうれしそうに笑った。

(1) 主語＋動詞（SV）

(1)では，The frogが主語（），jumpedが動詞（）で，「カエルが跳んだ」という意味を表している。

- The frog jumped.

  ▶ 特定のカエルであることを表すためにtheを使っている。
  jumpedはjumpの過去形。

(2) 〈主語＋動詞〉に「どのように」を続ける

happilyは「うれしそうに」という意味の副詞（⇨p.414）なので，「その女の子はうれしそうに笑った」という意味になる。

- The girl smiled happily.
  Ⓢ　　　Ⓥ　どのように？
  ▶ どのように笑ったのかをhappilyで表している。

主語と動詞だけで文をつくることができるのは，jump（跳ぶ）やsmile（笑う）のように，「**主語だけで何かをする**」ことを表す動詞（**自動詞**）で，このような動詞には，bark（ほえる），cry（泣く），dance（踊る），fly（飛ぶ），run（走る），sing（歌う），sleep（眠る），stop（止まる），swim（泳ぐ），walk（歩く）などがある。

注意!! 主語になるのは名詞で，名詞には必要に応じて冠詞や形容詞，代名詞をつける（⇨p.8）。また，動詞は時制や主語の人称・数に応じて適当な形にする必要がある（⇨p.9）。

001　日本語の意味に合うように，（ ）内の語句を並べかえなさい。
1) 私の妹は歌がとても上手だ。
　　(sings / my sister / very well).
2) 彼は足早に歩いた。
　　(walked / fast / he).

使い方は p.2 ▶

❷ 〈主語＋動詞〉に「どこ」「いつ」を加える

TARGET 002

(1) My aunt lives in Boston.
(2) The concert started ten minutes ago.

(1) 私のおばはボストンに住んでいます。
(2) コンサートは10分前に始まりました。

(1) 〈主語＋動詞〉に「どこ」を続ける

- My aunt lives in Boston.
        どこに？
  ▶ in Boston は場所を表す副詞（⇨p.415）のはたらき。

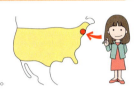

liveを「住む」という意味で使う場合は，「どこに」を表す副詞を続ける。arrive（到着する），come（来る），go（行く），lie（横たわる），stand（立っている），stay（滞在する）などの動詞は，場所を表す副詞を続けることが多い。

  He was lying on the bed. （彼はベッドに横たわっていた。）

(2) 〈主語＋動詞〉に「いつ」を続ける

- The concert started ten minutes ago.
          いつ？
  ▶ ten minutes ago は時を表す副詞（⇨p.415）のはたらき。

「どこ」と「いつ」をどちらも加える場合は，「どこ」→「いつ」の順にするのが基本。

  I slept on the sofa last night. （昨夜，ソファで寝てしまった。）

「どのように」は動詞の後に続けるのがふつうなので，次のような語順になる。

  She worked hard yesterday. （彼女はきのう，一生懸命働きました。）

動詞の後に「どこに」や「だれに」が続く場合は，次のような語順も可能。

  He walked to the door slowly. （彼はゆっくりとドアに向かって歩いた。）

002

日本語の意味に合うように，（ ）内の語句を並べかえなさい。
1) そのスーパーは10時に開店します。
 (opens / the supermarket / at ten).
2) 私たちは1時間前に空港に到着しました。
 (arrived / an hour ago / we / at the airport).

Ans. 001-1) My sister sings very well. 2) He walked fast.
002-1) The supermarket opens at ten. 2) We arrived at the airport an hour ago.

SECTION 1 英語の語順

17

UNIT 2 主語＋動詞＋名詞

1 動詞に名詞を続ける

TARGET 003

(1) Ken kicked the ball.
(2) He opened the door slowly.

(1) ケンはそのボールを蹴った。
(2) 彼はドアをゆっくり開けた。

(1) 主語＋動詞＋名詞 (SVO)

英語の動詞には，**直後に名詞を続ける**ことで，意味のある文をつくるものがある。(1)では，Kenが主語，kickedが動詞で，その後にthe ballを続けて「ケンはそのボールを蹴った」という意味を表している。このような名詞は動詞の**目的語**（ O ）と呼ばれる。

● Ken kicked the ball.
　 S 　 V 　　 O

▶ kickの後には「蹴るもの」を直接続ける。

直後に名詞を必要とする動詞は，kick（蹴る）やopen（開ける）のように**動詞の意味を表すために名詞が必要な動詞**（他動詞）。このような動詞には，break（壊す），buy（買う），carry（運ぶ），find（見つける），invite（招待する），make（作る），need（必要とする），shut（閉める），visit（訪れる）などがある。

　　My father **bought** a new watch. (私の父は新しい腕時計を買った。)

(2) 〈主語＋動詞＋名詞〉に「どのように」を続ける

● He opened the door slowly.
　 S 　 V 　　 O 　　どのように？

▶ openの後には「開けるもの」を直接続ける。「どのように」を表す副詞は目的語の後が基本。

　　We **found** his house **easily**. (私たちは簡単に彼の家を見つけた。)

　参考　「どのように」を表す副詞は動詞の前に置くこともある。
　　　　We **easily** found his house.

日本語の意味に合うように，(　)内の語句を並べかえなさい。

1) ケンは窓ガラスを割った。
　(broke / Ken / the window).

2) 彼は注意深くそのマニュアルを読んだ。
　(the manual / read / he / carefully).

2 〈主語＋動詞＋名詞〉に「どこ」「いつ」を加える

> **TARGET 004**
>
> (1) He put the book on the table.
> (2) We had a party last night.
>
> (1) 彼はテーブルの上にその本を置いた。
> (2) 私たちは昨夜，パーティーをしました。

(1)〈主語＋動詞＋名詞〉に「どこ」を続ける

● He put the book on the table.
      どこに？

▶ 〈put＋名詞〉の後には「どこに」を表す副詞が必要。
   He put the book. では意味を表すことができない。

putを「置く」という意味で使うときは，どこに置くのかという情報を続ける。bring (持って来る)，keep (置いておく)，leave (置き忘れる)，pull (取り出す)，take (連れて行く) などの動詞もこの語順で使うことがある。

　　She pulled a memo from her pocket.
　　（彼女はポケットからメモを取り出した。）

(2)〈主語＋動詞＋名詞〉に「いつ」を続ける

● We had a party last night.
       いつ？

▶ last night が「いつ」を表す副詞のはたらきをしている。

「どこ」と「いつ」をどちらも加える場合は，「どこ」→「いつ」の順にするのが基本。

　　I saw him in the zoo yesterday. (きのう，動物園で彼を見かけた。) [「いつ」
　　を文頭に置いて Yesterday I saw him in the zoo. のようにすることもできる]

> **注意!!** 〈主語＋動詞＋名詞〉の語順では，動詞と名詞 (O) の間に「どのように」「どこ」「いつ」などを表す副詞を入れることはできない。

004　日本語の意味に合うように，(　) 内の語句を並べかえなさい。
　1) バスの中にかさを忘れました。
　　　(I / on the bus / my umbrella / left).
　2) 私たちは放課後テニスをします。
　　　(tennis / we / after school / play).

Ans. 003-1) Ken broke the window.　2) He read the manual carefully.
004-1) I left my umbrella on the bus.　2) We play tennis after school.

UNIT 3 主語＋動詞＋前置詞＋名詞

1 動詞に〈前置詞＋名詞〉を続ける

> **TARGET 005**
>
> (1) I waited for her call.
> (2) She looked at him with surprise.
>
> (1) 私は彼女からの電話を待っていました。
> (2) 彼女は驚いて彼を見た。

(1) 主語＋動詞＋前置詞＋名詞（SV＋α）

「主語だけで何かをする」ことを表す動詞に「何を」や「何に」を続けたいときは，〈前置詞＋名詞〉の形を使う。

- I waited for her call.
  - Ⓢ Ⓥ　何を？
  - ▶「待つ」という行為は主語だけでできる。「何を」を示すときは前置詞が必要。

wait（待つ）のほかにも，laugh（笑う），listen（聞く），look（見る），reply（返事をする），speak（話す），vote（投票する）などの動詞がこの語順で使われる。

　　We **laughed** at his joke.（私たちは彼の冗談に笑った。）
　　She **replied** to my letter.（彼女は私の手紙に返事を書いてくれた。）
　　I **voted** for him in the last election.（前回の選挙で私は彼に投票した。）

(2) 〈主語＋動詞＋前置詞＋名詞〉に「どのように」を続ける

- She looked at him with surprise.
  - Ⓢ　Ⓥ　何を？　どのように？
  - ▶ with surpriseは「驚いて」という意味で，副詞のはたらきをしている。

> **注意!!** listenやlookはlisten to / look atのように前置詞が必要だが，hearやseeには前置詞は使わない。hearは「何かが聞こえる」，seeは「何かが見える」ことを表すので，動詞に名詞を直接続ける。

He **spoke** to me gently.（彼は穏やかに私に話しかけた。）

005　日本語の意味に合うように，( ) 内の語句を並べかえなさい。
1) 私は彼の助言を聞かなかった。
　　(I / his advice / to / didn't listen).
2) 彼はすぐに私に返事をくれた。
　　(replied / he / me / to / quickly).

❷ 動詞に名詞を続けるか〈前置詞＋名詞〉を続けるか

TARGET 006

(1) We discussed the plan.
(2) We talked about the plan.

(1) 私たちはその計画を話し合った。
(2) 私たちはその計画について話した。

(1) 名詞を直接続ける動詞

● We **discussed** the plan.
　▶ discuss the plan で「その計画を話し合う」。「〜について」と考えて about を入れないこと。

次の動詞はいずれも名詞を直接続ける。日本語の感覚から前置詞を入れないように注意が必要。

approach（〜に近づく）　**attend**（〜に出席する）　**enter**（〜に入る）
marry（〜と結婚する）　**reach**（〜に着く）　**resemble**（〜に似ている）

The typhoon **approached** the island.
（台風がその島に近づいた。）

We **entered** the room quickly.
（私たちは急いでその部屋に入った。）

Tom **married** his high school classmate.
（トムは高校の同級生と結婚した。）

She closely **resembles** her mother.（彼女はお母さんにそっくりだ。）

(2) 名詞を続けるときに前置詞が必要な動詞

● We **talked** about the plan.
　▶ talk だけで「話す」という行為を表すので，何について話すのかは about を使って示す。

Q 006

日本語の意味に合うように，（　）内から正しいほうを選びなさい。
1) 私はそのパーティーに出席した。
　　I (attended / attended to) the party.
2) その手紙はきのう彼のところに届きました。
　　The letter (reached / reached to) him yesterday.

005-1) I didn't listen to his advice.　2) He replied to me quickly.
006-1) attended　2) reached

UNIT 4 主語＋動詞＋名詞＋名詞

1 動詞に「だれに」と「何を」を続ける

TARGET 007

(1) My grandmother gave me this watch.
(2) My father bought me a scarf.

(1) おばあちゃんが僕にこの腕時計をくれた。
(2) 父が私にスカーフを買ってくれた。

(1) 主語＋動詞＋名詞＋名詞（SVOO）：give型

動詞には**名詞を2つ続ける**ことができるものがある。どちらの名詞も動詞の目的語で，「**だれに**」→「**何を**」という順番になる。

- My grandmother gave me this watch.

▶「僕に」→「腕時計を」という順で動詞に続いている。

giveのような動詞は「**だれかに何かを渡す（ものや情報などの移動）**」ことを表す。

give（与える）	hand（手渡す）	lend（貸す）	offer（提供する）
pass（手渡す）	pay（支払う）	sell（売る）	send（送る）
show（見せる）	teach（教える）	tell（告げる）など	

(2) 主語＋動詞＋名詞＋名詞（SVOO）：buy型

- My father bought me a scarf.

▶「私に」→「スカーフを」という順で動詞に続いている。

buyのような動詞は「**だれかのために何かをする**」ことを表す。

| buy（買う） | choose（選ぶ） | cook（料理する） | find（見つける） |
| get（手に入れる） | leave（残す） | make（作る）など | |

 「だれに」にあたる目的語は間接目的語，「何を」にあたる目的語は直接目的語と呼ばれる。

007 日本語の意味に合うように，（ ）内の語句を並べかえなさい。
1) マイクは私に絵はがきを送ってくれた。
   (me / Mike / a postcard / sent).
2) 私は彼女にブラウスを選んであげた。
   (a blouse / chose / I / her).

2 〈主語＋動詞＋何を〉に〈to/for＋だれ〉を加える

TARGET 008

(1) She gave a tie to her father.
(2) I bought a T-shirt for my sister.

(1) 彼女はネクタイをお父さんにあげた。
(2) 私はTシャツを妹に買ってあげた。

(1) 主語＋動詞＋何を＋to＋人：give型

動詞に「何を」を直接続ける場合は，「何を」の後に〈前置詞＋だれ〉を加える。give型の動詞は**相手に直接関係する動作を表す**ので，「だれに」を示すときは**「到達点」を示す** to を使う。

- She **gave** a tie **to** her father.
  ▶ SVOOの語順にすると，She gave her father a tie. となる。

(2) 主語＋動詞＋何を＋for＋人：buy型

buy型の動詞は**相手に直接的な関係のない動作を表す**ので，**「方向」を示す** for を使う。

- I **bought** a T-shirt **for** my sister.
  ▶ my sister は buy という行為には直接関係しない。

「何を」が代名詞であったり，「だれ」を表す名詞が長い場合は，この語順を使う。

She found a nice tie and **bought** it **for** her husband.
（彼女は素敵なネクタイを見つけたので，夫に買ってあげた。）

He **sold** his car **to** his brother-in-law.
（彼は義理の兄に彼の車を売った。）

参考　「だれに」を文の最後に出して強調したい場合には，この語順を使う。
He lent the money **to me**.
（彼はそのお金を**私に**貸してくれたのです。）
to me を最後に強く言うことで，「私に」ということを強調できる。

008　日本語の意味に合うように，（　）に適語を入れなさい。
1) 私はその手紙をピーターに渡した。
　　I passed the letter (　　) Peter.
2) 君にコーヒーをいれてあげるよ。
　　I'll make some coffee (　　) you.

007-1) Mike sent me a postcard.　2) I chose her a blouse.
008-1) to　2) for

主語＋動詞＋名詞／形容詞

1 主語について述べる

TARGET 009

(1) My father is a doctor.
(2) Her dream came true.

(1) 私の父は医者です。
(2) 彼女の夢が実現した。

my father

(1) 主語＋動詞＋名詞／形容詞（SVC）：be動詞を使う

主語が何であるかを述べるときは，be動詞の後に主語に関する名詞を続ける。この a doctor のように**主語について述べる**語は**補語**（ ）と呼ばれる。

● My father is a doctor.

▶ 主語であるお父さんの職業を述べている。

They're my friends.（彼らは私の友だちです。）［主語が代名詞の場合はThey'reのような短縮形にすることがある。I'm, You're, He'sなど］

主語の性質や状態を述べるときは，be動詞の後に形容詞を続ける。

The game was interesting.（そのゲームはおもしろかった。）

(2) 主語＋動詞＋名詞／形容詞（SVC）：be動詞以外の動詞を使う

● Her dream came true.

▶ 彼女の夢がどうなったかを述べている。

ほかにも次のような動詞を，この語順で使うことができる。

◆ **keep / remain / stay** など「～のままである」を表す
　 The children **remained** silent.（子どもたちは黙ったままだった。）

◆ **become / come / get / grow / turn** など「～になる」を表す
　 The sky **turned** gray.（空が暗くなった。）

◆ **feel / smell / taste** など「～の感じがする」を表す
　 This **tastes** delicious!（これ，とてもおいしいね！）

◆ **appear / look / seem / sound** など「～のようである」を表す
　 She **seems** sick.（彼女は病気のようだ。）

 〈sound like ＋ 名詞〉で「～のように思われる」を表す。
That **sounds like** a good idea.（それはよい考えのようだ。）

Q 009

日本語の意味に合うように，（　）に適語を入れなさい。

1) 顔色が悪いように見えますよ。気分が悪いのですか。
　　You (　) pale. Do you (　) sick?
2) これらのバラはいいにおいがします。
　　These roses (　) sweet.

2 動詞の後の名詞／形容詞のはたらき

TARGET 010

(1) He became a lawyer.
(2) He hired a lawyer.

　(1) 彼は弁護士になった。
　(2) 彼は弁護士を雇った。

(1) 動詞に補語が続く

補語は主語のことを述べるので，〈主語＝補語〉という関係になる。

- He **became** a lawyer.

　▶「彼」と「弁護士」は同一人物 (He is a lawyer.)。

He ＝ a lawyer

形容詞は目的語になれないので，動詞の後に続く形容詞は主語のことを述べる補語になる。

　　He **got** angry. (彼は怒った。) [angryは補語]

(2) 動詞に目的語が続く

- He **hired** a lawyer.

　▶「彼」が「弁護士」を雇ったのだから，「彼」と「弁護士」は違う人。

He ≠ a lawyer

　目的語が再帰代名詞の場合は，〈主語＝目的語〉となる (⇨p.383)。
　　I enjoyed myself at the party. (私はパーティーで楽しんだ。)

Q 010

日本語の意味に合うように，（　）に適語を入れなさい。

1) 私たちは友だちになった。
　　We (　) friends.
2) 私にはたくさんの友だちがいます。
　　I (　) a lot of friends.

009-1) look, feel 2) smell
010-1) became 2) have

UNIT 6 主語＋動詞＋名詞＋名詞／形容詞

1 動詞の後の名詞について述べる

> **TARGET 011**
>
> (1) We always call him MJ.
> (2) I found that movie interesting.
>
> (1) 私たちはいつも彼をMJと呼んでいます。
> (2) 私はあの映画がおもしろいことがわかった。

(1) 主語＋動詞＋名詞＋名詞（SVOC）

callは名詞を2つ続けて、「何かを〜と呼ぶ」という意味を表し、2番目の名詞は最初の名詞について述べる補語のはたらきをしている。

- We always call him MJ.

  ▶「MJ」は「彼」の呼び名（him = MJ）。

call（〜と呼ぶ），**elect**（〜に選ぶ），**name**（〜と名づける）などの動詞に呼び名や役職などを表す名詞を続けて、SVOCの語順にする。

He **named** his daughter Aya. (彼は娘をアヤと名づけた。)

(2) 主語＋動詞＋名詞＋形容詞／名詞（SVOC）

findの後に〈名詞＋形容詞／名詞〉を続けると、「何かが〜だとわかる」という意味になる。

- I found that movie interesting.

  ▶ interestingはthat movieについての主語の感想（that movie = interesting）。

I **found** him a good instructor. (私は彼がよい指導者だとわかった。)
〔a good instructorが補語になっている〕

 thinkやbelieveもSVOCの語順で使うことができる。
I believe him a nice person. (私は彼をいい人だと思う。)
thinkやbelieveは接続詞thatを使って表すことが多い。
I believe that he is a nice person.

keep（〜にしておく），**leave**（〜のままにしておく），**make**（〜にする）のような動詞は、名詞の後に形容詞や名詞を続けて、どういう状態にするのか、何にするのかを表すSVOCの語順にすることができる。

Keep your hands clean.（手をきれいにしておきなさい。）
He kept it a secret.（彼はそれを秘密にしておいた。）
We made him captain.（私たちは彼をキャプテンにした。）

011　日本語の意味に合うように，（　）内の語句を並べかえなさい。
1）私たちはケンを学級委員に選んだ。
（ Ken / elected / we / class representative ）
2）彼はそのドアを開けっ放しにしておいた。
（ left / he / open / the door ）.

2　動詞の後の〈名詞＋名詞／形容詞〉のはたらき

TARGET　012

(1) He made me a necklace.
(2) He made me happy.

(1) 彼は私にネックレスを作ってくれた。
(2) 彼が私をうれしくさせた。

(1) 動詞の後に目的語が２つ続く

● He made me a necklace.
　　S　　V　　O　　O

▶ me と a necklace は make の目的語（SVOO）。「だれに」「何を」という語順になっている。

me ≠ a necklace

(2) 動詞の後に目的語と補語が続く

● He made me happy.
　　S　　V　　O　　C

▶ happy は「私」について述べる補語（SVOC）。me = happy が成り立つ。We made him captain. も SVOC の文。

ありがとう

me = happy

012　日本語の意味に合うように，（　）内の語句を並べかえなさい。
1）私は彼女にCDを買ってあげた。
（ got / I / her / a CD ）.
2）僕は靴をぬらしてしまった。
（ wet / my shoes / got / I ）.

Ans.　011-1) We elected Ken class representative.　2) He left the door open.
012-1) I got her a CD.　2) I got my shoes wet.

UNIT 7 群動詞

 動詞と副詞の組み合わせで意味を表す

> **TARGET 013**
>
> (1) My brother's car **broke down** again.
> (2) She **turned on** her computer and checked her email.
>
> (1) 兄の車はまた故障した。
> (2) 彼女はコンピュータの電源を入れて，メールをチェックした。

(1) 動詞と副詞で自動詞のはたらきをする

break down は〈動詞＋副詞〉の組み合わせで，「故障する」という意味を表す。

- My brother's car **broke down** again.
  ▶ break down で自動詞のはたらきをしている。

break out (急に発生する)	come about (起こる)	go on (続く)
look out (注意する)	run away (逃げる)	set out (出発する)
stand out (目立つ)	take off (離陸する)	turn up (現れる)

How did the accident **come about**? (その事故はどのように起こったの？)

(2) 動詞と副詞で他動詞のはたらきをする

turn on は直後に名詞を続けて，「〜をつける」という意味を表す。

- She **turned on** her computer and checked her email.
  ▶ turn on は直後に名詞を続ける他動詞のはたらきをしている。

bring up (〜を育てる)	call off (〜を中止する)	carry out (〜を実行する)
give up (〜を断念する)	make out (〜を理解する)	put off (〜を延期する)
put on (〜を着る)	take off (〜を脱ぐ)	turn down (〜を却下する)

We **called off** the picnic. (私たちはピクニックを中止した。)

> **注意!!** 群動詞の目的語が代名詞の場合は，動詞と副詞の間に入れる。
> I can't **make** him **out**. (彼のことは理解できません。)

013　日本語の意味に合うように，（ ）に適語を入れなさい。
1) エリックはいつものように遅れてやってきた。
　　Eric (　　) (　　) late as usual.
2) 上着を脱ぎなさい。
　　(　　) (　　) your coat.

 動詞と前置詞の組み合わせで意味を表す

TARGET 014

(1) I'll **look after** my sister tomorrow.
(2) I **came up with** a good idea.

(1) 明日，僕が妹の世話をするよ。
(2) いい考えを思いつきました。

(1) 動詞と前置詞で他動詞のはたらきをする

look afterは直後に名詞を続けて，「～の世話をする」という意味を表す。

● I'll **look after** my sister tomorrow.
　▶ look afterは直後に名詞を続ける他動詞のはたらきをしている。

care for（～の世話をする）	**come across**（～に出くわす）
deal with（～を扱う）	**hear from**（～から連絡をもらう）
look for（～を探す）	**look into**（～を調査する）
rely on（～に頼る）	**stand by**（～を支持する）
stand for（～を表す）	**take after**（～に似ている）

What does GPS **stand for**?（GPSは何を表していますか。）

(2) 〈動詞＋副詞＋前置詞〉で他動詞のはたらきをする

● I **came up with** a good idea.
　▶ come up with（～を思いつく）は直後に名詞を続ける他動詞のはたらき。

catch up with（～に追いつく）	**carry on with**（～を続ける）
do away with（～を廃止する）	**go out with**（～とデートをする）
keep up with（～についていく）	**look down on**（～を見下す）
look forward to（～を楽しみにする）	**look up to**（～を尊敬する）
put up with（～に耐える）	**run out of**（～を使い果たす）

I **look forward to** your letter.（お手紙を楽しみにしています。）

014　日本語の意味に合うように，（　）に適語を入れなさい。
1) 何を探しているのですか。
　What are you (　　) (　　)?
2) 私はきのう，タケシとデートしました。
　I (　　) (　　) (　　) Takeshi yesterday.

Ans. 013-1) turned up 2) Take off
014-1) looking for 2) went out with

GPS: Global Positioning System

UNIT 8 否定文と疑問文

1 notを使う否定文

TARGET 015

(1) He **is not** a professional singer.
(2) I **didn't attend** the meeting.

(1) 彼はプロの歌手ではありません。
(2) 私はその会議に出ませんでした。

(1) be動詞にnotを続ける

- He **is not** a professional singer.
  ▶ notを使ってHe is a professional singer.という文の内容を否定している。

be動詞にnotを続けて否定を表すときは，isn'tのような短縮形がよく使われる。are notはaren't, was notはwasn't, were notはweren'tとなるが，am notの場合はI'm notという形にする。

My father **isn't** an office worker. (私の父は会社員ではありません。)

I'm not on your side. (僕は君の味方じゃないよ。)

(2) 助動詞doにnotを続ける

be動詞以外の動詞の場合は，〈**do / does / did not** ＋動詞の原形〉とする。do notはdon't, does notはdoesn't, did notはdidn'tという形がよく使われる。

- I **didn't attend** the meeting.
  ▶ 過去のことなので，didn't (= did not) を使っている。

She **doesn't have** a driver's license. (彼女は運転免許を持っていません。)

 動詞の形は時制や主語の人称・数に応じて適当な形にする必要がある。否定文をつくるときに使うdoも同様（⇨p.286）。

助動詞を使う場合は，助動詞の直後にnotを続ける（⇨p.50, 82）。

He **will not come** to the party. (彼はパーティーには来ないだろう。)

日本語の意味に合うように，（　）に適語を入れなさい。
1) 彼らはこの学校の生徒ではありません。
   They (　　) (　　) students at this school.
2) 私は携帯電話を持っていません。
   I (　　) (　　) a mobile phone.

2 YesかNoを尋ねる疑問文

TARGET 016

(1) **Are you** good at math?
(2) **Did you call** me last night?

(1) 数学は得意ですか。
(2) きのうの夜，私に電話した？

(1) be動詞で文を始める

「〜ですか」という疑問文をつくるときは，be動詞で文を始め，〈**be動詞＋主語**〉の語順にする。

- **Are you** good at math?
  - ▶ 数学が得意かどうかを聞いている。Yes, I am. か No, I'm not. で答えるのが基本。

- **Is your sister** at home?（お姉さんはご在宅ですか。）
  - [Yes, she's in her room.（はい，自分の部屋にいます），No, she went shopping.（いいえ，買い物に行きました）のような答え方ができる]

(2) 助動詞doで文を始める

be動詞以外の動詞を使う場合はdoで文を始め，〈**do/does/did＋主語＋動詞の原形**〉の語順にする。

- **Did you call** me last night?
  - ▶ 過去のことなのでdidを使っている。Yes, I did./No, I didn't. で答えるのが基本。

- **Do you come** to school by bus?（学校へはバスで通っていますか。）

助動詞を使う場合は，助動詞で文を始める（⇨p.82）。

- **Can you play** chess?（チェスはできますか。）

> 参考　YesかNoを尋ねる疑問文（Yes/No疑問文）は，文末を上がり口調で言う。
> Do you like baseball? ↗（野球はお好きですか。）

016 日本語の意味に合うように，（　）に適語を入れなさい。
1) 明日はおひまですか。
　　（　　）（　　）free tomorrow?
2) 彼女の電話番号，知っている？
　　（　　）（　　）（　　）her phone number?

Ans. 015-1) are not　2) don't have
016-1) Are you　2) Do you know

疑問詞を使う疑問文

1 who/whatを使う疑問文

TARGET 017

(1) **Who moved** my bicycle?
(2) **What did** they **say** to you?

(1) だれが僕の自転車を動かしたの？
(2) 彼らは何を君に言ったの？

(1) 疑問詞の後に動詞を続ける

「だれが〜ですか」「何が〜ですか」という疑問文をつくるときは，whoかwhatで文を始めて，〈**疑問詞＋動詞**〉の語順にする。

- **Who moved** my bicycle?
  ▶「だれ」を聞くときはwhoを使う。

be動詞の場合も同様で，〈who / what ＋ be動詞〉の語順にする。

What is your favorite color?（好きな色は何ですか。）

(2) 疑問詞の後に〈do ＋主語＋動詞の原形〉を続ける

「だれを〜ですか」「何を〜ですか」という疑問文をつくるときは，whoかwhatで文を始めて，〈**疑問詞＋do/does/did＋主語＋動詞の原形**〉の語順にする。

- **What did** they **say** to you?
  ▶「何」を聞くときはwhatを使う。whatの後にはdo/does/didを続ける。

Who did you **see** at the station?（駅でだれを見たのですか。）［「だれを」はwhomを使うのが文法的には正しいが，whoを使うのが一般的（⇨p.305）］

助動詞を使う場合は，疑問詞の後に助動詞を続ける。

What shall I **do** tonight?（今夜，何をしようかな。）

参考 疑問詞に進行形を続ける場合は，次のような語順になる（⇨p.305）。
Who are you waiting for?（だれを待っているの？）

017

日本語の意味に合うように，（ ）に適語を入れなさい。
1) だれがこのカメラを壊したの？
   (　　) (　　) this camera?
2) あなたはあの店で何を買ったの？
   (　　) (　　) (　　) (　　) at that store?

2 when / where / why / how を使う疑問文

TARGET 018

(1) **When did** you **see** him?
(2) **Where are** you from?

(1) いつ彼を見ましたか。
(2) ご出身はどちらですか。

(1) 疑問詞の後に〈do＋主語＋動詞の原形〉を続ける

「いつ」はwhen,「どこ」はwhereを使って疑問文をつくる。動詞が一般動詞の場合は〈疑問詞＋do / does / did＋主語＋動詞の原形〉の語順にする。

● **When did** you **see** him?
　▶「いつ」を聞くときはwhenを使う。whenの後にはdo / does / didを続ける。

Where did you **find** this key?（どこでこのかぎを見つけましたか。）

「なぜ」はwhy,「どうやって」「どのように」はhowを使う。

Why did you **agree** to his plan?（なぜ彼の計画に賛成したの？）

How did you **find** it?（それをどうやって見つけたのですか。）

How did you **spend** the weekend?（週末はどのように過ごしましたか。）

> 参考　疑問詞を使う疑問文は，文末を下がり口調で言う。
> Why did you go there?↘（どうしてあそこに行ったのですか。）

(2) 疑問詞の後にbe動詞を続ける

● **Where are** you from?
　▶ be動詞を使う場合は疑問詞の後にbe動詞を続ける。

How was your trip?（旅行はどうでしたか。）

助動詞を使う場合は，疑問詞の後に助動詞を続ける。

When can I **call** you?（いつ電話すればいいですか。）

018

日本語の意味に合うように，（　）に適語を入れなさい。
1) あなたはいつその事故のことを聞きましたか。
　（　）（　）（　）（　）about the accident?
2) あなたはどこに滞在するつもりですか。
　（　）（　）（　）going to stay?

017-1) Who broke　2) What did you buy
018-1) When did you hear　2) Where are you

33

UNIT 10 命令文とthereで始める文

1 動詞の原形で始めて命令を表す

TARGET 019

(1) **Shut** the door, Ken!
(2) **Don't park** your car here.

(1) ケン，ドアを閉めなさい！
(2) ここに車を停めてはいけません。

(1) 動詞の原形で文を始める

「～しなさい」という**命令**や，**依頼**，**警告**などを表すときは，**動詞の原形**で文を始める。

- **Shut** the door, Ken!
  ▶ 動詞の原形で文を始めて，相手に命令する。文末は「！」でもピリオド「．」でもよい。

  Be careful. (気をつけてね。) [be動詞の場合はbeで文を始める]

   相手に言っているのだから主語は出さない。特に「あなたが」と強く言いたいときは，youで始める。
  You shut up! (あなたが静かにしなさい！)

(2) 〈don't＋動詞の原形〉で文を始める

「～するな」という**禁止**を表すときは，〈**Don't＋動詞の原形**〉で文を始める。

- **Don't park** your car here.
  ▶ Don'tの後に動詞の原形を続けて禁止を表している。

  Don't be late again. (もう遅刻するなよ。)

命令文にpleaseを加えるとややていねいな口調にはなるが，命令には変わりない。

Sit down, **please**. / **Please sit** down. (すわってください。)

〈**Let's＋動詞の原形**〉は「～しよう」という**提案**や**勧誘**を表す。

Let's go to the beach. (海岸へ行こうよ。)

Let's not talk about it. (そのことについて話すのはやめよう。) [Let's not ...]

019
日本語の意味に合うように，( )に適語を入れなさい。
1) 図書館では静かにしてくださいね。
   (   ) (   ) in the library, please.
2) だれにも言うなよ。
   (   ) (   ) anyone.

2 thereで始めて存在を表す

TARGET 020

(1) **There is** a cat in the garden.
(2) **There are** three boys in the park.

(1) 庭にネコがいます。
(2) 公園に3人の男の子がいます。

(1) There is ＋名詞（単数形）

「…がいる」「…がある」のように，**相手が知らない何かが存在すること**を伝えるときは，**There is ...** を使う。この表現では，be動詞の後の名詞が主語になる。

● **There is** a cat in the garden.

▶ 文頭のthereは形式的に置かれるもの。There'sという短縮形を使うことが多い。

(2) There are ＋名詞（複数形）

主語が単数か複数かによってis/are（過去のことならwas / were）を使い分ける。

● **There are** three boys in the park.

▶ 主語（three boys）が複数なので，be動詞はareになる。

There is ... の疑問文と否定文は次のようになる。

Is there a bookstore around here? (このあたりに本屋さんはありますか。)
There aren't any letters for you. (あなたへの手紙はありません。)

 There is ... の文では，初めて話題に出てくるような特定されていないものが主語になる。したがって，the catのような特定のものが主語になることは基本的にはない (The cat is in the garden.)。

 be動詞のほかに，live（住んでいる），come（来る），arrive（到着する），happen（起こる）のような，存在や出現を表す動詞を使うこともある。
Once upon a time **there lived** a very happy princess.
(昔々，たいへん幸せな王女様が住んでいました。)

020

日本語の意味に合うように，（　）に適語を入れなさい。
1) テーブルの上に雑誌が3冊あります。
　　（　　）（　　）three magazines on the table.
2) バス停には学生はだれもいませんでした。
　　（　　）（　　）any students at the bus stop.

Ans. 019-1) Be quiet 2) Don't tell
020-1) There are 2) There weren't

文と文をつなぐ接続詞

1 接続詞を使って文をつなぐ／文を組み込む

TARGET 021

(1) I like her **and** she likes me.
(2) I believe **that** his decision was right.

(1) 僕は彼女のことが好きで，彼女も僕のことが好きだ。
(2) 私は彼の決定が正しかったと信じている。

(1) 文と文をつなぐ

文と文をつないで1つの文にしたいときは，接続詞を使う。

- I like her **and** she likes me.
  ▶ and は「そして」という意味で文をつなぐ（⇨ p.452）。

  I went to the bookstore **and** bought some magazines.
  （私は書店に行って，雑誌を何冊か買った。）[and の後の主語 (I) は省略されている]

対立する内容の文をつなぐときは，接続詞は but を使う。

  I like her **but** she doesn't like me.
  （僕は彼女のことが好きだが，彼女は僕のことが好きではない。）

(2) 文に文を組み込む

接続詞 that を使うと，文の中に別の文を組み込むことができる（⇨ p.456）。

- I believe **that** his decision was right.

  ▶ that his decision was right は believe に続く名詞（目的語）のはたらきをしている。

  I know **that** I cannot finish my homework today.
  （今日宿題を終えることができないことはわかっている。）

that を使わずに，動詞の後や〈動詞＋名詞〉の後にそのまま文をつなぐこともできる。

  I think he will be here soon.（彼はまもなくここに来ると思うよ。）

  He didn't tell me he was sick.（彼は病気だということを私に言わなかった。）

021
日本語の意味に合うように，( ) に適語を入れなさい。
1) 彼女は貝殻を拾って，バッグに入れた。
　She picked up a shell (　　) put it in her bag.
2) その結果にあなたが満足ならよいのですが。
　I hope (　　) you are happy with the result.

② 接続詞を使って文に文を加える

TARGET 022

(1) She's angry with me **because** I forgot her birthday.
(2) **After** she brushed her teeth, she went to bed.

(1) 僕が彼女の誕生日を忘れたので，彼女は僕のことを怒っている。
(2) 歯磨きをしてから，彼女はベッドに入った。

(1) 理由を表す文を加える

理由を表す文を加えたいときは，接続詞 because を使う。

- She's angry with me **because** I forgot her birthday.
  ▶ 彼女が怒っている理由を because ... で説明している。理由を説明するときは since や as を使うこともある（⇨p.461）。

(2) 時を表す文を加える

いつのことかを表す文を加えたいときは，after / before / when / while のような接続詞を使う（⇨p.458, 460）。

- **After** she brushed her teeth, she went to bed.
  ▶「歯磨きをした」→「ベッドに入った（寝た）」という時間関係を after で示している。

I always walk the dog **before** I have breakfast.
（朝食を食べる前に，いつもイヌの散歩に行きます。）

I was on my way home **when** he called me.
（彼が電話してきたとき，私は家に帰る途中だった。）

While I was in the hospital, I read all these books.
（入院している間に，私はこれらの本を全部読みました。）

 because / after / before / when / while を使って文を加える場合は，メインの文（主節）の前に置いても，後に置いてもよい。前に置く場合は加える文（従属節）の最後にコンマ（, ）を入れるとわかりやすくなる。
I read all these books **while** I was in the hospital.

022
日本語の意味に合うように，（ ）に適語を入れなさい。
1) 雨が降っていたので，私たちは外出しなかった。
　　We didn't go out (　　) it was raining.
2) 私の父は大学生のとき，ドラムをたたいていた。
　　My father played the drums (　　) he was a college student.

 021-1) and 2) that
022-1) because 2) when

EXERCISES

A 日本語の意味に合うように，（　）内の語を並べかえて＿＿に入れなさい。

1) 試合は6時に始まりました。
   The ＿＿＿＿＿＿ ＿＿＿＿＿＿ at six.（started / game）
2) 彼はピクニック用のサンドイッチを作りました。
   ＿＿＿＿＿＿ ＿＿＿＿＿＿ ＿＿＿＿＿＿ for the picnic.（made / he / sandwiches）
3) その本はおもしろそうでした。
   The ＿＿＿＿＿＿ ＿＿＿＿＿＿ ＿＿＿＿＿＿.（interesting / book / looked）
4) 私は彼にCDを1枚あげました。
   I ＿＿＿＿＿＿ ＿＿＿＿＿＿ ＿＿＿＿＿＿ ＿＿＿＿＿＿.（gave / CD / him / a）
5) 彼女の曲は私を幸せにしてくれます。
   Her music ＿＿＿＿＿＿ ＿＿＿＿＿＿ ＿＿＿＿＿＿.（me / happy / makes）

B 友だちに写真を見せながら旅行の話をしようとしています。＿＿に入れるのに適当な語を下の語群から選びなさい。

I'll ①＿＿＿＿＿＿ you a picture. I ②＿＿＿＿＿＿ to Okinawa last summer. Diving ③＿＿＿＿＿＿ so much fun. I ④＿＿＿＿＿＿ it very exciting. I really ⑤＿＿＿＿＿＿ the trip.

[was, enjoyed, show, found, went]

C 日本語の意味に合うように，各組の＿＿に同じ語を入れなさい。

1) a) He ＿＿＿＿＿＿ a ticket.（彼はチケットを手に入れた。）
   b) He ＿＿＿＿＿＿ well.（彼は元気になりました。）
2) a) She ＿＿＿＿＿＿ me a cake.（彼女は私にケーキを作ってくれた。）
   b) She ＿＿＿＿＿＿ me angry.（彼女は私を怒らせた。）
3) a) What are you looking ＿＿＿＿＿＿?（何を探しているの？）
   b) He made this dress ＿＿＿＿＿＿ me.（彼がこの服を私に作ってくれた。）
4) a) We got ＿＿＿＿＿＿ the airport.（私たちは空港に到着した。）
   b) Please show the picture ＿＿＿＿＿＿ me.（その写真を見せてください。）
5) a) I had breakfast ＿＿＿＿＿＿ 7:30.（私は7時半に朝食を食べた。）
   b) Don't look ＿＿＿＿＿＿ me.（私を見ないでください。）

SECTION 1 英語の語順

D 次の対話が成り立つように，＿＿に適語を入れなさい。

1) "What did you send him?"
   "I ＿＿＿＿ ＿＿＿＿ a postcard."
2) "＿＿＿＿ your father buy this book ＿＿＿＿ you?"
   "Yes, he did."
3) "Does your brother go to school by bus?"
   "No, ＿＿＿＿ ＿＿＿＿."
4) "＿＿＿＿ your father a teacher?"
   "No, ＿＿＿＿ isn't. He ＿＿＿＿ a doctor."
5) "＿＿＿＿ ＿＿＿＿ you visit her?"
   "I visited her on Monday."
6) "＿＿＿＿ ＿＿＿＿ you last night?"
   "I was at my uncle's house."

E 日本語の意味に合うように，＿＿に適語を入れなさい。

1) 1週間は7日です。
   There ＿＿＿＿ seven days in a week.
2) ここは雨が多く降ります。
   We ＿＿＿＿ a lot of rain here.
3) トム，自分の部屋の掃除をしなさい！
   ＿＿＿＿ ＿＿＿＿ room, Tom!
4) 学校に遅刻しないようにしなさい。
   ＿＿＿＿ ＿＿＿＿ late for school.
5) 雨が降っていたので，私たちは家にいました。
   ＿＿＿＿ stayed at home ＿＿＿＿ it was raining.
6) 雨が降っていたけれど，彼らは出かけました。
   It was raining, ＿＿＿＿ ＿＿＿＿ went out.
7) 宿題を終えてから，テレビを見ました。
   ＿＿＿＿ ＿＿＿＿ finished my homework, I watched TV.

SECTION 2 時制

❶ 現在形で現在のことを表す

英語の動詞には現在形と過去形があって，現在形は現在のこと，過去形は過去のことを表します。そのまんまですね。

では，「現在のこと」っていつのことなのでしょうか。これが簡単そうでなかなか手ごわいのです。

「現在のこと」の代表例は「自己紹介」です。「横浜に住んでいて，妹が1人います。音楽が好きです」みたいなものです。自己紹介って，今の自分がどういう人間なのかを伝えるものですよね。だから「現在のこと」について話すのが基本なわけです。ここで使うのが現在形で，

I **live** in Yokohama. I **have** a sister. I **like** music.

のようになります。

自己紹介をするときは，趣味とかいつもするようなことも言いますよね。「ギターを弾きます」と言いたければ，ここでも現在形を使って，

I **play** the guitar.

とすればいいのです。「現在のこと」というのは，「今」だけのことではなくて，**「今」を含むある程度時間の幅がある範囲**のことなのです。

現在形を使うと，「現在」という範囲の中ではいつでもそう言えますよ，ということを表すことができます。I have a sister. も I like music. も「現在」が表す範囲の中で

は変わらないことです。I play the guitar. も同じことです。「現在」という範囲の中で，**何度もしていること，習慣のようになっていること**を，現在形で表すことができるのです。「私はこういうことをする人なんですよ」って言っているわけです。

現在

現在

2 よくすることと今していること

さて，ここで「現在」の幅をぐっと狭めて，「今」にスポットを当ててみましょう。「僕には妹がいます」は，そのまま

I **have** a sister.

で表すことができます。現在という幅の中の一時点でも，「妹がいる」ということに変わりはないからです。

She's angry.（彼女は怒っている。）とか，She resembles her mother.（彼女は母親に似ている。）のような表現も同じです。現在形で現在のこと，そして今という一時点のことを表すことができるのです。

でも，「今ギターを弾いている」と言うときに，現在形を使ってI play the guitar. とすることはできません。「ギターを弾く」というのは，ギターを手にとって，ある程度の時間弾いて，弾き終わるまでを表すからです。「ギターを弾いている」というのは，そのひとまとまりの動作の一部分にすぎないのです。

では，どうやって「今ギターを弾いている」を表すのかというと，〈**be動詞＋動詞のing形**〉の**進行形**を使います。

I'm **playing** the guitar.

進行形を使うと，その動作はまだ終わっていませんよ，**まだその途中**ですよ，ということを表すことができるのです。

動詞には，haveのような動きの感じられない**状態を表す**ものと，playのような動きや変化が感じられる**動作を表す**ものがあります。何かをしている途中であることを表すのが進行形ですから，進行形にするのは動作を表す動詞，ということになります。

でも，何かの途中であることを表す場合は，状態を表す動詞でも進行形にすること

ができます。たとえば，liveは「住んでいる」という状態を表す動詞ですから，

 I **live** in Tokyo. (私は東京に住んでいます。)

のように現在形で使います。でも，ある限られた期間住んでいるだけの場合は，

 I'm living in London now. (私は今，ロンドンに住んでいます。)

のように進行形にすることができるのです。

 ## 終わったことは過去のこと

 動詞の過去形が表すのは，もちろん過去のことです。「過去」というのは，**「今」を含まない過ぎ去った時**のことを指します。

 たとえば，「きのう，その映画を観たよ」と言いたければ，seeの過去形のsawを使います。

 I **saw** the movie yesterday.

 ほんのちょっと前のことでも，「今」と関係がなければ「過去」のことになります。I'm playing the guitar.は「ギターを弾いている」という，している最中のことを表しますが，ギターを弾き終えてしまえば，I **played** the guitar. (ギターを弾いた。)という過去のことになるわけです。

 過去のある時点で「している途中だった」ことを表すときには進行形を使います。過去であることをbe動詞の過去形で表して，

 I was playing the guitar. (僕はギターを弾いていたんだ。)

のようにします。過去のある時点でしていたことを表すわけです。

 ## 未来のことの表し方

 英語の動詞には，現在形と過去形はありますが，未来形という形はありません。どうやって未来のことを表すのかというと，助動詞のwillの助けを借りるのです。

 willを使うと，「〜だろう」という**予測**を表すことができるので，未来にそうなるだろうということを表すことができます。助動詞の後には動詞の原形を続けますから，〈**will＋動詞の原形**〉で未来のことを表すことができるのです。

 「妹はもうすぐここに来るだろう」と思っているのなら，

My sister **will arrive** here soon.

とすればいいのです。「妹がまもなくここに来る」ことを予測しているわけです。

　未来のことを表す表現は，willを使う以外にもいくつかあります。どういう状況でどういう意味を表すかによって適切な表現を選べばよいのです。

SECTION 2 時制

学習ガイド

基本ゾーン

UNIT 1 現在形 ……………………………………………… p. 44
　❶ 現在の状態を表す
　❷ 現在の習慣的動作を表す

UNIT 2 現在進行形 …………………………………………… p. 46
　❶ 現在進行中の動作を表す
　❷ 状態を表す動詞と進行形

UNIT 3 過去形と過去進行形 ………………………………… p. 48
　❶ 過去形で過去の状態や動作を表す
　❷ 過去進行形で進行中だった動作を表す

UNIT 4 未来のことを表す表現 (1) …………………………… p. 50
　❶ willで未来のことを表す
　❷ be going toで意図や計画を表す

応用ゾーン

UNIT 5 未来のことを表す表現 (2) …………………………… p. 52
　❶ 現在形や現在進行形で予定を表す
　❷ 現在形で未来の時や条件を表す

UNIT 6 進行形を使う表現 …………………………………… p. 54
　❶ 〈will＋進行形〉で未来の時点で進行している動作を表す
　❷ 進行形でいつもしていることや途中のことを表す

UNIT 7 現在形を使う表現 …………………………………… p. 56
　❶ 真理や変わることのない事実を表す
　❷ 現在形を使う表現

UNIT 1 現在形

1 現在の状態を表す

TARGET 023

(1) I **like** cats very much.
(2) My uncle **has** two cars.

(1) 私はネコが大好きです。
(2) 私のおじは車を２台持っています。

(1) 現在の心理的な状態を表す

動詞の現在形は，**今を中心とする「現在」という範囲の中のこと**を表す。

- I **like** cats very much.
  ▶ 現在形を使って「好きだ」という現在の状態を表している。

◆ 心理的な状態を表す動詞

believe（〜を信じる），**hope**（〜を望む），**know**（〜を知っている），**like**（〜が好きである），**love**（〜を愛している），**remember**（〜を覚えている），**think**（〜と思う），**understand**（〜を理解している），**want**（〜がほしい）など

I **understand** your feelings.（あなたの気持ちはわかります。）

(2) 現在の一般的な状態を表す

- My uncle **has** two cars.
  ▶「持っている」という現在の状態を表している。

◆ 一般的な状態を表す動詞

be（〜である），**belong**（所属している），**contain**（〜を含んでいる），**have**（〜を持っている），**live**（住んでいる），**look**（〜に見える），**own**（〜を所有している），**remain**（〜のままである），**resemble**（〜に似ている）など

My grandmother **lives** in Hawaii.（私の祖母はハワイに住んでいます。）

次のように**現在の感覚を表す**ときも現在形を使う。

This coffee **tastes** good.（このコーヒーはおいしい。）
[taste（〜な味がする）を現在形で使って，味覚を表している]

◆ 感覚を表す動詞

feel（〜を感じる），**hear**（〜が聞こえる），**see**（〜が見える），**smell**（〜なにおいがする），**taste**（〜な味がする）など

I **feel** cold.（寒気がします。）

使い方は p.2 ▶

SECTION 2 時制

Q 023

日本語の意味に合うように, ( ) に適語を入れなさい。

1) みんな彼女の名前を知っているよ。
   Everybody (　　) her name.
2) あなたの妹はあなたに似ていますか。
   (　　) your sister (　　) you?

2 現在の習慣的動作を表す

TARGET 024

(1) My father **drives** to work.
(2) I usually **buy** my clothes at this shop.

(1) 私の父は車で通勤しています。
(2) 私はいつもこの店で服を買います。

(1) いつもすることを表す

動作を表す動詞を現在形で使うと, 今だけのことではなく,「いつもそうする」という**現在の習慣的動作**を表す。

- My father **drives** to work.
  ▶ 現在形を使って「いつも車で仕事に行く」という繰り返される動作を表している。

  I **walk** to school.（私は徒歩通学です。）

  My father **doesn't smoke**.（私の父はたばこを吸いません。）

(2) 頻度を表す副詞を使う

- I usually **buy** my clothes at this shop.
  ▶ usually や always, never のような頻度を表す副詞 (⇨ p.416) がよく使われる。

職業について述べるときも現在形を使う。

What **do** you **do**?（お仕事は何をしていますか。）

My mother **runs** a small restaurant.（母は小さな食堂を経営しています。）

Q 024

日本語の意味に合うように, ( ) に適語を入れなさい。

1) 私の姉はいつもバスで通学しています。
   My sister always (　　) to school by bus.
2) 私の父は出版社に勤めています。
   My father (　　) for a publishing company.

023-1) knows 2) Does, resemble
024-1) goes 2) works

「変わらない事実」を表す現在形 ⇨ p.56

45

UNIT 2 現在進行形

1 現在進行中の動作を表す

> **TARGET 025**
>
> (1) I'm waiting for the bus.
> (2) My sister is studying Spanish these days.
>
> (1) 私はバスを待っています。
> (2) 姉は最近, スペイン語を勉強しています。

(1) 今している最中のことを表す

進行形は〈be動詞＋動詞のing形〉という形で, 何かをしている最中, している途中であることを表す。

- I'm waiting for the bus.
    ▶ 現在進行形で「待っている」という現在の状況を表している。

    Someone is knocking on[at] the door.
    （だれかがドアをノックしている。）[繰り返ししている最中の動作]

動作を表す動詞を現在形で使うと, 現在の習慣的動作を表すことになる。

I **read** the newspaper **every morning**. （私は毎朝, 新聞を読みます。）
I'm **reading** the newspaper **now**. （私は今, 新聞を読んでいます。）

I read the newspaper.

I'm reading the newspaper.

 その動作をしている最中であるときは現在進行形, その動作を習慣的にしているのであれば現在形を使う。
Why **are** you **eating** so quickly? You usually **eat** slowly.
（どうしてそんなに急いで食べているの？ いつもはゆっくりなのに。）

(2) ある期間にわたってしていることを表す

- My sister **is studying** Spanish these days.
    ▶ 「最近していること」を表している。今現在しているかどうかはわからない。

    Is your brother **taking** driving lessons?
    （あなたのお兄さんは車の教習に通ってるの？）

My sister is studying Spanish.

025 日本語の意味に合うように, ( ) に適語を入れなさい。
1) 子どもたちは庭で遊んでいます。
　　The children ( ) ( ) in the garden.
2) 私の姉は生け花を習っています。
　　My sister ( ) ( ) flower arrangement.

❷ 状態を表す動詞と進行形

TARGET 026

(1) I **remember** his name.
(2) She**'s living** in New York.

(1) 私は彼の名前を覚えています。
(2) 彼女はニューヨークに住んでいます。

(1) 現在形を使って状態を表す

「覚えている」のような**状態**を表すときは，進行形ではなく現在形を使う（⇨ p.44）。

● I **remember** his name.
　▶「覚えている」のように日本語が「ている」となっていても進行形にはしない。

　Kazu **has** a lot of DVDs.（カズはたくさんのDVDを持っている。）

(2) 進行形を使って一時的な状態を表す

限られた期間の一時的な状態を表すときは，状態動詞を進行形で使うことができる。

● She**'s living** in New York.
　▶「ニューヨークに住んでいる」のが一時的なら進行形を使う。
　そうでなければ，She **lives** in New York. とする。

Lisa **is being** very quiet today.
（リサは今日はとても静かだ。）

What **are** you **thinking** about?（何を考えてるの？）

I**'m feeling** better today.（今日は，より気分がいい感じがする。）

026 日本語の意味に合うように, ( ) に適語を入れなさい。
1) どのクラブに所属しているの？
　　Which club ( ) you ( ) to?
2) 彼女は今日，ジーンズをはいている。
　　She ( ) ( ) jeans today.

Ans. 025-1) are playing　2) is learning
026-1) do, belong　2) is wearing

「変化している途中」を表す現在進行形 ⇨ p.55

UNIT 3 過去形と過去進行形

1 過去形で過去の状態や動作を表す

> **TARGET 027**
>
> (1) Mr. Jones **looked** very angry.
> (2) I **went** to a movie yesterday.
>
> (1) ジョーンズ先生はとても怒っているようだった。
> (2) 私はきのう，映画を観に行きました。

(1) 過去形で過去の状態を表す

- Mr. Jones **looked** very angry.
  ▶ 過去形を使って「怒っているようだった」という過去の状態を表している。

　過去のある時点のことだけでなく，過去の一定期間にわたる状態も過去形で表すことができる。

　　　I **had** a lot of fun that week. (その週はたくさん楽しいことがありました。)
　　　She **lived** in Chicago from 2011 to 2016.
　　　　(彼女は2011年から2016年まで，シカゴに住んでいた。)
　　　I **didn't like** green peppers when I was a child.
　　　　(私は子どものころ，ピーマンが好きではなかった。)

(2) 過去形で過去の動作や出来事を表す

- I **went** to a movie yesterday.
  ▶ 過去形で「映画を観に行った」という過去の行動を表している。

　　My grandmother **visited** us last month. (先月，祖母が私たちを訪ねてきた。)
　　She **gave** us a lot of gifts.
　　　(彼女は私たちにたくさんの贈り物をくれた。)
　　When **did** the accident **happen**? (その事故はいつ起こったのですか。)

　過去の一定期間にわたる習慣的動作も過去形で表すことができる。

　　　I usually **rode** my bicycle to school.
　　　　(私はいつも自転車で通学していた。)[usuallyのような副詞で頻度を示す]

 今とは違う過去の状態や習慣的動作は，助動詞のused toを使って表すこともできる (⇨p.100)。
　　　I **used to live** in Sapporo. (私はかつては札幌に住んでいました。)

日本語の意味に合うように，(　)に適語を入れなさい。
1) その手紙はテーブルの上にあったが，彼はそれを読まなかった。
　　The letter (　) on the table, but he (　) (　) it.
2) 父は私をときどき映画に連れて行ってくれた。
　　My father sometimes (　) me to the movies.

2　過去進行形で進行中だった動作を表す

TARGET 028

(1) I was watching TV at eleven last night.
(2) I was taking a bath when you called me.

(1) 昨夜の11時は，テレビを見ていました。
(2) 君が電話してきたとき，僕はおふろに入っていたんだ。

(1) 過去進行形で過去のある時点でしていたことを表す

● I **was watching** TV at eleven last night.
　▶ 過去のある時点（夜11時）で「テレビを見ている最中だった」ことを表している。

He **was coughing**.（彼はせきをしていた。）[繰り返ししていた動作]

My aunt **was living** in China last year.
（おばは昨年，中国に住んでいた。）[過去の一時的な状態]

(2) 過去の時点は過去形，その時点でしていたことは過去進行形で表す

● I **was taking** a bath when you **called** me.
　▶「あなたが電話してきた」時点で「おふろに入っている最中だった」ことを表している。

While I **was playing** a video game, my father **came** in.
（僕がテレビゲームをしているときに，父が入ってきた。）

日本語の意味に合うように，(　)に適語を入れなさい。
1) 電話が鳴ったとき，私は夕食をとっていた。
　　I (　) (　) dinner when the phone rang.
2) 僕が彼を見たとき，彼はドアをノックしていた。
　　He (　) (　) on the door when I (　) him.

Ans. 027-1) was, didn't read　2) took
028-1) was having [eating]　2) was knocking, saw

UNIT 4 未来のことを表す表現 (1)

1 willで未来のことを表す

TARGET 029

(1) He **will win** the race.
(2) It **will be** fine tomorrow.

(1) 彼はそのレースに勝つだろう。
(2) 明日は晴れるだろう。

(1) きっとそうすると思うことを表す

未来のことを予測して言うときに、〈will＋動詞の原形〉を使う。

● He **will win** the race.
　▶ willを使って「彼はそのレースに勝つ」と予測している。

　He **won't agree** to our plan. (彼は私たちの計画に賛成しないだろう。)
　　［won'tはwill notの短縮形］

　Will they **come** here on time? (彼らは時間どおりにここに来るかな？)
　What time **will** the concert **finish**? (コンサートは何時に終わりますか。)

(2) きっとそうなると思うことを表す

● It **will be** fine tomorrow.
　▶ willを使って「明日はよい天気になる」という予測を表している。天気について述べるときは、itを主語にする (⇨p.385)。

willは自然にそうなるであろうことを表すときにも使われる。

　My sister **will be** twenty next year. (私の姉は来年20歳になります。)

willは**自分の意志**で何かをすることを述べるときにも使う (⇨p.84)。

　I'll call you later. (後で電話するよ。) [I'llはI willの短縮形]

　参考　「そうする・そうなる」ことを表すwillの用法を単純未来、主語の意志を表すwillの用法を意志未来と呼ぶ。

029

日本語の意味に合うように、（　）に適語を入れなさい。
1) 彼はすぐに寝ちゃうだろうね。
　　He (　　) (　　) to bed soon.
2) それを気に入ってくれるといいんだけど。
　　I hope you (　　) (　　) it.

② be going to で意図や計画を表す

> **TARGET 030**
>
> (1) **I'm going to join** the badminton club.
> (2) The tree **is going to fall**.
>
> (1) 僕はバドミントン部に入るつもりだ。
> (2) その木は倒れそうだ。

(1) するつもりでいることを表す

その場の思いつきではなく，**前からそう思っていること**を表すときに〈**be going to ＋動詞の原形**〉を使う。

- I'm going to join the badminton club.
  - ▶ バドミントン部に入る決心をしていることを表している。

  Are you **going to be** a teacher？（あなたは教師になるつもりですか。）

be going toが前から思っていたことを表すのに対し，willはその場で思ったことを表すときに使う。

"**I'm going to be** a translator."
"Then, **I'll be** a writer."
（「私は翻訳家になるつもり。」「じゃあ，僕は作家になる。」）

ずっと考えていたこと　今決めたこと

(2) 何かが起こりそうな気配や前兆があることを表す

- The tree **is going to fall**.
  - ▶ 今にも倒れそうなことを表している。

Look at those black clouds in the sky．　It**'s going to rain**.
（空の黒い雲を見てごらんよ。雨が降ってきそうだ。）

> 参考　「行くつもりだ」をbe going toを使って表すとbe going to goとなるが，次のように進行形で表すことが多い（⇨p.52）。
> **Are** you **going to** the concert？（そのコンサートに行くつもり？）

030　日本語の意味に合うように，（　）に適語を入れなさい。
1) 来月，韓国を訪れるつもりです。
　　I'm（　）（　）visit Korea next month.
2) 何か悪いことが起こりそうだ。
　　Something wrong（　）（　）（　）happen.

Ans.　029-1) will go　2) will like
030-1) going to　2) is going to

UNIT 5 未来のことを表す表現(2)

1 現在形や現在進行形で予定を表す

TARGET 031

(1) The express train **leaves** at noon.
(2) I'm **seeing** Bill tonight.

(1) 急行列車は正午に出発します。
(2) 私は今夜、ビルに会います。

(1) 現在形で確定している予定を表す

- The express train **leaves** at noon.
  ▶ 時刻表に載っている出発時刻や到着時刻を表すときは、現在形を使う。

公共交通機関の出発・到着時刻、コンサートの開始時刻、団体旅行や仕事のスケジュールなど、**確定している予定**について述べるときは現在形を使う。

The concert **begins** at seven tomorrow.
（コンサートは明日の7時に始まります。）

My boss **goes** to Berlin tomorrow.（私の上司は明日ベルリンに行きます。）

(2) 現在進行形で個人的な予定を表す

変更可能な個人的な予定で、それに向けて準備などが進んでいるような場合には、現在進行形を使う。この場合、いつのことかを明示する必要がある。

- I'm **seeing** Bill tonight.
  ▶ ビルに会うことが予定に入っていることを表している。現在進行形で未来のことを表す場合は、すでにその動作に入っているという意識がある。

I'm **leaving** for London tomorrow.
（明日、ロンドンに向けて出発します。）

We **are having** a party this Friday.
（今度の金曜日にパーティーをします。）

What **are** you **doing** later today?
（今日はこの後、何をする予定ですか。）

031　日本語の意味に合うように、（　）に適語を入れなさい。
1) その飛行機は午前9時に到着の予定です。
　　The plane (　　) at nine in the morning.
2) おばが明日うちに来ることになっています。
　　My aunt (　　) (　　) to my house tomorrow.

52

② 現在形で未来の時や条件を表す

TARGET 032

(1) We'll start the meeting when Taku **comes** back.
(2) If it **is** warm tomorrow, we'll go to the beach.

(1) タクが戻ってきたら，ミーティングを始めます。
(2) 明日暖かければ，私たちは浜辺に行きます。

(1)「〜したら」を現在形で表す

これから何かをする前提となることを，「〜したら」のように**想定する**場合は，現在形を使う。

- We'll start the meeting when Taku **comes** back.
  ▶「タクが戻ってくる」ことを想定し，その時点でどうするかを述べている。

whenのほかに，after（〜の後に），before（〜の前に），until（〜まで）のような「時」を表す接続詞や，(the) next time（次に〜なら），by the time（〜するまでに）のような表現の後で「〜する」ことを想定するときは，現在形を使う。

What are you going to do after you **graduate**?
（卒業後は，何をするつもりですか。）

(2)「もし〜なら」を現在形で表す

- If it **is** warm tomorrow, we'll go to the beach.
  ▶「暖かい」と想定したうえで，どうするかを述べている。

She will be disappointed if you **don't come** to the party.
（君がパーティーに来なかったら，彼女はがっかりするだろうね。）

ifのほかにunless（⇨p.462）の後でも現在形を使うことがある。

 「〜したら」「〜なら」のような想定を表す場合に現在形を使う。「いつ〜するか」「〜するかどうか」を表す場合は現在形は使わない。
I don't know if it **will rain** tomorrow.
（明日雨が降るかどうかはわかりません。）

032
日本語の意味に合うように，（ ）内から正しいほうを選びなさい。
1) 部屋を出ていくときには，ドアをロックしてください。
　Please lock the door when you (leave / will leave) the room.
2) エリがいつ家に帰ってくるか教えてください。
　Tell me when Eri (comes / will come) home.

Ans. 031-1) arrives 2) is coming
032-1) leave 2) will come

UNIT 6 進行形を使う表現

1 〈will＋進行形〉で未来の時点で進行している動作を表す

TARGET 033

(1) **I'll be studying** for the exam at this time tomorrow.
(2) Ron **will be meeting** you at the airport tomorrow.

(1) 明日の今ごろは，私は試験勉強をしているでしょう。
(2) 明日，ロンが空港であなたを出迎えることになっています。

(1)「〜しているだろう」を〈will＋進行形〉で表す

未来の時点で進行しているであろう動作は，〈will be＋動詞のing形〉で表す。

- **I'll be studying** for the exam at this time tomorrow.
  ▶「勉強しているだろう」を，〈will＋進行形〉で表している。

  I'll be sleeping when you get back.
  (あなたが戻ってくるときには，私は寝ているでしょう。)[「あなたが戻ってくる」ことを想定しているので，get backという現在形を使っている(⇨p.53)]

  We'll be expecting you around five. (5時ごろにお待ちしていますよ。)

(2)「〜することになっている」を〈will＋進行形〉で表す

すでに計画されている未来の行動を表すときも，〈will be＋動詞のing形〉を使うことができる。

- Ron **will be meeting** you at the airport tomorrow.
  ▶「ロンが出迎える」ことがすでに決まっている。

  Will you **be going** to the post office this afternoon?
  (今日の午後，郵便局に行くご予定はありますか。)

  > 参考 相手に何かを頼みたいときは，Are you going to the post office this afternoon?と尋ねるよりも，Will you be going to ...?で「〜することになっていますか」と尋ねるほうが控えめなニュアンスになる。

033

日本語の意味に合うように，( )に適語を入れなさい。
1) 明日の今ごろは海で泳いでいることでしょう。
　　At this time tomorrow we ( ) ( ) ( ) in the sea.
2) ジョンは明日の何時に到着することになっていますか。
　　What time ( ) John ( ) ( ) tomorrow?

❷ 進行形でいつもしていることや途中のことを表す

TARGET 034

(1) My father **is** always **telling** us boring jokes.
(2) The weather **is getting** worse.

(1) 私の父は私たちにいつもつまらない冗談を言う。
(2) 天気が悪くなってきている。

(1)「〜してばかりいる」を進行形で表す

always（いつも）のような頻度が高いことを表す副詞と一緒に進行形を使うと，**何度も繰り返される動作**を表すことになる。

- My father **is** always **telling** us boring jokes.
  ▶「父がつまらない冗談を言う」ことがとても多いことを表している。

  I **was** continually **arguing** with him.
  （私は絶えず彼と口論をしていた。）

 この場合，何度も繰り返される動作に対する話し手の感情が入ることがある。My father is always telling us boring jokes.の場合は，「本当に困ったものだ」というニュアンスが考えられる。

(2) 変化している途中であることを進行形で表す

ある状況に向かっている途中であることを進行形で表すことができる。

- The weather **is getting** worse.
  ▶「悪くなってきている」という状況を表している。

  The economy **was recovering** from the recession.
  （経済は不況から回復しつつあった。）

  The bus **is stopping**.
  （バスが停車しかけている。）
  [「バスがもうすぐ止まりそうだ」という状況を表している]

---

034 日本語の意味に合うように，（ ）に適語を入れなさい。
1) ユリはいつも手帳をなくしてばかりいる。
   Yuri (　　) always (　　) her notebook.
2) そのクマは病気で死にかけている。
   The bear (　　) (　　) of illness.

 033-1) will be swimming 2) will, be arriving
034-1) is, losing 2) is dying

現在形を使う表現

1 真理や変わることのない事実を表す

TARGET 035

(1) The earth **goes** around the sun.
(2) Bad news **travels** fast.
(1) 地球は太陽の周りを回っている。
(2) 悪い知らせはすぐに広まる（悪事千里を走る）。

(1) 変わらない事実を現在形で表す

現在形は，現在の範囲の中で変わらないことを表すので，ずっと変わらない真理や事実を表すときに使う。

- The earth **goes** around the sun.
  ▶ 地球が太陽の周りを公転するのは変わらないこと。

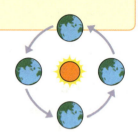

Water **consists** of hydrogen and oxygen.（水は水素と酸素から成る。）
Her mother **comes** from Kyoto.
（彼女のお母さんは京都の出身です。）[出身地も変わらないので，現在形で表す]

(2) ことわざを現在形で表す

- Bad news **travels** fast.
  ▶ いつでも当てはまることなので，現在形で表している。

Time **flies** (like an arrow).（光陰矢のごとし。）

035 　日本語の意味に合うように，（　）に適語を入れなさい。
1) 光は音よりも速く伝わる。
　　Light (　　) faster than sound.
2) 転石苔むさず。
　　A rolling stone (　　) no moss.

2 現在形を使う表現

TARGET 036

(1) I **hear** you're moving to Yokohama.
(2) I **apologize** for my rudeness yesterday.
(1) 横浜に引っ越すって聞いてるんだけど。
(2) きのうの失礼をおわびいたします。

(1) 今の状況を現在形で表す

hearを現在形で使うと，聞いたことを知識として今も持っていることを表すことができる。

● I **hear** you're moving to Yokohama.
　▶ I hear ... は「こんなこと聞いているんだけど」という意味で使う。

忘れてしまって思い出せない状況を表すときに，forgetを現在形で使うこともある。

Oh, I **forget** his name. (あぁ，彼の名前を忘れて思い出せないよ。)

 現在完了形でも，「聞いている」「忘れている」という今の状況を表すことができる (⇨p.64)。単に「聞いた」「忘れた」という過去のこととして言いたければI heard ... のように過去形を使う。
I've **heard** that you won the prize. (その賞をもらったって聞いたよ。)

(2) 現在形を使って気持ちを伝える

● I **apologize** for my rudeness yesterday.
　▶「謝ります」と口に出して言うときに，I apologize ... を使う。

agree (同意する)，insist (〜と主張する)，promise (約束する)，recommend (〜を勧める)，see (〜がわかる)，suggest (〜を提案する)，understand (〜を理解する) などの動詞も同じように使う。

I **promise** that I will not be late. (遅刻しないって約束するよ。)

I **understand** how you feel. (君の気持ちはわかるよ。)

何かが実現することを強く望むときは，I hopeに続く文で現在形を使うことがある。

I hope everything **goes** well. (すべてがうまく行くことを望みます。)
　[willも使えるが，現在形だと実現を想定していることを示すことができる]

 指示を与えたり，求めたりするときに現在形を使うことがある。
You **go** straight along this street, then you **turn** right at the traffic lights ... (この通りをまっすぐ進んで，それから信号を右に曲がって…)

036

日本語の意味に合うように，( )に適語を入れなさい。
1) 君はいい声をしてるって聞いてるんだけど。
　I ( ) you've got a good voice.
2) 君に賛成します。
　I ( ) with you.

Ans. 035-1) travels 2) gathers
036-1) hear 2) agree

EXERCISES

A　日本語の意味に合うように，(　)内の語を適切な形に変えて＿＿に入れなさい。

1) 私の母はこの花の名前を知っています。
　　My mother _____ the name of this flower. (know)
2) 私は，仕事の後で疲れていました。
　　I _____ tired after work. (be)
3) 彼らは今，畑で働いています。
　　They _____ _____ in the field now. (work)
4) 私たちは彼らを手伝うつもりです。
　　We _____ _____ _____ _____ them. (help)
5) 明日，彼女が来たら，この本を彼女に渡してください。
　　If she _____ tomorrow, please give this book to her. (come)
6) 明日の今ごろ，私はパーティーを楽しんでいることでしょう。
　　I _____ _____ _____ the party at this time tomorrow. (enjoy)

B　日本語の意味に合うように，＿＿に適語を入れなさい。

1) 私は今，朝食を食べているところです。
　　I _____ _____ breakfast now.
2) 私は7時半に朝食を食べました。
　　I _____ breakfast at seven thirty.
3) 彼が来たとき，私は朝食を食べていました。
　　I _____ _____ breakfast when he _____.
4) 準備ができたら，朝食をいただきます。
　　I _____ _____ breakfast when it _____ ready.

C　次の文の＿＿に，cookを正しい形にして入れなさい。

1) She likes cooking. She _____ every day.
2) She _____ _____ in the kitchen now.
3) He _____ dinner yesterday.
4) He _____ _____ when I visited him yesterday.
5) Are you _____ _____ _____ dinner tonight?
6) I _____ _____ dinner tomorrow.

58

SECTION 2 時制

D イラストの人物になったつもりで、＿＿に適語を入れなさい。

1) A: What are you doing?
   B: ＿＿＿＿ ＿＿＿＿ a comic book.

2) A: What did you do yesterday?
   B: I ＿＿＿＿ to the library and ＿＿＿＿ English.

3) A: What are you going to do tomorrow?
   B: Well, I ＿＿＿＿ go to the sea if it ＿＿＿＿ sunny.

E 日本語の意味に合うように、（ ）内の語句を並べかえて＿＿に入れなさい。

1) 私たちは今夜そのコンサートに行きます。
   We ＿＿＿ ＿＿＿ ＿＿＿ ＿＿＿ tonight.
   (the concert / are / to / going)

2) 暗くならないうちに帰りましょう。
   Let's ＿＿＿ ＿＿＿ ＿＿＿ ＿＿＿.
   (gets dark / go home / it / before)

3) うちの息子はいつもテレビゲームばかりしています。
   My son ＿＿＿ ＿＿＿ ＿＿＿ ＿＿＿.
   (always / video games / playing / is)

4) 来年、あなたは何歳になりますか。
   How ＿＿＿ ＿＿＿ ＿＿＿ ＿＿＿ next year?
   (be / old / you / will)

5) マイケルはもうすぐ退院するそうです。
   I hear Michael ＿＿＿ ＿＿＿ ＿＿＿ ＿＿＿ soon.
   (the hospital / be / will / leaving)

SECTION 3 完了形

1 現在と過去を結びつける

　現在のことを表すときは現在形，過去のことを表すときは過去形を使います。「きのう，新しい自転車を買ったんだ」と言いたければ，過去のことですから

　　I **bought** a new bicycle **yesterday**.

とします。動詞を過去形にするわけです。

　では，ぴかぴかの自転車を見せながら，「新しい自転車を買ったんだ」と言うときはどうでしょう。ここで伝えたいのは，「自転車を買った」という過去の出来事というよりも，「自転車を買ったから今ここにあるんだよ」という**今の状況**です。

　過去形は〈今〉とは切り離された過去のことを表しますから，I bought a new bicycle.では今の状況を表すことはできません。

　英語には，現在と過去を結びつける「**現在完了**」という表現のしかたがあります。〈**have＋過去分詞**〉で表すこの形を使うと，**今の状況を過去のことと結びつけて述べる**ことができるのです。現在完了形を使って，

　　I **have bought** a new bicycle.

とすると，「新しい自転車を買ったんだ」と言って，その自転車を見せている今の状況を表すことができるわけです。

have bought

　I have bought a new bicycle. という現在完了の文では，「自転車を買った」ということを過去の出来事としてとらえているのではなく，今の状況を説明する一部としてとらえているのです。haveで表す現在の範囲が「自転車を買った」という過去の出来事を含んでいるというイメージです。

　現在完了は，あくまでも現在のことを表す表現ですから，「きのう，自転車を買った」というような過去の出来事を表すときに使うことはできないのです。

❷ 現在完了が表す意味

　現在完了は，今の状況を過去のことと結びつける表現ですから，「何かをしたことがある」という**今までの経験**を表すことができます。たとえば，「僕はロンドンを訪れたことがある」は，

　　I've visited London.

で表します。「ロンドンを訪れた」ということを，今持っている経験として表現しているわけです。経験があるということは，そのことについての何らかの知識を今持っているということですよね。

have visited

　次に，liveのような状態を表す動詞を見てみましょう。「私たちはこの家に住んでいる」という今の状態を表すときは，現在形を使います。

　　We **live** in this house.

「住んでいる」という今の状態だけでなく，その状態が過去からずっと続いているものだということを表したいときは，liveを現在完了形にします。have livedとすることで**ずっと続いている状態**を表すことができるのです。この意味で使うときは，継続していることがわかるように，「どのくらいなのか」「いつからなのか」を示すのが一般的です。

　どのくらいの間続いているのか言いたければ，期間を表すforを使って，

　　We **have lived** in this house **for ten years**.
　（私たちはこの家に10年間住んでいる。）

とします。いつから続いているのかを言いたければ，sinceを使います。

　　We **have lived** in this house **since 1995**.
　（私たちはこの家に1995年から住んでいる。）

　どちらも，過去のある時点からずっと続いた状態の結果として，今の状況があることを表しているのです。

have lived

状態ではなく，ある動作がずっと続いていることを表すときは，現在完了に進行形をプラスします。現在完了形は〈have＋過去分詞〉で，進行形は〈be動詞＋動詞のing形〉です。be動詞を過去分詞のbeenにしてhaveに続けるので，〈**have been＋動詞のing形**〉になります。この形で，ある動作がずっと続いていることを表すことができるのです。

My sister has been talking on the phone for more than an hour.
（姉が1時間以上ずっと電話している。）
とすれば，お姉さんが電話で長話をしている様子を思い浮かべることができますね。

has been talking

　このように，現在完了形を使うと，今の状況に影響を及ぼしている過去の出来事，今までにした経験，今まで続いていることを表すことができます。現在完了の意味を〈完了〉〈経験〉〈継続〉のように分類して覚えるのではなく，**今とつながっている**という基本イメージをつかむことが大切なのです。

 過去完了の形と意味

　現在完了形をつくるhaveを過去形のhadにして〈**had＋過去分詞**〉とすると，**過去のその時点の状況をそれ以前のことと関連づけて述べる**ことになります。表す意味も，現在完了と同じで，今の状況が過去のその時点の状況になっただけです。
　The train had already left.とすれば，過去のある時点で列車がすでに出発してそこにいなかったことを表します。具体的にいつなのかを示したければ，when we arrived at the station（私たちが駅に着いたときに）のような，時を表す表現を加えてあげればいいのです。

The train had already left when we arrived at the station.
（私たちが駅に着いたとき，その列車はすでに出ていた。）

 完了形の形と意味

　現在完了の形は〈**have＋過去分詞**〉です。この**have**は助動詞ですが，「何かを持っている」という意味で使う動詞のhaveと無関係というわけではありません。

「車を持っている」ならI have a car.と言います。物理的に何かを所有しているという意味だけでなく，I have a cold.（かぜをひいている。）のように身体の状況を表したり，I have an idea.（考えがある。）とかI have a question.（質問があります。）のように頭の中にあることを表したりすることもできます。

現在完了で使うhaveもこれと同じことなのです。haveの後に過去分詞を続けることで，過去の出来事を今の状況とのつながりで見ている，と考えればよいのです。

SECTION 3 完了形

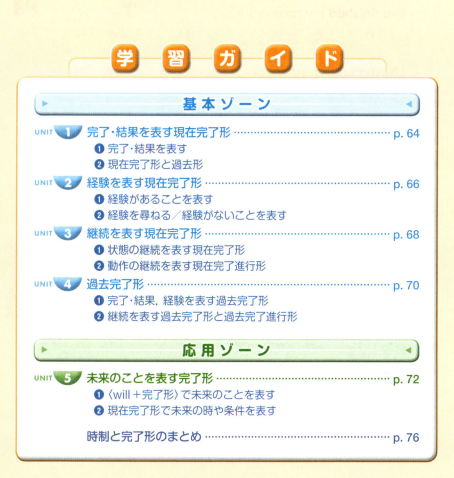

UNIT 1 完了・結果を表す現在完了形

1 完了・結果を表す

TARGET 037

(1) I've finished my homework.
(2) I've caught a bad cold.

(1) 私は宿題をやり終えています。
(2) ひどいかぜをひいてしまいました。

(1) 完了していることを表す

何かが**完了している**という今の状況を述べるときに，現在完了形（**have/has＋過去分詞**）を使う。

- I've finished my homework.
  ▶「宿題をやり終えている」という今の状況を表している。I've は I have の短縮形。会話では you've や she's (= she has) のようにすることが多い。

  I haven't received your email. (あなたのメールを受け取っていません。)
  [現在完了形の否定文は have/has に not を続ける]

現在完了形で完了していることを表すときは，just（ちょうど），already（すでに），yet（［否定文で］まだ，［疑問文で］もう）などの副詞がよく使われる。

  The plane has just landed. (その飛行機はちょうど着陸しました。)

  Have you read the book yet? (その本はもう読みましたか。)

(2) 完了した結果を表す

何かが**完了した結果**として今の状況を述べるときも，現在完了形を使う。

- I've caught a bad cold.
  ▶「ひどいかぜをひいている」という今の状況を表している。

  My father has lost his credit card.
  (私の父はクレジットカードをなくしてしまった。)[クレジットカードがない状況]

  I've brought you some chocolate. (チョコレートを持ってきました。)
  [チョコレートを持っている状況]

 「〜を持っている」と言うときに，イギリス英語では have got という現在完了形を使うことがある。「何かを持っている」という今の状況を「手に入れた」という過去とのつながりで述べている。
I've got a coupon. (私は割引券を持っています。)

使い方は p.2 ▶

037　日本語の意味に合うように，(　)に適語を入れなさい。
1) だれかが僕の自転車を盗んだ。
　　Someone (　　) (　　) my bicycle.
2) 「脚の骨を折っちゃった。」「え，そうなの？」
　　"(　　) (　　) my leg." "Oh, have you?"

2 現在完了形と過去形

TARGET 038

(1) The train has already left.
(2) The train left ten minutes ago.
(1) その電車はすでに出発しています。
(2) その電車は10分前に出ました。

(1) 現在完了形を使う場合

- The train has already left.
  ▶「電車はすでに出発している」という今の状況を表している。

(2) 過去形を使う場合

現在完了形は今の状況を表す表現なので，**過去の特定の時点**での出来事を表すときには使えない。

- The train left ten minutes ago.
  ▶「電車は10分前に出た」という過去の出来事を表している。ten minutes ago のような過去の時を表す表現は現在完了形の文では使えない。

注意!!　疑問詞や接続詞のwhenを使う場合も現在完了形は使えない。
When did you arrive here?（いつここに到着しましたか。）
When I was in Paris, I went to the Louvre.
（パリにいたときに，ルーブル美術館に行きました。）

038　日本語の意味に合うように，(　)内から正しいほうを選びなさい。
1) 昨夜，ブタの貯金箱を壊してしまった。
　　I (broke / have broken) my piggy bank last night.
2) いつ運転免許を取ったのですか。
　　When (did you get / have you gotten) a driver's license?

 037-1) has stolen　2) I've broken
038-1) broke　2) did you get

UNIT 2 経験を表す現在完了形

1 経験があることを表す

> **TARGET 039**
>
> (1) **I've met** the artist before.
> (2) **I've climbed** Mt. Fuji twice.
>
> (1) 私は以前, そのアーティストに会ったことがあります。
> (2) 私は2度, 富士山に登ったことがあります。

(1) 今までの経験を表す

現在完了形を使うと, 今までの経験を述べることができる。「経験がある」という今の状況を, 過去の実際の行動や状態とのつながりで述べている。

- **I've met** the artist **before**.
  ▶「そのアーティストに会ったことがある」という経験を現在完了形で表している。

(2) 経験の回数を示す

- **I've climbed** Mt. Fuji **twice**.
  ▶「今までに2度, 富士山に登った経験がある」ことを表している。

I've met him **once**.
（彼には1度会ったことがあります。）
[onceは「1度」, twiceは「2度」, それ以上はthree timesのように表す]

 参考　have been to ... は「…に行ったことがある」という経験を表す。「そこにいたことがある」という意味になるので, 行って帰ってきた経験を表すことができる。
これに対し, have gone to ... は「…に行ってしまった」という完了・結果を表す。今の状況が「…に行ってしまった」ということなので, 今ここにはいないことになる。
He **has been to** Paris.（彼はパリに行ったことがある。）
He **has gone to** Paris.（彼はパリに行ってしまった。）
文脈によってはhave gone to ... で経験を表したり, have been to ... で「…に行ってきたところだ」という完了を表したりする。
I've **just been** to the bank.（ちょうど銀行に行ってきたところだ。）

I **saw** the musical **twice** when I stayed in London.（ロンドン滞在中にそのミュージカルを2度観た。）[過去のことなので現在完了形は使えない]

039

日本語の意味に合うように, ( )に適語を入れなさい。
1) 私はその映画を観たことがあります。
  (　　)(　　) that movie before.
2) 京都へは何度も行ったことがあります。
  I've (　　) to Kyoto (　　)(　　).

❷ 経験を尋ねる／経験がないことを表す

TARGET 040

(1) **Have** you ever **been** to Italy?
(2) **I've** never **tried** roller skating.

(1) これまでにイタリアに行ったことがありますか。
(2) 私はローラースケートをしたことが一度もありません。

(1) これまでの経験を尋ねる

● **Have** you ever **been** to Italy?
  ▶ everを疑問文で使うと「これまでに」を表す。everは肯定文では使わない。

How many times have you **seen** this movie?
  (君はこの映画を何回観たことがあるの？)
  [how oftenを使うと「どのくらいの頻度なのか」を尋ねることができる]

Has there **been** an accident on this road?
  (この道で事故があったことはありますか。)[There is ... は存在を表す (⇨p.35)]

(2) これまで経験がないことを表す

● I've never tried roller skating.
  ▶ neverで経験が一度もないことを表す。

I **haven't had** any problems **so far**.
  (これまでのところ, 何の問題もありません。)
  [so farは「これまでのところ」を表す]

 040

日本語の意味に合うように, ( )に適語を入れなさい。
1) これまでに詩を書いたことはありますか。
  (　　)(　　)(　　) written poems?
2) 彼は一度も学校に遅刻をしたことがない。
  He (　　)(　　)(　　) late for school.

Ans. 039-1) I've seen 2) been, many times
040-1) Have you ever 2) has never been

UNIT 3 継続を表す現在完了形

1 状態の継続を表す現在完了形

> **TARGET 041**
>
> (1) My sister **has been** in the hospital since Monday.
> (2) How long **have** you **lived** in Japan?
>
> (1) 妹は月曜日から入院しています。
> (2) 日本にはどのくらい住んでいますか。

(1) 継続している状態を表す

現在完了形は，今の状況が過去のある時点から**継続している状態**であることを表すことができる。「…から」という始まった時点を示すときは**since**を使う。

- My sister **has been** in the hospital since Monday.
  ▶「入院している」状態が月曜日から続いている。sinceは始点を示す。

  I've had this pencil case since I was ten.
  （この筆箱は10歳のときから持っています。）［sinceは接続詞としても使える］

継続している具体的な期間を示すときは**for**を使う。また，「最近」を表すrecentlyやlatelyは現在完了形の文で使うことができる（these daysは現在形の文で使う）。

  I've known him **for ten years**. （彼のことは10年前から知っています。）

  My father **has been** busy **recently**. （私の父は最近ずっと忙しい。）

(2) 継続している期間を尋ねる

- **How long have** you **lived** in Japan?
  ▶ how longで継続している期間を尋ねている。how many yearsなども使える。

   alwaysやlongを現在完了形の文で使うと，「ずっと（長いこと）〜している」という意味を表すことができる。
  She **has always wanted** to go to Spain.
  （彼女はずっとスペインに行きたいと思っています。）

041

日本語の意味に合うように，（ ）に適語を入れなさい。
1) シンディは2000年からこの町に住んでいます。
   Cindy (   ) (   ) in this town (   ) 2000.
2) 彼女のことはどのくらい前から知っていますか。
   (   ) (   ) (   ) you known her?

2 動作の継続を表す現在完了進行形

TARGET 042

(1) It **has been raining** for three days.
(2) How long **have** you **been waiting**?

(1) 雨が3日間，降り続いています。
(2) どのくらい待っていたの？

SECTION 3 完了形

(1) 継続していることを表す

過去のある時点から**継続していることを動作動詞で表す**ときは，現在完了進行形（**have/has been＋動詞のing形**）にする。

- It **has been raining** for three days.
  ▶「雨が降っている」という状況が3日間続いていることを表している。it has の短縮形は it's。

I've been studying since this morning.
（私は今朝からずっと勉強しています。）

参考　rain や study のように，ある程度続くことを表す動詞の場合は，期間を表す表現があれば現在完了形で継続を表すこともできる。sleep（眠る），wait（待つ），work（働く）なども同様。
He **has studied** for three hours. (彼は3時間勉強している。)

「ある期間何かをしていない」と言う場合は現在完了形を使う。
My father **hasn't played golf** for a long time.
（父はもう長いことゴルフをしていない。）

(2) ついさっきまで続いていたことを表す

- How long **have** you **been waiting**?
  ▶ついさっきまで待っていた状況で尋ねている。今も待っている状況でも使う。

What **have** you **been doing**? (何をしていたの？)

042　日本語の意味に合うように，（　）に適語を入れなさい。
1) 彼は7時間ずっとレポートを書いている。
　He (　) (　) (　) a report (　) seven hours.
2) どのくらい勉強していたんですか。
　How long (　) you (　) studying?

 041-1) has lived, since 2) How long have
042-1) has been writing, for 2) have, been

UNIT 4 過去完了形

1 完了・結果，経験を表す過去完了形

TARGET 043

(1) The concert **had** already **begun** when we arrived at the hall.
(2) I **had** never **been** abroad before I went to Hawaii last year.

(1) 私たちがホールに着いたとき，コンサートはすでに始まっていました。
(2) 昨年ハワイに行く以前に，私は海外に行ったことが一度もありませんでした。

(1) 過去の時点での完了・結果を表す

過去のある時点での状況をそれまでとのつながりで述べるときに，過去完了形（**had**＋過去分詞）を使う。過去完了形は，何かが完了していた，何かの結果そうなっていたことを表す。

- The concert **had** already **begun** when we arrived at the hall.
  ▶「ホールに着いた」という過去の時点で「コンサートが始まっていた」。

  Ken couldn't play in the game because he **had twisted** his ankle.
  （足首をねんざしていたので，ケンは試合に出ることができなかった。）

過去完了形を使うと，過去のある時点よりも前のことを表すことができる。

  I **found** that I **had fallen** asleep on the sofa.
  （私はソファの上で寝てしまったことに気づいた。）
  ［had fallenという過去完了形で「気づいた」という過去よりも前のことを表している。過去完了形のこの用法は「大過去」と呼ばれる］

   2つの出来事を起こった順に並べたり，接続詞で時間関係に誤解が生じない場合は，過去完了形を使わなくてもよい。
  She **had** lunch **after** she **completed** the task.
  （仕事をやり終えてから，彼女はお昼を食べた。）

(2) 過去の時点までの経験を表す

- I **had** never **been** abroad **before** I went to Hawaii last year.
  ▶ ハワイに行く前の経験について述べている。I hadはI'd，you hadはyou'dのような短縮形を使うことが多い。

  I **didn't go** to that movie because I **had seen** it **before**.
  （以前観たことがあったので，私はその映画を観に行かなかった。）

043

日本語の意味に合うように，（　）に適語を入れなさい。
1) 僕が学校に着いたとき，授業はまだ始まっていなかった。
　　When I got to school, the class (　　) (　　) yet.
2) 彼女はその小説を以前読んだことがあったので，結末を知っていた。
　　She knew the ending of the novel because she (　　) (　　) it before.

❷ 継続を表す過去完了形と過去完了進行形

TARGET 044

(1) She **had lived** in this town for eight years before she moved.
(2) I **had been waiting** for you for an hour when you showed up.

（1）引っ越しをする前，彼女は8年間この町に住んでいた。
（2）あなたが来たとき，私はあなたを1時間待っていました。

(1) 過去の時点で継続していた状態を表す

過去完了形は，過去のある時点で**継続していた状態**を表すことができる。

● She **had lived** in this town for eight years before she moved.
▶「引っ越しする時点で8年間住んでいた」ことを表している。

(2) 過去の時点で継続していたことを表す（動作動詞を使う）

過去の時点で**継続していた動作**を表すときは，過去完了進行形（had been＋動詞のing形）を使う。

● I **had been waiting** for you for an hour when you showed up.
▶「あなたが現れた時点で1時間待っていた」ということ。

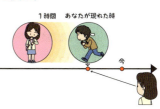

　　He was very tired because he **had been running**.
　　（彼はずっと走っていたので，とても疲れていた。）[少し前まで続いていたこと]

044

日本語の意味に合うように，（　）に適語を入れなさい。
1) お見舞いに行ったとき，彼女は3日間病気だった。
　　She (　　) (　　) sick for three days when I visited her.
2) 彼女が電話してきたとき，僕は3時間テレビを見ていた。
　　I (　　) (　　) (　　) TV for three hours when she called me.

Ans. 043-1) hadn't started/begun　2) had read
044-1) had been　2) had been watching

UNIT 5 未来のことを表す完了形

1 〈will＋完了形〉で未来のことを表す

TARGET 045

(1) The show **will have ended** by three o'clock.
(2) **I'll have visited** the castle three times if I join the tour.
(3) In April **I'll have been** in Tokyo for two years.

(1) そのショーは3時までには終わっているだろう。
(2) そのツアーに参加すると，その城には3回訪れたことになります。
(3) 4月で私は2年間東京にいることになります。

(1) 未来の時点までの完了・結果を表す

未来のある時点までに何かが**完了**している，何かの**結果**そうなっているだろうという未来の状況を表すときに〈**will have ＋過去分詞**〉を使う。

- The show **will have ended** by three o'clock.
  ▶ 未来の時点（3時）で完了しているであろうことを表している。

I'll **have completed** the assignment by the time you come back.
（あなたが戻ってくるまでに，私はその課題を完成しているでしょう。）
[by the timeは，節を後に続けて「…までに」を表す]

(2) 未来の時点での経験を表す

未来の時点で**経験**しているであろうことも〈will have ＋過去分詞〉で表す。

- I'll **have visited** the castle three times if I join the tour.
  ▶ 未来の時点で経験しているであろうことを表している。

(3) 未来の時点で継続していることを表す

未来の時点で**継続**しているであろうことも〈will have ＋過去分詞〉で表す。

- In April I'll **have been** in Tokyo for two years.
  ▶ 未来の時点（4月）で継続しているであろう状態を表している。継続の期間をfor two yearsで表している。

> **参考** 未来のある時点まで継続している動作は，〈will have been ＋動詞のing形〉で表す。ただし，この形はあまり使われない。
> My father **will have been working** for the bank for twenty years next year.
> （来年で，父は銀行で20年間働いていることになります。）

日本語の意味に合うように，（　）に適語を入れなさい。
1) 明日，太陽は6時までには昇っているだろう。
　　The sun (　　) (　　) (　　) by six o'clock tomorrow.
2) この旅行が終わると，私たちはドイツを4回訪れたことになります。
　　After this trip, we (　　) (　　) (　　) Germany four times.
3) 来月で彼女は5年間私たちの上司でいることになる。
　　Next month, she (　　) (　　) (　　) our boss for five years.

2 現在完了形で未来の時や条件を表す

TARGET 046

(1) When you **have cleaned** your room, you can watch TV.
(2) If you **have not received** your order by tomorrow, please call us.

(1) 部屋を掃除し終わったら，テレビを見てもいいよ。
(2) 明日までに注文の品を受け取っていなければ，こちらにお電話ください。

(1) 時を表す接続詞の後で現在完了形を使う

未来のある時点で**完了していること**を**想定**する場合は，現在完了形を使う。「未来にそうなっているだろう」という予測ではないのでwillは使わない。

- When you **have cleaned** your room, you can watch TV.
  ▶「部屋の掃除をし終えた」状況を想定し，「テレビを見てもいい」と言っている。

(2) 条件を表す接続詞の後で現在完了形を使う

条件を表す場合も，完了していることを想定しているのであれば現在完了形を使う。

- If you **have not received** your order by tomorrow, please call us.
  ▶「注文品を受け取っていない」状況を想定して言っている。

日本語の意味に合うように，（　）内から正しいほうを選びなさい。
1) 宿題が終わるまで，待っていてね。
　　Please wait until I (have / will have) finished my homework.
2) 宿題を終わらせない限り，外に行ってはいけません。
　　Don't go out unless you (have / will have) finished your homework.

Ans. 045-1) will have risen 2) will have visited 3) will have been
046-1) have 2) have

EXERCISES

A 日本語の意味に合うように，（ ）内の語を並べかえて＿＿に入れなさい。

1) 私たちはこの町に10年間住んでいます。
   ＿＿＿＿ ＿＿＿＿ ＿＿＿＿ in this town for ten years.
   (have / lived / we)

2) 私はコアラを一度も見たことがありません。
   I ＿＿＿＿ ＿＿＿＿ ＿＿＿＿ a koala. (seen / have / never)

3) 彼はもう自分の部屋を掃除しましたか。
   ＿＿＿＿ ＿＿＿＿ ＿＿＿＿ his room yet? (he / has / cleaned)

4) 私の姉は今朝からずっとレポートを書いています。
   My sister ＿＿＿＿ ＿＿＿＿ ＿＿＿＿ the report since this morning.
   (has / writing / been)

B 映画館の前でふたりが話をしています。seeを正しい形にして＿＿に入れなさい。

Ken: Have you ①＿＿＿＿ the movie yet?

Rika: No, not yet.

Ken: I ②＿＿＿＿ it last week.

Rika: How was it?

Ken: It was exciting! I've never ③＿＿＿＿ such a wonderful movie.

Rika: Really? Then I'll ④＿＿＿＿ it tomorrow.

C 日本語の意味に合うように，（ ）内から正しいものを選びなさい。

1) 私は彼を子どものころから知っている。
   I (know / knew / have known) him since he was a child.

2) ハワイに行ったことある？
   Have you ever (go / went / been) to Hawaii?

3) タカシったら，もう何時間もテレビゲームをしているのよ。
   Takashi has been (plays / played / playing) a video game for hours.

4) パリに行く前に，僕はフランス語を2年間勉強していたんだ。
   I (studied / have studied / had studied) French for two years before I went to Paris.

SECTION ❸ 完了形 (解答 ▶ p. 479)

5) 僕がバス停に着いたら，バスはもう出てしまっていたんだよ。
The bus (left / has left / had left) when I got to the bus stop.
6) 来月で私は日本に来て3年になります。
I (have been / will be / will have been) in Japan for three years next month.

D 日本語の意味に合うように，＿＿に適語を入れなさい。

1) 私の父は1週間ずっと出張に出かけています。
My father ＿＿＿＿ ＿＿＿＿ on a business trip for a week.
2) きのう携帯電話をなくしてしまい，まだ見つかっていません。
I ＿＿＿＿ my cell phone yesterday, and I ＿＿＿＿ found it yet.
3) 彼は今朝からずっとその本を読んでいます。
He ＿＿＿＿ ＿＿＿＿ ＿＿＿＿ the book since this morning.
4) ナンシーは日本に来るまで，寿司を一度も食べたことがありませんでした。
Nancy ＿＿＿＿ never ＿＿＿＿ sushi before she came to Japan.
5) 彼女は，結婚するまでずっと看護師として働いていました。
She ＿＿＿＿ ＿＿＿＿ ＿＿＿＿ as a nurse before she got married.
6) あなたが来るまでには，私は仕事を終えているでしょう。
By the time you ＿＿＿＿, I ＿＿＿＿ ＿＿＿＿ ＿＿＿＿ my work.

E [ ]内の指示に従って，＿＿に適語を入れなさい。

1) John went to Canada, and he is not here. [ほぼ同じ意味に]
John ＿＿＿＿ ＿＿＿＿ to Canada.
2) It began to snow two hours ago, and it is still snowing. [ほぼ同じ意味に]
It ＿＿＿＿ ＿＿＿＿ snowing ＿＿＿＿ two hours.
3) My sister has already written the report. [「まだ〜していない」という意味に]
My sister ＿＿＿＿ ＿＿＿＿ ＿＿＿＿ the report ＿＿＿＿.
4) They have been married for ten years. [期間を尋ねる疑問文に]
＿＿＿＿ ＿＿＿＿ ＿＿＿＿ they ＿＿＿＿ married?
5) The clothes will dry soon. [soonをby tomorrow morningにかえて]
The clothes ＿＿＿＿ ＿＿＿＿ ＿＿＿＿ by tomorrow morning.

時制と完了形のまとめ

ある状態や動作を表すときに,「時」をどういう形で表せばよいかを下の表にまとめてある。右ページのリストと合わせて確認しよう。

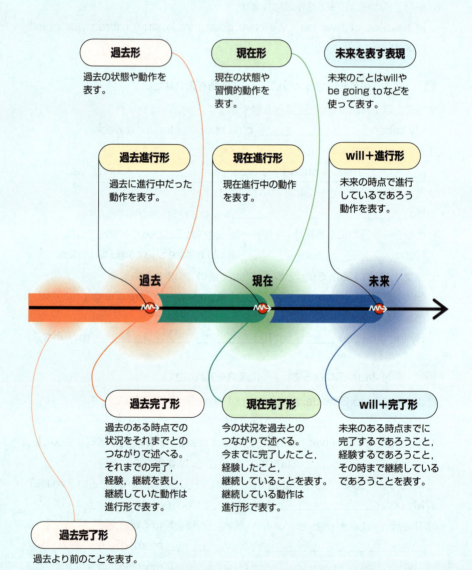

❶ 時制のまとめ

① 現在形
   I **like** cats very much.（私はネコが大好きです。）
   My father **drives** to work.（私の父は車で通勤しています。）

② 現在進行形
   I'm waiting for the bus.（私はバスを待っています。）

③ 過去形
   Mr. Jones **looked** very angry.（ジョーンズ先生はとても怒っているようだった。）
   I **went** to a movie yesterday.（私はきのう，映画を観に行きました。）

④ 過去進行形
   I **was watching** TV at eleven last night.
   （昨夜の11時は，テレビを見ていました。）

⑤ 未来のこと
   He **will** win the race.（彼はそのレースに勝つだろう。）
   I'm going to join the badminton club.（僕はバドミントン部に入るつもりだ。）
   I'll be studying for the exam at this time tomorrow.
   （明日の今ごろは，私は試験勉強をしているでしょう。）[未来に進行中のこと]

❷ 完了形のまとめ

① 現在完了形
   I've finished my homework.（私は宿題をやり終えています。）
   I've met the artist before.（私は以前，そのアーティストに会ったことがあります。）
   My sister **has been** in the hospital since Monday.（妹は月曜日から入院しています。）
   It **has been raining** for three days.（雨が3日間，降り続いています。）

② 過去完了形
   The concert **had** already **begun** when we arrived at the hall.
   （私たちがホールに着いたとき，コンサートはすでに始まっていました。）
   I found that I **had fallen** asleep in the sofa.
   （私はソファの上で寝てしまったことに気づいた。）[過去より前のこと]

③ will ＋完了形（未来のこと）
   The show **will have ended** by three o'clock.
   （そのショーは3時までには終わっているだろう。）

77

助動詞

1 動詞に意味を加える

「私の父は職場には車で行きます」と言いたいときは，

My father drives to work.

のように動詞の現在形を使います。driveのような動作を表す動詞を現在形にすると，いつもすることを表すことができるからです。

動詞の形を変えることで現在や過去のことを表すことはできますが，動詞にできるのはここまでです。動詞に何か意味をプラスしたいときは，ほかの語の助けを借りなければなりません。ここで登場するのが助動詞です。その名のとおり，動詞を助けてあげるわけです。

では，「私の姉は車の運転をすることができる」という文をつくってみましょう。My sister drives. でも「私の姉は車の運転をする」ことを表しますが，これだと「車の運転ができてよく運転しているよ」という意味合いになります。そうではなくて，「車を運転する能力があるんです」と言いたいときは，助動詞のcanを使って

My sister can drive.

としなければなりません。**canを使って動詞に「できる」という意味を加える**わけです。

助動詞は動詞の前で使います。助動詞を先に出して，こういう意味をこの後に続く動詞に加えますよ，と前もって言っておくわけです。この順番も日本語とは違いますね。「〜することができる」ではなくて「できるよ，〜することがね」という感覚なのです。

助動詞の後に続く動詞は原形です。助動詞の後の動詞は，形を変えてはいけません。また，主語が3人称単数で現在のことを表すときでも，助動詞にはsをつけません。助動詞を使うと〈**主語＋助動詞＋動詞の原形**〉という語順になりますから，My sister can drive. で「私の姉は車の運転をする能力がある」という意味を表すことができるのです。

② 助動詞の意味

canが表す意味は「できる」という**能力**だけではありません。「私の車を運転してもいいよ」と, 相手に**許可**を与えるときもcanを使います。

　　You **can drive** my car.

「あなたは私の車を運転できる」と考えれば,「できる」つながりが見えてきます。

さらにこのつながりは,「これでドライブに行けるわ」という**可能**なことを表す用法へと広がります。

　　I **can go** for a drive.

助動詞にはさまざまな意味があるように見えますが, 実はひとつの基本イメージから広がっていっているのです。

助動詞にはcanのほかにmay, should, will, mustなどがあります。ここではmayとmustの意味を見ておきましょう。

mayは「していいよ」という許可を表します。「していいよ」と言われても, そうしないかもしれないわけです。そこから「かもしれない」という意味につながります。

　　You **may go** now. (もう行っていいよ。)

　　You **may be** right. (君は正しいかもしれない。)

mustは「しなければならない」という義務を表します。ほかに選択肢がないわけですから,「そうに違いない」という意味につながります。

　　You **must apologize**. (君は謝らなくちゃいけない。)

　　She **must be** angry. (彼女は怒っているに違いない。)

それぞれの助動詞の意味は,「助動詞のまとめ」(⇨p.108) で説明してあります。

③ 助動詞の過去形

助動詞にはwouldやcouldやmightという「過去形」がありますが, 動詞の過去形とは違って, 過去のことを表すだけではありません。

たとえば、「彼女、女優かもしれないね」は、She **may be** an actress. で表しますが、でもちょっとその可能性は低いかな、ということになると、

She **might be** an actress.

とするわけです。couldを使うとさらに可能性は下がって、「女優って可能性もあったりして」という感じになります。

She **could be** an actress.

助動詞の過去形を使うと、もとの意味よりもちょっと距離を置いた意味合いを出すことができます。Can you open the window?と言えば、「窓を開けてください」という依頼を表すことになりますが、

Could you **open** the window?

とすれば「窓を開けてくださいますか」というていねいなニュアンスを出すことができるのです。ていねいさを「距離感」で表しているわけです。

助動詞を使い分ける

「かもしれない」という推量を表すときはmayやmightを使いますが、「そうに違いない」と言うときはmust、「そんなはずはない」と言うときはcannotを使います。確信度がどのくらいかによって助動詞を使い分けるのです。

The snake **may be** poisonous.
（あのヘビは毒があるかもしれない。）

The snake **must be** poisonous.
（あのヘビは毒があるに違いない。）

どういう場面なのか、相手はだれなのかを考えることも大切です。たとえば、canとmayはどちらも許可を表すときに使いますが、mayには「自分の権限で相手に許可を与える」という意味合いがあります。そのためYou may go now.（もう行ってもよい。）のような表現は先生が生徒に言うような場面で使われます。また、May I come in?（入ってもよろしいですか。）も、ていねいな言い方なので、かしこまった場面で使うことが多くなるのです。

学習ガイド

基本ゾーン

UNIT 1 能力・可能を表す can / be able to ……… p. 82
　❶ can / be able to　❷ could / was able to

UNIT 2 意志を表す will / would ……… p. 84
　❶ will　❷ would

UNIT 3 Will you ...? / Shall I ...? ……… p. 86
　❶ Will you ...? / Can you ...?
　❷ Shall I ...? / Shall we ...?

UNIT 4 許可を表す can / may ……… p. 88
　❶ can / may　❷ Can I ...? / May I ...?

UNIT 5 義務・必要を表す must / have to ……… p. 90
　❶ must / have to　❷ had to / will have to

UNIT 6 不許可・禁止を表す can't / mustn't ……… p. 92
　❶ can't / may not
　❷ must not / don't have to

UNIT 7 望ましい行動を表す should ……… p. 94
　❶ should / ought to　❷ had better

UNIT 8 推量を表す should / will / must ……… p. 96
　❶ should / ought to　❷ would / will / must

UNIT 9 推量を表す can / may ……… p. 98
　❶ can / could　❷ may / might

応用ゾーン

UNIT 10 過去のことを表す would / used to ……… p. 100
　❶ would / used to で過去の習慣を表す
　❷ used to で過去の状態を表す

UNIT 11 過去のことに関する表現 (1) ……… p. 102
　❶ may / might have ＋過去分詞
　❷ could / should have ＋過去分詞

UNIT 12 過去のことに関する表現 (2) ……… p. 104
　❶ must / cannot have ＋過去分詞
　❷ should have ＋過去分詞

助動詞のまとめ ……… p. 108

SECTION 4　助動詞

能力・可能を表す can / be able to

1 can / be able to で能力や可能を表す

TARGET 047

(1) I **can play** the piano.
(2) You **can't use** the gym today.
(3) **Are** you **able to go** to the bank tomorrow?

(1) 私はピアノを弾くことができます。
(2) 今日は体育館を使うことができません。
(3) 明日，銀行に行くことができますか。

(1) する能力があるかどうかを表す

canを使うと，主語が**現在持っている能力**を表すことができる。助動詞は〈**助動詞＋動詞の原形**〉の形で使い，否定文にするときは助動詞の直後にnotをつける。

- I **can play** the piano.
    ▶「ピアノを弾くことができる」という主語の能力を表している。

Miki **can speak** Chinese but she **can't write** it.
（ミキは中国語を話すことはできるが，書くことはできない。）

注意!! canの否定形はcan'tかcannotを使う。
The kitten still **cannot walk**. （その子ネコはまだ歩けません。）

(2) することが可能かどうかを表す

主語が置かれている状況などから，何かをすることが**可能かどうか**を表すときもcanを使う。疑問文にするときは助動詞で文を始める。

- You **can't use** the gym today.
    ▶「体育館を使うことができない」という状況を表している。

    Can you **hear** me?（僕の声が聞こえますか？）

(3) 能力や可能を be able to で表す

- **Are** you **able to go** to the bank tomorrow?
    ▶ be able to を使って can と同じような意味を表すことができる。

    参考 be unable to は「〜することができない」を表すが，あまり使わない。
    My mother **is unable to ride** a bicycle. （母は自転車に乗れない。）

The baby **will be able to talk** soon.
（その赤ちゃんはもうすぐ話すことができるだろう。）
[willの後にcanを続けることはできないので，will be able to とする]

使い方は p.2 ▶

047

日本語の意味に合うように，（　）に適語を入れなさい。
1) 私の父はコンピュータを使うことができます。
　　My father (　　) (　　) a computer.
2) ここから海を見ることができます。
　　We (　　) (　　) the ocean from here.
3) もっと練習すれば泳ぐことができるようになりますよ。
　　You (　　) (　　) (　　) (　　) swim if you practice more.

2　could/was able to で過去の能力や可能を表す

TARGET 048

(1) I **couldn't answer** that question.
(2) I **was able to catch** the last bus.

(1) 私はその質問に答えることができませんでした。
(2) 私は最終バスに乗ることができました。

(1) 過去の時点での能力や可能を表す

　何かをすることができた[できなかった]という**過去の能力や可能**について述べるときは，canの過去形のcouldかwas/were able toを使う。

● I **couldn't answer** that question.
　　▶「できなかった」をcouldn'tで表している。couldn'tはcould notの短縮形。

　My father **could run** very fast.（父はとても速く走ることができた。）

　We **were able to swim** in the river.（私たちは川で泳ぐことができた。）

(2) やってみてできたことはwas able toで表す

● I **was able to catch** the last bus.
　　▶ 能力とは関係なくその時だけできたことは，couldではなくwas able toで表す。できなかったことを表すときはcouldn'tでもwasn't able toでもよい。

　Were you **able to talk** to him?（彼と話ができましたか。）

048

日本語の意味に合うように，（　）に適語を入れなさい。
1) 母は若いころはオートバイに乗ることができました。
　　My mother (　　) ride a motorcycle when she was young.
2) 私たちはその混雑した列車に乗ることができた。
　　We (　　) (　　) (　　) get on the crowded train.

Ans.　047-1) can use　2) can see　3) will be able to
　　　　048-1) could　2) were able to

UNIT 2 意志を表す will / would

1 will で意志を表す

TARGET 049

(1) **I'll bring** some food to the party.
(2) **I won't be** late again.

(1) パーティーに食べ物を持っていくよ。
(2) もう遅刻はしません。

(1) will で「するつもりだ」という意志を表す

will は「〜するつもりだ」という**主語の意志**を表す。

- **I'll bring** some food to the party.
    ▶「食べ物を持っていく」という意志を伝えている。
    I'll は I will の短縮形。

I'll walk you home.（家まで送るよ。）
   [walk you home は「あなたを家まで（歩いて）送る」で、drive you home なら「車で送る」という意味になる]

If she **will go** to the party, I **will**, too.
   （彼女がそのパーティーに行くつもりなら、私も行きます。）
   [if の後で現在形を使って If she goes to the party とすると、「彼女がそのパーティーに行くなら」という想定を表すことになる（⇨ p.53）]

(2) will not で「しないつもりだ」という意志を表す

will not の短縮形は won't で、発音は [wount]。

- I **won't be** late again.
    ▶「遅刻はしない」という意志を伝えている。

 will を使って、未来にそうなるであろうという予測を表すこともできる（⇨ p.50）。
He **will be** here by five.（彼は5時までにはここに来るだろう。）
It **will rain** tomorrow.（明日は雨になるでしょう。）

3人称の主語で will not を使うと、「どうしても〜しようとしない」という**主語の拒絶**を表すことができる。

My sister **won't listen** to me.
   （妹は僕の言うことを聞こうとしません。）

The car **won't start**.（車のエンジンがどうしてもかからない。）

049

日本語の意味に合うように，（ ）に適語を入れなさい。
1) もう一度彼と話してみるよ。
　　I (　) talk to him again.
2) 彼は僕のアドバイスに従おうとしない。
　　He (　) follow my advice.

2 wouldで過去の時点での意志を表す

TARGET 050

(1) Mari said she **would** never **meet** him.
(2) The child **wouldn't eat** carrots.

(1) マリは彼とは二度と会わないつもりだと言った。
(2) その子は，ニンジンを食べようとしなかった。

(1) wouldで過去の時点での意志を表す

過去のある時点で「するつもりだ」と思ったことは，willの過去形のwouldで表す。

● Mari said she would never meet him.
　▶「彼とは二度と会わないつもりだ」と思ったのは，マリがそう言った時点のことなので，過去形のwouldを使っている（⇨p.322）。

 過去のある時点での「そうなるであろう」という予測もwouldで表す。
I thought he **would win** the race.（彼がその競走に勝つと思った。）

(2) would notで過去の時点での拒否を表す

3人称の主語でwould notを使うと，「どうしても〜しようとしなかった」という主語の拒絶を表すことができる。

● The child **wouldn't eat** carrots.
　▶「どうしても食べようとしなかった」という拒否を表している。

The door **wouldn't open**.（そのドアはどうしても開かなかった。）

050

日本語の意味に合うように，（ ）に適語を入れなさい。
1) 僕は宇宙飛行士になろうと決心した。
　　I decided that I (　) (　) an astronaut.
2) 彼は私たちと一緒に行こうとしなかった。
　　He (　) (　) with us.

049-1) will　2) won't
050-1) would become　2) wouldn't go

過去の習慣を表すwould ⇨ p.100

UNIT 3　Will you ...? / Shall I ...?

1　Will you ...? / Can you ...? で依頼を表す

TARGET 051

(1) **Will you pass** me the magazine, please?
(2) **Can you give** me a hand?

(1) その雑誌を取ってくれませんか。
(2) 手伝ってくれませんか。

(1) Will you ...? で依頼する

● **Will you pass** me the magazine, please?

　▶ Will you ...? は，相手にそうすることを求める表現。相手の意志を尋ねることで「～してくれるつもりはありますか」→「～してくれませんか」となる。

Will you close the window?（窓を閉めてくれるかな。）

 Will you ...? や Won't you ...? で「～しませんか」という提案や勧誘を表すこともできる。
Will you have some more cake?（ケーキをもっといかがですか。）

 命令文の後に will you? をつけて依頼を表すことがある。
Give me some time, **will you**?（私に時間をくれない？）

(2) Can you ...? で依頼する

● **Can you give** me a hand?

　▶ 可能かどうかを尋ねる表現で，「～することができますか」→「～してくれませんか」となる。間接的な表現なので，Will you ...? よりもよく使われる。

 Can I ...? で依頼を表すことがある。
Can I have some coffee?（コーヒーをいただけますか。）

Would you ...? や Could you ...? を使うと，ていねいな依頼表現となる。

Could you tell me the way to the station?
（駅への道を教えてくださいませんか。）

051　日本語の意味に合うように，(　)内の語句を並べかえなさい。
1) 静かにしてくれませんか。
　(quiet / you / will / be), please?
2) ドアを開けてくれませんか。
　(open / can / you / the door) for me, please?

2 Shall I ...? / Shall we ...? で申し出や提案を表す

TARGET 052

(1) **Shall I put** your bag on the rack?
(2) What **shall we have** for dinner?

(1) かばんを網棚にのせましょうか。
(2) 食事は何にしましょうか。

(1) Shall I ...? / Shall we ...? で申し出や提案をする

Shall I ...?は「〜しましょうか」という**申し出**を，Shall we ...?は「〜しませんか」という**提案**や**勧誘**をするときに使う。

- **Shall I put** your bag on the rack?
  ▶ Shall I ...?は相手の意向を尋ねる表現。

Shall we dance?（踊りませんか。）[自分も相手と一緒にすること]

 Let'sで始まる文の後にshall we?をつけて提案を表すことがある。
Let's take a break, **shall we**?（休憩しませんか。）

 Can I ...?で申し出を表すことがある（⇨p.89）。
Can I help you?（手伝いましょうか。）

 アメリカ英語ではShall I ...?の代わりにDo you want me to ...?を使うことが多い（⇨p.142）。
Do you want me to take a photo of you?
（写真を撮りましょうか。）[「私に〜してほしいですか」→「〜しましょうか」。Would you like me to ...?はていねいな表現]

(2) 疑問詞にshall I ... / shall we ... を続ける

- What **shall we have** for dinner?
  ▶「何を食べましょうか」と相手に問いかけている。

What **shall I do**?（どうしたらいいんだろう。）[自分に問いかけている]

052
日本語の意味に合うように，( )に適語を入れなさい。
1) かばんをお持ちしましょうか。
   ( ) ( ) carry your bags?
2) どこで会いましょうか。
   ( ) ( ) ( ) meet?

 051-1) Will you be quiet 2) Can you open the door
052-1) Shall I / Can I 2) Where shall we

UNIT 4 許可を表す can / may

1 can / may で許可を表す

TARGET 053

(1) You **can take** pictures in this museum.
(2) You **may leave** school early today.

(1) この美術館では写真を撮ってもいいですよ。
(2) 今日は学校を早退してよろしい。

(1) You can ... で許可を与える

canは可能であることを表すので，相手に「〜してもよい」と**許可**を与えるときに使うことができる。

- You **can take** pictures in this museum.
  ▶「写真を撮ることができる」→「写真を撮ってもよい」

  You **can use** my pen. (私のペンを使ってもいいよ。)

  You **can watch** TV after you finish your homework.
  (宿題を終えた後なら，テレビを見てもいいですよ。)[「宿題を終える」ことを想定して話しているので，afterの後は現在形を使っている (⇨p.53)]

(2) You may ... で許可を与える

mayを使って相手に**許可**を与えることもできる。You may ... は目上の人や許可を与える権限を持つ人が使う表現。

- You **may leave** school early today.
  ▶先生が生徒に早退の許可を与えている場面。先生の権限で早退の許可を与えている。

  You **may** now **return** to your seat.
  (では自分の席に戻ってよろしい。)

> 参考　canとmayの否定形は「〜してはいけない」という不許可を表す。この使い方についてはUNIT 6 (⇨p.92) で扱う。

053　日本語の意味に合うように，(　) に適語を入れなさい。

1) 自分のコンピュータを持ってきてもいいよ。
   You (　) (　) your own computer.
2) この試験では辞書を使ってもよろしい。
   You (　) (　) your dictionary in this exam.

2　Can I ...? / May I ...? で許可を求める

TARGET 054

(1) **Can I borrow** this eraser?
(2) **May I come** in?
(1)この消しゴムを借りてもいい？
(2)入ってもよろしいですか。

(1) Can I ...? で許可を求める

「〜してもいいですか」と**許可を求める**ときは，Can I ...? を使う。

- **Can I borrow** this eraser?
  ▶「消しゴムを借りることができますか」→「借りてもいいですか」

  Can I take a seat here?（ここに座ってもいいですか。）

  Can we play in this room?（この部屋で遊んでもいいですか。）
  ［複数で許可を求めているのであればCan we ...? を使う］

Could I ...? を使うと，ていねいな表現となる。

  Could I borrow your umbrella?（かさをお借りしてもよろしいですか。）

  注意!!　Can I ...? は，申し出や依頼をする場合にも使うことができる。
  What **can I get** for you?（何をさしあげましょうか。）
  Can I have a blanket, please?（毛布をください。）

(2) May I ...? で許可を求める

- **May I come** in?
  ▶ Can I ...? より May I ...? のほうがかしこまった言い方になる。

  参考　Can I ...?やMay I ...?と聞かれたときに，「いいですよ」と許可する場合は，Sure. / Certainly. / Yes, please. / Yes, of course. などと答え，断る場合は，I'm sorry, you can't. / I'm afraid you can't. などと答える。

054
日本語の意味に合うように，（　）に適語を入れなさい。
1) 窓を開けてもいいですか。
　　（　　）（　　）open the window?
2) 個人的な質問をしてもよろしいでしょうか。
　　（　　）（　　）ask you a personal question?

Ans.　053-1) can bring　2) may/can use
　　　054-1) Can I　2) May I

UNIT 5 義務・必要を表す must / have to

1 must / have to で義務や必要を表す

> **TARGET 055**
>
> (1) We **must obey** the law.
> (2) You **have to have** a checkup this Friday.
>
> (1) 法律には従わなければならない。
> (2) 今週の金曜日に健康診断を受けなければいけないよ。

(1) must で義務や必要を表す

must は，「しなければならない」という**義務**や**必要**を表す。

- We **must obey** the law.
  ▶「法律に従わなければならない」という義務を表している。

 親しい人に対して「ぜひ…してね」という意味で，You must ... を使うことがある。
You **must** come and visit me.（ぜひ遊びにきてくださいね。）

I **must finish** my homework tonight.
（今夜，宿題を終わらせないといけない。）

Must I **wear** a tie?（ネクタイをしなければなりませんか？）
[疑問文は must で文を始めるが，使うことはあまりない]

(2) have to で義務や必要を表す

have to で must と同じように義務や必要を表すこともできる。
have to は [hǽftə]，has to は [hǽstə] と発音する。

- You **have to have** a checkup this Friday.
  ▶ 会話では must よりも have to を使うことが多い。

She **has to go** now.（彼女はもう行かなければなりません。）

Do I **have to get up** early tomorrow?
（明日は早起きしなければならないの？）
[疑問文は Do I have to ...? / Does she have to ...? という形になる]

 イギリス英語では，have got to という形を使うことがよくある。
have got to の発音は [həv gátə]。
You'**ve got to stay** outside.（外にいなければなりません。）

 only have to や have only to は「～さえすればよい」という意味。
You **only have to go** there.（そこに行きさえすればいいのです。）

must not / don't have to ⇨ p.92

90

日本語の意味に合うように，（ ）に適語を入れなさい。
1) 今日は病院に行かなければなりません。
　　I (　　) (　　) to the hospital today.
2) 携帯の電源を切らなければなりません。
　　You (　　) (　　) turn off your cell phone.

2 過去や未来の義務や必要を表す

TARGET 056

(1) We **had to practice** for the concert.
(2) We'll **have to prepare** for the school festival tomorrow.

(1) 私たちはコンサートに向けて練習をしなければならなかった。
(2) 明日は学園祭の準備をしなければならないだろう。

(1) had to で過去の時点での義務や必要を表す

● We **had to practice** for the concert.

▶「しなければならなかったこと」を表す。had to の発音は [hǽtə]。must に過去形はない。

　I **had to wait** in line.（並んで待たなければならなかった。）

(2) will have to で未来の時点での義務や必要を表す

● We'll **have to prepare** for the school festival tomorrow.

▶ will の後では must は使えない。will have to で「しなければならないだろう」。

You'll **have to change** the battery.
（君はバッテリー（電池）の交換をしなければならなくなるだろうね。）

> 　「する必要がある」は，〈need to ＋動詞の原形〉で表すことができる。
> I needed to have some sleep.（少し眠る必要があった。）
> What do you need to do?（何をする必要があるの？）

日本語の意味に合うように，（ ）に適語を入れなさい。
1) 昨夜は勉強しなければならなかったので，外出できなかった。
　　I (　　) (　　) study last night, so I couldn't go out.
2) 彼らはすぐに謝らなければならなくなるでしょう。
　　They (　　) (　　) (　　) apologize soon.

Ans. 055-1) must go 2) have to
056-1) had to 2) will have to

91

不許可・禁止を表す can't / mustn't

can't / may not で不許可を表す

> **TARGET 057**
>
> (1) You **can't eat** or **drink** in the library.
> (2) Students **may not enter** this room.
>
> (1) 図書館では飲食をしてはいけません。
> (2) 生徒はこの部屋に入ってはいけません。

(1) can't で不許可を表す

「してはいけない」という**不許可**を表すときは，can't か cannot を使う。

- You **can't eat** or **drink** in the library.
  ▶「することはできない」→「してはいけない」

  I'm sorry, but you **can't take** that on a plane.
  （申し訳ありませんが，それを機内に持ち込むことはできません。）

(2) may not で不許可を表す

may not で**不許可**を表すこともできるが，かしこまった言い方なので，can't を使うことのほうが多い。

- Students **may not enter** this room.
  ▶ 許可を与える権限を持つ人が使う。〈禁止〉であることを伝えるときは must not を使う。

057　日本語の意味に合うように，（　）に適語を入れなさい。
  1) このレストランでは喫煙できません。
     You (　　) (　　) in this restaurant.
  2) これらの彫像に触ってはいけません。
     You (　　) (　　) touch these sculptures.

must not / don't have to で禁止や不必要を表す

> **TARGET 058**
>
> (1) You **must not use** your cell phone in class.
> (2) You **don't have to worry** about it.
>
> (1) 授業中に携帯電話を使ってはいけません。
> (2) そのことは心配しなくていいですよ。

(1) must not で禁止を表す

「してはいけない」という**禁止**を表すときは，mustの否定形must notを使う。must notの短縮形はmustn't。

- You **must not use** your cell phone in class.
  - ▶ 禁止を表すので，Don't use your cell phone in class. と同じような意味になる。

  You **must not park** your bicycle here.
  （ここに自転車をとめてはいけない。）

  You **mustn't tell** lies to your parents.
  （親にうそをついてはいけない。）[mustn'tの発音は [mʌ́snt]]

(2) don't have to で不必要を表す

have toの否定形don't have toは，「～しなくてもよい」という**不必要**を表す。

- You **don't have to worry** about it.
  - ▶ don't have toは何かをする必要がないことを表す。

  I **didn't have to wake up** early yesterday.
  （きのうは早起きしなくてもよかった。）[過去のことはdidn't have toで表す]

 mustとhave toは「～しなければならない」という意味を表すが，must notは「～してはいけない」，don't have toは「～しなくてもよい」という意味になる。
You **must not** meet him. （彼に会ってはいけない。）
You **don't have to** meet him. （彼に会わなくてもいい。）

イギリス英語では，needn'tで「～しなくてもよい」という意味を表すことがある。

- You **needn't talk** about it.
  （そのことについては話さなくていいよ。）

 needを動詞として使うと，〈don't need to ＋動詞の原形〉となる。
I **didn't need to go** to the hospital.
（病院に行く必要はなかった。）

---

058 日本語の意味に合うように，（　）に適語を入れなさい。
1) 芝生の上を歩いてはいけません。
　　You (　　) walk on the grass.
2) 「今行かなければなりませんか。」「いいえ，行かなくてもいいですよ。」
　　"(　　) I go now?" "No, you (　　) (　　) (　　)."

 057-1) can't/cannot smoke 2) may not
058-1) mustn't 2) Must, don't have to

UNIT 7　望ましい行動を表す should

1　should/ought to で望ましい行動を表す

TARGET 059

(1) You **should get** more sleep.
(2) You **shouldn't trust** him.
(3) We **ought to save** energy.

(1) もっと睡眠をとるべきだ。
(2) 彼を信じるべきじゃないよ。
(3) エネルギーを節約すべきです。

(1) should ですべきことを表す

そうするのが望ましいことについて「〜すべきだ」と言うときは should を使う。

- You **should get** more sleep.
  ▶「もっと睡眠をとるべきだ」という望ましい行動について述べている。

  What **should** I **do**? (私は何をすべきなんでしょう。)

(2) shouldn't ですべきではないことを表す

- You **shouldn't trust** him.
  ▶ すべきではないことについて述べている。
  　shouldn't は should not の短縮形。

(3) ought to で should と同じ意味を表す

- We **ought to save** energy.
  ▶ ought to は should と同じ「するのが望ましいこと」を表すが，should を使うことのほうが多い。

   ought to の否定形は，ought not to となる。
  　You **ought not to** follow his advice.
  　（彼の助言に従うべきじゃないよ。）

059

日本語の意味に合うように，（ ）に適語を入れなさい。
1) 彼女に謝るべきですか。
　　（　　）I apologize to her?
2) 彼の話は信じるべきじゃないよ。
　　You（　　）believe his story.
3) その公園で夜遅くに遊ぶべきではありません。
　　You（　　）（　　）（　　）play in the park late at night.

should have ＋過去分詞 ⇨ p.104

2 had betterですべき行動や助言を表す

TARGET 060

(1) I'd better go to the dentist.
(2) You'd better not go to school.

(1) 歯医者に行かなきゃ。
(2) 学校に行かないほうがいいよ。

(1) had betterですべきことを表す

had betterは「そうすべきだ」と思っていることを表す。shouldよりも意味が強い。

- I'd better go to the dentist.
  ▶ had betterは現在すべきことを表す。I'd betterはI had betterの短縮形。

  You'd better stay home. (家にいなきゃだめだよ。)
  [You'd better ...は,「そうしないとまずいことになる」という含みを持つ。相手に対する忠告や命令に近いので,目上の人には使わない]

   会話ではhadを省略して, You better go. (君は行ったほうがいい。)のような言い方をすることもある。

(2) had better notですべきでないことを表す

- You'd better not go to school.
  ▶ had betterの否定形は〈had better not + 動詞の原形〉という語順になる。

相手に行動を促すときのニュアンスはshould→had better→mustの順に強くなる。

You _____ go to the doctor.

060　日本語の意味に合うように, ( )内の語句を並べかえなさい。
1) かさを持っていかないとだめよ。
　 (better / you'd / take) your umbrella.
2) 食べ過ぎないほうがいいな。
　 (not / better / I'd / eat) too much.

Ans.　059-1) Should　2) shouldn't　3) ought not to
060-1) You'd better take　2) I'd better not eat

推量を表す should / will / must

1　should / ought to で推測を表す

TARGET 061

(1) They **should be** on their way home now.
(2) The question **ought to be** easy for you.

(1) 彼らは今, 帰宅中のはずだ。
(2) その問題は君には簡単なはずだ。

(1) should で「～のはずだ」という推測を表す

- They **should be** on their way home now.
  ▶「彼らは帰宅中のはずだ」と思っている。

  They **should arrive** before noon.
  （彼らは正午前には着くはずだよ。）

  The road **shouldn't be** crowded at this time.
  （その道は, この時間は混んでいないはずだ。）

(2) ought to で推測を表す

- The question **ought to be** easy for you.
  ▶ ought to は should と同じ意味を表すことができる。

061

日本語の意味に合うように, (　)に適語を入れなさい。
1) 父は今日パリにいるはずだ。
　My father (　) (　) in Paris today.
2) 彼女はその試験に受かるはずだ。
　She (　) (　) (　) the exam.

2　would / will / must で推定や確信を表す

TARGET 062

(1) She **wouldn't know** my name.
(2) That **will be** the pizza delivery person.
(3) My sister **must be** happy today.

(1) 彼女は私の名前をたぶん知らないだろう。
(2) あれはきっとピザの配達の人だ。
(3) 姉は今日, 幸せに違いない。

should have ＋過去分詞 ⇨ p.103

(1) would で「たぶん〜だろう」という推測を表す

- She **wouldn't know** my name.
  - ▶「たぶん私の名前を知らないだろう」と思っている。

  He **would be** at home now.（彼は今，家にいるだろう。）

(2) will で「きっと〜だ」という推定を表す

- That **will be** the pizza delivery person.
  - ▶ピザの配達を頼んでいて，玄関のチャイムが鳴ったという状況。

  "Someone is knocking on the door." "That'**ll be** Naoko."
  （「だれかがドアをノックしているよ。」「あれはきっとナオコだよ。」）
  ［ナオコが来ることがわかっているような状況］

(3) must で「〜に違いない」という確信を表す

- My sister **must be** happy today.
  - ▶「幸せに違いない」と確信する理由がある。

  That woman **must be** an actress.
  （あの女性は女優に違いない。）

  There **must be** something wrong with him.
  （彼に何かよくないことがあったに違いない。）

 must は「〜に違いない」，can't は「〜のはずがない」（⇨p.98）を表す。
He **must** know the result.
（彼はその結果を知っているに違いない。）
He **can't** know the result.
（彼がその結果を知っているはずがない。）

 have (got) to を使って「〜に違いない」という意味を表すこともある。
You **have (got) to** be joking!（冗談でしょ！）
［冗談に違いないと思っている］

062　日本語の意味に合うように，（　）に適語を入れなさい。
1) それはたぶん彼の責任でしょう。君のせいじゃないよ。
　　That (　) (　) his fault, not yours.
2) 彼女はきっと居間でテレビを見ているよ。
　　She (　) (　) watching TV in the living room now.
3) 父は疲れているに違いない。
　　My father (　) (　) tired.

Ans.　061-1) should be　2) ought to pass
062-1) would be　2) will be　3) must be

must have ＋過去分詞 ⇨ p.104

推量を表す can / may

1 can / could で可能性や推量を表す

TARGET 063

(1) Anyone **can** make mistakes.
(2) That **could be** a good solution.
(3) The rumor **cannot** be true.

(1) だれにでも間違いはあるよ。
(2) それはいい解決策かもしれないよ。
(3) そのうわさが本当のはずがないよ。

(1) can で可能性があることを表す

「～ということもある」と，**可能性がある**ことを表すときに can を使う。

- Anyone **can** make mistakes.
  ▶「だれでも 間違いをする可能性がある」ということ。

(2) could で推量を表す

「～かもしれない」と，**可能性はあるがそうなのかわからない**ことについての**推量**を表すときは，could を使う。形は過去形だが現在のことを表している。

- That **could be** a good solution.
  ▶「よい解決策のようだが，確信はない」ことを表している。

(3) cannot で可能性がないことを表す

「～のはずがない」と，**可能性がない**ことを言うときは，cannot か can't を使う。

- The rumor **cannot** be true.
  ▶「本当のはずがない」と判断している。couldn't を使うこともできる。

> **参考** can や could を疑問文で使うと，強い疑問を表すことができる。
> **Can** that man really **be** your father?（本当にあの人が君のお父さん?）[「そんなことありうるの?」という意味合い]

063

日本語の意味に合うように，( )に適語を入れなさい。

1) ここは冬にはとても寒くなることがある。
   It (   ) get very cold here in winter.
2) あそこにいる女の子は君の妹かもしれないよ。
   The girl over there (   ) be your sister.
3) お昼を食べたばかりなんだから，おなかがすいているはずがないよ。
   Since you've just had lunch, you (   ) be hungry.

cannot have ＋過去分詞 ⇨ p.104

 may/mightで可能性や推量を表す

TARGET 064

(1) His **may be** true.
(2) She **might know** the truth.

(1) 彼の話は本当かもしれない。
(2) 彼女は真相を知っているかもしれない。

(1) mayで「〜かもしれない」という推量を表す

- His story **may be** true.
  ▶「どうも本当のような気がする」と思っている。

   canもmayも可能性があることを表すが，canのほうは一般的に，また理論的に見てそういうことがありうる，という意味で用いられる。

  He **may not be** in his room.（彼は自分の部屋にいないかもしれない。）

(2) mightで「〜かもしれない」という推量を表す

mightのほうがmayよりもやや確信がないことを表す。mightは形は過去形だが，現在のことを表している。

- She **might know** the truth.
  ▶「ひょっとしたら知っているかも」と思っている。話し手が「〜かもしれない」と思っている確信度は，could→might→mayの順に高くなるが，意味の差はあまりない。「〜かもしれない」という意味ではcouldやmightを使うことが多い。

  That **might be** a good idea.（それはいい考えかもね。）

   may wellは「たぶん〜だろう」「〜するのももっともだ」という意味を表す。wellがmayの意味を強めている。might wellとすることもある。
  She **may well be** sleepy.（彼女はたぶん眠いのだろう。）
  You **may well get** angry.（君が怒るのももっともだな。）
  may/might as wellは「(ほかにないので)〜してもいい」という意味。
  You **may as well take** his advice.（彼の助言に従ってもいいかも。）

064

日本語の意味に合うように，（　）に適語を入れなさい。
1) あのヘビは危険かもしれないよ。
　That snake (　　) be dangerous.
2) 彼は今，車の運転をしているのかもね。
　He (　　) (　　) driving now.

Ans. 063-1) can　2) could　3) can't/cannot/couldn't
064-1) may/might　2) may/might/could be

may have ＋過去分詞 ⇨ p.102

UNIT 10 過去のことを表す would / used to

1 would / used to で過去の習慣を表す

> **TARGET 065**
>
> (1) I **would** often **do** my homework in the living room.
> (2) I **used to play** catch with my father.
>
> (1) 昔はよく居間で宿題をしたものだった。
> (2) 昔はよく父とキャッチボールをしたものだ。

(1) would を使って過去の習慣を表す

would を使って「昔はよく〜した」という**過去の習慣**を表すことができる。この場合，〈**would often＋動詞の原形**〉という形でよく使われる。

- I **would** often **do** my homework in the living room.
  ▶「よく居間で宿題をしたなあ」と，昔のことを懐かしんでいるような状況。

He **would come** to my room when we were in the same dormitory. (僕たちが同じ寮にいたとき，彼は僕の部屋によくやってきたものだ。)

(2) used to を使って過去の習慣を表す

used to を使って過去の習慣を表すこともできる。〈**used to＋動詞の原形**〉は「昔はよく〜した」という意味を表す。この場合，「今はしない」という含みがある。

- I **used to play** catch with my father.
  ▶「昔はキャッチボールをよくした（が，今はしない）」という意味を表している。

My father **doesn't smoke**, but he **used to**.
(父はたばこを吸わないが，以前は吸っていた。)
[he used to は he used to smoke ということ]

 used to を使った疑問文と否定文は次のようになる。
Did you **use to play** tennis? (以前はよくテニスをしましたか。)
I **didn't use to drink** coffee. (以前はコーヒーは飲みませんでした。)
イギリス英語では，否定文を used not to という形にすることもある。

日本語の意味に合うように，( ) に適語を入れなさい。
1) 私は子どものころ，このテディベアとよく遊びました。
　　When I was a child, I ( ) ( ) with this teddy bear.
2) 父はよくゴルフをしていましたが，今はしません。
　　My father ( ) ( ) ( ) golf, but he doesn't now.

2 used toで過去の状態を表す

TARGET 066

(1) My mother **used to have** long hair.
(2) There **used to be** a movie theater near the station.

(1) 母は以前は髪が長かった。
(2) 昔は駅の近くに映画館がありました。

(1) used toを使って過去の状態を表す

used toを使うと, 「昔は〜だったが, 今はそうではない」という**過去の状態**を表すことができる。

- My mother **used to have** long hair.
  ▶ 母は昔は髪が長かったが, 今は短いことを表している。

  I **used to like** chicken.
  （昔は鶏肉は好きだったんです。）

  I **used to wear** glasses, but now I **wear** contact lenses.
  （私は以前はめがねをかけていましたが, 今はコンタクトレンズをしています。）

注意!! used toが表すのは過去の習慣や状態。現在の習慣や状態を表すときは現在形を使う（⇨p.44）。

wouldを使って過去の習慣を表すことはできるが, 過去の状態を表すことはできない。

(2) used toを使って過去の存在を表す

「昔は…があったが, 今はない」というかつての存在を表すときは, There used to be ... を使う（⇨p.35）。

- There **used to be** a movie theater near the station.
  ▶ 以前は駅の近くに映画館があったが, 今はないことを表している。

066　日本語の意味に合うように,（　）に適語を入れなさい。
1) 彼女は以前は活発な少女でしたが, 今はおとなしい女性です。
　　She (　　) (　　) be a lively girl, but she (　　) a quiet lady now.
2) そこには以前, 広い駐車場があった。
　　(　　) (　　) (　　) be a large parking lot there.

Ans. 065-1) would play　2) used to play
066-1) used to, is　2) There used to

UNIT 11 過去のことに関する表現(1)

1 may / might have ＋過去分詞

TARGET 067

(1) He **may have read** my blog yesterday.
(2) He **might not have noticed** us.

(1) 彼はきのう，僕のブログを読んだかもしれないな。
(2) 彼は私たちに気づかなかったのかもしれないね。

(1) 〈may have ＋過去分詞〉で「〜したかもしれない」を表す

過去のことについての推量は，〈may have ＋過去分詞〉という形で表す。過去のことについて「〜したかもしれない」と，今思っていることを表している。

- He **may have read** my blog yesterday.
  ▶「彼はブログを読んだかも」と思っている。

I **may have been sleeping** when you called me.
（君が電話をしてきたとき，僕は寝ていたのかもしれない。）［進行形］

mightを使って同じような意味を表すこともできる（⇨ p.99）。

Something **might have happened** to her.
（何かが彼女に起こったのかもしれない。）

(2) 〈may not have ＋過去分詞〉で「〜しなかったかもしれない」を表す

過去のことについて「〜しなかったかもしれない」という推量を表すときは，〈may / might not have ＋過去分詞〉を使う。

- He **might not have noticed** us.
  ▶彼が何も言わずに通り過ぎて行ったので，その理由を推測しているような状況。

It **may not have been** his fault.
（それは彼のせいではなかったかもしれないね。）
［いろいろ考えて「彼のせいではなかったかもしれない」と思っているような状況］

067

日本語の意味に合うように，（　）に適語を入れなさい。
1) 彼女は列車に乗り遅れたんじゃないかな。
   She (　) (　) (　) the train.
2) 彼はその手紙を出さなかったのかもしれない。
   He (　) (　) (　) sent the letter.

2 could / should have ＋過去分詞

TARGET 068

(1) Your **choice could have been** wrong.
(2) He **should have passed** the exam.
(1) 君の選択は間違っていたのかもしれないな。
(2) 彼はその試験に受かったはずだ。

(1)〈could have ＋過去分詞〉で「〜したかもしれない」を表す

「〜したかもしれない」という**過去のことについての推量**を表すときに，〈could have ＋過去分詞〉を使うこともできる（⇨p.98）。

- Your choice **could have been** wrong.
  ▶「間違っていた可能性があるな」と思っている。

〈could have ＋過去分詞〉は，そうなる可能性があったのに実際はそうならなかったことを表すときにも使う。

I **could have broken** my leg.（足の骨を折っていたかもしれないな。）

 〈could have ＋過去分詞〉は，過去にできたのにしなかったことについて「〜することができたはずだ」という非難の意味で使うこともある。
You **could have called** me.（僕に電話することはできたはずだ。）

(2)〈should have ＋過去分詞〉で「〜したはずだ」を表す

過去のことについて「〜したはずだ」という推量を表すときは，〈should have ＋過去分詞〉を使う（⇨p.96）。

- He **should have passed** the exam.
  ▶「試験に合格したはずだ」と思っている。

（注意!!）〈should have ＋過去分詞〉は，過去にしなかったことについて「〜すべきだったのに」という意味で使うことがある（⇨p.104）。
You **should have met** him.（君は彼に会うべきだったのに。）

068

日本語の意味に合うように，（ ）に適語を入れなさい。
1) 君の答えは正しかったかもしれないな。
　　Your answer（　）（　）（　）right.
2) バスは10分前には着いているはずなんだけど。
　　The bus（　）（　）（　）ten minutes ago.

Ans. 067-1) may/might have missed　2) may/might not have
068-1) could have been　2) should have arrived

UNIT 12 過去のことに関する表現(2)

1 must/cannot have＋過去分詞

TARGET 069

(1) My mother **must have noticed** my worry.
(2) He **cannot have lent** you money.

(1) 母は私の悩みに気づいたに違いない。
(2) 彼が君にお金を貸したはずがないよ。

(1)〈must have＋過去分詞〉で「〜したに違いない」を表す

「〜したに違いない」という**過去のことへの確信**は，〈must have＋過去分詞〉で表す。

- My mother **must have noticed** my worry.
  ▶「気づいたに違いない」と確信する理由がある。mustは確信を表す(⇨p.96)。

(2)〈cannot have＋過去分詞〉で「〜したはずがない」を表す

「〜したはずがない」という**過去のことへの可能性のなさ**は，〈cannot/can't have＋過去分詞〉で表す(⇨p.98)。

- He **cannot have lent** you money.
  ▶「お金を貸したはずがない」と思っている。

  You **couldn't have left** your bag at the coffee shop.
  (その喫茶店にかばんを置いてきたはずはないよ。)
  [〈couldn't have＋過去分詞〉で「〜したはずがない」を表すことができる]

069

日本語の意味に合うように，( )に適語を入れなさい。
1) 彼女は僕たちがそこにいたのを知っていたに違いないよ。
   She ( ) ( ) ( ) that we were there.
2) 彼がきのう病気だったはずないよ。僕は彼を野球場で見たんだから。
   He ( ) ( ) ( ) sick yesterday. I saw him in the ball park.

2 should have＋過去分詞

TARGET 070

(1) I **should have taken** your advice.
(2) You **shouldn't have left** him alone.

(1) 君のアドバイスに従っておくべきだった。
(2) 彼をひとりっきりにすべきじゃなかったね。

(1) 〈should have＋過去分詞〉で「～すべきだった」を表す

「～すべきだった」という**過去にしなかったことへの後悔**を表すときは，〈should have＋過去分詞〉を使う（⇨p.94）。should have は [ʃúdəv] と発音する。

- I **should have taken** your advice.
    - ▶「アドバイスを聞いておくべきだった」と思っている。

    I **should have paid** more attention in class.
    （授業中，もっと注意して聞いていればよかった。）

    I **should've studied** harder.
    （もっとがんばって勉強しておけばよかった。）[should've は should have の短縮形]

〈should have＋過去分詞〉を使って，「～すべきだったのにどうしてしなかったんだ」という，**過去にしなかったことに対する非難**を表すこともできる。

You **should have been** here at ten. （君は10時にここにいるべきだった。）

 should の代わりに ought to を使うこともできる。
I **ought to have asked** him. （彼に尋ねておけばよかった。）

(2) 〈should not have＋過去分詞〉で「～すべきではなかった」を表す

「～すべきではなかった」という**過去にしたことに対する非難や後悔**を表すときは，〈should not[shouldn't] have＋過去分詞〉を使う。

- You **shouldn't have left** him alone.
    - ▶「彼をひとりにすべきではなかった」。leave him alone で「彼をひとりにする」。

    I **shouldn't have gone** to the party.
    （そのパーティーには行くべきではなかった。）

 「～しなくてもよかったのに」という，する必要がなかったことを表すときに〈need not/needn't have＋過去分詞〉の形を使うことができる。これはイギリス英語の使い方。
You **need not have come** so early.
（そんなに早く来なくてもよかったのに。）
[相手が約束の時間よりもずいぶん早く来てしまったような状況]

070

日本語の意味に合うように，（ ）に適語を入れなさい。
1) もっと早く家を出るべきだった。
　　I (　　) (　　) (　　) home earlier.
2) 君は彼女にそんなことを言うべきじゃなかったよ。
　　You (　　) (　　) (　　) such a thing to her.

Ans. 069-1) must have known　2) cannot/can't have been
070-1) should have left　2) shouldn't have said

EXERCISES

A   [ ]内の指示に従って，___に適語を入れなさい。

1) You can play the guitar.［疑問文に］
   _____ _____ _____ the guitar?
2) You must attend the meeting.［「出席しなくてもかまいません」という意味に］
   You _____ _____ _____ attend the meeting.
3) Will you open this box?［「私がこの箱を開けましょうか」という意味に］
   _____ _____ open this box?
4) We couldn't win the game.［ほぼ同じ意味に］
   We _____ _____ _____ _____ win the game.
5) I can't believe that Davis did it himself.［同じような意味に］
   Davis _____ _____ _____ it himself.

B   日本語の意味に合うように，( )内から正しいものを選びなさい。

1) 明日またここに来てもいいですか。
   (Will / May / Shall) I come here again tomorrow?
2) 「そのうわさは本当に違いないわ。」「そんなわけないじゃないの。」
   "The rumor (will / can / must) be true." "No, it (won't / can't / mustn't) be true."
3) 僕たち，日曜日にはよくサッカーをしたよね。
   We (could / would / should) often play soccer on Sundays.
4) 一緒にお昼を食べませんか。
   (Shall / Will / May) we have lunch together?
5) 以前そこの角に郵便局があったよね。
   There (should / would / used to) be a post office on the corner.

C   日本語の意味に合うように，___に適語を入れなさい。

1) ペンギンは泳げますが，飛べません。
   Penguins _____ swim, but they _____ fly.
2) 私たちは食べなければいけませんが，食べ過ぎてはいけません。
   We _____ eat, but we _____ _____ eat too much.

3) 私のネコはえさをまったく食べようとしません。病気なのかもしれません。

My cat _____ eat any food. She _____ be sick.

4) 私は空港に6時までに着かなければなりませんでした。

I _____ _____ get to the airport by six.

5) あなたは英語を上手に話せるようになるでしょう。

You _____ _____ _____ _____ speak English well.

6) その時, 私は眠っていたに違いない。

I _____ _____ _____ asleep at that time.

D イラストに合うように, ___ に適語を入れなさい。

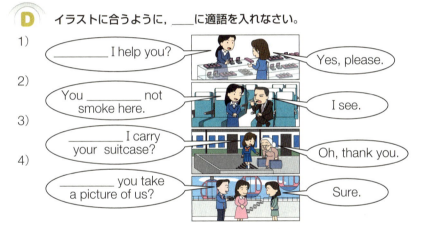

1) _____ I help you?　　Yes, please.
2) You _____ not smoke here.　　I see.
3) _____ I carry your suitcase?　　Oh, thank you.
4) _____ you take a picture of us?　　Sure.

E 日本語の意味に合うように, ___ に適語を入れなさい。

1) 計画を変更しなければなりませんでしたか。

_____ you _____ to change your plan?

2) 「この美術館の中で写真を撮ってもいいですか。」「すみませんが, だめです。」

"_____ I take a picture in this museum?" "I'm sorry, you _____."

3) その映画はすばらしかった。君も観るべきだったのに。

The movie was wonderful. You _____ _____ seen it.

4) 今日の夕方は雨が降らないかもしれない。

It _____ _____ rain this evening.

5) かさを持っていったほうがいいよ。

You _____ _____ take your umbrella with you.

助動詞のまとめ

このセクションでは，助動詞の使い方を意味や機能別に学習してきた。ここで，can, may, must, should, will の順に，どのような意味と使い方があるのかをまとめておこう。

❶ can

① 能力や可能を表す

　　I **can** play the piano.（私はピアノを弾くことができます。）
　　Can you hear me?（僕の声が聞こえますか？）

② 許可を表す

　　You **can** take pictures in this museum.
　　（この美術館では写真を撮ってもいいですよ。）
　　Can I borrow this eraser?（この消しゴムを借りてもいい？）
　　You **can't** eat or drink in the library.（図書館では飲食をしてはいけません。）

③ 依頼を表す

　　Can you give me a hand?（手伝ってくれませんか。）

④ 推量を表す

　　Anyone **can** make mistakes.（だれにでも間違いはあるよ。）
　　The rumor **cannot** be true.（そのうわさが本当のはずがないよ。）

can は「することができる」という能力や可能を表す。この「できる」の意味は許可や依頼へとつながっている。can が表す推量は「理論的に考えると，そういうことが可能だ」という意味を表す。

❷ may

① 許可を表す

　　You **may** leave school early today.（今日は学校を早退してよろしい。）
　　May I come in?（入ってよろしいですか。）
　　Students **may not** enter this room.（生徒はこの部屋に入ってはいけません。）

② 推量を表す

　　His story **may** be true.（彼の話は本当かもしれない。）

助動詞の意味は，may が表す「許可」「推量」のように，基本的な意味から話し手の推量を表す意味へと広がる。may は「してもよい」という許可を相手に与える表現なので，それをするかしないかは相手の選択になる。may が表す推量も「そうかもしれないし，そうでないかもしれない」という意味になる。

❸ must

① 義務・必要を表す
We **must** obey the law. (法律には従わなければならない。)
You **must not** use your cell phone in class.
(授業中に携帯電話を使ってはいけません。)

② 推量を表す
My sister **must** be happy today. (姉は今日, 幸せに違いない。)

mustは「しなければならない」という義務や必要を表す。それをする以外は考えられないということから,「そうに違いない」という推量の意味を表すことになる。

❹ should

① 望ましい行動を表す
You **should** get more sleep. (もっと睡眠をとるべきだ。)
You **shouldn't** trust him. (彼を信じるべきではないよ。)

② 推量を表す
They **should** be on their way home now. (彼らは今, 帰宅中のはずだ。)

shouldは「そうすべきだ」という望ましい行動を表す。そうなることを望む表現なので,「そのはずだ」という推量の意味を表すことができる。

❺ will

① 予測を表す
It **will** be fine tomorrow. (明日はよい天気になるでしょう。)(⇨p.50)

② 意志を表す
I**'ll** bring some food to the party. (パーティーに食べ物を持っていくよ。)
I **won't** be late again. (もう遅刻はしません。)

③ 依頼を表す
Will you pass me the magazine, please? (その雑誌を取ってくれませんか。)

④ 推量を表す
That **will** be the pizza delivery person. (あれはきっとピザの配達の人だ。)

willは「そうなるだろう」という予測や「そうするつもりだ」という意志を表し, それが依頼へとつながっている。willは「きっとそうだろう」という確信度の高い推量を表す。

109

SECTION 5 受動態

理解へのアプローチ

1 「何かをされる」ことを表す

新しい自転車を買ったのに，その自転車を盗まれてしまいました。

自転車を盗まれた。

これを英語にしてみましょう。主語にするのは「自転車」ですね。my bicycle で文を始めて，その後に動詞を続けます。で，この動詞，どういう形にすればよいのでしょうか。「自転車」が主語なので，「盗まれた」という意味を動詞で表さなければなりません。

このように，**主語が何かをされる**ことを表すときに，〈be動詞＋過去分詞〉の**受動態**を使います。

「何かを盗む」と言うときはsteal を使いますから，これを〈be動詞＋過去分詞〉にして my bicycle に続けます。すると，

My bicycle was stolen.

という文ができます。これで，「私の自転車が盗まれた」という意味を表すことができるのです。

受動態は「**何かをされる**」ことを表す表現ですから，だれがそれをしたのかを示す必要はありません。「自転車を盗まれた」という場合は，だれが盗んだのかはわからないわけですから，示しようがないのです。たとえば，

The bicycle was made in Italy.
（その自転車はイタリアで作られた。）

も同じです。また，

The thief was arrested.
（泥棒が逮捕された。）

Made in Italy

のように，だれがしたのかを示さなくてもわかる場合にも受動態を使います。逮捕するのは警察ですから，わざわざ「警察が」と言わなくてもいいわけです。

2 「だれかに何かをされる」ことを表す

ではここで,「カラスがハトを襲った」という状況を思い浮かべてみましょう。

まず,「カラス」を主役にして,「カラスがハトを襲った」と言ってみます。

The crow attacked the pigeon.

〈主語＋動詞＋名詞〉の語順で,「カラスがハトを襲った」という, カラスがしたことについて述べています。

次に「ハト」のほうに目を向けてみましょう。「ハト」を主語にすると, 動詞は「襲われた」という意味にしなければなりません。attack を, 〈be 動詞＋過去分詞〉にして,

The pigeon was attacked.

とします。これで「ハトが襲われた」という受動態の文ができあがります。

このままだと, ハトが何に襲われたのかがわかりません。「カラスに」ということをはっきりと示したいときは, by を使います。

The pigeon was attacked by the crow.

これで,「ハトがカラスに襲われた」という文ができるのです。「何か・だれかに〜される」は, 〈主語＋be 動詞＋過去分詞〉に〈by＋何・だれ〉を加えて表すのです。

何を主役にするか

受動態が表す「主語が何かをされる」という意味は, **主語が何か・だれかによって何らかの影響を受けている**ことになります。「自転車が盗まれた」なら, その自転車はなくなっているわけですし,「ハトがカラスに襲われた」の場合は, ハトにとっては生きるか死ぬかの状況なわけです。

「見知らぬ男に話しかけられた」と言いたいときも、話しかけられたことでびっくりしたわけですから、

　　I **was spoken to** by a strange man.

とすることができます。

　この文、I was spoken toまでが「私は話しかけられた」という意味の受動態の形で、by a strange manが話しかけてきた人を表しています。A strange man spoke to me.とすれば、「見知らぬ男が私に話しかけてきた」という事実を淡々と述べることになります。

 受動態の主語にできるもの

　受動態は、**主語が動詞の表す意味の影響を受けることを表す表現**です。したがって、何の影響も受けていないものを主語にして受動態をつくることはできません。

　たとえば、「私はその橋を見た」は、

　　I **saw** the bridge.

と言いますが、the bridgeを主語にして受動態で表すことはできません。「その橋は私に見られた」、日本語でもおかしいことはわかりますね。

　「私はその男に見られた」なら、その状況をイメージできますが、橋がだれかに見られて困っている様子は想像できません。橋は私に見られただけでは何の影響も受けないからです。

　では、「橋」が何らかの影響を受けるというのはどういう場合なのでしょう。

　　The bridge **was built** in 1953.
　　（その橋は1953年に造られた。）

　　The bridge **was destroyed** by the typhoon.
　　（その橋は台風で破壊された。）

このような状況ならthe bridgeを主語にできます。「橋が造られた」とか「橋が壊された」ということですから、受動態を使うことができるのです。

　最後に、「私の姉は母に似ている」という文を考えてみましょう。

　　My sister **resembles** my mother.

これも「母」を主語にして受動態にすることはできません。「母は私の姉に似られた」、

どう考えてもおかしいですね。
　受動態の文は，能動態の文をただ書きかえればいいものではありません。「主語が何かをされる」と言いたいときに使う表現ですし，そう言えなければ，いくら形が受動態になっていても意味を伝えることはできないのです。

SECTION 5　受動態

学習ガイド

基本ゾーン

UNIT 1　受動態の基本形 (1) ……………………………… p. 114
　❶ 受動態の基本形
　❷ 受動態の否定文と疑問文

UNIT 2　受動態の基本形 (2) ……………………………… p. 116
　❶ 受動態と動詞の性質
　❷ 群動詞を使う受動態

UNIT 3　受動態のさまざまな形 …………………………… p. 118
　❶ 助動詞を含む受動態
　❷ 受動態の進行形と完了形

UNIT 4　疑問詞を使う受動態の疑問文 ……………………… p. 120
　❶ 疑問代名詞を使う受動態の疑問文
　❷ 疑問副詞を使う受動態の疑問文

応用ゾーン

UNIT 5　語順に注意する受動態 …………………………… p. 122
　❶ 過去分詞の後に「何を」や「だれに」を続ける
　❷ 過去分詞の後に主語について述べる語を続ける

表現ゾーン

UNIT 6　受動態を使う表現 ………………………………… p. 124
　❶ 過去分詞の後の前置詞を使い分ける
　❷ 受動態を使って感情を表す

113

UNIT 1 受動態の基本形 (1)

1 受動態の基本形

> **TARGET 071**
>
> (1) This castle **was built** in the Edo period.
> (2) My brother **was bitten** by a dog yesterday.
>
> (1) この城は江戸時代に建てられた。
> (2) 弟はきのう，イヌにかまれた。

(1) 〈be動詞＋過去分詞〉で「～される」を表す

「この城は建てられた」のように，〈**される側**〉**を主語にする**場合，動詞は〈**be動詞＋過去分詞**〉という受動態にする。

- This castle **was built** in the Edo period.
  ▶「この城は建てられた」を受動態で表している。

「主語が何かをされる」ことを表すので，〈する側〉を示さなくても文ができる。

Our flight **was delayed**. (私たちの飛行機は遅れた。)

〈する側〉を示す必要がないときや，〈する側〉がわからないときには受動態を使う。

The thief **was arrested** last night. (その泥棒は昨夜逮捕された。)
　[逮捕するのは警察だとわかっているので，わざわざ示す必要はない]

The gate **is opened** at eight a.m. (その門は午前8時に開かれる。)
　[だれが開けるのかはわからないし，必要な情報ではない]

(2) 〈be動詞＋過去分詞〉に「～によって」を加える

「何かをされる」の後に〈**する側**〉**を示す場合**は **by** を使う。

- My brother **was bitten** by a dog yesterday.
  ▶「弟はかまれた」←「イヌによって」

〈する側〉を主語にして「主語が何かをする」と言いたいときは，能動態の文になる。

The dog **bit** my brother. (そのイヌが弟をかんだ。)

かまれた　　　　　　　　かんだ

This book **was written** by my aunt. (この本はおばによって書かれた。)
The roof **was damaged** by the storm. (屋根が嵐で壊れた。)

使い方は p.2 ▶

071 日本語の意味に合うように，( )に適語を入れなさい。

1）カナダでは英語とフランス語が話されます。
English and French (　) (　) (　) Canada.

2）この写真は有名な写真家が撮りました。
This picture (　) (　) (　) a famous photographer.

2 受動態の否定文と疑問文

TARGET 072

(1) **I wasn't told** about the plan.
(2) **Was** the concert **canceled**?

(1) 私にはその計画のことは伝えられなかった。
(2) そのコンサートは中止になったのですか。

(1) be動詞にnotを続けて否定文にする

● I **wasn't told** about the plan.
　▶「私には伝えられなかった」を受動態で表している。

We **weren't invited** to the party.
（私たちはそのパーティーに招待されなかった。）

The key **was not found** anywhere.（かぎはどこにも見つからなかった。）

(2) be動詞で文を始めて疑問文にする

● **Was** the concert **canceled**?
　▶コンサートが中止にされたかどうか尋ねている。

Are these watches **broken**?（これらの腕時計は壊れているのですか。）

Was the dog **hit by** that car?（そのイヌはあの車にはねられたのですか。）

 疑問詞を使う疑問文はUNIT 4（⇨p.120）で扱う。
Where was this movie made?（この映画はどこで作られました？）

072 日本語の意味に合うように，( )に適語を入れなさい。

1）この車はアメリカで作られたのではありません。
This car (　) (　) in America.

2）君の部屋はお母さんが掃除したの？
(　) your room (　) (　) your mother?

Ans. 071-1) are spoken in 2) was taken by
072-1) wasn't made 2) Was, cleaned by

115

UNIT 2 受動態の基本形(2)

1 受動態と動詞の性質

> **TARGET 073**
>
> (1) She **has** two cousins.
> (2) I **was laughed at** by all the people there.
>
> (1) 彼女には2人のいとこがいる。
> (2) 私はそこにいる人みんなに笑われた。

(1) 受動態にできない他動詞

受動態は**主語が何かをされる**ことを表すので、have（〜を持っている）のような動詞は受動態にできない。

- She **has** two cousins.
  ▶ two cousins を主語にして受動態にはできない。

直後に名詞を続ける他動詞（⇨p.18）のほとんどは受動態にすることができるが、have や resemble（〜に似ている）などは受動態にできない。

　　　　He **resembles** his father.（彼は父親に似ている。）

 受動態は、**主語が動詞の表す意味に何らかの影響を受ける**ことを表す。したがって、何の影響も受けないものを主語にすることはできない。
She **is liked** and **respected**.（彼女は好かれ、尊敬されている。）
［人の場合は「好かれる」という意味が成り立つ］
She **likes** chocolate.（彼女はチョコレートが好きだ。）
［チョコレートを主語にすることはできない］

(2) 受動態にできる自動詞

直後に名詞を続けない自動詞は受動態にできないが、「主語が何かをされる」ことを表す場合は、〈be動詞＋過去分詞＋前置詞〉という形にすることができる（⇨p.20）。

- I **was laughed at** by all the people there.
  ▶「私は笑われた」を I was laughed at で表している。

073　日本語の意味に合うように、（　）に適語を入れなさい。
1) 私はきのう、美しい虹を見た。
　　　I (　　) a beautiful rainbow yesterday.
2) 私は見知らぬ人に話しかけられた。
　　　I was (　　) (　　) (　　) a stranger.

2 群動詞を使う受動態

TARGET 074

(1) Our dog **was looked after** by my uncle during our trip.
(2) The meeting **was put off** for a week.

(1) 旅行の間, うちのイヌはおじに世話をしてもらった。
(2) 会議は1週間延期された。

(1) 〈動詞＋前置詞〉の群動詞を受動態にする

look after（～の世話をする）のように, 動詞と前置詞の組み合わせの群動詞（⇨p.29）を受動態で使う場合は, be looked afterという形になる。

- Our dog **was looked after** by my uncle during our trip.
  ▶ was looked afterで「世話をしてもらった」という意味。

  The problem **was dealt with** quickly.（その問題はすばやく対処された。）
  ［deal withは「～を扱う」という意味を表す群動詞］

(2) 〈動詞＋副詞〉の群動詞を受動態にする

put off（～を延期する）のように, 動詞と副詞の組み合わせで意味を表す群動詞（⇨p.28）の場合は, be put offという形になる（このputは過去分詞）。

- The meeting **was put off** for a week.
  ▶ 「延期された」をwas put offで表している。

  I **was brought up** in Nagasaki.（私は長崎で育った。）
  ［bring upは「～を育てる」という意味を表す群動詞］

 受動態にすることができる群動詞は, 動詞と前置詞や副詞の組み合わせで他動詞のはたらきをするもの。この場合も,「主語が何かをされる」という意味を表すことができるものでなければならない。
Yuki **takes after** her mother.（ユキはお母さんに似ている。）
［take afterは「～に似ている」という意味なので受動態にはできない］

074

日本語の意味に合うように,（　）に適語を入れなさい。
1) 彼女は何人かのボランティアの世話になっていた。
　　She (　) cared (　) by some volunteers.
2) その試合は中止になった。
　　The match (　)(　)(　).

Ans. 073-1) saw 2) spoken to by
074-1) was, for 2) was called off

UNIT 3 受動態のさまざまな形

1 助動詞を含む受動態

TARGET 075

(1) The result **will be announced** shortly.
(2) The video **can be borrowed** from the library.

(1) 結果はまもなく発表されます。
(2) そのビデオは図書館から借りられますよ。

(1) 未来のことを表す受動態

「～されるだろう」という未来のことは，〈will be＋過去分詞〉で表す。

- The result **will be announced** shortly.
  ▶「結果が発表される」のは未来のことなので，予測を表すwillを使う。

be going toを使うと，次のような文になる。

Her book **is going to be published** next month.
（彼女の本は来月出版されます。）

否定文は助動詞に否定語を続け，疑問文は助動詞で文を始める。

It **won't be delivered** tomorrow.（それは明日は配達されないでしょう。）

Will it **be delivered** tomorrow?（それは明日配達されますか。）

(2) 助動詞を使う受動態

受動態で助動詞を使う場合は，〈助動詞＋be＋過去分詞〉の形にする。

- The video **can be borrowed** from the library.
  ▶ 可能を表すcanを使って〈can be＋過去分詞〉の形にしている。

The work **should be finished** by tomorrow.
（その仕事は明日までに終えるべきです。）［このbyは「～までに」を表す］

The baseball game **had to be canceled**.
（その野球の試合は中止しなければならなかった。）
［had toは「～しなければならない」を表すhave toの過去形］

075

日本語の意味に合うように，（ ）に適語を入れなさい。
1) この本の発送は来週になります。
   This book (   ) (   ) (   ) to you next week.
2) この動物はオーストラリアでのみ見ることができます。
   This animal (   ) (   ) (   ) only in Australia.

❷ 受動態の進行形と完了形

TARGET 076

(1) He **is being interviewed** now.
(2) The data **has been updated**.

(1) 彼は今，インタビューされているところです。
(2) データは更新されています。

(1) 進行中の動作を表す受動態

「～されているところだ」という**進行中の動作**を表すときは，〈**be動詞＋being＋過去分詞**〉の形を使う。

- He **is being interviewed** now.
    ▶ インタビューされている最中であることを，進行形で表している。

    The problem **is being discussed** now. (その問題は検討中です。)

進行形の否定文はbe動詞に否定語を続け，疑問文はbe動詞を主語の前に出す。

Eggs **are not being sold** at present. (現在，卵は販売していません。)
Is your car **being repaired** now? (車は今，修理中なんですか。)

(2) 完了形を使う受動態

受動態で**完了形の意味**を表すときは，〈**have been＋過去分詞**〉の形を使う。

- The data **has been updated**.
    ▶ 「すでに更新されている」という〈完了・結果〉の意味を表している。

    My wallet **has been stolen**! (私のサイフが盗まれた！)

完了形の否定文はhaveに否定語を続け，疑問文はhaveを主語の前に出す。

This kitchen knife **has never been used**.
(この包丁は一度も使われたことがありません。)

Have you **been invited** to his wedding? (彼の結婚式に招待されてる？)

076

日本語の意味に合うように，（　）に適語を入れなさい。
1) スタジアムは現在，建設中です。
　 The stadium (　　) (　　) (　　) now.
2) 私が家に着いたとき，ケーキはもう食べられていた。
　 When I got home, the cake (　　) already (　　) (　　).

Ans. 075-1) will be sent/shipped 2) can be seen
076-1) is being constructed/built 2) had, been eaten

UNIT 4 疑問詞を使う受動態の疑問文

疑問代名詞を使う受動態の疑問文

> **TARGET 077**
>
> (1) What **was decided** at the meeting?
> (2) Who **was** this picture **painted** by?
>
> (1) 会議では何が決められましたか。
> (2) この絵はだれによって描かれましたか。

(1) 疑問詞の後に受動態を続ける

「何が決められましたか」のように〈される側〉を尋ねるときは，疑問詞で文を始めて〈疑問詞＋be動詞＋過去分詞〉の語順にする。

- What **was decided** at the meeting?
  ▶「何が決められましたか？」を受動態の疑問文で表している。

  Which photo **was taken** by Jim?
  （どの写真がジムによって撮られたものですか。）
  ［which photoで「どの写真」を表す（⇨ p.306）］

(2)「だれ・何によって」なのかを尋ねる

「だれ・何によって〜されましたか」のように〈する側〉を尋ねるときは，〈疑問詞＋be動詞＋主語＋過去分詞〉の後に **by** を加える。

- Who **was** this picture **painted** by?
  ▶ who は by の目的語なので whom を使うのが正しいが，文の始めでは who を使うのがふつう。

  What **are** they **being chased** by?
  （彼らは何に追われているのですか。）

by whom で文を始めることもできる。この場合は目的格の whom を使う。

- By whom **was** this picture **painted**?
  （だれによってこの絵は描かれましたか。）［疑問詞で始めるのが一般的］

077　日本語の意味に合うように，（　）内の語句を並べかえなさい。

1) 何がその男によって壊されたのですか。
   (by / what / broken / was) that man?
2) この料理はだれによって作られたのですか。
   (dish / this / who / was / cooked) by?

❷ 疑問副詞を使う受動態の疑問文

TARGET 078

(1) When **was** this bridge **built**?
(2) How **will** my order **be delivered**?

(1) この橋はいつ造られましたか。
(2) どうやって私の注文品は配達されますか。

(1) when や where の後に受動態を続ける

「いつ〜されたのか」を尋ねるときは when で疑問文を始め,〈**be動詞＋主語＋過去分詞**〉を後に続ける。

- When **was** this bridge **built**?
  ▶「いつ」＋「この橋は造られましたか？」

Where **was** my bicycle **found**?
（私の自転車はどこで見つかりましたか。）

助動詞を使う場合は, 疑問詞の後は〈助動詞＋主語＋be＋過去分詞〉の語順になる。

When and where **will** the new hospital **be built**?
（新しい病院はいつどこに建設されるのですか。）
[「いつどこに」＋「新しい病院は建設されるのですか？」]

(2) how や why の後に受動態を続ける

- How **will** my order **be delivered**?
  ▶「どうやって」＋「私の注文品は配達されますか？」

Why **was** your reservation **canceled**?
（どうしてあなたの予約は取り消されたのですか。）

How long **have** you **been married**?
（結婚してどのくらいになりますか。）[「どのくらいの間結婚しているか」を尋ねている。完了形の場合, 疑問詞の後は〈have＋主語＋been＋過去分詞〉という語順]

078

日本語の意味に合うように,（ ）に適語を入れなさい。
1) このクワガタはどこで捕まえられましたか。
　（　　）（　　）this stag beetle caught?
2) そのコンサートはいつ開かれますか。
　（　　）（　　）the concert（　　）held?

 077-1) What was broken by　2) Who was this dish cooked
078-1) Where was　2) When will, be

UNIT 5　語順に注意する受動態

① 過去分詞の後に「何を」や「だれに」を続ける

TARGET 079

(1) I **was given** this book by my sister.
(2) The package **was sent** to him by his aunt.

(1) 私はこの本を姉からもらいました。
(2) その小包は，彼のおばさんから彼に送られました。

(1)「主語が何を与えられたか」を受動態で表す

SVOOで使う動詞（⇨p.22）を受動態にして「私は~をもらった」のように言いたいときは，〈be動詞＋過去分詞〉の後に「何を」にあたる名詞を続ける。

- I **was given** this book by my sister.
  ▶「私はもらった（贈られた）」＋「この本を」

(2)「主語がだれに与えられたか」を受動態で表す

「何を」にあたる名詞を主語にして「~は彼に送られた」のように言いたいときは，〈be動詞＋過去分詞〉の後に〈to＋人〉を続けて，「だれに」なのかを示す。

- The package **was sent** to him by his aunt.
  ▶「小包は送られた」＋「彼に」。「彼」を主語にすると，He was sent the package by his aunt. となる。

 his auntを主語にして「彼のおばさんは彼にその小包を送った。」という意味を表すと，次のようになる（⇨p.22）。
His aunt sent him the package. / His aunt sent the package to him.

This book **was given** to me by my sister.

このような受動態をつくるのは，名詞を2つ続けることができるgive（与える），send（送る），sell（売る），show（見せる），teach（教える）などのgive型の動詞（⇨p.22）。

I **was taught** the rules and regulations here.
（私はここでの規則と規定を教えられた。）

buy型の動詞（⇨p.22）の場合は，「何」を主語にする受動態しかつくることはできない。この場合，「だれに」なのかは〈for＋人〉を使って示す。

The dress **was made** for her.（そのドレスは彼女のために作られた。）

 buyがgiveに近い意味で使われる場合は，人を主語にして受動態をつくることができる。
I was bought a cap by my aunt.（おばに帽子を買ってもらった。）

日本語の意味に合うように，（　）に適語を入れなさい。
1) 彼は送別会を開いてもらった。
　　He (　) (　) a farewell party.
2) レッドカードが彼に提示された。
　　The red card (　) (　) (　) him.

2　過去分詞の後に主語について述べる語を続ける

TARGET 080

(1) This fish **is called** a trout in English.
(2) This **must be kept** secret.
(1) この魚は英語でトラウトと呼ばれています。
(2) このことは秘密にしておかなければならない。

(1)「主語は何と呼ばれているか」を受動態で表す

call や elect など SVOC で使う動詞（⇨p.26）の補語にあたる名詞を，〈be動詞＋過去分詞〉の後に続ける。

● This fish **is called** a trout in English.
　▶「その魚は呼ばれている→トラウトと」。They call this fish a trout.（⇨p.26）

　My uncle **was elected** mayor.（私のおじは市長に選ばれた。）
　［elect は「～を…に選ぶ」という意味を表す。「市長」のようにその役職が1人の場合は，冠詞をつけずに使う］

　Who **was elected** pope?（だれがローマ法王に選ばれましたか。）

(2)「主語はどのような状態にされるか」を受動態で表す

● This **must be kept** secret.
　▶「このことは保たれなければならない→秘密の状態に」

　The windows **were left** open.（窓は開けっ放しにされていた。）

日本語の意味に合うように，（　）に適語を入れなさい。
1) ロンドンの地下鉄は，チューブと呼ばれます。
　　The subway in London (　) (　) the Tube.
2) 部屋はきれいにしておくべきだ。
　　Your room should (　) (　) clean.

Ans. 079-1) was given　2) was shown to
080-1) is called　2) be kept

UNIT 6 受動態を使う表現

1 過去分詞の後の前置詞を使い分ける

TARGET 081

(1) The top of the mountain **is covered with** snow.
(2) A lot of people **were injured in** the accident.

(1) その山の頂は雪に覆われている。
(2) その事故で多くの人がけがをした。

(1)「雪で覆われている」を受動態で表す

be covered with ... で「…で覆われている」。覆っている物を示すのでwithを使う。

- The top of the mountain **is covered with** snow.
  ▶「雪で覆われている」ことを表している。

(2)「事故でけがをする」を受動態で表す

be injured in ... で「…でけがをする」。けがをした状況を示すのでinを使う。

- A lot of people **were injured in** the accident.
  ▶「事故の中で」という意味合いでinが使われる。injureは「けがをさせる」という意味の他動詞なので,「けがをした」と言うときはbe injuredと受動態を使う。

 受動態では〈する側〉を示すときにbyを使う。過去分詞に続くのが〈する側〉でない場合は, 適当な前置詞を使う必要がある。

ほかにも受動態を使う次のような表現がある。

I **was born in** 1990. (私は1990年に生まれました。)

The story **is known to** all of us. (その話は私たちみんなに知られています。)

 be動詞の代わりにgetを使って受動態をつくることがある。〈get＋過去分詞〉は思いがけずそうなってしまったことを表す。
Ken **got hurt** during the soccer game.
（ケンはサッカーの試合中にけがをした。）

081 日本語の意味に合うように, (　)に適語を入れなさい。
1) その部屋には煙が充満していた。
　　The room was (　　) (　　) smoke.
2) 私たちは, 帰り道でにわか雨にあった。
　　We were (　　) (　　) a shower on our way home.

2 受動態を使って感情を表す

> **TARGET 082**
>
> (1) My mother **was pleased with** my grade.
> (2) I **was surprised at** the news.
>
> (1) 母は私の成績に喜んだ。
> (2) 私はその知らせに驚いた。

(1)「…に喜ぶ」を受動態で表す

〈be動詞＋過去分詞〉の形を使って，感情を表すことができる。be pleased with ... は「…に喜ぶ」という意味。過去分詞の後の前置詞は，withのほかaboutやatが使われることがある。

- My mother **was pleased with** my grade.
    ▶「私の成績に喜んだ」ことを表している。

 I **was bored with** his story. （彼の話にはうんざりした。）

(2)「…に驚く」を受動態で表す

be surprised at ... は「…に驚く」という意味。「…に」はatを使うが，byを使って「…によって」という意味にすることもできる。

- I **was surprised at** the news.
    ▶「その知らせに驚いた」ことを表している。

> **注意!!** 日本語では「喜ぶ」「驚く」のように表すが，英語ではbe pleased, be surprisedのように受動態で表す（⇨p.185）。

She **was disappointed at** the news. （彼女はその知らせにがっかりした。）

受動態を使って感情を表す表現には，次のようなものもある。

My mother **is scared of** spiders. （母はクモを怖がる。）

I'm **excited about** my trip. （私は旅行のことでわくわくしています。）

Q 082 日本語の意味に合うように，（ ）に適語を入れなさい。
1) 彼は自分の得点に満足していた。
　　He (　　) (　　) with his score.
2) 君の健康が心配だよ。
　　I'm (　　) (　　) your health.

081-1) filled with 2) caught in
082-1) was satisfied 2) worried about

EXERCISES

A 日本語の意味に合うように，（ ）内の語を並べかえて___に入れなさい。

1) このお寺は1000年前に建てられました。

   This _____ _____ _____ 1,000 years ago.

   (built / temple / was)

2) その男の子は桃太郎と名づけられました。

   The boy _____ _____ _____ . (named / was / Momotaro)

3) 大統領が選ばれました。

   The President _____ _____ _____ . (been / elected / has)

4) 今，その部屋は掃除中です。

   The room _____ _____ _____ now. (being / is / cleaned)

5) このテストは30分以内に終えなくてはいけません。

   This test _____ _____ _____ within 30 minutes.

   (be / must / finished)

6) 王様は家来に笑われました。

   The king _____ _____ _____ by his people.

   (at / was / laughed)

B 能動態の文を参考にして，___に適語を入れなさい。

1) a) His fans like the song.

   b) The song _____ _____ by his fans.

2) a) John sent me some English magazines.

   b) Some English magazines _____ _____ _____ me by John.

3) a) Her mother bought her the beautiful dress.

   b) The beautiful dress _____ _____ _____ her by her mother.

4) a) They call her Mako.

   b) She _____ _____ Mako.

5) a) We can see a lot of stars here.

   b) A lot of stars _____ _____ _____ here.

6) a) A foreigner spoke to me at the station.

   b) I _____ _____ _____ by a foreigner at the station.

C 次の文の（ ）内の語を，適切な形に変えなさい。

1) "Were these shoes (make) in China?" "Yes, they were."
2) "Who was (take) to the hospital?" "A taxi driver was."
3) "What language is (speak) in Australia?" "English is."
4) "When was that tower (build)?" "Three years ago."
5) "Where was the concert (hold)?" "At the Tokyo Dome."
6) "Who was the telephone (invent) by?" "By Bell."

D イラストに合うように，＿に適語を入れなさい。

1) Mari is fixing my car now.
   My car ＿＿＿＿ ＿＿＿＿ ＿＿＿＿ by Mari now.

2) Some flowers ＿＿＿＿ given ＿＿＿＿ Juliet by Romeo.
   Juliet ＿＿＿＿ ＿＿＿＿ ＿＿＿＿ ＿＿＿＿ by Romeo.

3) Tsuyoshi will eat up all the food.
   All the food ＿＿＿＿ ＿＿＿＿ ＿＿＿＿ ＿＿＿＿ by Tsuyoshi.

E 日本語の意味に合うように，＿に適語を入れなさい。

1) この写真は父が撮ったものではありません。
   This picture ＿＿＿＿ ＿＿＿＿ ＿＿＿＿ by my father.
2) 私は警官からいくつか質問されました。
   I ＿＿＿＿ ＿＿＿＿ some questions ＿＿＿＿ a police officer.
3) この花は英語で何と呼ばれますか。
   ＿＿＿＿ ＿＿＿＿ this flower ＿＿＿＿ in English?
4) その問題は明日議論されるでしょう。
   The matter ＿＿＿＿ ＿＿＿＿ discussed tomorrow.
5) この小説はだれによって書かれたのですか。
   ＿＿＿＿ ＿＿＿＿ this novel ＿＿＿＿ by?

SECTION 6 不定詞

理解へのアプローチ

1 動詞に名詞のはたらきをさせる

楽器店のショーウィンドーに，ずっとほしいと思っているギターが飾ってあります。「僕」の気持ちは，「そのギター，ほしい」ですよね。

I want the guitar.

wantに名詞を直接続けると，「何かがほしい」ことを表すことができます。

「そのギターを買いたい」と言いたいときも，I wantの後にbuy the guitarを続ければよいのですが，動詞のwantに，これまた動詞のbuyを続けることはできません。そこで，このbuyが名詞のはたらきをすることができるように形をちょっと変えてあげます。形を変えると言ってもbuyはそのままです。buyの前にtoをつけてto buyという形にするだけです。

I want to buy the guitar.

to buy the guitar

to buy the guitarとすることで，wantにつながるようになりました。このto buy，つまり〈**to＋動詞の原形**〉のことを**不定詞**と呼びます。to buy the guitarは，I want the guitar.のthe guitarと同じように，**名詞のはたらき**をしているのです。

名詞のはたらきをするということは，不定詞を主語にしたり，主語がどういうものかを述べる補語にしたりできるわけです。たとえば，「僕の夢はギタリストになることなんだ」と言いたければ，

My dream is to become a guitarist.

となります。to become a guitaristが，主語のmy dreamについてどういう夢なのか述べているのです。

to become a guitarist

128

❷ 不定詞は形容詞や副詞のはたらきもする

　不定詞は名詞のはたらきをするだけでなく，形容詞や副詞のはたらきをすることもできます。

　「僕にはそのギターを買うお金がない」と言いたいときは，I don't have enough moneyで「僕には十分なお金がない」ことを表してから，「そのギターを買う」を続けます。ここで不定詞の出番です。

　　I don't have **enough money to buy** the guitar.

enough moneyにto buy the guitarを続けることで，「そのギターを買うのに十分なお金」を表すことができるのです。**名詞がどういうものなのかを説明**しているわけですから，この不定詞は**形容詞のはたらき**をしている，ということになります。

　では，「そのギターを買うために，アルバイトしなければならない」はどうやって表せばよいのでしょう。「アルバイトしなければならない」はI have to work part-timeとすることができます。これに「そのギターを買うために」を続けます。ここでも不定詞の出番です。

　　I **have to work** part-time **to buy** the guitar.

このto buy the guitarは「そのギターを買うために」という**何かをする目的**を表していることになります。したがって，この不定詞は**副詞のはたらき**をしている，ということになるのです。

❸ 不定詞ははっきりとイメージする状況を表す

　to buy the guitarが，それぞれの文の中で「ギターを買うこと」「ギターを買うための」「ギターを買うために」という異なる役割をしていましたね。でも，形が同じなのですから表す意味は同じです。不定詞が表すのは「ほら，こうすること！」と指し示す

ことができる「**はっきりとイメージする状況**」なのです。不定詞を使ってto buy the guitarとすると、「ギターを買う」という状況がはっきりとイメージできるようになるわけです。

　不定詞はtoを動詞の原形の前で使いますが、このtoは「ほら、こういうことね」と指し示すはたらきをしています。指し示すことができるということは、はっきりとイメージできるということですよね。

　I wantの後に、to buy the guitarを続けるのも、I don't have enough moneyの後にto buy the guitarを続けるのも、I have to work part-timeの後にto buy the guitarを続けるのも、どれも「ほら、こういうことね」と言っているだけなのです。それが、文脈によって、「〜すること」となったり、「〜するための」となったり、「〜するために」となったりするのです。

to buy the guitar

to find the guitar

　「僕はそのギターを見つけてうれしい」と言うときに、

　I'm **happy to find** the guitar.

とするのも同じです。「僕はうれしい」と言った後で、「ほら、こういうことにね」という感覚でto find the guitarを続けているのです。

不定詞がつくる意味のまとまり

　不定詞は〈to＋動詞の原形〉という形をとりますが、もともとは動詞ですから、他動詞であればto buy the guitarのように名詞を続けて意味のあるまとまりをつくります。また、to find a part-time job at that storeのように、場所を表す副詞を続けることもできるわけです。

　I was lucky **to find a part-time job at that store**.
　（あの店でのアルバイトを見つけることができて、僕はラッキーだった。）

この文の場合は、to find a part-time job at that storeがひとつの意味をもったまとまりになっているのです。

学習ガイド

基本ゾーン

UNIT 1 名詞のはたらきをする不定詞 ………………………… p.132
　　❶ 主語や補語にする　❷ 目的語にする

UNIT 2 疑問詞と不定詞，不定詞の主語と否定語 ………… p.134
　　❶ 疑問詞＋不定詞　❷ 意味上の主語と否定語の位置

UNIT 3 形容詞のはたらきをする不定詞 ……………………… p.136
　　❶ 名詞を修飾する　❷ 名詞に説明を加える

UNIT 4 副詞のはたらきをする不定詞 (1) ……………………… p.138
　　❶ 目的を表す　❷ 結果を表す

UNIT 5 副詞のはたらきをする不定詞 (2) ……………………… p.140
　　❶ 感情の原因を表す　❷ 判断の根拠を表す

UNIT 6 主語＋動詞＋名詞＋不定詞 ……………………………… p.142
　　❶ want＋人＋不定詞／tell＋人＋不定詞
　　❷ allow＋人＋不定詞／get＋人＋不定詞

UNIT 7 主語＋動詞＋名詞＋動詞の原形 …………………… p.144
　　❶ have/let/make＋人＋動詞の原形
　　❷ see/hear＋名詞＋動詞の原形

SECTION 6 不定詞

応用ゾーン

UNIT 8 自動詞に続ける不定詞 …………………………………… p.146
　　❶ seem/appear＋不定詞　❷ 自動詞＋不定詞

UNIT 9 不定詞のさまざまな形 …………………………………… p.148
　　❶ 進行形と受動態　❷ 完了形

UNIT 10 形容詞と結びつく不定詞 ……………………………… p.150
　　❶ 形容詞と結びついてこれからのことを表す
　　❷ 難易などを表す形容詞と結びつく

表現ゾーン

UNIT 11 不定詞を使う重要表現 (1) …………………………… p.152
　　❶ 程度を表す　❷ 時間や費用を表す

UNIT 12 不定詞を使う重要表現 (2) …………………………… p.154
　　❶〈be動詞＋不定詞〉でこれからのことを表す
　　❷ 文全体を修飾する

UNIT 1 名詞のはたらきをする不定詞

1 不定詞を主語や補語にする

TARGET 083

(1) It's necessary **to learn** from mistakes.
(2) My goal is **to play** in the Major Leagues.

(1) 失敗から学ぶことは必要です。
(2) 私の目標はメジャー・リーグでプレーすることです。

(1) 不定詞を主語にする

動詞に**名詞のはたらき**をさせて「～すること」という意味を表したいときに，〈**to＋動詞の原形**〉という形の不定詞を使う。不定詞を文の主語にするときは，**形式主語のit**を使って，不定詞を後にまわすのがふつう。

- It 's necessary to learn from mistakes .

  ▶ to learn from mistakes が文の主語。不定詞を文頭に出すと To learn from mistakes is necessary. となるが，この形を使うことはあまりない（主語であることがわかりにくくなるため）。

(2) 不定詞を補語にする

不定詞を主語について述べる補語にすることもできる。

- My goal is to play in the Major Leagues .
  　　=

  ▶ to play in the Major Leagues という不定詞句が，主語の my goal について述べている。

  To improve is **to change**.
  （向上するということは，変化するということだ。）
  [主語にも補語にも不定詞を使うことがある。この場合は不定詞を文頭で使う]

to play in the MLB

> **注意!!** 不定詞は動詞と同じように，名詞（目的語）を直後に続けたり，副詞で修飾したりして，語のかたまり（句）をつくることができる。

083

日本語の意味に合うように，（　）に適語を入れなさい。
1) 証拠を見つけることは，とても難しいだろう。
　　(　　) would be very difficult (　　) (　　) evidence.
2) 私のポリシーは何事にも積極的であることです。
　　My policy is (　　) (　　) positive in everything.

使い方は p.2 ▶

2 不定詞を目的語にする

TARGET 084

(1) She hopes **to work** for UNICEF.
(2) Do you think it possible **to persuade** him?

(1) 彼女はユニセフで働くことを望んでいる。
(2) 彼を説得することは可能だと思いますか。

(1) 不定詞を動詞の目的語にする

不定詞は名詞のはたらきをするので，目的語として動詞に直接続けることができる。不定詞を目的語にするのは，これからすることについて述べる動詞（⇨p.171）。

● She hopes <u>to work for UNICEF</u>.

▶「ユニセフで働くこと」がhopeの目的語（hope ➡ to work for UNICEF）。UNICEFは「国連児童基金」のこと。

to work for UNICEF

I **tried to send** him an email.
（私は彼にメールを送ろうとした。）[try ➡ to send him an email]

I **want to study** physics at college.（私は大学で物理の勉強をしたい。）

注意!! 動名詞（動詞のing形）も名詞のはたらきをし，文の主語や補語になったり，動詞の目的語になったりする（⇨p.162）。

(2) 動詞の目的語に it を使う

〈主語＋動詞＋名詞＋名詞／形容詞〉のSVOCの語順（⇨p.26）で，動詞の目的語が不定詞になる場合は，形式目的語のitを使って不定詞を後にまわす。

● Do you think <u>it</u> possible <u>to persuade him</u>?

▶「彼を説得すること」について「可能」かどうか尋ねている。Do you think it possibleとすることでSVOCという構造をわかりやすくする。

I **found it** easy **to get** there.（そこにたどり着くのは簡単だとわかった。）

084

日本語の意味に合うように，（ ）に適語を入れなさい。
1) 彼はボストンへ行くことに決めた。
　He decided （　　）（　　） to Boston.
2) その宿題をひとりでするのは難しいことがわかった。
　I found （　　） hard （　　）（　　） the homework by myself.

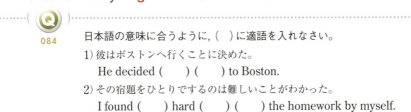

Ans. 083-1) It, to find　2) to be
084-1) to go　2) it, to do

133

UNIT 2 疑問詞と不定詞，不定詞の主語と否定語

1 疑問詞に不定詞を続ける

> **TARGET 085**
>
> (1) I just don't know **what to do**.
> (2) He showed me **how to use** this copier.
>
> (1) 何をすべきかまったくわからないのです。
> (2) 彼は私にこのコピー機の使い方を教えてくれた。

(1) 疑問代名詞に不定詞を続ける

what to doのように疑問詞に不定詞を続けると，「何をすべきか」のような名詞のはたらきをする語のかたまりをつくることができる。

- I just don't know **what to do**.
  ▶「何をすべきか」がknowの目的語（know ➡ what to do）。

〈疑問詞＋不定詞〉は，疑問詞の意味に「～すべきか」「～したらいいのか」という意味が加わった表現。

who/whom to invite （だれを招待するのか）
which to choose （どちらを選ぶのか）
I can't decide **which shirt to buy**. （どちらのシャツを買うか決められない。）

(2) 疑問副詞に不定詞を続ける

how to useは，「～をどのように使えばよいか」→「～の使い方」という意味を表す。

- He showed me **how to use** this copier.
  ▶「コピー機の使い方」はshowの目的語。showは目的語を2つ続けることができる（⇨p.22）。

こうやるんだよ

when to leave （いつ出発するのか）
where to go （どこへ行くのか）
I don't know **where to buy** the tickets.
（切符をどこで買えばよいかわかりません。）［whyには不定詞は続けない］

085　日本語の意味に合うように，( )に適語を入れなさい。
1) マネージャーはだれを雇うのか決めなければならない。
　　The manager has to decide (　　) (　　) hire.
2) いつ彼に電話をすればよいか教えてください。
　　Please tell me (　　) (　　) call him.

2 意味上の主語や否定語を不定詞の前に入れる

TARGET 086

(1) It was a mistake **for you to accept** that job.
(2) My motto is **never to make** the same mistake twice.

(1) あなたがその仕事を引き受けたのは間違いでしたね。
(2) 私の信条は，同じ間違いを決して繰り返さないことだ。

(1) 意味上の主語を不定詞の前に入れる

不定詞にはその動作や状態の主語にあたるものがあり，これを**意味上の主語**と呼ぶ。

　　　I hope **to be** a pianist. (私はピアニストになりたい。)［意味上の主語はI］

　　　It's important **to find** good friends. (よい友を見つけることは大切だ。)
　　　［意味上の主語は一般の人で特定されていない］

意味上の主語を示す必要があるときは，**for**を使って**不定詞の直前**に入れる。

- It was a mistake **for you to accept** that job.

  ▶ to accept that jobの主語が「あなた」であることを明示している。

  It was necessary **for him to study** abroad.
  (彼が海外留学することは必要だった。)
  ［意味上の主語を示すforは，もともと「～にとって」という意味なので，「…することは彼には必要だった」としてもよい］

(2) 否定語を不定詞の前に入れる

「～しないこと」と不定詞の意味を否定するときは，**不定詞の直前に否定語**を入れる。

- My motto is **never to make** the same mistake twice.

  ▶ to make the same mistake twice を never で否定している。

  You should try **not to be** late. (君は遅刻しないようにすべきだよ。)

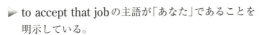

086
日本語の意味に合うように，(　)に適語を入れなさい。
1) 私たちがここにいてもいいですか。
　 Is it OK (　　) (　　) (　　) stay here?
2) 彼は決してうそをつかないと約束した。
　 He promised (　　) (　　) (　　) a lie.

Ans. 085-1) who/whom to　2) when to
　　　086-1) for us to　2) never to tell

UNIT 3　形容詞のはたらきをする不定詞

1　不定詞で名詞を修飾する

TARGET 087

(1) I have a lot of work **to do** today.
(2) He's looking for a house **to live in**.

(1) 今日はするべき仕事がたくさんあります。
(2) 彼は住む家を探しています。

(1) 修飾する名詞が不定詞の目的語や主語になる

不定詞は**名詞を後ろから修飾する**形容詞のはたらきをすることができる。

- I have <u>a lot of work</u> ↑ to do today.

  ▶ a lot of work to do で「するべきたくさんの仕事」という意味を表す。a lot of work は to do の目的語のはたらきをしている。

I don't have a dress **to wear** to the party.
（パーティーに着ていく服がありません。）[a dress は to wear の目的語]

There's nothing **to drink** in the refrigerator.
（冷蔵庫には飲む物が何もありません。）[nothing は to drink の目的語]

I'm looking for someone **to teach** me Spanish.
（私にスペイン語を教えてくれる人を探しています。）
[someone は to teach の主語（「だれかが教える」）]

There was nobody **to help** him.（彼を助ける人はだれもいなかった。）
[nobody は to help の主語]

(2) 修飾する名詞が前置詞の目的語になる

修飾する名詞が不定詞の後の前置詞の目的語になることもある。

- He's looking for <u>a house</u> ↑ to live in.

  ▶ a house to live in で「住む家」という意味を表す。a house は前置詞 in の目的語のはたらきをしている（live in a house）。

Do you have anything **to write with**?（何か書くものを持っていますか。）

 意味に誤解が生じないときは，前置詞を省略することがある。
Do you have a knife **to cut** the rope (with)?
（ロープを切るナイフを持っていますか。）

087

日本語の意味に合うように，（　）に適語を入れなさい。
1) この美術館には見るべき絵がたくさんある。
　　There are many paintings (　　) (　　) in this museum.
2) その部屋には座るいすがありません。
　　There is no chair (　　) (　　) (　　) in the room.

② 不定詞で名詞に説明を加える

TARGET 088

(1) His speech had the power **to move** people.
(2) She kept her promise **to think** positive.

(1) 彼の演説には人々を感動させる力があった。
(2) 彼女は前向きに考えるという約束を守った。

(1) 不定詞で名詞に説明を加える

● His speech had the power | to move people |.

▶ the power to move people で「人々を感動させる力」という意味を表す。

ability（才能），opportunity（機会），power（力），reason（理由），time（時間），effort（努力），way（方法）などの名詞をこの形で使うことができる。

　　I don't have time **to talk** with you. (君と話している時間はないんです。)

(2) 不定詞で名詞の内容を具体的に説明する

● She kept her promise | to think positive |.
　　　　　　　　　　　　＝

▶「彼女の約束」がどういうものなのかを不定詞を使って具体的に説明している。

decision（決定），desire（野心），attempt（試み），promise（約束）などの名詞をこの形で使うことができる。

088

日本語の意味に合うように，（　）に適語を入れなさい。
1) 彼にはスーパースターになる才能がある。
　　He has the (　　) (　　) become a superstar.
2) ハーバード大学に出願するという彼の決心は，私を驚かせた。
　　His (　　) (　　) apply to Harvard surprised me.

Ans.

087-1) to see　2) to sit on
088-1) ability to　2) decision to

137

UNIT 4 副詞のはたらきをする不定詞 (1)

1 不定詞で目的を表す

TARGET 089

(1) I'll go to the bookstore **to buy** a math exercise book.
(2) I told her a lie **so as not to hurt** her.

(1) 数学の問題集を買うために本屋さんに行きます。
(2) 私は彼女を傷つけないように，彼女にうそをついた。

(1)「〜するために」という目的を表す

不定詞を使って「〜するために」という**目的**の意味を表すことができる。この不定詞は**副詞のはたらき**をしている。

- I'll go to the bookstore **+** to buy a math exercise book.

　▶「本屋に行く」と言ってから，その目的を不定詞を使って述べている。

　I ran to the station **to catch** the first train.
　（私は始発電車に乗るために駅まで走った。）

目的であることをはっきり伝えたいときは，不定詞の前に **in order** や **so as** をつける。in order のほうがやや文章体で形式ばった表現。

　I hurried **in order to be** in time for the concert.
　（私はそのコンサートに間に合うように急いだ。）

(2)「〜しないように」という目的を表す

否定の意味の目的を表す場合は，**so as not** か **in order not** を不定詞の前で使う。

- I told her a lie **+** so as not to hurt her.

　▶「彼女を傷つけないように」という目的を不定詞を使って述べている。in order not to hurt her としてもよい。

089

日本語の意味に合うように，(　) に適語を入れなさい。
1) マコトは音楽の勉強をするためにニューヨークに行きました。
　Makoto went to New York (　　) (　　) music.
2) ミーティングに遅れないように，彼女は早めに出ました。
　She left early (　　) (　　) (　　) to be late for the meeting.

2 不定詞で結果を表す

TARGET 090

(1) I came home **to find** my bike had been stolen.
(2) He practiced hard, **only to lose** the game.

(1) 家に帰ると，僕の自転車が盗まれているのに気づいた。
(2) 彼は一生懸命練習したのだが，試合には負けてしまった。

(1)「〜することになった」という結果を表す

「〜することになった」という**結果**の意味を，不定詞で表すことができる。

- I came home + to find my bike had been stolen.

  ▶「帰宅した」と言ってから，「自転車が盗まれているのに気づいた」という結果を不定詞で述べている。to find (that) my bike had been stolen (⇨p.456)

She grew up **to be** a famous musician.
（彼女は成長して有名な音楽家になった。）

(2)「結局〜するだけだった」という残念な結果を表す

結果を表す不定詞の前にonlyをつけると，「結局〜するだけだった」という残念な結果を表すことができる。

- He practiced hard, + only to lose the game.

  ▶「彼は一生懸命練習した」と言ってから，「負けてしまった」という残念な結果をつけ加えている。

He left his hometown, **never to return**.
（彼は故郷を離れ，二度と戻らなかった。）
[neverを使うと「二度と〜しなかった」という結果を表すことができる]

Q 090

日本語の意味に合うように，（ ）に適語を入れなさい。
1) 図書館に行ったら，閉まっているのがわかった。
   He went to the library (　　) (　　) it was closed.
2) 彼女はスキーに行ったが，骨折しただけだった。
   She went skiing, (　　) (　　) (　　) her leg.

Ans. 089-1) to study　2) so as not / in order not
090-1) to find　2) only to break

UNIT 5 副詞のはたらきをする不定詞 (2)

① 不定詞で感情の原因を表す

> **TARGET 091**
>
> (1) I'm sorry **to hear** about your accident.
> (2) John was surprised **to see** the crowd.
>
> (1) あなたの事故のことを聞いて，お気の毒に思います。
> (2) ジョンはその群衆を見て驚いた。

(1) 感情を表す形容詞に不定詞を続ける

「〜して気の毒に思う」のように，形容詞で表す感情になった**原因**をつけ加えたいときに不定詞を使うことができる。この不定詞は**副詞のはたらき**をしている。

- I'm sorry + to hear about your accident.

▶「気の毒に思う」と言った後に，「〜を聞いて」という感情を抱いた原因を不定詞を使ってつけ加えている。

sorryのほか，afraid（怖い），glad（喜ばしい），sad（悲しい），happy（うれしい）などの形容詞に不定詞を続けることができる。

I'm happy to meet you.
（あなたにお会いできてうれしいです。）

happy

(2) 感情を表す表現に不定詞を続ける

受動態で感情を表す場合（⇒p.125）も，不定詞で感情の原因を表すことができる。

- John was surprised + to see the crowd.

▶「ジョンは驚いた」と言った後に，「その群衆を見て」という原因をつけ加えている。

be amazed（びっくりする），be disappointed（がっかりする），be delighted（とても喜ぶ），be pleased（うれしく思う）などの後にも不定詞を続けることができる。

I was disappointed to find she was absent from school.
（彼女が学校を休んでいるのがわかって，僕はがっかりした。）

091

日本語の意味に合うように，( )に適語を入れなさい。
1) 彼の成功を聞いて，私たちは喜んだ。
   We were glad (   ) (   ) about his success.
2) 彼女がまだそこにいるのを知って，僕はとてもうれしかった。
   I was delighted (   ) (   ) she was still there.

2 不定詞で判断の根拠を表す

> **TARGET 092**
>
> (1) She was very kind **to help** me.
> (2) It was brave of you **to tell** the truth.
>
> (1) 私を手伝ってくれて，彼女はとても親切でした。
> (2) 本当のことを話すとは，君は勇敢だったね。

(1) どういう人なのかを表す形容詞に不定詞を続ける

人の性質を表す形容詞に不定詞を続けると，そう**判断した根拠**を表すことができる。

- She was very kind ＋ to help me.

  ▶「彼女はとても親切だった」の後に，「手伝ってくれて」という根拠を続けている。

brave (勇敢な), careless (不注意な), nice (親切な), polite (ていねいな), rude (無礼な), silly/stupid (愚かな), wise (賢い) などの形容詞を使う。

Your daughter was nice **to carry** my bags.
（あなたの娘さんが親切にも私のかばんを運んでくれました。）

> **参考** その人についての判断を，名詞で表すこともある。
> He must be **a genius to understand** the theory.
> （その理論を理解しているとは，彼は天才に違いない。）

(2) 〈It is ＋形容詞＋ of ＋人〉の後に不定詞を続ける

〈It is ＋形容詞＋ of ＋人〉で，その状況において「その人には～というところがある」と述べた後で，不定詞でそう判断した根拠を表すこともできる。

- It was brave of you ＋ to tell the truth.

  ▶「あなたには勇敢なところがある」と言った後に，その根拠を続けている。

It was wise of you **to accept** his advice.
（彼の助言を受け入れるとは，君は賢明だったね。）

092 日本語の意味に合うように，（　）に適語を入れなさい。
1) そのうわさを信じるとは，僕はばかだったよ。
   I was stupid (　　) (　　) the rumor.
2) 手を貸してくれてありがとう。
   It's nice (　　) (　　) (　　) give me a hand.

Ans. 091-1) to hear 2) to know
092-1) to believe 2) of you to

主語＋動詞＋名詞＋不定詞

1 want＋人＋不定詞／tell＋人＋不定詞

TARGET 093

(1) I **want** you **to sing** that song.
(2) My mother **told** me **to get up**.

(1) あなたにあの歌を歌ってほしい。
(2) 母は私に起きるように言った。

(1) want＋人＋不定詞

「だれかに何かをしてほしい」と言いたいときに，〈want＋人＋不定詞〉を使う。

- I **want you** ➡ **to sing** that song.
  「〈人〉に望む」→「～することを」

  ▶ want に you と to sing that song を続けて，その人にしてほしいことを伝えている。ていねいな表現にするときは〈I'd like you＋不定詞〉（⇨p.336）を使う。

  注意!! 〈Do you want me＋不定詞？〉は「～しましょうか」という申し出の表現になる（⇨p.87）。
  Do you **want** me **to drive** you home?
  （車で家まで送りましょうか。）

(2) tell＋人＋不定詞

「だれかに何かをするように言う」を表す場合は，〈tell＋人＋不定詞〉を使う。

- My mother **told me** ➡ **to get up**.
  「〈人〉に言った」→「～するように」

  ▶ tell に me と to get up を続けて「私に起きるように言う」となる。

受動態にして「～するように言われる」という意味を表すこともできる。
　I **was told to be** quiet.（私は静かにするように言われた。）

advise（勧める），ask／request（頼む），expect（期待する），encourage（励ます），order（命じる），remind（思い出させる），warn（注意する）などもこの形で使う。

　We **asked** him **to join** our team.
　（私たちは彼に，自分たちのチームに入ってくれるように頼んだ。）

 〈persuade＋人＋不定詞〉は「〈人〉を説得して～させる」。
I **persuaded** him **to go** there.（私は彼を説得してそこに行かせた。）

日本語の意味に合うように, ( )内の語句を並べかえなさい。

1) これらの本を送ってほしいのですが。
   I'd like (these / send / you / books / to).
2) 私は彼が今朝, うちに来るだろうと思っていた。
   I (to / him / expected / come) to my house this morning.

2 allow＋人＋不定詞／get＋人＋不定詞

TARGET 094

(1) My parents allowed me to travel alone.
(2) I got my sister to help me with my homework.

(1) 両親は私が一人旅をするのを許してくれた。
(2) 私は姉に宿題を手伝ってもらった。

(1) allow＋人＋不定詞

「だれかが何かをすることを許す」は,〈allow／permit＋人＋不定詞〉で表す。

● My parents allowed me ➡ to travel alone .

▶ allowやpermitの後に「だれ」を続け, その後に「～すること」を不定詞で表す。

I was allowed to travel alone. と受動態にして,「～することを許される」という意味にすることができる。

(2) get＋人＋不定詞

「だれかに何かをしてもらう」は,〈get＋人＋不定詞〉で表す。

● I got my sister ➡ to help me with my homework .

▶〈get＋人＋不定詞〉は, お願いしてやってもらう場合に使う。

force(無理に～させる)も同じ形で使うことができ, 受動態にすることもできる。

She was forced to resign. (彼女は辞職させられた。)

日本語の意味に合うように, ( )に適語を入れなさい。

1) 医者は彼がサッカーをすることを許可した。
   The doctor permitted (　) (　) (　) soccer.
2) 私は彼にそれをしてもらうことができなかった。
   I couldn't (　) (　) (　) do that.

Ans. 093-1) you to send these books 2) expected him to come
094-1) him to play 2) get him to

143

UNIT 7 主語＋動詞＋名詞＋動詞の原形

1 have/let/make＋人＋動詞の原形

TARGET 095

(1) I'll **have** him **call** you.
(2) My father **let** me **use** his camera.
(3) My mother **made** me **drink** the tomato juice.

(1) 彼に電話させますよ。
(2) 父は私にカメラを使わせてくれた。
(3) 母は私にトマトジュースを飲ませた。

(1) have＋人＋動詞の原形

「だれかに何かをさせる」「だれかに何かをしてもらう」と言いたいときは，〈have＋人（名詞）＋動詞の原形〉を使う。

- I'll **have** him **call** you.

  ▶ haveを使うのは，そうしてもらうのがふつう（当然）のことだと思っている場合。お願いしてやってもらう場合はgetを使う（⇨p.143）。

  I **had** him **repair** my bicycle.
  （彼に自転車の修理をしてもらった。）

(2) let＋人＋動詞の原形

〈let＋人＋動詞の原形〉は，「だれかに～させてあげる」という許可の意味になる。

- My father **let** me **use** his camera.

  ▶ letは何かをするのを許すという場合に使う。

  Let me **explain**.（私に説明させてください。）
  ［Let me ...で「私に～させてください」を表す］

(3) make＋人＋動詞の原形

〈make＋人＋動詞の原形〉は，「だれかに（無理やり）～させる」を表す。

- My mother **made** me **drink** the tomato juice.

  ▶ makeは無理に何かをさせるという場合に使う。He made me laugh.（彼は私を笑わせた。）のような使い方もできる。

「何かをさせられた」と言いたいときは，**make**を受動態にして不定詞を使って表す。

He **was made to sign** the contract.（彼は契約書にサインをさせられた。）

144　　　　　　　　　　　　　　　　無生物主語＋make＋人＋動詞の原形 ⇨ p.344

helpは〈help＋人〉の後に，動詞の原形も不定詞も使える。
He helped me (to) move the desk.
（彼は私が机を動かすのを手伝ってくれた。）

095

日本語の意味に合うように，（　）に適語を入れなさい。
1) 私は兄に犬小屋を作ってもらった。
　　I (　) my brother (　) a doghouse.
2) 彼は妹に自分のテレビゲームを使わせない。
　　He doesn't (　) his sister (　) his video games.
3) 私は彼に無理やりコートを着させた。
　　I (　) (　) (　) a coat.

2　see/hear＋名詞＋動詞の原形

TARGET 096

I **saw** a man **throw** something into the river.
私は男の人が何かを川に投げ入れるのを見ました。

see/hear＋名詞＋動詞の原形

「だれ・何かが〜するのを見る」と言うときは，〈see＋名詞＋動詞の原形〉を使う。

- I **saw** a man **throw** something into the river.
　「〈だれ・何〉を見た」「〜するのを」
　　▶「男の人が何かを川に投げ入れるのを見た」という意味。throwの主語はa man。

seeのほか，hear（聞こえる），feel（感じる），notice（気づく）など，感覚を表す動詞をこの形で使うことができる。

I **heard** someone **knock** on the door.
（だれかがドアをノックするのが聞こえた。）

「何かをするのを見られた」と言いたいときは，**see**や**hear**を受動態にして不定詞を使って表す。

He **was seen to enter** the room. （彼はその部屋に入るのを見られた。）

096

日本語の意味に合うように，（　）に適語を入れなさい。
私は家が揺れるのを感じました。
I (　) my house (　).

095-1) had, build/make　2) let, use/play　3) made him wear
096) felt, shake

自動詞に続ける不定詞

1 seem/appearに不定詞を続ける

TARGET 097

Andy seems to be angry.
　アンディは怒っているようだ。

seems to be angry

〈seem/appear＋不定詞〉で「〜のようだ」を表す
　seemの後に不定詞を続けると、「〜のようだ」「〜らしい」と、客観的または主観的に思ったことを表すことができる。

- Andy seems to be angry.
  ▶ アンディの様子について思ったことを述べている。

appearに不定詞を続けると、目で見て客観的にそう思ったことを表す。

　　He appears to have many friends. （彼にはたくさんの友人がいるようだ。）

seemとappearに続ける不定詞は、be動詞やhave, knowのような状態を表す動詞を使う。動作動詞を使うときは進行形にする（⇨p.148）。

　　She seems to know the truth. （彼女は本当のことを知っているようだ。）

参考　〈seem/appear to be＋形容詞〉の場合、to beを省略してSVCの語順にすることがある。
　　　Cindy seems happy. （シンディは幸せそうだ。）
　　　また、itを主語にしてthat節を使って表すこともできる。
　　　It seems that Cindy is happy.

097
日本語の意味に合うように、（　）に適語を入れなさい。
彼は私の話に興味があるようだ。
He (　　) (　　) (　　) interested in my story.

2 自動詞に不定詞を続ける

TARGET 098

(1) How did you come to know her?
(2) I happened to meet a sumo wrestler.
　(1) 彼女とはどうやって知り合ったの？
　(2) 私はたまたま相撲取りに会った。

(1) 〈come＋不定詞〉で「～するようになる」を表す

comeの後に不定詞を続けると、「～するようになる」という意味になる。

- How did you come to know her?
  ▶ come to know ～で「～と知り合いになる」という意味。× become to knowとはできない。

不定詞にはknowやthink, believeのような状態を表す動詞を使う。また、comeの代わりにgetを使うことができる。

I came to like this high school.（私はこの高校が好きになった。）

We got to believe his story.（私たちは彼の話を信じるようになった。）

　〈learn＋不定詞〉は、努力をして「～するようになる」を表す。
She learned to ride a bike.（彼女は自転車に乗れるようになった。）

(2) 〈happen＋不定詞〉で「たまたま～する」を表す

happenの後に不定詞を続けると、「たまたま～する」「偶然～する」を表す。

- I happened to meet a sumo wrestler.
  ▶ happen to meetで「たまたま出会う」という意味。

proveやturn outに不定詞を続けると「～だとわかる」という意味になる。また、tendに不定詞を続けると、「～する傾向がある」ことを表す。

His story turned out to be true.（彼の話は本当だとわかった。）

My father tends to talk too much when he's drunk.
（うちの父親は、酔っぱらっているとしゃべりすぎる傾向がある。）

hesitateに不定詞を続けると「～するのをためらう」という意味になる。

Don't hesitate to call me anytime.
（いつでも遠慮なく私に電話してください。）
［「～するのをためらわないで」→「遠慮なく～して」となる］

098　日本語の意味に合うように、（　）に適語を入れなさい。
1) 彼らはすぐに友だちになるでしょう。
　They will soon (　　) (　　) be friends.
2) ひょっとして修正液をお持ちではないですか。
　Do you (　　) (　　) have correction fluid?

　097) seems to be
098-1) come/get to　2) happen to

147

不定詞のさまざまな形

1 進行形と受動態の不定詞

TARGET 099

(1) The economy seems **to be growing**.
(2) Leather shoes need **to be polished**.

(1) 経済は成長しているようだ。
(2) 革靴は磨く必要がある。

(1)〈to be ＋現在分詞〉で進行中であることを表す

不定詞を進行形にするときは，〈**to be ＋現在分詞**〉を使う。

- The economy seems **to be growing**.
  ▶〈seem to be ＋現在分詞〉で「～しているようだ」を表す。

  He seemed **to be sleeping** during the class.
  （彼は授業中，居眠りをしているようだった。）

(2)〈to be ＋過去分詞〉で受動の意味を表す

不定詞を受動態にするときは，〈**to be ＋過去分詞**〉を使う。

- Leather shoes need **to be polished**.
  ▶〈need to be ＋過去分詞〉で「～される必要がある」を表す。

  You're lucky **not to be caught** in a shower.
  （にわか雨にあわなくてよかったね。）［判断の根拠を表す不定詞（⇒p.141）］

日本語の意味に合うように，( )に適語を入れなさい。
1) その船は沈みかけているようだ。
    The ship seems (   ) (   ) (   ).
2) 彼はトミーと呼ばれたいと思っている。
    He wants (   ) (   ) (   ) Tommy.

2 完了形の不定詞

TARGET 100

(1) I seem **to have misplaced** my glasses.
(2) He claimed **to have solved** the mystery.

(1) 私はめがねをどこかに置き忘れたようだ。
(2) 彼はその謎を解いたと主張した。

(1) 〈to have ＋過去分詞〉で過去のことを表す

「～したようだ」「～したらしい」と，過去のことについて思っていることを述べるときは，seemの後に〈**to have ＋過去分詞**〉という完了形の不定詞を続ける。

- I seem **to have misplaced** my glasses.
  ▶ to have misplacedで「置き忘れた」という過去のことを表している。It seems that I misplaced my glasses. で表せる。

She is said **to have been** a great athlete.
（彼女はすばらしい運動選手だったと言われている。）
[〈主語＋be動詞＋said＋不定詞〉は「～と言われている」（⇒p.341）。She is said to be a great athlete. は「彼女はすばらしい運動選手だと言われている」]

(2) 〈to have ＋過去分詞〉で以前のことを表す

- He claimed **to have solved** the mystery.
  ▶「謎を解いた」のは「主張した」時点よりも前のこと。不定詞を使ってHe claimed to solve the mystery. とすると「彼はその謎を解くと主張した」となる。

 expect / hope / mean / wishなどの動詞を過去形で使い，その後に完了形の不定詞を続けると，実現しなかったことを表すことになる。
He **was expected to have won** the game.
（彼はその試合に勝つことを期待されていた。）

完了形の不定詞は，述語動詞が表す時点よりも前のことを表す。

Ken seems **to have enjoyed** his holiday.
（ケンは休暇を楽しんだようだ。）
[It seems that Ken enjoyed his holiday. とできる。現在から見た過去のことを表している]

Ken seemed **to have enjoyed** his holiday.
（ケンは休暇を楽しんだようだった。）
[It seemed that Ken had enjoyed his holiday. とできる。過去より以前のことなので過去完了形を使う]

100 日本語の意味に合うように，(　)に適語を入れなさい。
1) 彼は借金を返したようだ。
　　He seems (　　) (　　) paid his debts.
2) 彼がその遺跡を発見したと信じられていた。
　　He was believed (　　) (　　) (　　) the ruins.

 099-1) to be sinking　2) to be called
100-1) to have　2) to have discovered/found

UNIT 10 形容詞と結びつく不定詞

1 形容詞と結びついてこれからのことを表す

TARGET 101

(1) I'm ready to go.
(2) He's sure to fall in love with you.

(1) 出かける準備ができました。
(2) 彼はきっとあなたに恋をしますよ。

(1) 〈be ready＋不定詞〉で「〜する準備ができた」を表す

- I'm ready to go.
  ▶ ready は「準備ができている」ことを表す形容詞。

anxious / eager / keen（切望する），free（自由な），happy（喜んで），willing（いとわない）などの形容詞にも不定詞を続けることができる。

Feel free to call me anytime.（いつでも自由に電話してください。）
[〈free＋不定詞〉は「自由に〜する」という意味]

I'm willing to help you.（お手伝いしますよ。）
[〈willing＋不定詞〉は「〜するのをいとわない」「〜する気がある」という意味]

(2) 〈be sure＋不定詞〉で「きっと〜する」を表す

- He's sure to fall in love with you.
  ▶ sure や certain は「確信している」という意味の形容詞。不定詞を使って表すことが確実だと思っていることを表す。

He's certain to win.（彼はきっと勝つよ。）
[certain は，It's certain that he will win. という表現ができるが，sure はこの形では使えない（⇨p.412）]

likely に不定詞を続けると，「〜しそうだ」という可能性があることを表す。

She is likely to pass the exam.（彼女は試験に合格しそうだ。）[likely は「ありそうな」。It is likely that she will pass the exam. とすることもできる]

日本語の意味に合うように，（ ）に適語を入れなさい。
1) 私の父は新しいゴルフクラブのセットをとても買いたがっている。
   My father is eager (　　) (　　) a new set of golf clubs.
2) この歌はきっとヒットするよ。
   This song is (　　) (　　) be a hit.

2 難易などを表す形容詞と結びつく

TARGET 102

(1) Your question is difficult **to answer**.
(2) This river is dangerous **to swim** in.

(1) あなたの質問には、答えるのが難しい。
(2) この川は、泳ぐには危険だ。

(1) 難易を表す形容詞に不定詞を続ける

difficult や easy のような難易を表す形容詞の後に不定詞を続けて、何をすることに対する難易なのかを表すことができる。この場合、文の主語が不定詞の目的語となる。

● Your question is difficult **to answer**.
　　　　「（あなたの質問）に答えるのが難しい」
　▶ answer（～に答える）の目的語は your question。

この形をとる形容詞には、ほかに hard（難しい）、dangerous（危険な）、safe（安全な）、impossible（不可能な）、comfortable（快適な）などがある。

　This problem is **impossible to solve**.（この問題を解決するのは不可能だ。）

(2) 難易を表す形容詞の後の不定詞に前置詞を続ける

文の主語が不定詞の後の前置詞の目的語になっている。

● This river is dangerous **to swim** in.
　　　　「（この川）で泳ぐのは危険だ」
　▶ to swim in this river で「この川で泳ぐこと」。

This sofa is comfortable **to sit** on.
（このソファは座り心地がいい。）[to sit on this sofa ということなので on が必要]

The principal is easy **to talk** to.（校長先生は話しやすい。）

 it を主語にして（形式主語）、次のようにすることもできる。
It's difficult **to answer** your question.
It's dangerous **to swim** in this river.

102

日本語の意味に合うように、（　）内の語句を並べかえなさい。
1) 彼を喜ばせるのは難しい。
　　(to / he / hard / is / please).
2) そのイヌの世話をするのは簡単だ。
　　(easy / the dog / after / is / to / look).

Ans. 101-1) to buy/get　2) sure/certain to
102-1) He is hard to please　2) The dog is easy to look after

UNIT 11 不定詞を使う重要表現 (1)

1 程度を表す

TARGET 103

(1) The tea was **too** bitter **to drink**.
(2) My sister is tall **enough to ride** this roller coaster.
(3) The boy was **so** kind **as to offer** me a seat.

(1) そのお茶は苦すぎて飲めなかった。
(2) 私の妹はこのジェットコースターに乗るのに十分な身長がある。
(3) その少年は親切にも私に席を譲ってくれた。

(1) 〈too ... +不定詞〉で「~するには…すぎる」を表す

〈**too**+**形容詞／副詞**〉は，形容詞や副詞が表す程度が「あまりに…すぎる」という意味を表す。これに不定詞を続けると，「~するにはあまりに…だ」「あまりに…で~することができない」という意味を表すことができる。

- The tea was **too** bitter **to drink**.
  「(そのお茶を)飲むには苦すぎる」
  ▶ 不定詞の目的語が主語と同じ場合は，目的語を入れない（× to drink it）。

  I was **too** sleepy **to study**. (眠すぎて勉強できなかった。)
  [I was so sleepy that I couldn't study. という表現もある (⇒p.342)]

  This question is not **too** difficult **to answer**.
  (この問題は解けないほど難しくはないよ。)
  [否定文は「~できないほど…ではない」という意味になる]

(2) 〈形容詞／副詞+enough+不定詞〉で「~するのに十分…だ」を表す

- My sister is tall **enough to ride** this roller coaster.
  「このジェットコースターに乗るのに十分な背の高さだ」
  ▶ tallは「背が高い」ではなく，背の高さがどのくらいなのかを示すために使われている。

  He explained clearly **enough** for us **to understand**.
  (彼は私たちが理解できるくらいわかりやすく説明した。)[for usはto understandの意味上の主語を示している]

  This box is not light **enough** for me **to carry**.
  (この箱は私が運べるほど軽くはない。)[否定文は「~できるほど…でない」となる]

(3) 〈so+形容詞／副詞+as+不定詞〉で「~するほど…だ」を表す

- The boy was **so** kind **as to offer** me a seat.
  ▶「私に席を譲ってくれるほど親切だった」→「親切にも私に席を譲ってくれた」

日本語の意味に合うように，( )に適語を入れなさい。

1) このシャツは私が着るには小さすぎます。
   This shirt is (   ) (   ) for me to wear.
2) このベッドは彼が寝られるほど大きくない。
   This bed is not large (   ) for him (   ) (   ) in.
3) 彼女は親切にも駅まで私を案内してくれた。
   She was so (   ) (   ) (   ) take me to the station.

2 時間や費用を表す

TARGET 104

(1) It **takes** two hours **to get** to the port.
(2) It **cost me** three hundred dollars **to fix** this computer.

(1) 港に着くには2時間かかる。
(2) このコンピュータを修理するのに300ドルかかった。

(1) 〈It takes ... ＋不定詞〉でかかる時間を表す

何かをするのにかかる時間を，itを主語にして不定詞を使って表すことができる。

- It **takes** two hours **to get** to the port.
  ▶「2時間かかる」→「港に着くのに」

  It **took me** thirty minutes **to solve** the puzzle.
  (そのパズルを解くのに30分かかった。) [It took thirty minutes for me to solve the puzzle. とすることもできる]

(2) 〈It costs ... ＋不定詞〉でかかる費用を表す

- It **cost me** three hundred dollars **to fix** this computer.
  ▶「私に300ドルかかった」→「コンピュータを修理するのに」

  It **costs** a lot of money **to travel** in first class.
  (ファーストクラスで旅行するのにはお金がたくさんかかる。)

日本語の意味に合うように，( )に適語を入れなさい。

1) このあたりでは駐車する場所を見つけるのに時間がかかる。
   (   ) (   ) time (   ) (   ) a parking space around here.
2) この建物を建て直すのにどのくらいのお金がかかりますか。
   How much (   ) (   ) cost (   ) (   ) this building?

Ans. 103-1) too small 2) enough, to sleep 3) kind as to
104-1) It takes, to find 2) does/will it, to rebuild

153

UNIT 12 不定詞を使う重要表現 (2)

1 〈be動詞＋不定詞〉でこれからのことを表す

> **TARGET 105**
>
> (1) The president **is to visit** Tokyo next week.
> (2) You **are to keep** quiet in the library.
> 　(1) 大統領は来週，東京を訪問することになっています。
> 　(2) 図書館では静かにしなくてはいけませんよ。

(1)〈be動詞＋不定詞〉で予定を表す

〈**be動詞＋不定詞**〉で，これからのことについて表すことができる。

- The president **is to visit** Tokyo next week.
  ▶「～することになっている」という公式の予定を表す。

(2)〈be動詞＋不定詞〉で義務を表す

これからすべき**義務**や，「～しなさい」という**命令**を〈be動詞＋不定詞〉で表すことができる。

- You **are to keep** quiet in the library.
  ▶「～しなければいけません」という義務や命令を表す。

　　He **is not to be blamed.**（彼がとがめられるべきではない。）

〈be動詞＋不定詞〉で「～できる」という**可能**を表すこともある。可能の意味になるのは受動態の不定詞で，否定の意味で使われるのがふつう。

　　Not a sound **was to be heard.**（物音ひとつ聞こえなかった。）
　　My ring **was** nowhere **to be found.**（指輪はどこにも見つからなかった。）

 〈be動詞＋不定詞〉で，意図や運命を表すこともある。
　　If you **are to become** a writer, you should read many books.
　　（作家になるつもりなら，たくさんの本を読むべきです。）
　　He **was** never **to return** to his hometown again.
　　（彼は二度と故郷へは帰れない運命にあった。）

　　〈be動詞＋supposed＋不定詞〉で，これからすべきことを表すことができる。
　　You **are supposed to be** there at six.
　　（6時にそこに行ってください。）

　　〈be動詞＋about＋不定詞〉は，「まさに～しようとしている」という意味を表す。
　　He **was about to leave** when I arrived.
　　（私が到着したとき，彼はまさに出かけようとしていた。）

154

105

日本語の意味に合うように，（　）に適語を入れなさい。
1) そのフェスティバルは10月14日に開催予定です。
　　The festival (　　) (　　) be held on October 14.
2) 外出する前に宿題をやりなさい。
　　You (　　) (　　) do your homework before you go out.

2 文全体を修飾する

TARGET 106

To be frank, I think it's a bad idea.
率直に言って，それはよくない考えだと思うよ。

SECTION 6
不定詞

不定詞で文全体を修飾する（独立不定詞）

　to be frank は「率直に言って」という意味で，文全体を修飾している。このような不定詞の表現を独立不定詞と呼ぶ。

- **To be frank**, I think it's a bad idea.
  ▶「率直に言って」と前置きしてから自分の考えを述べている。

文全体を修飾する独立不定詞には次のようなものがある。
　needless to say（言うまでもなく）
　so to speak（いわば）
　strange to say（不思議な話だが）
　to be frank (with you)（率直に言って）
　to be honest（正直に言って）
　to be sure（確かに）
　to tell the truth（実を言うと）
　to make matters worse（さらに悪いことに）

　Needless to say, health is better than wealth.
　　（言うまでもないが，健康は富にまさる。）

It was already dark and, **to make matters worse**, it began to rain.
　　（すでに暗くなっていて，さらに悪いことに，雨が降り出した。）

106

日本語の意味に合うように，（　）に適語を入れなさい。
実を言うと，彼のことが気になるんです。
(　　) (　　) (　　) (　　), I'm interested in him.

Ans.
105-1) is to　2) are to
106) To tell the truth

EXERCISES

A 今週の予定について話をしようとしています。（ ）内の語を適当な形に変えて意味の通る文にしなさい。

This week, I have two tests ①(take). But maybe I won't have enough time ②(prepare) for them. On Wednesday, I have to go to the library ③(return) books. Later in the week, I have to play baseball after school. Our coach will make us ④(practice) hard. He always tells us not ⑤(be) lazy. It's important for us ⑥(do) our best. We hope ⑦(win) the game on Saturday.

B 日本語の意味に合うように、＿＿に適語を入れなさい。

1) するべき仕事がたくさんあります。
   There is a lot of work ＿＿＿＿＿ ＿＿＿＿＿ .

2) 私の願いは、外国で勉強することです。
   My wish is ＿＿＿＿＿ ＿＿＿＿＿ abroad.

3) 私たちはオーストラリアで暮らすことに決めました。
   We decided ＿＿＿＿＿ ＿＿＿＿＿ in Australia.

4) 私はあなたに手伝ってもらいたいです。
   I want ＿＿＿＿＿ ＿＿＿＿＿ ＿＿＿＿＿ me.

5) 先生は私たちにさわがしくしないようにと言いました。
   Our teacher told ＿＿＿＿＿ ＿＿＿＿＿ ＿＿＿＿＿ ＿＿＿＿＿ noisy.

6) 私にはこの機械の使い方がわかりません。
   I don't know ＿＿＿＿＿ ＿＿＿＿＿ ＿＿＿＿＿ this machine.

C 日本語の意味に合うように、（ ）内の語句を並べかえなさい。

1) そのテレビ番組が見たいな。
   I (watch / want / to) the TV program.

2) 学校へ行く時間ですよ。
   It's (to / time / go) to school.

3) 私たちはその芝居を観るためにロンドンに来たんです。
   We came to London (see / the play / to).

4) 空港でユキに会って驚いちゃったわ。
   I was (to / see / surprised) Yuki at the airport.

SECTION ❻ 不定詞 (解答 ▶ p. 480)

5) 彼はとても話しかけやすい人です。
　　He is (to / to / talk / very easy).
6) この問題を解くのはたいへんでした。
　　I found (solve / it / to / difficult) this problem.

D 各組の文がほぼ同じ内容を表すように，＿＿に適語を入れなさい。

1) a) I was happy because I met him at the party.
　b) I was happy ＿＿＿＿＿ ＿＿＿＿＿ him at the party.
2) a) I'm so tired that I can't walk any more.
　b) I'm too ＿＿＿＿＿ ＿＿＿＿＿ ＿＿＿＿＿ any more.
3) a) You need to see a doctor.
　b) It is necessary ＿＿＿＿＿ you ＿＿＿＿＿ ＿＿＿＿＿ a doctor.
4) a) He was kind to lend me his bicycle.
　b) It was kind ＿＿＿＿＿ him ＿＿＿＿＿ ＿＿＿＿＿ me his bicycle.
5) a) I'm sure that John will be elected as chairperson.
　b) John is sure ＿＿＿＿＿ ＿＿＿＿＿ ＿＿＿＿＿ as chairperson.
6) a) It seems that Jennifer won first prize.
　b) Jennifer seems ＿＿＿＿＿ ＿＿＿＿＿ ＿＿＿＿＿ first prize.

E 日本語の意味に合うように，＿＿に適語を入れなさい。

1) 私にもう一度やらせてください。
　＿＿＿＿＿ ＿＿＿＿＿ try it again.
2) 彼は勇敢にもノーと言った。
　He was courageous ＿＿＿＿＿ ＿＿＿＿＿ ＿＿＿＿＿ no.
3) 彼女の両親は彼女がアメリカに行くことを許しませんでした。
　Her parents didn't allow ＿＿＿＿＿ ＿＿＿＿＿ ＿＿＿＿＿ to America.
4) 私たちはベストを尽くしましたが、結局は負けてしまいました。
　We did our best, ＿＿＿＿＿ ＿＿＿＿＿ ＿＿＿＿＿ defeated.
5) やせたみたいね。
　You seem ＿＿＿＿＿ ＿＿＿＿＿ ＿＿＿＿＿ weight.

SECTION 7 動名詞

理解へのアプローチ

1 動詞のing形が名詞のはたらきをする

「そのギターを買いたい」と言いたいときは，

I want to buy the guitar.

to buy the guitar

のように，wantの後に不定詞を続けます。では，「そのギターを買うことを検討している」はどうでしょう。この場合は，「検討している」に「そのギターを買うこと」を続けることになります。「検討中」ということは「よく考えている」ということです。「よく考える」は英語ではconsiderで表します。考えている最中であれば現在進行形にしますから，

I'm considering

となります。考えていることは「そのギターを買うこと」です。「そのギターを買いたい」とか，「そのギターを買うことに決めた」のように，「こうする」と**はっきりイメージできる状況を表すのは不定詞**の役目ですが，考え中ということは，まだ「そのギターを買う」かどうかわからないわけです。このようにまだ**はっきり「こうする」とイメージできない状況を表すのが動名詞**です。動名詞は動詞のing形で名詞のはたらきをします。動名詞という名前でわかりますね。I'm consideringの後にbuying the guitarを続けると，

buying the guitar

I'm considering buying the guitar.

となって，「そのギターを買うことをよく考えているところです」という意味を表すことになるのです。

さて，この文では，consideringとbuyingという2つのing形が並んでいます。consideringのほうは進行形をつくっているing形なので，動名詞のbuyingとは役割が違います。でも，同じing形ですから似ているところもあります。**進行形は何かをしている途中**であることを表すのが基本です。何かをしている途中ということは，まだそれを**し終えていない**ということです。はっきり「こうする」とは言えない状況を表

す動名詞と，意味のうえでは共通するところがあるわけです。

動詞と結びつく不定詞と動名詞

　では，どのような動詞に不定詞が続いて，どのような動詞に動名詞が続くのかをまとめてみましょう。

　不定詞は**何かをすることをはっきり示す**ときや，**何かを達成することを表す**ときに使います。

- **agree to do**（〜することに同意する）
- **decide to do**（〜することを決める）
- **refuse to do**（〜することを拒む）
- **hope to do**（〜することを望む）
- **plan to do**（〜しようと思う）
- **want to do**（〜したい）
- **learn to do**（〜できるようになる）
- **manage to do**（なんとか〜する）

　動名詞のほうは**まだはっきりしていないこと**や，**している途中のこと**，**すでにしたこと**，**するのをやめること**，**実現されないことを表す**ときは動名詞を使います。

- **consider doing**（〜することをよく考える）
- **imagine doing**（〜することを想像する）
- **suggest doing**（〜することを提案する）
- **admit doing**（〜したことを認める）
- **deny doing**（・したことを否定する）
- **enjoy doing**（〜して楽しむ）
- **practice doing**（〜する練習をする）
- **finish doing**（〜し終える）
- **stop doing**（〜するのをやめる）
- **avoid doing**（〜することを避ける）
- **miss doing**（〜しそこなう）

「提案する」を表す suggest や「勧める」を表す recommend が動名詞を続けるのは，提案したり勧めたりする時点では，「ほら，これねっ！」というはっきりしたイメージがないからです。動名詞を使うことで，「こういうのはどうでしょうか…」という，まだ決まっていないことを表すことができるのです。

admit や deny のような，何かをしたことを認めたり，何かをしたことを否定したりすることを表す動詞の場合も，それまではっきりしていなかったことなので，動名詞を続けるのです。

不定詞と動名詞の使い分け

不定詞と動名詞の使い分けは，動詞と結びつく場合だけではありません。

「僕の夢はギタリストになることなんだ」と，自分の夢を熱く語るときは，

　　My dream is to become a guitarist.

のように，不定詞を使います。不定詞で「はっきりとした目標」を示しているわけです。

動名詞を使うのはどういう場合かと言うと，

　　My hobby is playing the guitar.

のように，自分の趣味について語る場合です。趣味というのは何度も何度もしていることで，これからもすることなわけです。これまでしてきて，これからもすることを表すのは動名詞なのです。

初めてだれかと会うような場面で，不定詞と動名詞を使い分ける表現があります。

「はじめまして」というあいさつをするときは，

　　　　　It's nice to meet you.

と言いますよね。「あなたにお会いして」というその時のはっきりとした状況を不定詞で表しているのです。It's を省略して Nice to meet you. と言うことが多い表現です。

いろいろ話をして，「では，また」というあいさつのときは，こう言うことができます。

to meet you 　　　　It's nice meeting you.

もうわかりますね。「あなたに会う」ということは経験していることになるわけですから，動名詞を使うことができるのです。

meeting you

学習ガイド

基本ゾーン

UNIT 1 名詞のはたらきをする動名詞 (1) ……… p. 162
① 主語や補語にする
② 目的語にする

UNIT 2 名詞のはたらきをする動名詞 (2) ……… p. 164
① 前置詞に動名詞を続ける
② 前置詞 to に動名詞を続ける

UNIT 3 動名詞の意味上の主語と否定語 ……… p. 166
① 意味上の主語を示す
② 直前に否定語を入れる

応用ゾーン

UNIT 4 動名詞のさまざまな形 ……… p. 168
① 受動態の動名詞と受動の意味を表す動名詞
② 完了形の動名詞

UNIT 5 動名詞と不定詞の使い分け (1) ……… p. 170
① 動詞に動名詞を続ける
② 動詞に不定詞を続ける

UNIT 6 動名詞と不定詞の使い分け (2) ……… p. 172
① 動詞に動名詞や不定詞を続ける
② 動詞に動名詞を続ける場合と不定詞を続ける場合

表現ゾーン

UNIT 7 動名詞を使う重要表現 ……… p. 174
① 動名詞を使う重要表現 (1)
② 動名詞を使う重要表現 (2)

SECTION 7 動名詞

名詞のはたらきをする動名詞(1)

 動名詞を主語や補語にする

TARGET 107

(1) **Watching** movies is fun.
(2) My hobby is **taking** pictures.

(1) 映画を観るのは楽しい。
(2) 私の趣味は写真を撮ることです。

(1) 動名詞を主語にする

動詞に**名詞のはたらき**をさせて「～すること」という意味を表したいときに，**動詞のing形**を使うことができる。このing形が動名詞で，文の主語にすることができる。

- **Watching movies** is fun.
  ▶ watching movies が文の主語。「映画を観ること」という名詞のはたらき。

 動名詞が文の主語になるときに，形式主語のitを使うことがある。
It's difficult **driving** at night. (夜間に車の運転をするのは難しい。)

Understanding other cultures is really important.
(ほかの文化を理解することはとても大切です。)

(2) 動名詞を補語にする

動名詞を主語について述べる補語にすることができる。

- **My hobby** is **taking pictures**.
  　　　　　＝
  ▶ taking pictures は my hobby について述べる補語。

taking pictures

His bad habit is talking too much. (彼の悪い癖は，しゃべりすぎることだ。)

注意!! 動名詞も不定詞と同じように，名詞を直後に続けたり副詞で修飾したりして，語のかたまり（句）をつくることができる。

動名詞は，実際にしていることや経験していることを表すときに使う。また，自分の経験や知識に基づいて「～することは」と言うときに動名詞を使う。

107　日本語の意味に合うように，（ ）に適語を入れなさい。
1) マンガを読むのは楽しい。
　　（　　　）comic books is fun.
2) 彼の仕事は自動車の修理です。
　　His job is (　　　) cars.

162

使い方は p.2 ▶

2 動名詞を目的語にする

TARGET 108

(1) I enjoyed **singing** those songs with my friends.
(2) I'm thinking of **studying** science at university.

(1) 私は友だちと一緒にそれらの歌を歌うのを楽しんだ。
(2) 私は大学で科学の勉強をすることを考えている。

(1) 動名詞を目的語にする

動名詞は名詞のはたらきをするので，目的語として動詞に直接続けることができる。

singing those songs

- I enjoyed singing those songs with my friends .
  - ▶ 何をして楽しんだのかを動名詞を使って表している。singing those songs with my friends が enjoy の目的語になっている。

  He practiced **playing** the guitar. （彼はギターを弾く練習をした。）

  注意!! 不定詞がこれからすることを表すのに対し，動名詞はその時していることを表す。
  I want **to study** art in Paris. （私はパリで美術の勉強をしたい。）
  I enjoy **studying** art in Paris. （私はパリで美術の勉強を楽しんでいる。）

(2) 動名詞を〈動詞＋前置詞〉の目的語にする

- I'm thinking of studying science at university .

studying science

  - ▶ think of（〜のことを考える）に続けるので，動名詞を使っている。前置詞の後に不定詞は続けられない。

  They're talking about **traveling** abroad.
  （彼らは海外旅行について話している。）

  He insisted on **paying** the bill.
  （彼は支払いをすると言い張った。）

108

日本語の意味に合うように，（　）に適語を入れなさい。
1) 私はきのうルーシーと話すのを楽しんだ。
　　I enjoyed (　　) with Lucy yesterday.
2) 彼女は遅れて到着したことを謝った。
　　She apologized for (　　) late.

Ans. 107-1) Reading 2) repairing/fixing
108-1) talking 2) arriving/coming

UNIT 2 名詞のはたらきをする動名詞 (2)

1 前置詞に動名詞を続ける

TARGET 109

(1) He is good at **playing** the piano.
(2) Is there any chance of **getting** tickets for tonight?

(1) 彼はピアノを弾くのが上手です。
(2) 今夜のチケットが手に入る可能性はありますか。

(1) 動名詞を前置詞の目的語にする

動名詞は名詞のはたらきをするので，前置詞に続けることができる（前置詞の目的語）。

● He is good at **playing the piano**.
  ▶ 〈be good at＋動名詞〉で「〜するのが上手だ」。

She's interested in joining our club.
（彼女は私たちのクラブに入りたいと思っている。）〔〈be interested in＋動名詞〉で「〜することに興味を持っている」→「〜したいと思っている」という意味〕

注意!! 前置詞の後に不定詞を続けることはできない。前置詞の後に「〜すること」を続けたいときは動名詞を使う。

(2) 動名詞を使って名詞の内容を説明する

chanceのような名詞に〈of＋動名詞〉を続けて，説明を加えることができる。

● Is there **any chance of** **getting tickets for tonight** ?

  ▶ どういう「可能性」なのかを getting tickets for tonight で説明している。

I like the idea of living abroad after I retire.
（仕事を辞めてから海外で暮らすという考えは気に入っている。）〔the idea ＝ living ...〕

注意!! decisionやpromiseのような名詞の説明は不定詞を使う（⇨p.137）。
Her decision **to apply** to Harvard surprised us.

109

日本語の意味に合うように，（　）に適語を入れなさい。
1) 彼はテニスをするのが大好きです。
　　He is fond of (　　) tennis.
2) 私には自分自身の事業を始めるという夢がある。
　　I have a dream of (　　) my own business.

2 前置詞 to に動名詞を続ける

TARGET 110

(1) I'm looking forward to **seeing** you soon.
(2) I'm used to **getting up** early.

(1) あなたにもうすぐお会いできることを楽しみにしています。
(2) 早起きするのには慣れています。

(1) look forward to -ing

- I'm looking forward to **seeing** you soon.
  - look forward to に動名詞を続けると，「～するのを楽しみにする」という意味になる。

  - **注意!!** to の後に動名詞を続ける look forward to のような表現では，to の後に動詞の原形を続けないように注意。

(2) be used to -ing

- I'm used to **getting up** early.
  - be used to に動名詞を続けると，「～するのに慣れている」という意味になる。

〈get used to ＋動名詞〉は「～するのに慣れる」という意味。

You'll have to get used to **using** a computer.
（コンピュータを使うことに慣れないといけないでしょうね。）

  - **注意!!** 〈used to ＋動詞の原形〉は「～したものだ」を表す（⇨p.100）。
    I used to get up early.（以前は早起きをしたものだった。）

〈be accustomed to ＋動名詞〉も，「～するのに慣れている」という意味を表す。また，〈be opposed to ＋動名詞〉は「～するのに反対だ」という意味。

Are you opposed to **accepting** his apology?
（彼の謝罪を受け入れることに反対ですか。）

110
日本語の意味に合うように，（　）に適語を入れなさい。
1) あなたからのお便りを楽しみに待っています。
　　I'm looking forward (　　)(　　) from you.
2) ひとりで留守番をするのには慣れている。
　　I'm used (　　)(　　) at home alone.

109-1) playing 2) starting
110-1) to hearing 2) to staying

UNIT 3 動名詞の意味上の主語と否定語

1 動名詞の意味上の主語を示す

> **TARGET 111**
>
> (1) Do you mind me sitting here?
> (2) She was worried about her son getting sick.
>
> (1) 私がここに座ってもかまいませんか。
> (2) 彼女は自分の息子が病気になることを心配していた。

(1) 動名詞の前に人称代名詞を入れる

不定詞と同じように（⇨p.135），動名詞にも**意味上の主語**が存在する。

My father doesn't like **staying up** late.
（私の父は遅くまで起きているのが好きではない。）
[staying up lateの主語は，文の主語のmy father]

Remembering people's names is difficult.
（人の名前を覚えるのは難しい。）[rememberingの主語になるのは「一般の人」]

意味上の主語を示す必要があるときは，動名詞の直前に入れる。人称代名詞は**目的格**か**所有格**（⇨p.380）を使う。

- Do you mind me sitting here?

sitting here

Do you mind me ...

▶ Do you mind sitting here? は「ここに座ってください」という意味になる（⇨p.175）。「私が座る」とするためにmeをsittingの前に入れる。所有格のmyを使ってDo you mind my sitting here? としてもよい。

 参考 目的格は会話体でよく使われ，動詞や前置詞の後では目的格にすることが多い。

My father doesn't like **me/my staying up** late.
（私の父は私が遅くまで起きているのが好きではない。）

I can't imagine **him/his wearing** jeans.
（彼がジーンズをはいているのは想像できない。）
[wearing jeansの主語は「彼」]

His winning the prize was unexpected.
（彼がその賞を受賞したのは予想外だった。）[動名詞が主語の場合は所有格を使う]

staying up late

(2) 動名詞の前に名詞を入れる

● She was worried about her son **getting** sick.

　▶ getting sick の主語が her son。名詞の場合はそのまま動名詞の前に入れる。人を表す名詞の場合は，所有格を使うこともできる（her son's getting sick）。

Naomi likes her hair **being** very long.
（ナオミは，自分の髪がとても長いことが気に入っている。）

 there を意味上の主語の位置に入れる場合がある（⇨ p.35）。
He is sure of **there being** no misunderstanding.
（誤解は何もないと彼は確信している。）

111　日本語の意味に合うように，（　）に適語を入れなさい。
1）私は，彼がそれを説明することを主張した。
　I insisted on (　) (　) it.
2）私は，居間で父がたばこを吸うのがいやです。
　I dislike (　) (　) (　) in the living room.

2　動名詞の直前に否定語を入れる

TARGET　112

I am sorry for **not contacting** you lately.
最近，あなたに連絡をしなくてごめんなさい。

否定語は動名詞の前に入れる

動名詞の意味を否定したいときは，**動名詞の直前に否定語**を入れる。

● I am sorry for **not** **contacting** you lately.

　▶ contacting you を not で否定して「あなたに連絡しないこと」としている。

I believe in **never telling** lies.
（私はうそをつかないことはよいことだと信じている。）

112　日本語の意味に合うように，（　）に適語を入れなさい。
私は彼が最善を尽くさないことに怒っている。
I'm angry at him for (　) (　) his best.

Ans.　111-1) his/him explaining　2) my father/father's smoking
112) not doing

UNIT 4 動名詞のさまざまな形

1 受動態の動名詞と受動の意味を表す動名詞

TARGET 113

(1) I don't like being told to study.
(2) This DVD player needs repairing.

(1) 私は勉強しろと言われるのが好きではない。
(2) このDVDプレイヤーは修理する必要がある。

(1)〈being＋過去分詞〉で「～されること」を表す

動名詞の受動態は〈being＋過去分詞〉という形で,「～されること」を表す。

● I don't like being told to study.
　▶〈tell＋人＋不定詞〉「〈人〉に～するように言う」(⇨p.142) を受動態にすると,「～するように言われる」となる。

He left the room without being noticed by anybody.
（彼はだれにも気づかれずにその部屋を出て行った。）

(2)〈need＋動名詞〉で「～される必要がある」を表す

「～を必要とする」という意味を表す need, require, want などの動詞の後では,動名詞を受動態にしなくてもよい。

● This DVD player needs repairing.
　▶ 不定詞を使うと, This DVD player needs to be repaired. となる (⇨p.148)。

113　日本語の意味に合うように, ( ) に適語を入れなさい。
1) 僕は子ども扱いされるのが好きではありません。
　 I don't like (　　) (　　) like a child.
2) このシャツは洗濯する必要がありますか。
　 Does this shirt (　　) (　　)？

2 完了形の動名詞

TARGET 114

(1) He is proud of having been a member of the team.
(2) She denied seeing him at the station.

(1) 彼はそのチームの一員だったことを誇りにしている。
(2) 彼女は駅で彼を見ていないと言った。

168

(1) 〈having＋過去分詞〉で過去のことを表す

「～であることを誇りにしている」は，be proud of に動名詞を続ける。

He is proud of being a member of the team.
（彼はそのチームの一員であることを誇りにしている。）
［今のことなので He is proud that he is a member of the team. となる］

be proud of
being a member

「～だったことを誇りにしている」と，過去のことについて言いたいときは，完了形の動名詞〈**having＋過去分詞**〉を使う。

- **He is proud of having been a member of the team.**
  ▶ 過去のことなので，He is proud that he was a member of the team. とすることができる。

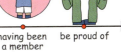

having been   be proud of
a member

完了形の動名詞は，述語動詞が表す時点よりも前のことを表す。

He was proud of having been a member of the team.
（彼はそのチームの一員だったことを誇りにしていた。）
［He was proud that he had been a member of the team. とすることができる。過去より以前のことなので過去完了形を使っている］

(2) 完了形を使わなくても過去のことを表すことができる

deny（否定する），admit（認める），remember（覚えている），regret（後悔する）などの動詞に動名詞を続ける場合は，完了形にしなくても述語動詞が表す時点よりも前にしたことを表すことができる。

- **She denied seeing him at the station.**
  ▶ 「彼を見た」は「否定した」時点よりも前なので，She denied having seen him at the station. のように完了形にしてもよい。状態動詞を動名詞にすると，She denied knowing the truth.（彼女は真実は知らないと言った。）のようになる。

I regret buying the shirt.（私はそのシャツを買ったことを後悔している。）

Q 114
日本語の意味に合うように，（　）に適語を入れなさい。
1) 彼女はテストに合格したことを喜んでいる。
   She is pleased about (　　) (　　) the test.
2) 私は以前，イチローに会ったことを覚えている。
   I remember (　　) Ichiro before.

Ans.　113-1) being treated 2) need washing
　　　114-1) having passed 2) meeting

UNIT 5 動名詞と不定詞の使い分け(1)

1 動詞に動名詞を続ける

TARGET 115

(1) I considered changing my email address.
(2) Have you finished reading that book?

(1) 私はメールアドレスを変えることを考えた。
(2) あの本は読み終わりましたか。

consider changing my email address

(1)「していること」は動名詞で表す

動詞に「〜すること」を続ける場合，**その行為がはっきりせず，達成することを意識しない**場合には動名詞を使う。
consider（よく考える），discuss（検討する），imagine（想像する），recommend（勧める），suggest（提案する），practice（練習する），enjoy（楽しむ）などの動詞には動名詞を続ける。

- I considered changing my email address.
  ▶「メールアドレスを変えること」は思案したこと（達成は意識されない）。

  He suggested ordering a pizza.（彼はピザを注文してはどうかと言った。）

(2)「やめること」「実現されないこと」は動名詞で表す

やめることを表す finish / stop / give up / quit（やめる）や，**実現されないこと**を表す avoid / escape（避ける），miss（しそこなう），put off / postpone（延期する），prevent / prohibit（防ぐ）などの動詞にも動名詞を続ける。

- Have you finished reading that book?
  ▶「それまで読んでいた」のだから動名詞を使う。

  You should avoid eating before you go to bed.
  （寝る前に食べるのは避けるべきだ。）

また，admit（認める）や deny（否定する）の後にも動名詞を続ける（⇒p.169）。

- He admitted breaking the window.（彼は窓ガラスを割ったことを認めた。）
  [admit や deny は，その時点で認めたり，否定したりするので動名詞を使う]

日本語の意味に合うように，(　)内の語を正しい形に変えなさい。
1) 私たちはメキシコ料理を作るのを楽しみました。
   We enjoyed (cook) Mexican food.
2) 彼女は大好きなテレビドラマを見そこなった。
   She missed (watch) her favorite TV drama.

② 動詞に不定詞を続ける

TARGET 116

(1) I've decided **to buy** a new bike.
(2) I managed **to persuade** her.

(1) 私は新しい自転車を買うことに決めた。
(2) 私はなんとか彼女を説得することができた。

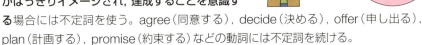

to buy a new bike

(1)「これからすること」は不定詞で表す

動詞に「～すること」を続ける場合，**その行為がはっきりイメージされ，達成することを意識する**場合には不定詞を使う。agree（同意する），decide（決める），offer（申し出る），plan（計画する），promise（約束する）などの動詞には不定詞を続ける。

- I've decided **to buy** a new bike.
  ▶「新しい自転車を買うこと」は，これからすること。「しないこと」を表すfail（できない）やrefuse（拒む）の後にも不定詞を続ける。

  Andy promised **to come** here by five.
  （アンディは5時までにここに来ると約束した。）

「～したい」を表すdesire, hope, want, wishや，「～するつもり」を表すexpect, meanなどの動詞にも不定詞を続ける。

　　I hope **to become** an interpreter.（私は通訳者になりたいと思っている。）

　　What time do you expect **to finish** the work?
　　（何時に仕事を終えるつもりですか。）

(2)「実現すること」は不定詞で表す

実現することを表すlearn（～できるようになる），manage（なんとか～する），pretend（～するふりをする）などの動詞にも不定詞を続ける。

- I managed **to persuade** her.
  ▶「説得できたこと」なので不定詞を使う。

日本語の意味に合うように，（　）内の語を正しい形に変えなさい。
1) 彼らは私の助言を聞くのを拒んだ。
　　They refused (listen) to my advice.
2) その男は刑事のふりをした。
　　The man pretended (be) a detective.

Ans. 115-1) cooking 2) watching
116-1) to listen 2) to be

UNIT 6 動名詞と不定詞の使い分け(2)

1 動詞に動名詞や不定詞を続ける

TARGET 117

Lisa began laughing when she heard the story.

リサは, その話を聞いたときに笑い出した。

begin には動名詞も不定詞も続けることができる

- Lisa began **laughing** when she heard the story.
  ▶ Lisa began to laugh ... とすることもできる。begin の後には動名詞も不定詞も続けることができ, 表す意味に違いはないと考えてよい。

  The baby began **to cry**. (その赤ちゃんは泣き始めた。)

begin のほかにも, attempt(〜を試みる), continue(〜を続ける), hate(〜を嫌う), intend(〜するつもりだ), like(〜を好む), love(〜が大好きだ), start(〜を始める) などの動詞は動名詞も不定詞も目的語にすることができる。

She continued **talking** / **to talk** for twenty minutes.
(彼女は20分間も話し続けた。)

117

日本語の意味に合うように, ( )に適語を入れなさい。
私は電車の中で携帯電話を使うのが嫌いだ。
I hate ( ) ( ) a mobile phone on the train.

2 動詞に動名詞を続ける場合と不定詞を続ける場合

TARGET 118

(1) I don't remember **locking** the door.
(2) Remember **to lock** the door.

(1) 私はドアにかぎをかけたことを覚えていない。
(2) ドアにかぎをかけることを覚えていてね。

(1)「過去にしたこと」は動名詞で表す

動詞の後に続くのが動名詞か不定詞かで, 意味に違いが生じる動詞がある。remember に動名詞を続けると,「〜したことを覚えている」という意味になる。

- I don't remember **locking** the door.
  ▶ 動名詞は「それ以前にしたこと」を表す。

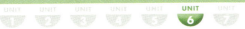

(2)「これからすること」は不定詞で表す

　rememberに不定詞を続けると,「～することを覚えている」「忘れずに～する」という意味になる。

- **Remember to lock** the door.
  ▶ 不定詞は「これからすること」を表す。「忘れずにかぎをかけてね」ということ。

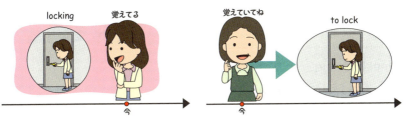

forgetもrememberと同じように,動名詞と不定詞とで意味が変わる。

　　I'll never **forget seeing** Ann that night.
　　　（あの夜アンに会ったことを私は決して忘れはしない。）

　　Don't **forget to see** Ann tonight.
　　　（今夜アンに会うことを忘れないでね。）

tryは動名詞が続くと「試しに～してみる」,不定詞が続くと「～しようと試みる」という意味になる。動名詞の場合は実際にやってみていることを表している。

　　I **tried walking** on the ice, but I slipped.
　　　（私は試しに氷の上を歩いてみたが,すべってしまった。）

　　I **tried to walk** on the ice, but I couldn't.
　　　（私は氷の上を歩こうとしたが,できなかった。）

stopに不定詞が続く場合,その不定詞は目的を表す副詞のはたらきをしている。

　　He **stopped taking** photographs.
　　　（彼は写真を撮るのをやめた。）

　　He **stopped to take** photographs.
　　　（彼は写真を撮るために立ち止まった［立ち止まって写真を撮った］。）

118　日本語の意味に合うように,(　)内の語を正しい形に変えなさい。
　1) 僕はアイルランドを訪れたことを決して忘れない。
　　　I will never forget (visit) Ireland.
　2) 手紙を忘れずに投函してくれた？
　　　Did you remember (mail) the letter for me?

---

117) to use
118-1) visiting　2) to mail

動名詞を使う重要表現

1 動名詞を使う重要表現(1)

> **TARGET 119**
>
> (1) I don't feel like going for a swim.
> (2) The movie is worth seeing.
>
> (1) 泳ぎに行く気分ではありません。
> (2) その映画は観る価値があるよ。

(1) feel like -ing「～したい気がする」

- I don't feel like going for a swim.
  ▶ 否定文で「～する気になれない」という意味になる。

(2) be worth -ing「～する価値がある」

- The movie is worth seeing.
  ▶ worth は形容詞と考えても、前置詞と考えてもよい。

  Is the temple worth visiting? (そのお寺は訪れる価値がありますか。)

動名詞を使う重要な表現には、次のようなものもある。

- ◆ it is no use/good -ing (～してもむだだ)
  It's no use talking with him. (彼と話してもむだだよ。)

- ◆ there is no -ing (～できない)
  There is no knowing when an earthquake will happen.
  (地震はいつ起こるかわからない。)

- ◆ on -ing (～と同時に、～するとすぐに)
  On seeing the man, the dog jumped at him.
  (その男を見るとすぐに、そのイヌは彼にとびかかった。)

- ◆ What is the point of -ing? (～に何の意味があるのか)
  What is the point of shouting at me?
  (僕に向かってどなって、何の意味があるんだ?)

日本語の意味に合うように、( )に適語を入れなさい。
1) 踊りたい気がしますか。
   Do you feel ( ) ( )?
2) 彼の助言を受け入れる価値はあるよ。
   It's ( ) ( ) his advice.

174

2 動名詞を使う重要表現(2)

TARGET 120

(1) How about **playing** beach volleyball?
(2) Do you mind **turning** the TV down?

(1) ビーチバレーをするのはどう？
(2) テレビの音量を下げてもらえますか。

(1) How about -ing?「〜するのはどう？」

- How about **playing** beach volleyball?

  ▶ How about ...? は「〜はどう？」という提案や勧誘の表現。How about next Sunday?（次の日曜はどう？）のように名詞を続けることも多い。

What do you say to に動名詞を続けると「〜するのはどう？」という意味になる。

What do you say to **going** to the beach?

（海に行くっていうのはどう？）[Why don't you/we の後に動詞の原形を続けて，Why don't we go to the beach?（海に行きませんか。）とすることができる]

(2) Do you mind -ing?「〜してもらえますか？」

- Do you mind **turning** the TV down?

  ▶ 相手に何かをすることを依頼する表現。Would you mind -ing? のように would を使うと，「〜していただけますか」という，よりていねいな表現となる。

  注意!! mind は「いやだと思う」という意味なので，「いいですよ」と答えるときは No, not at all. や Of course not. などと言う。

動名詞の前に me か my を入れると「〜してもいいですか」という許可を求める表現になる（⇒ p.166）。

Would you mind me **staying** here?（ここにいてもいいですか。）

[if 節を使って Would you mind if I stayed here? とすることもできる（⇒ p.337）]

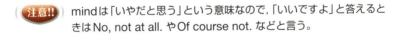

120 日本語の意味に合うように，（　）内の語を正しい形に変えなさい。
1)割り勘にしない？
　How about (split) the bill?
2)「窓を閉めていただけますか。」「もちろん。」
　"Would you mind (close) the window?" "Certainly not."

119-1) like dancing 2) worth taking/following
120-1) splitting 2) closing

EXERCISES

A 日本語の意味に合うように, ( )内の語を適切な形に変えて____に入れなさい。

1) 食べすぎはよくないですよ。
   _____ too much is not good for you. (eat)
2) しゃべるのをやめて, 私の話を聞きなさい。
   Stop _____, and listen to me. (talk)
3) ビル宛の手紙を書き終えました。
   I finished _____ a letter to Bill. (write)
4) 彼に空港で会ったのを覚えていますか。
   Do you remember _____ him at the airport? (meet)
5) 彼女は似顔絵を描くのが上手です。
   She is good at _____ portraits. (draw)
6) まもなく君に会えるのを楽しみにしています。
   I'm looking forward to _____ you soon. (see)

B 意味が通じるように, 左の語句に右の語句を続けなさい。

1) Playing video games is · · a) his father being brave.
2) My uncle's job is · · b) saying a word.
3) He went out without · · c) a lot of fun.
4) The girl was afraid of · · d) teaching math at a college.
5) The boy is proud of · · e) losing her doll.

C 日本語の意味に合うように, ( )内から正しいものを選びなさい。

1) 僕は今夜, 部屋の掃除をするのはあきらめたよ。
   I gave up (cleaning / to clean) my room tonight.
2) あなたはミュージシャンになることにしたの？
   Did you decide (becoming / to become) a musician?
3) ほとんどの人が海水浴を楽しみます。
   Most people enjoy (swimming / to swim) in the sea.
4) 今晩私に電話するのを忘れないで。
   Don't forget (calling / to call) me tonight.

5) 私を招待してくれてありがとう。
Thank you (for inviting / to invite) me.

D 日本語の意味に合うように，（ ）内の語を並べかえて___に入れなさい。

1) 彼女は彼が貧しい人々を助けたことを誇りに思っています。
She is proud _____ _____ _____ _____ poor people.
(his / helped / having / of)

2) 私は彼らが私のコンピュータを使うのが気に入らない。
I _____ _____ _____ _____ my computer.
(using / like / don't / them)

3) 窓を開けてもかまいませんか？
Do _____ _____ _____ _____ the window?
(my / you / opening / mind)

4) 私はイタリア料理を作り慣れています。
_____ _____ _____ _____ Italian food.
(I'm / cooking / to / used)

E 各組の文が同じような内容を表すように，___に適語を入れなさい。

1) a) Let's go for a drive.
   b) How _____ _____ for a drive?

2) a) I'm not in the mood to give a party.
   b) I don't feel _____ _____ a party.

3) a) It is impossible to tell what will happen tomorrow.
   b) There is _____ _____ what will happen tomorrow.

4) a) It is worthwhile to read this book more than once.
   b) This book is _____ _____ more than once.

5) a) I was surprised that Joe didn't pass the examination.
   b) I was surprised at _____ _____ _____ the examination.

6) a) I feel ashamed that I told such a lie to you.
   b) I feel ashamed of _____ _____ such a lie to you.

SECTION 8 分詞

理解へのアプローチ

1 「している」と「された」を表す

なべに水を入れて，コンロで熱していくと沸騰しますよね。この沸騰している状態，つまり「沸騰しているお湯」を英語で表すと，

 boiling water

となります。boilは「沸騰する」という動詞なのですが，これをing形にすると「沸騰している」という**形容詞のはたらき**ができるようになるのです。hot water（熱湯）のhotと同じです。形容詞のはたらきをする動詞のing形のことを，**現在分詞**と呼びます。

分詞には，現在分詞のほかに**過去分詞**と呼ばれるものがあります。過去分詞って，受動態をつくるときや，完了形をつくるときに使いましたね。過去分詞も現在分詞と同じように形容詞のはたらきをすることができます。**現在分詞は「している」**という意味で名詞を修飾しますが，**過去分詞は「された」**という意味です。boiling waterにタコを入れると，「ゆでだこ」になりますね。この「ゆでだこ」，「ゆでられたタコ」ということですから，

 a **boiled octopus**

となります。boilは「何かをゆでる」という意味を表しますから，boiledは「ゆでられた」という意味になるわけです。「ゆで卵」ならa boiled eggです。

2 名詞の後に分詞を続ける

現在分詞と過去分詞は，もともと動詞ですから不定詞や動名詞と同じように後ろに名詞や副詞を続けることができます。boiling waterやa boiled octopusのように分詞だけで名詞に説明を加える場合は名詞の前に置けばいいのですが，**分詞の後に語句が続く**場合はそうはいきません。分詞と名詞が離れてしまうからです。

そういう場合は，**名詞の後に分詞を続ける**のです。たとえば，「絵を描いている女の子」と言いたいときは，a girlと言ってからpainting a pictureを続けて，

a girl painting a picture

とします。「絵を描いている」という説明をa girlの後に加えているのです。

過去分詞の場合も同じです。「その女の子によって描かれた絵」のように，「何かをされた」ことを過去分詞で表して，

a picture painted by the girl

とすればいいのです。

名詞の後に分詞を続けるという語順，日本語とは違いますね。

絵を描いている女の子

a girl painting a picture

このように並べてみると，日本語と英語の語順が逆になっていることがよくわかります。英語ではまず言いたいことを短くばしっと言ってから，情報を追加していくという文の組み立て方をします。「あの絵を描いている女の子を知っていますか」と言うときは，Do you know the girlと言ってから，その女の子についての説明を加えるのです。

Do you know the girl painting a picture?

ここで現在分詞と過去分詞の意味を確認しておきましょう。現在分詞は「している」という意味を表します。説明を加える名詞を主語にして文をつくると，

The girl is painting a picture.（その女の子は絵を描いている。）

という文ができます。過去分詞のほうは「何かをされた」という意味ですから，

The picture was painted by the girl.（その絵はその少女によって描かれた。）

という文ができるのです。

③ 分詞を使って主語について説明する

現在分詞と過去分詞を使って，主語がどうなのか述べることもできます。

She kept crying.

なら「彼女は泣き続けていた」,

　　She felt cheated.

なら「彼女はだまされたような気がした」という意味になります。

　この場合も, 現在分詞は「している」, 過去分詞は「された」という意味を表しています。現在分詞の場合は, She was crying. という〈能動〉の意味, 過去分詞の場合は, She was cheated. という〈受動〉の意味を表していると考えることができるのです。

 ## 分詞と形容詞

　現在分詞と過去分詞の中には, 形容詞になってしまったものもあります。「おもしろい」という意味のinterestingとか,「疲れた」という意味のtiredなどがそうです。このような語は,「している」とか「された」という分詞の意味が薄れてしまっていますから, 使い分けに注意する必要があります。

　たとえば, boringは「退屈な」とか「おもしろくない」という意味を表し, boredは「退屈した」という意味を表します。「彼は退屈している」はHe is bored. で, He is boring. とすると,「彼はつまんないやつだ」という意味になってしまいます。boringとboredは,「人を退屈させる」という意味の動詞boreの分詞形ですから, **boring**は「人を退屈させるような」, **bored**は「人が退屈させられた」という意味を表しているのです。

a boring movie
They are bored.

 ## 分詞を使って述語動詞とのつながりを表す

　分詞は, 形容詞として名詞に説明を加えるだけでなく, **述語動詞とのつながりを表す**ときに使うことがあります。

　　The man was painting a picture singing a song.
　　（その男の人は, 歌を歌いながら絵を描いていた。）

　この文では, singing a songが「歌を歌いながら」という意味を表しています。述語動詞の表す「絵を描いていた」という意味とのつながりを考えると,「～しながら」という意味と考えるのが適当だからです。

学習ガイド

基本ゾーン

UNIT 1 名詞を後ろから修飾する分詞 ………………… p. 182
  ❶ 名詞に現在分詞を続ける
  ❷ 名詞に過去分詞を続ける

UNIT 2 形容詞のはたらきをする分詞 ………………… p. 184
  ❶ 名詞の前に分詞を入れる
  ❷ 分詞形容詞を使う

UNIT 3 主語や目的語について述べる分詞 …………… p. 186
  ❶ 分詞で主語について述べる
  ❷ 分詞で目的語について述べる

UNIT 4 主語＋動詞＋名詞＋分詞 …………………… p. 188
  ❶ have/get＋名詞＋分詞
  ❷ see/hear＋名詞＋分詞

UNIT 5 分詞構文の基本形 ………………………… p. 190
  ❶ 現在分詞を使う分詞構文
  ❷ 過去分詞を使う分詞構文

UNIT 6 分詞構文の表す意味 ……………………… p. 192
  ❶ 同時に行われる動作・連続して行われる動作を表す
  ❷ 時や理由を表す

応用ゾーン

UNIT 7 分詞構文のさまざまな形 …………………… p. 194
  ❶ 否定語の位置と完了形の分詞構文
  ❷ 接続詞を使う分詞構文

UNIT 8 独立分詞構文と付帯状況を表す表現 ………… p. 196
  ❶ 独立分詞構文
  ❷ 付帯状況を表す〈with＋名詞＋分詞〉

表現ゾーン

UNIT 9 分詞を使う重要表現 ……………………… p. 198
  ❶ goに分詞を続ける
  ❷ 分詞で主語の状態を表す

準動詞のまとめ …………………………………… p. 202

SECTION 8 分詞

名詞を後ろから修飾する分詞

1 名詞に現在分詞を続ける

TARGET 121

(1) Who is the man **waving** to us?
(2) Do you know the woman **living** upstairs?

(1) 私たちに手を振っている男の人はだれですか。
(2) 上の階に住んでいる女性を知っていますか。

(1) 名詞に〈進行中〉の情報を加える

名詞について,「〜している」という**進行中の意味の情報を加える**ときは, 名詞に**現在分詞**(**動詞のing形**)を続ける。

● Who is the man waving to us?

▶ the man の後に何をしている男なのかを加えている(The man is waving to us.)。the man ← waving to us で「私たちに手を振っている男」というまとまり(句)になっている。

The man following us is a detective.

(私たちの後をつけているのは探偵だ。)[分詞も不定詞や動名詞と同じように, 目的語の名詞を後に続けたり, 副詞で修飾することができる]

(2) 名詞に〈能動〉の意味の情報を加える

「〜する」「〜している」という**能動の意味の情報を加える**ときも, 現在分詞を使う。

● Do you know the woman living upstairs?

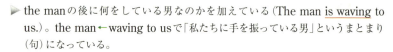

▶ the woman の後にどういう女性なのかを living upstairs で説明している。upstairs は「上の階に」という意味の副詞で, living は「住んでいる」という状態を表す能動の意味 (The woman lives upstairs.)。

I'll take the bus going to the station. (私は駅へ行くバスに乗ります。)

 know のような進行形にしない動詞でも, the man **knowing** the truth (真実を知っている男)のように現在分詞で使うことができる。

121

日本語の意味に合うように, ( )に適語を入れなさい。
1) バス停に立っている人は僕の兄です。
   The man ( ) at the bus stop is my brother.
2) 私たちはこれらの技能を持っている人を必要としている。
   We need people ( ) these skills.

使い方はp.2 ▶

② 名詞に過去分詞を続ける

> **TARGET 122**
>
> (1) We live in a house **built** in the 1950s.
> (2) What is the main language **spoken** in Cuba?
>
> (1) 私たちは1950年代に建てられた家に住んでいます。
> (2) キューバで話されている主要な言語は何ですか。

(1) 名詞に「された」という〈受動〉の意味の情報を加える

名詞について,「〜された」という**受動の意味の情報を加える**ときは,名詞に**過去分詞**を続ける。

- We live in a house | **built** in the 1950s |.

▶ a houseの後にどういう家なのかを加えている（The house <u>was built</u> in the 1950s.）。a house ← built in the 1950sで「1950年代に建てられた家」というまとまりになっている。

The man **elected** mayor was my uncle.
（選挙で市長に選ばれた男性は,私のおじだった。）

He rescued the woman **injured** in the accident.
（彼は事故でけがをした女性を助け出した。）

(2) 名詞に「されている」という〈受動〉の意味の情報を加える

「〜されている」という情報を加えるときも,過去分詞を使う。

- What is the main language | **spoken** in Cuba |?

▶ the main languageの後にspoken in Cubaを続けて,どういう言語なのかを説明している。The language <u>is spoken</u> in Cuba. という受動態の文をつくることができる。

> **参考** people **concerned**（関係者）, the problem **discussed**（議論されている問題）のように,分詞だけが名詞の後ろに続く場合もある。

Q 122
日本語の意味に合うように,（ ）内の語を適当な形に変えなさい。
1) パーティーに招待されたほとんどの人は有名人だった。
   Most people (invite) to the party were celebrities.
2) このレストランで提供されている料理はすべておいしい。
   The dishes (serve) in this restaurant are all tasty.

Ans. 121-1) standing 2) having
122-1) invited 2) served

SECTION 8 分詞

183

UNIT 2 形容詞のはたらきをする分詞

1 名詞の前に分詞を入れる

TARGET 1 2 3

(1) Add some salt to the boiling water.
(2) The stolen bicycle was found in the park.

(1)沸騰しているお湯に塩を加えてください。
(2)盗まれた自転車は公園で見つかった。

(1) 名詞の前に現在分詞を入れる

分詞1語で名詞に情報を加える場合は，分詞を名詞の前に入れることができる。

● Add some salt to the boiling water.

▶ the boiling water で「沸騰しているお湯」(⇒p.178)。boiling が「沸騰している」という意味でwaterを修飾している。The water is boiling. という状況。

There is a sleeping cat under the car.
(車の下に眠っているネコがいます。)

a sleeping cat

注意!! 分詞1語の場合はboiling water のように名詞の前に分詞を入れるが，人がその時点でしていることを表す場合は，×the smiling man のようにすることはできない(the man smiling)。

(2) 名詞の前に過去分詞を入れる

過去分詞1語を名詞の前に入れることもできる。

● The stolen bicycle was found in the park.

▶ the stolen bicycle で「盗まれた自転車」。過去分詞stolen が「盗まれた」という意味でbicycle を修飾している。The bicycle was stolen. という状況。

My brother bought a used car. (兄は中古車を買った。)

注意!! 自動詞の過去分詞は，fallen leaves(落ちた葉→落ち葉)，retired man(退職した人)のように，「〜した」という〈完了〉の意味になる。

日本語の意味に合うように，( )に適語を入れなさい。
1) 私たちは増大する生活費について話した。
　We talked about the (　　) cost of living.
2) 私は押し入れの中で壊れたカメラを見つけた。
　I found a (　　) camera in the closet.

184

2 分詞形容詞を使う

TARGET 124

(1) The game was exciting.
(2) I was excited about the game.

(1) その試合は興奮させるものだった。
(2) 私はその試合に興奮した。

(1) 現在分詞を形容詞として使う

SVCの文(⇨p.24)で，分詞を補語として使うことができる。形容詞として使う分詞のことを分詞形容詞と呼ぶ。

- The game was exciting.
 　　=

exciting

▶ excitingは「興奮させるような」「わくわくさせるような」という意味を表す。

His story was surprising. (彼の話は驚かせるようなものだった。)
[his surprising storyのように名詞の前に入れることもできる]

(2) 過去分詞を形容詞として使う

「興奮した」のような感情を，〈主語＋be動詞＋過去分詞〉という受動態で表すことができる(⇨p.125)。「興奮させるもの」によって引き起こされる感情なので，過去分詞を使う。

- I was excited about the game.
 　=

excited

▶ excitedは「興奮した」という意味を表す。excitingだと，主語のI(私)が「興奮させるような人」という意味になってしまう。

I was bored with the TV program. (私はそのテレビ番組に退屈した。)
[boringは「退屈させるような」という意味]

ほかにもpleasing(喜びを与える)とpleased(喜んで)，confusing(困惑させる)とconfused(困惑した)のような分詞形容詞がある。

124

日本語の意味に合うように，(　)内の語を適当な形に変えなさい。
1) その映画はがっかりするものだった。
　　The movie was (disappoint).
2) 私はその講義にがっかりした。
　　I was (disappoint) with the lecture.

Ans. 123-1) increasing/rising　2) broken
124-1) disappointing　2) disappointed

UNIT 3 主語や目的語について述べる分詞

1 分詞で主語について述べる

TARGET 125

(1) He **kept talking** about his dream.
(2) She **stood fascinated** by the painting.

(1) 彼は自分の夢について話し続けた。
(2) 彼女はその絵に魅了されて立っていた。

(1) ある状況のままであることを表す

SVCの文（⇨p.24）で，keepやremainを動詞，分詞を補語として使うと，主語がどういう状況に置かれているのかを表すことができる。

- He **kept** talking about his dream.

  ▶ keepに現在分詞を続けると「〜し続ける」という意味になる。

  I **kept studying** until midnight.（私は夜中まで勉強し続けた。）

  The road still **remains closed**.

  （その道路はまだ封鎖されたままだ。）

  [remainに分詞を続けると，その状態のままであることを表す]

  Please **remain seated**.（座ったままでいてください。）

(2) その時点での状況を表す

stand, come, sit, walkのような動詞に分詞を続けると，主語がどういう状況でその動作をしているのかを表すことができる。

- She **stood** fascinated by the painting.

  ▶ stoodの後に分詞を続けて，どういう状況で立っていたのかを説明している。「魅了された」のだから過去分詞を使う。

  He **came smiling** and said something to me.

  （彼はほほえみながらやってきて，私に何か言った。）

  [cameの後に現在分詞を続けて，「〜しながら」という意味を加えている]

Q 125 日本語の意味に合うように，（ ）内から適語を選びなさい。

1) 彼はずっと窓のそばに立ったままだった。
   He remained (standing / stood) by the window.

2) その花びんは床の上で壊れていた。
   The vase lay (breaking / broken) on the floor.

UNIT 3

② 分詞で目的語について述べる

TARGET 126

(1) She **left** her dog **waiting** outside the shop.
(2) I **left** the front door **unlocked**.

(1) 彼女は自分のイヌを店の外で待たせておいた。
(2) 私は玄関のかぎをかけないままにしておいた。

(1) 目的語を「〜している」状況にしておくことを表す

SVOCの文（⇨p.26）で，leaveやkeepを動詞，分詞を補語として使うと，目的語の名詞についてどういう状況にあるのかを表すことができる。「〜している」という状況は現在分詞で表す。

- She **left** her dog ｜ **waiting** outside the shop ｜.
  ▶ 分詞の直前の名詞が分詞の意味上の主語になるので，Her dog <u>was waiting</u> outside the shop. という文をつくることができる。

  Don't leave the water **running**.
  （水を出しっぱなしにしておいてはいけません。）

(2) 目的語を「〜された」状況にしておくことを表す

過去分詞は「〜された」という状況を表す。

- I **left** the front door ｜ **unlocked** ｜.
  ▶ The front door <u>was unlocked</u>. という文をつくることができる。

  Keep the window **closed** for a while.
  （しばらく窓を閉めたままにしておきなさい。）

> **参考** 「…は〜している／されたままだ」を受動態で表すと次のようになる。
> Her dog was left waiting outside the shop.
> （彼女のイヌは店の外で待たされた。）
> The front door was left unlocked.
> （玄関はかぎがかかっていないままにされていた。）

126 日本語の意味に合うように，（ ）に適語を入れなさい。
1) 彼は子どもたちを外で遊ばせておいた。
   He left his （   ） （   ） outside.
2) 彼は自分のギターをほこりをかぶったままにしておいた。
   He left his （   ） （   ） with dust.

125-1) standing 2) broken
126-1) children playing 2) guitar covered

分詞を使う表現 ⇨ p.198

主語＋動詞＋名詞＋分詞

have/get＋名詞＋分詞

TARGET 127

(1) I **got** my teeth **checked** yesterday.
(2) I **had** my umbrella **stolen**.

(1) 私はきのう、歯の検査をしてもらった。
(2) 私はかさを盗まれた。

(1)「何かを～してもらう」を表す

「何かを～してもらう」と言いたいときは、〈have/get＋名詞＋過去分詞〉という形にする。「何か」が動作を受ける側になるので、過去分詞を使う。

- I **got** my teeth checked yesterday.
   ▶「歯は（歯科医に）検査される」という受動の意味になるので過去分詞を使う。

 I'm going to have my hair **cut**. (髪の毛を切ってもらうつもりだ。)

> **注意!!** 「だれかに～してもらう」は〈have＋名詞＋動詞の原形〉(⇨p.144)。
> I had **the dentist** pull out my bad tooth.
> (私は歯科医に虫歯を抜いてもらった。)

(2)「何かを～される」を表す

「何かを～される」という**被害**を表すときも、〈have/get＋名詞＋過去分詞〉を使う。

- I **had** my umbrella **stolen**.
   ▶「かさを盗まれた」という被害を表している。この場合は過去分詞を強く発音する。

〈get/have＋名詞＋現在分詞〉は「…を～するようにさせる／させておく」と言う意味を、〈get/have＋名詞＋過去分詞〉は「…を～してしまう」という**完了**の意味を表すことができる。

 I **couldn't get** my car **starting**. (車を始動させることができなかった。)
 I **had** my homework **done** by 9 p.m. (9時までに宿題をやり終えた。)

127　日本語の意味に合うように、（　）内から適語を選びなさい。
1) 私の父はガソリンスタンドで車を洗ってもらった。
　My father had his car (wash / washed) at the gas station.
2) 私は風に帽子をとばされた。
　I had my hat (blow / blown) off by the wind.

② see/hear ＋名詞＋分詞

TARGET 128

(1) I **saw** a police officer **chasing** a man.
(2) I **heard** my name **called** in the cafeteria.
(1) 私は警官が男を追いかけているのを見た。
(2) 私は自分の名前がカフェテリアで呼ばれるのを聞いた。

(1)「だれ・何かが〜しているのが見える／聞こえる」を表す

「だれ・何かが〜しているのが見える」と言うときは，〈see＋名詞＋現在分詞〉を使う。seeのほか，hear（聞こえる），feel（感じる），notice（気づく）など，感覚を表す動詞をこの形で使うことができる。

- I **saw a police officer** **chasing a man**.
  ▶「警官が男を追いかけている」という能動の意味になるので現在分詞を使う。

「何かをしているのを見られた」のように言いたいときは，次のような受動態にする。

He **was caught stealing** the bike.（彼は自転車を盗んでいるのを見つかった。）

注意!! 〈see＋名詞＋現在分詞〉は「何かをしている」という一時点のことを述べるのに対し，〈see＋名詞＋動詞の原形〉は「何かをする」という一部始終について述べる表現（⇨p.145）。
I saw a cat **drinking** milk.
（ネコがミルクを飲んでいるのを見た。）
I saw a cat **drink** milk.
（ネコがミルクを飲むのを見た。）

(2)「だれ・何かが〜されるのが見える／聞こえる」を表す

「だれ・何かが〜されるのが聞こえる」と言うときは，〈hear＋名詞＋過去分詞〉を使う。

- I **heard my name** **called** in the cafeteria.
  ▶「私の名前が呼ばれる」という受動の意味なので過去分詞を使う。

128

日本語の意味に合うように，（　）内の語句を並べかえなさい。
1) 僕はジムが授業中に眠っているのを見た。
　　(sleeping / saw / I / Jim) during the class.
2) 大好きな歌がその店で演奏されているのが聞こえた。
　　(heard / my favorite song / I / played) in the store.

Ans. 127-1) washed 2) blown
128-1) I saw Jim sleeping 2) I heard my favorite song played

189

UNIT 5 分詞構文の基本形

① 現在分詞を使う分詞構文

TARGET 129

(1) We were lying on the grass, looking at the stars.
(2) Being tired, I went to bed early.

(1) 私たちは星を見ながら，芝生に横になっていた。
(2) 疲れていたので，私は早く寝た。

(1) 現在分詞を使って情報を加える

「星を見ながら」のような補足的な情報を，分詞を使って表すことができる。**分詞が副詞のはたらきをして主節とのつながりを表す**表現を分詞構文と呼ぶ。

- We were lying on the grass, **+** looking at the stars.

  ▶「芝生に横になっていた」という文（主節）に「星を見ながら」という情報を加えている。分詞構文の分詞の主語は，主節の主語と同じ（We were looking at the stars.）。

(2) 分詞構文が表す意味は文脈でとらえる

現在分詞を使うと，「〜しながら」「〜して」のような意味で文の述語動詞とのつながりを表すことができる。分詞を使って表す補足情報は，(1)のように文につけ加えたり，(2)のように文の始めに入れたりする。

- Being tired, **+** I went to bed early.

  ▶「疲れていた」と言ってから「早く寝た」という文を続けている。being tired という分詞構文と I went to bed early という主節には「疲れていたので早く寝た」という意味のつながりがある。

   分詞構文と主節がどのような意味でつながっているのかは，文脈で決まる。具体的な意味については UNIT 6 (⇒p.192) で扱う。
  分詞で文を始める場合は，主節の前にコンマを入れてわかりやすくする（分詞構文を主節に続けるときは，コンマを入れないこともある）。

日本語の意味に合うように，（　）に適語を入れなさい。
1) 私たちはそのポップスターの話をしながら家まで歩いた。
　　We walked home (　　) about the pop star.
2) 角を曲がると，古い教会が見えた。
　　(　　) the corner, I saw an old church.

2 過去分詞を使う分詞構文

TARGET 130

(1) **Surrounded** by the crowd, the politician looked excited.
(2) The island, **seen** from the plane, looked like a turtle.

(1) 群衆に囲まれて,その政治家は興奮しているように見えた。
(2) その島は,飛行機から見ると,カメのように見えた。

(1) 過去分詞を使って情報を加える

過去分詞を使うと,「～されると」「～されて」のような意味で文の述語動詞とのつながりを表すことができる。

- **Surrounded** by the crowd, **+** the politician looked excited.

  ▶「群衆に囲まれていた」の後に「その政治家は興奮しているようだった」と続けている。surrounded ... という分詞構文と looked excited という内容には,「囲まれて興奮しているように見えた」という意味のつながりがある。

 分詞の主語にあたるものは文の主語なので,文の主語との関係が「～する」であれば現在分詞,「～される」であれば過去分詞を使う。

(2) 補足情報を文の中に入れる

分詞を使って表す補足情報を主語の後に入れることもある。

- The island, **+** seen from the plane, looked like a turtle.

  ▶「飛行機から見ると」という情報を,主語と述語動詞の間に入れている(補足情報の前後にはコンマをつける)。分詞の主語にあたるのは the island なので過去分詞を使う(「～から見られる」となるため)。日本語では「～から見ると」とするのが自然だが,主語と分詞の関係から過去分詞を使う。

土地―the island

130
日本語の意味に合うように,( )に適語を入れなさい。
1) ひとりっきりにされて,その子どもは泣き出してしまった。
   ( ) alone, the child began to cry.
2) その魚は,香辛料と野菜と一緒に料理されていて,とてもおいしかった。
   The fish, ( ) with spices and vegetables, tasted very good.

Ans. 129-1) talking 2) Turning
130-1) Left 2) cooked

UNIT 6 分詞構文の表す意味

1 同時に行われる動作・連続して行われる動作を表す

> **TARGET 131**
>
> (1) We had lunch, **talking** about the soccer game.
> (2) **Taking** a purse from her bag, she paid the bill.
>
> (1) 僕たちはサッカーの試合の話をしながらお昼を食べた。
> (2) かばんから財布を取りだして、彼女は支払いをした。

(1) その時点で行われている動作を表す

- We had lunch, **+** talking about the soccer game.
  - ▶ We had lunch という行為と、talking ... が同時に行われていることを表している。同時に行われる動作を表す分詞構文は文末に加えることが多い。

  My sister is in Hawaii **studying** English.
  （私の姉はハワイにいて、英語の勉強をしています。）

(2) 連続して行われる動作を表す

- **Taking** a purse from her bag, ➡ she paid the bill.
  - ▶ 2つの動作が連続していることを表している。

  The train **will leave** in five minutes, **arriving** at Tokyo at noon.
  （その列車は5分後に出発して、正午に東京に到着します。）

131

日本語の意味に合うように，（　）に適語を入れなさい。
1) 私は音楽を聴きながら部屋の掃除をした。
　I cleaned my room (　　) to music.
2) 彼は立ち上がって私に手を振った。
　(　　) up, he waved at me.

2 時や理由を表す

> **TARGET 132**
>
> (1) **Walking** home from school, I saw a beautiful rainbow.
> (2) **Feeling** sleepy, I took a short nap.
>
> (1) 学校から家に歩いて帰っているとき、私は美しい虹を見た。
> (2) 眠かったので、私は少し昼寝をした。

(1) 分詞構文で〈時〉を表す

「何かをしているときに～した」という意味を，分詞構文で表すことができる。

- **Walking** home from school, ➡ **I saw** a beautiful rainbow.
   ▶「学校から歩いて帰っているときに」という意味を，現在分詞を使って表している。

 I twisted my ankle **playing** tennis.
 （テニスをしているときに，足首をねんざした。）

 The child, **seeing** the clown, **began** to laugh.
 （その子どもは，ピエロを見て笑い出した。）

 接続詞のwhenやwhileを使って次のようにすることができる。
When I was walking home from school, I saw a beautiful rainbow.
I twisted my ankle while I was playing tennis.

(2) 分詞構文で〈理由〉を表す

分詞構文を使って「～なので」という理由を表すこともできる。

- **Feeling** sleepy, ➡ **I took** a short nap.
   ▶「眠気を感じた」ことが「昼寝をした」ことの理由。

 Being busy, **I didn't eat** lunch.
 （忙しかったので，お昼を食べなかった。）[Beingで始まる分詞構文は理由を表す]

 Written in simple English, **the book was** easy to read.
 （簡単な英語で書かれていたので，その本は読みやすかった。）
 [「本は書かれている」という受動の意味なので過去分詞を使う]

 接続詞のsinceやbecauseを使って次のようにすることができる。
Since I felt sleepy, I took a short nap.
Since it was written in simple English, the book was easy to read.

分詞構文を使って，「～すると」という条件を表す文をつくることもできる。

- **Fried** in butter, **mushrooms taste** good.
 （バターで炒めると，マッシュルームはおいしい。）

132　日本語の意味に合うように，（　）に適語を入れなさい。
1) 駅で母を待っているときに，私は有名な俳優を見た。
 (　　　) for my mother at the station, I saw a famous actor.
2) お母さんにしかられて，その子どもは静かになった。
 (　　　) by his mother, the child became quiet.

Ans. 131-1) listening　2) Standing
132-1) Waiting　2) Scolded

193

UNIT 7 分詞構文のさまざまな形

① 否定語の位置と完了形の分詞構文

> **TARGET 133**
>
> (1) **Not knowing** what to say, I kept silent.
> (2) **Having studied** all night long, he was very tired.
>
> (1) 何を言っていいかわからなくて，私は黙っていた。
> (2) 一晩中勉強していたので，彼はとても疲れていた。

(1) 分詞構文に否定語を入れる

分詞構文で分詞の意味を否定したいときは，**否定語を分詞の前**に入れる。

- **Not knowing** what to say, **I kept** silent.
    - ▶ Not knowing what to say で「何を言っていいかわからなくて」という意味を表している。what to say (⇨p.134) は knowing の目的語。

 接続詞を使うと次のような文になる。
Since I didn't know what to say, I kept silent.

Not accustomed to the cold weather here, **I caught** a cold.
（ここの寒い天候に慣れていなかったので，私はかぜをひいてしまった。）

(2) 完了形の分詞構文を使う

主節の述語動詞が表す時よりも前のことを分詞で表すときは，〈**having＋過去分詞**〉という完了形の分詞を使う。

- **Having studied** all night long, **he was** very tired.
    - ▶ he was very tired という時点よりも前のことなので，having studied という完了形の分詞を使っている。

 完了形の分詞は述語動詞よりも前のことを表すので，接続詞を使う文にすると次のようになる。
Since he <u>had studied</u> all night long, he <u>was</u> very tired.

I quickly **found** the church, **having visited** the city before.
（その都市は以前訪れたことがあったので，私はその教会をすぐに見つけた。）

完了形の分詞の意味を否定するときは，havingの前に否定語を入れる。

Not having finished his work, he couldn't go to the party.
（仕事が終わっていなかったので，彼はそのパーティーに行くことができなかった。）
[この完了形は「その時点で終わっていない」という完了の意味を表している]

過去分詞で始まる分詞構文の完了形は，〈**having been**＋**過去分詞**〉を使う。

Having been sent a birthday present, I wrote him a thank-you letter.
（誕生日のプレゼントを送ってもらったので，私は彼にお礼の手紙を書いた。）

日本語の意味に合うように，（　）に適語を入れなさい。
1) 気分がすぐれなかったので，昨夜は早く寝た。
　　（　　）（　　）（　　）, I went to bed early last night.
2) 最終バスに乗り遅れたので，私は歩いて帰らなければならなかった。
　　（　　）（　　） the last bus, I had to walk home.

2 接続詞を使う分詞構文

TARGET 134

While waiting for Yoko, I read through the book.
ヨウコを待っている間に，私はその本を読んでしまった。

分詞の前に接続詞を入れる

分詞構文の意味をはっきりさせるために，分詞の前に接続詞を入れることがある。

● **While waiting** for Yoko, I read through the book.
　▶ whileを使って「ヨウコを待っている間に」という意味をはっきりさせている。

　　参考　接続詞の後に主語を入れると次のようになる。
　　　While I was waiting for Yoko, I read through the book.

When receiving the letter, he turned pale.
（その手紙を受け取ると，彼は青ざめた。）

日本語の意味に合うように，（　）内の語句を並べかえなさい。
山登りをしている間に，私はサルを何匹か見かけた。
(climbing / while / the mountain), I saw some monkeys.

133-1) Not feeling well　2) Having missed
134) While climbing the mountain

UNIT 8 独立分詞構文と付帯状況を表す表現

① 独立分詞構文

TARGET 135

(1) **All things considered**, the price was reasonable.
(2) **Speaking of** music, who is your favorite musician?

(1) あらゆる点から考えて、その値段は妥当だった。
(2) 音楽と言えば、あなたの好きなミュージシャンはだれですか。

(1) 分詞の前に意味上の主語を入れる

分詞構文では、分詞の意味上の主語は文(主節)の主語であるのが原則。分詞の意味上の主語が文の主語と違うときは、**分詞の前に意味上の主語を入れる**。

● **All things considered**, the price was reasonable.

 ▶ all things consideredで「あらゆる点を考えて」という意味。「考慮された」のは「あらゆること」で、「値段(the price)」ではない。

分詞の前に主語を入れる表現は独立分詞構文と呼ばれ、次のようなものがある。

It being very cold yesterday, **we** didn't go out.
(きのうはとても寒かったので、私たちは外出しなかった。)
[寒暖や天気を表すときはitを主語にする(⇨p.385)]

Weather permitting, I'll climb the mountain.
(天候が許せば、私はその山に登るつもりです。)
[weather permittingはif the weather permitsという意味を表す]

「～があったので」というような存在を表す場合は、there being ... とする(⇨p.35)。

There being no bus service, **we** took a taxi.
(バスの便がなかったので、私たちはタクシーに乗った。)

(2) 独立分詞構文の慣用表現

● **Speaking of** music, who is your favorite musician?
 ▶ speaking of musicで「音楽と言えば」という意味。

frankly speaking（率直に言えば）
generally speaking（一般的に言って）
judging from ...（…から判断すると）
considering ...（…を考慮に入れると）

Judging from the sky, it's going to rain.
(空模様から判断すると、雨になりそうだね。)

日本語の意味に合うように, ( )に適語を入れなさい。

1) 日曜日だったので, その店は閉まっていた。
   (　　) (　　) Sunday, the store was closed.
2) 一般的に言って, ドイツ人はイヌが好きだ。
   (　　) (　　), the Germans like dogs.

2 付帯状況を表す〈with＋名詞＋分詞〉

TARGET 136

(1) She told me the story with her eyes shining.
(2) Jun was standing there with his arms folded.

(1) 彼女は目を輝かせながら私にその話をした。
(2) ジュンは腕組みをしてそこに立っていた。

(1)〈with＋名詞＋現在分詞〉で「何かを～しながら」を表す

withの後に〈名詞＋分詞〉を続けることで, その名詞がどういう状況にあるのかを表すことができる。その時点での状況のことを付帯状況と呼ぶ。

- She told me the story with her eyes shining.
  ▶「彼女の目」が「輝いている」状況を表している。

(2)〈with＋名詞＋過去分詞〉で「何かを～されて」を表す

- Jun was standing there with his arms folded.
  ▶「彼の腕」が「組まれている」状況を表している。with his legs crossedなら「脚を組んで」という意味になる。

参考　分詞の位置に形容詞や副詞(句)を入れることもできる。
Don't sleep with the windows open.
(窓を開けたまま寝ないように。)
He told the story with tears in his eyes.
(彼は目に涙をためてその話をした。)

日本語の意味に合うように, ( )内の語句を並べかえなさい。

1) 声を震わせながら, 彼は自分の罪を告白した。
   (his voice / with / shaking), he confessed his guilt.
2) 彼は目を閉じたまま, いすに座っていた。
   He was sitting in the chair (his eyes / closed / with).

135-1) It being　2) Generally speaking
136-1) With his voice shaking　2) with his eyes closed

197

分詞を使う重要表現

goに分詞を続ける

TARGET 137

We **went shopping** at the mall.

私たちはモールに買い物に行った。

go＋現在分詞

goの後に現在分詞を続けると,「~をしに行く」という意味を表す。

- We **went shopping** at the mall.
  ▶ go shopping で「買い物に行く」。分詞の後の前置詞は「どこで」を表す前置詞を使う。「新宿で」なら go shopping in Shinjuku となる。

スポーツやレジャーなどについて使う表現で, shopping, fishing, swimming, dancing, skiing などがgoの後に続く。

- We **went swimming** in the river.
  (私たちはその川へ泳ぎに行った。)[「川で泳ぐ」のだからin the riverとする]

注意!! 〈go＋現在分詞〉は,「~しながら行く」という意味を表すこともある(⇨p.186)。
She **went crying** to him. (彼女は泣きながら彼のところに行った。)

137 日本語の意味に合うように,( )に適語を入れなさい。
子どものころは,よくその川へ釣りをしに行った。
I used to (   ) (   ) in the river when I was a child.

分詞で主語の状態を表す

TARGET 138

(1) There's no water **left** in the bottle.
(2) We are busy **preparing** for the school festival.
(3) I spent hours **writing** this essay.

(1) ビンの中には水は残っていない。
(2) 私たちは学園祭の準備で忙しい。
(3) 私はこのエッセイを書くのに何時間もかかった。

(1) There＋be動詞＋名詞＋分詞

〈There is＋名詞〉(⇨p.35)で何かの存在を述べた後に, それがどういう状況にある

かを分詞を使って表すことができる。

- **There's no water left in the bottle.**
  ▶「水がビンの中に残された状態にない」ことを表している。

  There's a storm approaching the coast.
  （嵐が沿岸部に近づいています。）

  Is there any butter left in the refrigerator?
  （冷蔵庫にバターは残っていますか。）

(2) be動詞＋busy＋現在分詞
be busyの後に現在分詞を続けて、「〜で忙しい」という意味を表す。

- **We are busy preparing for the school festival.**
  ▶「忙しい」理由を preparing ... で述べている。

(3) spend＋時間／金額＋現在分詞
spendの後に時間や金額を続けて「どのくらいの時間や金額を費やしたのか」を述べてから、「何をするのに」という情報を現在分詞で表す。

- **I spent hours writing this essay.**
  ▶「何時間もかけた」行為を writing this essay で述べている。

  How much did you spend repairing the car?
  （車の修理にいくらかかりましたか。）

ほかにも次のような表現がある。

　　have difficulty / trouble -ing（〜するのに苦労する）
　　have fun -ing（〜して楽しく過ごす）
　　feel comfortable -ing（〜して快適に感じる）

- **I had difficulty adjusting to the new job.**
  （新しい仕事に慣れるのに苦労した。）

日本語の意味に合うように，（　）に適語を入れなさい。
1) 気をつけて！　車が来たよ。
　Watch out! There's (　　) (　　) (　　).
2) 私は宿題をするのにとても忙しい。
　I'm very (　　) (　　) my homework.
3) 昨夜はテレビゲームをして長時間過ごしてしまった。
　I spent a lot of (　　) (　　) the video game last night.

137) go fishing
138-1) a car coming 2) busy doing 2) time playing

EXERCISES

A 次の文の下線部に，（ ）内の意味を表す適語を入れなさい。

1) Can you see that _____ bird?（飛んでいる）
2) She has a _____ camera.（中古の）
3) He bought a car _____ _____ _____ .（ドイツ製の）
4) Look at that tall boy _____ _____ _____ _____ .
（窓のそばに立っている）
5) The boy _____ _____ _____ is my brother.
（そのコンピュータを使っている）
6) The language _____ _____ _____ _____ is Spanish.
（この国で話されている）

B 次の各組の文の___に，（ ）内の意味を表す適語を入れなさい。

1) a) I was very _____ to watch the game.（興奮した）
   b) I watched a very _____ game.（わくわくする）
2) a) The result was _____ to her.（驚くべき）
   b) She was _____ at the result.（驚いた）
3) a) He was _____ with the TV drama.（退屈した）
   b) The TV drama was _____ to him.（退屈な）
4) a) History is a very _____ subject to me.（興味深い）
   b) I'm very _____ in history.（興味がある）

C 日本語の意味に合うように，（ ）内の語を適切な形に変えて___に入れなさい。

1) 彼女は通りで，自分の名前が呼ばれるのを聞きました。
   She heard her name _____ on the street.（call）
2) 私はその少年がお父さんと歩いているのを見かけました。
   I saw the boy _____ with his father.（walk）
3) 彼らはすべてのドアにかぎをかけておきました。
   They kept all the doors _____ .（lock）
4) 彼は音楽を聞きながら宿題をしました。
   He did his homework _____ to music.（listen）

200

SECTION 8 分詞 (解答 ▶ p. 482)

5) とても忙しくて，私はパーティーに行けませんでした。
   _____ very busy, I couldn't go to the party. （be）
6) 遠くから見ると，その岩はクマのように見えます。
   _____ from a distance, the rock looks like a bear. （see）

D 日本語の意味に合うように，（　）内の語句を並べかえなさい。

1) 私たちはベンチに座って話しました。
   (talking / we / sat) on the bench.
2) 彼女が2階でピアノを弾いているのが聞こえましたよ。
   I (playing / heard / her) the piano upstairs.
3) 長い間お待たせしまして，すみません。
   I'm sorry I have (you / waiting / kept) so long.
4) スポーツと言えば，テニスをしたいですか。
   (of / sports / speaking), do you want to play tennis?
5) 自転車に乗っているとき，風で帽子が吹き飛ばされてしまいました。
   I (my hat / blown off / while / had) riding a bicycle.
6) テレビで天気予報を見てから，私たちは家を出ました。
   (the weather report / watched / on / having) TV, we left home.

E 日本語の意味に合うように，____に適語を入れなさい。

1) 私は英語で書かれたその手紙が理解できませんでした。
   I couldn't understand _____ _____ _____ _____ English.
2) トムと一緒に踊っているあの女の子はだれですか。
   Who is _____ _____ _____ _____ Tom?
3) 何もすることがなかったので，私は早く寝ました。
   _____ nothing _____ _____, I went to bed early.
4) 母は目を閉じて，いすに座っていました。
   My mother sat in the chair _____ _____ _____ _____.
5) スミスさんとは一度も会ったことがないので，どのような人なのかわからない。
   _____ _____ _____ Mr. Smith, I don't know what he is like.

準動詞のまとめ

不定詞・動名詞・分詞のことを準動詞と呼ぶ。準動詞は，動詞の性質を持ちながら，文の中でほかの品詞のはたらきをする。不定詞・動名詞・分詞のはたらきを，共通する性質を手がかりにまとめておこう。

❶ 準動詞は動詞の性質を持つ

① 述語動詞と同じように動作や状態の主語にあたるものがある

I'll go to the bookstore **to buy** a math exercise book.
（数学の問題集を買うために本屋さんに行きます。）[to buyの意味上の主語はI]

I enjoyed **singing** those songs with my friends.
（私は友だちと一緒にそれらの歌を歌うのを楽しんだ。）[singingの意味上の主語はI]

We had lunch, **talking** about the soccer game.
（僕たちはサッカーの試合の話をしながらお昼を食べた。）[talkingの意味上の主語はwe]

 意味上の主語が一般の人であったり，その状況や文脈から何が意味上の主語なのかわかる場合は，文の中には出てこない。

② 目的語を続けたり，副詞で修飾できる

She was very kind **to help** me.
（私を手伝ってくれて，彼女はとても親切でした。）[meはto helpの目的語]

I'm looking forward **to seeing** you soon.
（あなたにもうすぐお会いできることを楽しみにしています。）
[youはseeingの目的語で，soonはseeing youを修飾する副詞]

I saw a police officer **chasing** a man.
（私は警官が男を追いかけているのを見た。）[a manはchasingの目的語]

❷ 準動詞はほかの品詞のはたらきをする

① 名詞のはたらきをする（不定詞・動名詞）

My goal is **to play** in the Major Leagues.
（私の目標はメジャー・リーグでプレーすることです。）
[to play in the Major Leaguesが補語になっている]

Watching movies is fun.
（映画を観るのは楽しい。）[watching moviesが主語になっている]

② 名詞を修飾する形容詞のはたらきをする（不定詞・分詞）

I have a lot of work **to do** today.（今日はするべき仕事がたくさんあります。）
[to doがa lot of workを修飾している]

Who is the man waving to us.（私たちに手を振っている男の人はだれですか。）
[waving to us が the man を修飾している]
We live in a house built in the 1950s.
（私たちは1950年代に建てられた家に住んでいます。）
[built in the 1950s が a house を修飾している]

③ 副詞のはたらきをする（不定詞・分詞構文）

John was surprised to see the crowd.
（ジョンはその群衆を見て驚いた。）[to see the crowd が感情の原因を表している]
We were lying on the grass, looking at the stars.
（私たちは星を見ながら，芝生に横になっていた。）
[looking at the stars が同時にしていることを表している]

❸ 準動詞には共通の性質がある

① 意味上の主語を明示するときは直前に置く

It was a mistake for you to accept that job.
（あなたがその仕事を引き受けたのは間違いでしたね。）
Do you mind me sitting here?
（私がここに座ってもかまいませんか。）
She was worried about her son getting sick.
（彼女は自分の息子が病気になることを心配していた。）

② 否定語は直前に置く

My motto is never to make the same mistake twice.
（私の信条は，同じ間違いを決して繰り返さないことだ。）
I am sorry for not contacting you lately.
（最近，あなたに連絡をしなくてごめんなさい。）
Not knowing what to say, I kept silent.
（何と言っていいかわからなくて，私は黙っていた。）

③ 述語動詞より前のことを表すときは完了形を使う

I seem to have misplaced my glasses.
（私はめがねをどこかに置き忘れたようだ。）
He is proud of having been a member of the team.
（彼はそのチームの一員だったことを誇りにしている。）
Having studied all night long, he was very tired.
（一晩中勉強していたので，彼はとても疲れていた。）

SECTION 9 関係詞

理解へのアプローチ

❶ 名詞の後にその名詞についての説明を続ける

「私に話しかけてきた男」と言いたいときは、英語ではthe manと言ってから「私に話しかけてきた」という説明を続けます。説明を始めるときに使うのが関係代名詞で、説明する名詞が人のときはwhoを使います。

私に話しかけてきた男
the man who spoke to me

日本語では「私に話しかけてきた」→「男」ですが、英語では、「the man」←「who spoke to me」となります。

さて、ここで出てきた関係代名詞、いったいどのようなものなのでしょうか。

まず、名詞の後に続けて、「これからこの名詞についての説明を始めますよ」という合図をするはたらきがあります。名詞に関係する文が続くことを示すわけです。

次に、その名詞の分身となって、説明をする文の中で名詞としてはたらきます。the man who spoke to meの場合は、whoが主語になってspokeという動詞を続けています。名詞の分身ですから代名詞です。**関係を示して代名詞としてはたらく**、それが「**関係代名詞**」なのです。

「私に話しかけてきた男」の場合は、the manで「その男」とばしっと言ってから、whoを続けて「その男がどういう人かって言うとね」という説明の合図をします。そして、「私に話しかけてきた」というspoke to meを続けるのです。

the man　　who spoke to me

❷ 関係代名詞の後に〈主語+動詞〉を続ける

次に、「私が公園で見かけた男」と言うときはどうなるのでしょう。この場合もthe manから始めて、whoを続けます。

the man who

これで「その男」について説明する準備ができました。「私に話しかけてきた男」の場合は、「その男」が主語になっていましたが、「私が公園で見かけた」では、主語になるのは「私」です。したがって、I saw in the park として、そのままつなげてしまうのです。

the man who I saw in the park

ここでは、the manの分身であるwhoはsawの目的語のはたらきをしていることになります。I saw the man in the park. という意味を表しているからです。

ここで、関係代名詞の後に注目してみましょう。whoの後にはI sawという〈主語＋動詞〉が続いていますね。〈主語＋動詞〉は英語の文の基本単位ですから、これがそろっていれば文になっていることがわかります。そこで、関係代名詞を使わずに、

the man I saw in the park

としても、the manと関係する文が直後に続いていることを示すことができるのです。なくてもよければ使わない、というのは基本ですよね。それで、関係代名詞が目的語のはたらきをする場合は、省略されることが多いのです。

③ 人の説明と人ではないものの説明

「どういう人なのか」という説明をするときにはwhoを使いますが、人以外のものについて「どういうものなのか」を説明するときはwhichを使います。

「これが私が昨年の夏撮った写真です」と言うときは、This is a picture の後に、「どういうものかと言うとね」を表すwhichを続けます。その後は「私が昨年の夏撮った」を続けるだけです。「昨年の夏」は最後に加えますから、

This is a picture which I took last summer.

で完成です。

関係代名詞には、whoやwhichのほかに、thatがあります。thatはwhoやwhichと同じように使うことができます。thatって「あれ」とか「それ」という意味の代名詞ですよね。名詞について、「それってこういうものなんだよ」という説明の合図をしているということなんです。

名詞について補足説明をする方法

　名詞について，それがどういうものかを説明する文を続けるのが関係代名詞のはたらきでした。

This is the statue of the man who was the first King of Hawaii.
　（これは，ハワイの最初の王だった男の像です。）

　This is the statue of the man. だけでは，the man がどういう人なのかわからなければ，相手に意味を伝えることのできない文になってしまいます。「これはその男の像です」と言っているだけだからです。それで，どういう男なのかを説明する who was the first King of Hawaii を続けているのです。

　This is the statue of Kamehameha I. の場合は，これだけで「これがカメハメハ１世の像です」というはっきりとした意味になりますから，これ

the man　　　Kamehameha I

以上説明しなくてもいいことになります。でも，「カメハメハ１世」については少し説明を加えておきたい，ということもあります。そういうときは，いったん**コンマで区切ってから説明を続ける**のです。

This is the statue of Kamehameha I, who was the first King of Hawaii. （これはカメハメハ１世の像です。彼はハワイの最初の王だったのです。）

　これが，関係代名詞の非限定用法（継続用法），と呼ばれる表現方法です。

 ## 「どういう場所なのか」「どういう時なのか」説明する

　関係詞には，who や which のような関係代名詞と，where や when のような関係副詞があります。where は「どういう場所なのか」，when は「どういう時なのか」を説明するときに使います。

　「僕が昼寝をした公園は，とても静かだった。」なら，

The park where I took a nap was very quiet.

となります。The park where で，その公園がどういう場所なのか説明することを示してから，「昼寝をした」を続けているのです。where は I took a nap in the park. の in the park を表しています。この in the park は場所を表す副詞ですね。つまり，where は説明する文の中で**副詞のはたらきをしている**，ということなのです。

学習ガイド

基本ゾーン

UNIT 1 関係代名詞 who / which (1) ·················· p. 208
　❶ 主語のはたらきをする who
　❷ 主語のはたらきをする which

UNIT 2 関係代名詞 who / which (2) ·················· p. 210
　❶ 目的語のはたらきをする who / which
　❷ 関係代名詞を省略する

UNIT 3 関係代名詞 that / whose ······················· p. 212
　❶ who や which と同じはたらきをする that
　❷ 名詞を後に続ける whose

UNIT 4 関係代名詞と前置詞 ······························· p. 214
　❶ who / which と前置詞　❷ 前置詞＋ whom / which

UNIT 5 関係代名詞 what ·· p. 216
　❶ 先行詞を含む what　❷ what を使う表現

UNIT 6 関係代名詞の非限定用法 ···························· p. 218
　❶ 関係代名詞を使って情報を追加する
　❷ 非限定用法で表すさまざまな意味

UNIT 7 関係副詞 (1) ··· p. 220
　❶ where を使って場所について説明する
　❷ when を使って時について説明する

UNIT 8 関係副詞 (2) ··· p. 222
　❶ where / when の非限定用法　❷ 関係副詞 why / how

応用ゾーン

UNIT 9 非限定用法のさまざまな使い方 ················ p. 224
　❶ 前の文全体や一部について情報を追加する
　❷ 先行詞の全部や一部について情報を追加する

UNIT 10 複合関係詞 ·· p. 226
　❶ whoever / whichever / whatever
　❷ whenever / wherever

UNIT 11 接続詞のはたらきをする複合関係詞 ······ p. 228
　❶ whoever / whichever / whatever
　❷ whenever / wherever / however

句と節 ·· p. 232

SECTION 9 関係詞

関係代名詞 who / which (1)

❶ 主語のはたらきをする who

TARGET 139

(1) The woman **who lives** next door has three cats.
(2) Do you know the boy **who is crying** over there?

(1) 隣に住んでいる女性は、ネコを3匹飼っている。
(2) あそこで泣いている男の子を知っていますか。

(1)〈名詞（人）＋who＋動詞〉でどういう人か説明する

「隣に住んでいる女性」のように，**人について説明を加えたいとき**に関係代名詞 **who** を使う。日本語では「隣に住んでいる➡女性」だが，英語では「女性⬅隣に住んでいる」という語順にする。

- The woman | **who lives** next door | has three cats.
  「その女性」⬅ who（どういう人？）＋「隣に住んでいる」

▶「その女性」と言ってから，who ... でどういう人なのかを具体的に説明する。
The woman who lives next door が文全体の主語。

 関係詞で始まる語のかたまりのことを**関係詞節**と呼び，(1) の the woman のように関係詞節で説明を加える名詞は**先行詞**と呼ばれる。

(2)〈名詞（人）＋who＋動詞〉で何をする・している人か説明する

- Do you know | the boy | **who is crying** over there | ?
  「男の子」⬅ who ＋「あそこで泣いている」

▶「男の子」と言ってから，who ... で何をしている子なのかを具体的に説明する。

その人の状態や動作の説明を加えるときは，〈名詞（人）⬅who＋動詞〉という語順になる。whoは直前の名詞の代わりをして動詞の主語のはたらき（主格）をしている。その名詞が3人称で単数で，現在のことを表すときは一般動詞にはsをつける。

- I know a girl **who speaks** three languages.
  （私は3か国語を話す少女を知っています。）
  ［関係代名詞を使って説明を加える場合，だれなのかが特定できれば（ほかにいなければ）名詞にthe をつけるが，そうでなければthe は使わない。「3か国語を話す少女」はほかにもいるはずなので a girl としている］

 関係代名詞 who の後に I think や I know などが続くことがある。
Ben is a man **who I think** is a good leader.
（ベンはよいリーダーだと私が思っている男だ。）
この場合，a man who (I think) is ... とカッコに入れて考えればよい。

関係代名詞 that ⇨ p.212

使い方は p.2 ▶

139

日本語の意味に合うように, ( )内の語句を並べかえなさい。
1) その答えを知っている人はいますか。
　　Is there (knows / who / anybody) the answer?
2) 私には海外留学している友人がいます。
　　I have (is / who / a friend / studying) abroad.

❷ 主語のはたらきをする which

TARGET 140

(1) She lives in a house **which has** a large garden.
(2) My father works for a company **which makes** furniture.

　(1) 彼女は広い庭のある家に住んでいる。
　(2) 私の父は家具を作る会社で働いている。

SECTION 9 関係詞

(1) 〈名詞(人以外)＋which＋動詞〉でどういうものか説明する

「広い庭のある家」のように，**人以外の何かについて説明を加えたいときは関係代名詞 which** を使う。

● She lives in a house | which has a large garden |.
　　　　　　　　　↑　　　　　「家」◀ which（どういう？）＋「広い庭のある」

▶「家」と言ってから，which ... でどういう家なのかを説明している。

Where is the photo which was on the table?
（テーブルの上にあった写真はどこにありますか。）

(2) 〈名詞(人以外)＋which＋動詞〉で何をする・しているものか説明する

● My father works for a company | which makes furniture |.
　　　　　　　　　　　　　　　↑　　　　「会社」◀ which ＋「家具を作っている」

▶「(ある)会社」と言ってから，which ... で何をしている会社なのかを具体的に説明している。「家具を作る会社」は1社だけではないので a company とする。

140

日本語の意味に合うように, ( )内の語句を並べかえなさい。
1) 丘の上にたっている神社はとても古いものです。
　　(stands / which / the shrine) on the hill is very old.
2) この金庫を開けるかぎをなくしてしまいました。
　　I've lost (which / the key / opens) this safe.

Ans.　139-1) anybody who knows 2) a friend who is studying
　　　140-1) The shrine which stands 2) the key which opens

209

UNIT 2 関係代名詞 who / which (2)

① 目的語のはたらきをする who / which

> **TARGET 141**
>
> (1) The person **who I admire** is my father.
> (2) Have you bought the book **which I recommended**?
>
> (1) 私が尊敬する人は，私の父です。
> (2) 私が勧めた本を買いましたか。

(1) who の後に〈主語＋動詞〉を続けて説明を加える

「私が尊敬する➡人」のように，説明部分が〈主語＋動詞〉を含む場合は，〈名詞(人)〉←who＋主語＋動詞〉という語順になる。

- The person **who I admire** is my father.

「人」← who（どういう人？）＋「私が尊敬している」

▶ the person と言ってから，who ... でどういう人なのかを具体的に説明している。The person who I admire が文全体の主語。

〈名詞(人)〉←who＋主語＋動詞〉では，who は直前の名詞の代わりをして，動詞の目的語のはたらき（目的格）をしている。I admire the person (= my father).（私はその人（＝私の父）を尊敬しています。）ということ。

- The woman **who I met** yesterday is his sister.
  （私がきのう会った女性は，彼のお姉さんです。）

 目的語のはたらきをするので whom を使うのが文法的には正しいが，会話体では who を使うのがふつう。
The person **whom** I admire is my father.

I met an artist **who/whom I respect**.（私は尊敬する芸術家に会った。）

(2) which の後に〈主語＋動詞〉を続けて説明を加える

- Have you bought the book **which I recommended**?

「その本」← which（どういうもの？）＋「私が勧めた」

▶ the book と言ってから，which ... でどういう本なのかを説明している。

The book **which I need** is not in the library.
（私が必要としている本は，図書館にありません。）

Show me the flute **which you bought**.
（君が買ったフルートを見せてよ。）

210

日本語の意味に合うように，( )内の語句を並べかえなさい。
1) これが私が信頼する弁護士だ。
   This is (I / who / a lawyer / trust).
2) 父が作るカレーはおいしい。
   The curry (makes / my father / is / which) delicious.

2 関係代名詞を省略する

TARGET 142

(1) The actor I wanted to see was not in the studio.
(2) The movie I saw last night was very scary.

(1) 私が会いたかった俳優は，スタジオにはいなかった。
(2) 私が昨夜観た映画は，とても怖かった。

(1) 名詞（人）の後に〈主語＋動詞〉を続けて説明を加える

関係代名詞が目的語のはたらきをする場合は，関係代名詞を省略して〈**主語＋動詞**〉を**名詞に直接続ける**ことができる。

● The actor <u>I wanted</u> to see was not in the studio.
        ↑_____| 「その俳優」 ← 「私が会いたかった」

▶ the actor の後に「私が会いたかった」を直接続けている。関係代名詞を使うと The actor who I wanted to see となる。

I can't remember the name of the girl I met at the party.
（僕はパーティーで会った女の子の名前を思い出すことができない。）

(2) 名詞（人以外）の後に〈主語＋動詞〉を続けて説明を加える

● The movie <u>I saw</u> last night was very scary.
        ↑_____| 「その映画」 ← 「私が昨夜観た」

▶ the movie の後に「私が昨夜観た」を直接続けている。関係代名詞を使うと the movie which I saw last night となる。

日本語の意味に合うように，( )内の語句を並べかえなさい。
1) 彼女が結婚した男性は，写真家だった。
   (the man / married / she) was a photographer.
2) 私は母がきのう買ったグラスを割ってしまった。
   I've broken (my mother / the glass / bought) yesterday.

Ans. 141-1) a lawyer who I trust 2) which my father makes is
142-1) The man she married 2) the glass my mother bought

UNIT 3 関係代名詞 that / whose

 who や which と同じはたらきをする that

> **TARGET 143**
>
> (1) The accident **that happened** last night was terrible.
> (2) I've lost the watch **that my father gave** to me.
>
> (1) 昨夜起こった事故は，ひどいものだった。
> (2) 父が私にくれた腕時計をなくしてしまいました。

(1) that を主格の関係代名詞として使う

that は関係代名詞として，who や which の代わりに使うことができる。

- The accident │ **that happened** last night │ was terrible.
  ↑ 「その事故」← that (それは) ＋ 「昨夜起こった」

  ▶「その事故」と言った後に that を続け，事故についての具体的な説明をしている。この that は the accident の代わりに happened の主語のはたらきをしている。

(2) that を目的格の関係代名詞として使う

- I've lost the watch │ **that my father gave** to me │.
  ↑ 「その時計」← that (それは) ＋ 「父が私にくれた」

  ▶ the watch の後に that を続け，時計についての具体的な説明をしている。that は gave の目的語のはたらき。目的格の that は省略されることが多い。

先行詞が人を表す名詞の場合も that を使うことができるが，who を使うことのほうが多い。

> The people **who/that work** here are all friendly.
> (ここで働いている人はみんな親切だ。)

次のような場合には，who や which よりも that のほうが好まれる。

◆ 先行詞に the first, the last, the only, all, no のような表現が使われている場合
  This is **the only tie** that I have. (これは僕が持っている唯一のネクタイだ。)
  I like **all the pictures** that he painted. (彼が描いたすべての絵が好きだ。)

◆ 先行詞に最上級の表現が使われている場合
  This is **the biggest fish** that I've ever seen.
  (これは私が今までに見た中で最も大きな魚です。)

◆ 〈人＋人以外のもの〉が先行詞の場合
  He talked about **the people and things** that he saw in Egypt.
  (彼はエジプトで見た人やものについて話した。)

143 日本語の意味に合うように，（ ）内の語句を並べかえなさい。
1) 私はそのかぎを開ける番号の組み合わせを忘れた。
　　I forgot (that / the combination / the lock / opens).
2) 君が好きなレストランは高すぎるよ。
　　(like / the restaurant / that / you) is too expensive.

2　名詞を後に続ける whose

TARGET 144

(1) I'll talk about a person whose dream was realized.
(2) I saw a car whose window was broken.

(1) 夢が実現した人について話します。
(2) 私は窓ガラスが割れている車を見ました。

(1)〈whose＋名詞〉で「その人の～」を表す

人を表す名詞の後で「その人の～」という説明を続けるときは，所有格の whose を〈**whose＋名詞**〉の形で使う。

● I'll talk about a person whose dream was realized.
　　　　　　　　　　　↑　　　　　　　
　　　　　　　　「人」← whose dream（その人の夢は）「実現した」
　▶ a person の後に whose dream ... を続けて説明を加えている。

A boy whose name I didn't know came up to me.
（私が名前を知らない男の子が，私に近づいてきた。）
[whose name は know の目的語のはたらきをしている]

(2)〈whose＋名詞〉で「それの～」を表す

● I saw a car whose window was broken.
　　　　　↑　　　　　　　　　
　　　　「車」← whose window（その車の窓は）「割れていた」
　▶ whose は先行詞が人以外のものでも使うことができる。

144 日本語の意味に合うように，（ ）に適語を入れなさい。
1) 息子が有名なサッカー選手の男性がテレビに出ていた。
　　The man (　　) (　　) is a famous soccer player was on TV.
2) 私たちはタイヤがなくなっている自転車を見た。
　　We saw a bicycle (　　) (　　) was missing.

Ans. 143-1) the combination that opens the lock 2) The restaurant that you like
144-1) whose son 2) whose tire

UNIT 4 関係代名詞と前置詞

1 who/which と前置詞

TARGET 145

(1) Most of the people **who** I talked **to** agreed to my plan.
(2) This is the hospital **which** my father works **in**.

(1) 私が話した人のほとんどは，私の計画に賛成してくれた。
(2) これが，私の父が勤めている病院です。

(1) who が前置詞の目的語になる

関係代名詞は，前置詞の目的語のはたらきをすることがある。

● Most of the people who I talked to agreed to my plan.

「人々」 ← who（どういう人？）＋「私が話した」

▶ I talked to the people というつながり。who は the people の代わりとなって talked to に続く名詞（目的語）のはたらきをしている。

注意!! 前置詞の後に続くはたらきをするので whom を使うこともできる。
I don't know the teacher **whom** you are talking **about**.
（君たちが話している先生のことを私は知りません。）

(2) which が前置詞の目的語になる

● This is the hospital which my father works in.

「その病院」 ← which（どういうもの？）＋「父が勤めている」

▶ My father works in the hospital というつながり。which は the hospital の代わりに works in に続く名詞（目的語）のはたらきをしている。

関係代名詞は that を使うこともできる。また，関係代名詞の後に〈主語＋動詞〉が続くので，関係代名詞は省略できる。

This is the hospital **(that)** my father works **in**.

日本語の意味に合うように，（ ）に適語を入れなさい。
1) きのう一緒に遊んだ男の子は，キムの弟です。
　The boy (　　) I played (　　) yesterday is Kim's brother.
2) これが私がその指輪を見つけた箱です。
　This is the box (　　) I found the ring (　　).

2 前置詞＋whom / which

TARGET 1 4 6

(1) The girl **about whom** you were talking lives near my house.
(2) I went to the hospital **in which** her father works.

(1) あなたが話していた女の子は，私の家の近くに住んでいますよ。
(2) 私は彼女のお父さんが勤めている病院に行った。

(1) 前置詞の後に whom を続ける

前置詞を関係代名詞の前に入れることもできる。

- The girl │ about whom you were talking │ lives near my house.

「女の子」← about whom (その人について) ＋「あなたが話していた」

▶ 先行詞が人を表す名詞なので，前置詞の後は whom を使う（who は使えない）。

注意!! 前置詞の直後では who や that を使うことはできない。また，前置詞の直後の関係代名詞を省略することはできない。
〈動詞＋前置詞〉の群動詞は，動詞と前置詞を離すことはできない。
This is the dog **which** my sister **looks after**.
（これが私の妹が世話をしているイヌです。）（⇨p.29）

(2) 前置詞の後に which を続ける

- I went to the hospital │ in which her father works │.

「その病院」← in which (そこで) ＋「彼女のお父さんは勤めている」

▶ in which は「その病院で」という意味を表している。

参考 関係代名詞と前置詞の組み合わせ方は，下に行くほど文章体になる。
The girl Kaori was talking to lives near my house.
The girl who Kaori was talking to lives near my house.
The girl whom Kaori was talking to lives near my house.
The girl to whom Kaori was talking lives near my house.

SECTION **9** 関係詞

146

日本語の意味に合うように，( )に適語を入れなさい。
1) 私が一緒に働いている人は皆，勤勉だ。
   The people (   ) (   ) I work are all diligent.
2) これがきのう君に話したテレビゲームです。
   This is the video game (   ) (   ) I told you yesterday.

145-1) who/whom/that, with 2) which/that, in
146-1) with whom 2) about which

UNIT 5 関係代名詞 what

1 先行詞を含む what

TARGET 147

(1) We couldn't believe **what** we saw.
(2) This article isn't **what** I was looking for.

(1) 私たちは自分たちが見たものを信じられなかった。
(2) この記事は私が探していたものではありません。

(1) what がつくる節が主語や目的語になる

関係代名詞 **what** を使うと、「～するもの」「～すること」という**名詞のはたらきをする節**をつくることができる。what に先行詞が含まれていると考えられるので、who や which とは違い、直前に名詞を必要としない。

- We couldn't **believe** what we saw .
    ▶ what we saw (私たちが見たもの) という節が believe の目的語になっている。関係代名詞 what は saw の目的語のはたらきをしている。

     関係代名詞 what は、the thing(s) which/that で表すことができる場合もある。
    We couldn't believe **the thing which** we saw.

What surprised us was his performance.
（私たちを驚かせたのは、彼の演技でした。）
［What surprised us が文の主語。what は主語の節 (what surprised us) の中で主語のはたらきをしている］

What Mrs. Smith is proud of is her job.
（スミスさんが誇りにしているのは、彼女の仕事です。）
［What Mrs. Smith is proud of が文の主語。what は is proud of に続く名詞（前置詞の目的語）のはたらきをしている］

(2) what がつくる節が補語になる

- This article isn't what I was looking for .
    ▶ what I was looking for は、主語の this article について述べる補語。関係代名詞 what は for の目的語のはたらきをしている。

This jacket is **what** I wanted.
（このジャケットは私がほしかったものです。）

147

日本語の意味に合うように, ( )に適語を入れなさい。

1) 彼女が私に言ったことはショックだった。
   (　　) (　　) (　　) to me was shocking.

2) 彼のアドバイスは私が本当に必要としていたものだった。
   His advice was (　　) (　　) really needed.

2 whatを使う表現

TARGET 148

She is not what she used to be.

彼女はかつての彼女ではない。

関係代名詞whatを使う慣用表現

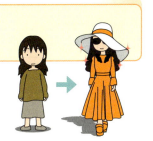

- She is not what she used to be.
  ▶ what she used to beは「以前の彼女」という意味。
    what she wasとしてもよい。

I owe what I am to my parents. (今日の私があるのは両親のおかげだ。)

I gave her what money I had.
(私は彼女に持っていたすべてのお金をあげた。)
[〈what+名詞〉で「～するすべての…」「～するだけの…」という意味を表す]

I'll give you what help I can. (私にできる限りのお手伝いをしますよ。)

This music is what is called hip-hop.
(この音楽がいわゆるヒップホップです。)
[what is calledは「いわゆる」という意味。what you [we/they] callとしてもよい]

This is an interesting book and, what is more, it is useful.
(これは興味深い本だし、そのうえ、役に立つ。)
[what is moreは「そのうえ」という意味。what is worse (さらに悪いことに)という表現もある]

148

日本語の意味に合うように, ( )に適語を入れなさい。

彼はもはや昔の彼ではない。
He is no longer (　　) (　　) (　　).

Ans. 147-1) What she said 2) what I
148) what he was

UNIT 6 関係代名詞の非限定用法

 関係代名詞を使って情報を追加する

> **TARGET 149**
>
> (1) They have two daughters, who are studying abroad.
> (2) The kitchen, which was renovated recently, looks nice.
>
> (1) 彼らには娘が2人いて，どちらも海外留学しています。
> (2) 台所は，最近リフォームしたので，すてきに見えます。

(1) who を使って情報を追加する

その人がどういう人なのか**補足的な説明**をしたいときは，コンマを入れてから関係代名詞の who を続ける。

- They have two daughters, + who are studying abroad .
  ▶「2人の娘」がいて，その2人について「留学している」と補足説明している。

補足的に情報を追加する用法を非限定用法（継続用法）と呼び，どういう人やものなのか説明を加えて限定する用法を限定用法と呼ぶ。

They have two daughters who are studying abroad .

（彼らには海外留学している娘が2人います。）[限定用法の場合，「留学している娘が2人」と言っているだけなので，ほかにも娘がいるかもしれない]

two daughters who are studying abroad

two daughters, who are studying abroad

(2) which を使って情報を追加する

- The kitchen, + which was renovated recently , looks nice.
  ▶「台所」について「最近リフォームした」という情報を付け加えている。コンマを入れない限定用法にすると，台所が複数あることになる。

注意!! 関係代名詞 that を非限定用法で使うことはできない。

先行詞が特定の人やものの場合は，それ以上説明を加えて意味を限定する必要がないので非限定用法を使う。特に固有名詞には限定用法を使うことはできない。

This is Eric, who teaches English at our school.
(こちらがエリックで，私たちの学校で英語を教えています。)

I went to the British Museum, which I'd never visited.
(私は大英博物館に行ったが，そこは一度も訪れたことがなかった。)

日本語の意味に合うように，( )に適語を入れなさい。
1) アンディのお父さんは，私は1度会っていますが，ジャーナリストです。
   Andy's father, (   ) I've met once, is a journalist.
2) これが田沢湖で，日本で最も深い湖です。
   This is Lake Tazawa, (   ) is the deepest lake in Japan.

2 非限定用法で表すさまざまな意味

TARGET 150

(1) He gave me a book, which I read at once.
(2) Jane received a letter from Tom, which she didn't read.

(1) 彼は私に本をくれて，私はそれをすぐに読んだ。
(2) ジェーンはトムから手紙を受け取ったが，彼女はそれを読まなかった。

(1) whichを使って「そしてそれを[それは]~」という説明を続ける

- He gave me a book, which I read at once.
  ▶「彼は私に本をくれた」+「それをすぐに読んだ」

(2) whichを使って「しかしそれを[それは]~」という説明を続ける

- Jane received a letter from Tom, which she didn't read.
  ▶「ジェーンはトムから手紙を受け取った」+「それを読まなかった」

次のように，「それは~だから」という意味を表すこともある。

I'll give you these shoes, which are too small for me.
(この靴をあげるよ，私には小さすぎるから。)

日本語の意味に合うように，( )内から正しいほうを選びなさい。
1) 私たちは映画を観に行ったが，それはおもしろかった。
   We went to see the movie (which / , which) was interesting.
2) 彼はお金持ちだが，私はそうではない。
   He is a rich man (which / , which) I am not.

Ans. 149-1) who/whom 2) which
     150-1) , which 2) , which

関係副詞(1)

whereを使って場所について説明する

TARGET 151

(1) The city **where** we live has a lot of tourist attractions.
(2) This is **where** my father grew up.

(1) 私たちが住んでいる市には，たくさんの観光名所があります。
(2) ここが私の父が育ったところです。

(1) whereを使って場所についての情報を加える

どういう場所なのかを説明したいときに，関係副詞**where**を使う。

● <u>The city</u> <u>where we live</u> has a lot of tourist attractions.

「市」← where（どういう？）＋「私たちが住んでいる」

▶ the cityにwhere ... を続けて，どういう市なのかを説明する。The city where we liveが文の主語。we live in the cityというつながり。

> **注意!!** 関係副詞を〈前置詞＋関係代名詞〉で表すことができる（⇨p.215）。
> the city **in which** we live / the city **(which)** we live **in**
>
> 先行詞が場所を表す名詞なら関係副詞のwhereを続けることができるというわけではない。副詞のはたらきなのか名詞のはたらきなのかでwhereとwhichを使い分ける。
> The city **which** we <u>visited</u> was very nice.
> （私たちが訪れた都市はとてもよかった。）[whichはvisitedの目的語]

This is <u>the hotel</u> **where** we stayed in Hokkaido.
（これが私たちが北海道で泊まったホテルです。）
[the hotel **at which** we stayedとすることもできる]

I went to <u>the office</u> **where** my brother works.
（私は，兄が働いている事務所に行った。）

(2) whereを先行詞なしで使う

● This is <u>where my father grew up</u>.

▶ where my father grew upで「私の父が育ったところ」という意味を表す。このwhereはthe place whereと考えればよい。

> point（点），case（場合），situation（状況）はwhereの先行詞になる。
> This is **a case where** we should be careful.
> （これは注意すべき場合だ。）

151

日本語の意味に合うように，（　）に適語を入れなさい。
1) ここが私たちがきのう食事をしたレストランです。
　　This is the restaurant (　　) we had dinner yesterday.
2) ここが君があの手帳を見つけたところなのですか。
　　Is this (　　) you found that notebook?

2　whenを使って時について説明する

TARGET 152

(1) Do you remember the day when we first met?
(2) Monday is when she goes to the gym.

(1) 私たちが初めて出会った日のことを覚えていますか。
(2) 月曜日は，彼女がジムに行く日です。

(1) whenを使って時についての情報を加える

どういう時なのかを説明したいときに，関係副詞 **when** を使う。

● Do you remember the day | when we first met |?

「日」← when（どういう？） ＋ 「私たちが初めて出会った」

▶ the day when we first met が remember の目的語。we first met on the day というつながり。〈前置詞＋関係代名詞〉を使うと，the day on which we first met となる。

 関係副詞の when は省略することができる。
　　Do you remember **the day we first met**?

(2) whenを先行詞なしで使う

● Monday is | when she goes to the gym |.

▶ when she goes to the gym で「彼女がジムに行く日」という意味を表す。この when は the time when と考えればよい。

152

日本語の意味に合うように，（　）に適語を入れなさい。
1) 私たちが富士山に登った日はとても寒かった。
　　The day (　　) we climbed Mt. Fuji was very cold.
2) 日曜日の午前中は，私がくつろげる時間です。
　　Sunday morning is (　　) I can relax.

Ans.　151-1) where　2) where
　　　152-1) when　2) when

UNIT 8 関係副詞（2）

1 where / when の非限定用法

TARGET 153

(1) He was taken to the hospital, **where** he had surgery.
(2) We got to Paris on Tuesday, **when** the museum was closed.

(1) 彼は病院に運ばれて，そこで手術を受けた。
(2) 私たちは火曜日にパリに着いたが，その日は美術館は閉まっていた。

(1) where を使って情報を追加する

場所についての情報を追加するときは，場所を表す名詞の後にコンマを入れて，関係副詞 where を続ける非限定用法を使う。

● He was taken to the hospital, ＋ where he had surgery .

▶「病院」について「そこで彼は手術を受けた」という情報を追加している。どういう病院なのか限定する場合は，This is the hospital where he had surgery（ここは彼が手術を受けた病院だ）のようにする（限定用法）。

My brother lives in Kobe, **where** he owns a condominium.
（兄は神戸に住んでいて，そこにマンションを持っている。）

(2) when を使って情報を追加する

時についての情報を追加するときは，関係副詞 when を非限定用法で使う。

● We got to Paris on Tuesday, ＋ when the museum was closed .

▶「火曜日」について「その日は美術館が閉まっていた」という情報を追加している。

I visited Ken at 7:30, **when** he was still sleeping.
（ケンの家に7時半に行ったが，彼はまだ寝ていた。）

Last Monday, **when** we went surfing, was my birthday.
（この前の月曜日は，その日僕たちはサーフィンに行ったが，僕の誕生日だった。）

日本語の意味に合うように，（　）内の語句を並べかえなさい。
1) マコトはニューヨークへ行って，そこで音楽の勉強をした。
　Makoto went to New York (he / where / , / studied) music.
2) 今日の午後来てください。家にいますから。
　Visit me this afternoon (I'll / when / , / be) at home.

② 関係副詞 why / how

TARGET 154

(1) Tell me the reason **why** you want to go to college.
(2) The battery is dead; **that's why** my mobile phone doesn't work.
(3) **This is how** he invented the telegraph.

(1) あなたが大学に進学したい理由を話してください。
(2) 電池が切れています。それで私の携帯電話は動かないのです。
(3) こうやって彼は電信機を発明しました。

(1) why を関係副詞として使う

the reason の後に関係副詞の why を続けて,どういう理由なのかを加える。

- Tell me the reason │ **why** you want to go to college │.

  「理由」 ← why（どういう?）＋「あなたが進学したい」

  ▶ 関係副詞 why は the reason を先行詞とする。

why を省略したり,the reason を省略したりして,Tell me **the reason** ... / Tell me **why** ... とすることができる。

(2) that / this is why ...

that / this is why ... で「**そういうわけで…／こういうわけで…**」という意味を表す。

- The battery is dead; **that's why** my mobile phone doesn't work.

  ▶ that は The battery is dead を指している。セミコロン(;) は文をつなぐはたらき。

(3) that / this is how ...

that / this is how ... で「**そういう方法で…／こういう方法で…**」という意味を表す。

- **This is how** he invented the telegraph.

  ▶ this は今説明したことを指している。that と this は代名詞を参照（⇨ p.386）。

日本語の意味に合うように,( )に適語を入れなさい。

1) 彼が仕事を辞めたのには,いくつか理由があります。
   There are several reasons ( ) he quit his job.
2) それが君が腹を立てた理由なの?
   Is ( ) ( ) you lost your temper?
3) こうやって私たちはその問題を解決しました。
   ( ) is ( ) we solved the problem.

Ans. 153-1), where he studied 2), when I'll be
154-1) why 2) that why 3) This, how

UNIT 9 非限定用法のさまざまな使い方

前の文全体や一部について情報を追加する

> **TARGET 155**
>
> (1) My father suddenly changed his job, **which** surprised us.
> (2) My grandfather tried to stop smoking, **which** was tough.
>
> (1) 父が突然転職し，そのことは私たちを驚かせた。
> (2) 祖父は禁煙しようとしたが，それは大変だった。

(1) 前の文の内容について情報を追加する

whichを非限定用法で使うと，**直前の文の内容に情報を追加する**ことができる。

- My father suddenly changed his job, + which surprised us .
  ▶「父が突然転職した」という内容に対し，「私たちを驚かせた」とつけ加えている。

The bus came at last, **which** was a relief.
（バスがやっと来て，それでほっとした。）

(2) 前の文の一部について情報を追加する

- My grandfather tried to stop smoking, + which was tough .

▶「禁煙しようとした」という内容に対し，「それは大変だった」とつけ加えている。

whichは直後に名詞を続けて，形容詞のように使うこともできる。

The doctor told me not to swim, **which advice** I followed.
（医者が私に泳ぐなと言ったので，その忠告に私は従った。）
[which advice（その忠告）はnot to swimのことを指している]

We may miss the train, **in which case** we'll be late.
（電車に乗り遅れるかもしれない，そうなったら私たちは遅刻しますね。）
[in which caseは「その場合においては」ということで，「電車に乗り遅れる」場合のことを指している]

日本語の意味に合うように，（ ）内の語句を並べかえなさい。
1) きのうは一日中雨が降っていたが，それは私の予想どおりだった。
 It rained all day yesterday (I / , / which / expected).
2) 彼女は結婚していると言ったが，それは本当だった。
 She said she was married (which / , / true / was).

❷ 先行詞の全部や一部について情報を追加する

> **TARGET 156**
>
> (1) She has three brothers, **all of whom** I know well.
> (2) Lisa has a lot of bags, **some of which** she bought in Italy.
>
> (1) 彼女は3人の兄弟がいるが，その3人とも私はよく知っている。
> (2) リサはたくさんバッグを持っていて，そのいくつかはイタリアで買ったものだ。

(1) 先行詞全部についての情報を追加する

先行詞の名詞について「その全員／全部は～」という説明を加えたいときは，**all of whom/which**という形を非限定用法で使う。

- She has three brothers, ＋ **all of whom I know well**.
  - ▶「3人の兄弟」の「その全員」について説明を加えている。前置詞ofの後なのでwhomを使う。

(2) 先行詞の一部について情報を追加する

複数の人やものについて「その何人か／いくつかは～」という説明を加えたいときは，**some of whom/which**という形を非限定用法で使う。

- Lisa has a lot of bags, ＋ **some of which she bought in Italy**.
  - ▶「たくさんのバッグ」の中の「いくつか」についての説明を追加している。some of whichはsome of her bagsということ。

made in Italy

ほかにも次のような表現がある。

　　neither of whom (そのどちらの人も～ない) / **both of which** (その両方とも)
　　none of which (そのすべてが～ない) / **most of whom** (その人たちのほとんど)

　　I have two watches, **both of which** were presents from my father. (僕は腕時計を2つ持っていますが，どちらも父からのプレゼントです。)

156

日本語の意味に合うように，（　）に適語を入れなさい。
1) およそ300人の客がいて，そのほとんどは若者だった。
　There were around 300 guests, (　) (　) (　) were young people.
2) 私はCDをたくさん持ってきたが，そのうちの何枚かを彼にあげた。
　I brought many CDs, (　) (　) (　) I gave to him.

Ans. 155-1), which I expected 2), which was true
156-1) most of whom 2) some of which

SECTION 9　関係詞

UNIT 10 複合関係詞

1 whoever / whichever / whatever

> **TARGET 157**
>
> (1) They will hire **whoever** you recommend.
> (2) Take **whichever** you like.
> (3) I'll eat **whatever** you serve.
>
> (1) 彼らはあなたが推薦する人はだれでも雇いますよ。
> (2) どれでも好きなものをお取りください。
> (3) 私はあなたが出してくれたものはどんなものでも食べますよ。

(1) whoever「〜する人はだれでも」

whoever, whichever, whateverのように，関係代名詞にeverのついたものを複合関係代名詞と呼ぶ。複合関係代名詞は先行詞なしで使い，whoeverであれば，「〜する人はだれでも」という意味になる。

- They will hire whoever you recommend .
  ▶ whoever you recommend（あなたが推薦する人はだれでも）がhireの目的語になっている。whoeverの目的格はwhomeverだが，あまり使われない。

Whoever was there **celebrated** his achievement.
（そこにいただれもが，彼の偉業を祝福した。）

(2) whichever「〜するものはどれでも」

- Take whichever you like .
  ▶ whichever you likeは「好きなものはどれでも」という意味で，takeの目的語になっている。

〈whichever＋名詞〉で「〜するどの…でも」という意味を表すこともできる。

You can choose **whichever course** you prefer.
（どれでもお好きなコースを選ぶことができます。）[preferは「〜を好む」という意味]

(3) whatever「〜するものは何でも」

- I'll eat whatever you serve .
  ▶ whatever you serveは「あなたが出すものは何でも」という意味で，eatの目的語になっている。

whateverも名詞を続けて「〜するどんな…でも」という意味を表すことができる。

We need **whatever information** you have.
（あなたが持っているどんな情報でも私たちには必要なのです。）

日本語の意味に合うように，（ ）に適語を入れなさい。
1) このソファは，ほしいと言う人ならだれにでもあげます。
　　I'll give this sofa to (　　) wants it.
2) どちらでも，私に似合うものを買います。
　　I'll buy (　　) suits me.
3) したいことは何でもしなさい。
　　Do (　　) you want to.

2 whenever / wherever

TARGET 158

(1) Call me **whenever** you want to.
(2) Please sit **wherever** you want to.

(1) いつでも電話したいときにしていいよ。
(2) どこでも座りたいところに座ってね。

(1) whenever「〜するときはいつでも」

whenever, whereverのように，関係副詞にeverのついたものを複合関係副詞と呼ぶ。複合関係副詞は先行詞なしで使い，wheneverであれば，「〜するときならいつでも」という意味になる。

● Call me **whenever** you want to.
　▶ whenever you want to は「いつでもあなたが（電話を）したいときに」。

　Get some exercise **whenever** possible. (できる時には運動をしなさい。)

(2) wherever「〜するところならどこでも」

● Please sit **wherever** you want to.
　▶ wherever you want to は「どこでもあなたが座りたいところに」。

　Sleep **wherever** you like. (どこでも好きなところで寝なさい。)

日本語の意味に合うように，（ ）に適語を入れなさい。
1) 私の助けが必要なときはいつでも遠慮なく言ってね。
　　Don't hesitate to ask me (　　) you need my help.
2) どこでも君の好きなところに連れていってあげる。
　　I'll take you (　　) you want to go.

Ans. 157-1) whoever/whomever 2) whichever 3) whatever
158-1) whenever 2) wherever

UNIT 11 接続詞のはたらきをする複合関係詞

1 whoever / whichever / whatever

TARGET 159

(1) **Whoever** you ask, the answer will be the same.
(2) **Whichever** you choose, I don't mind.
(3) I won't quit, **whatever** he says.

(1) だれに尋ねても、答えは一緒だろう。
(2) どれをあなたが選んでも、私はかまわないよ。
(3) 彼が何を言っても、僕は辞めないよ。

(1) whoever「だれに [だれが／だれを] ～しても」

複合関係詞は「～しようとも」という意味の**接続詞として使う**ことができる。

- **Whoever** you ask, the answer will be the same.
  - ▶ whoever you ask で「あなたがだれに尋ねても」という意味。そういう状況を想定しているので、現在形を使っている（⇨ p.53）。

You can't come in, **whoever** you are. （だれであろうと入ってはいけない。）

(2) whichever「どれを [どれが／どれに] ～しても」

- **Whichever** you choose, I don't mind.
  - ▶ whichever you choose で「どれをあなたが選んでも」。

(3) whatever「何を [何が／何に] ～しても」

- I won't quit, **whatever** he says.
  - ▶ whatever he says で「彼が何を言っても」。

 no matter を使って次のように表すこともできる。
No matter who you ask, the answer will be the same.
No matter which you choose, I don't mind.
No matter what he says, I won't quit.

---

159 日本語の意味に合うように、( ) に適語を入れなさい。
1) だれが来ても、ドアを開けてはいけません。
　　（　　）（　　）, don't open the door.
2) どちらを持っていっても、後で返してね。
　　（　　）（　　）take, return it later.
3) 私が何を提案しても、彼女は賛成しない。
　　（　　）（　　）suggest, she never agrees.

2 whenever / wherever / however

TARGET 160

(1) The police come quickly **whenever** an accident happens.
(2) I'll be thinking of you **wherever** I am.
(3) **However tired** she is, she always smiles.

(1) いつ事故が起こっても、警察はすぐにかけつけて来る。
(2) どこにいても、僕は君のことを考えているからね。
(3) 彼女はどんなに疲れていても、いつも微笑んでいる。

(1) whenever「いつ〜しても」

- The police come quickly **whenever** an accident happens.
  - ▶ whenever an accident happens は「いつ事故が起こっても」。

(2) wherever「どこに [どこで／どこへ] 〜しても」

- I'll be thinking of you **wherever** I am.
  - ▶ wherever I am で「どこに私がいても」。

(3) 〈however ＋形容詞／副詞〉「どれほど〜でも」

- **However tired** she is, she always smiles.
  - ▶ however tired she is で「どんなに彼女が疲れていても」。

  However long it takes, we must finish this job.
  (どんなに長く時間がかかろうと、私たちはこの仕事を終わらせなければならない。)

 no matter を使って次のように表すこともできる。
The police come quickly **no matter when** an accident happens.
I'll be thinking of you **no matter where** I am.
No matter how tired she is, she always smiles.

160

日本語の意味に合うように、（　）に適語を入れなさい。
1) 彼女はいつ来ても、私にプレゼントを持ってくる。
　　（　　　） she comes, she brings me a present.
2) 君はどこに行こうと、仕事を見つけることができるよ。
　　（　　　） you go, you will be able to find a job.
3) どんなに懸命にやってみても、君にはその問題は解けないよ。
　　（　　　）（　　　） you try, you won't be able to solve the problem.

Ans. 159-1) Whoever comes 2) Whichever you 3) Whatever I
160-1) Whenever 2) Wherever 3) However hard

EXERCISES

A 次の文の（ ）内から正しいものを選びなさい。

1) You should take the train (who / which) leaves at 9:00.
2) I bought a cheap computer, (which / that) stopped working after two days.
3) Is she the girl to (who / whom) you gave a present?
4) He gave me (what / that) I had wanted.
5) Do you know the reason (how / why) he is absent from school?
6) Yuka, (who / that) is a high school student, decided to study abroad.

B 日本語の意味に合うように，（ ）内の語を並べかえなさい。

1) 私にはフルートを吹く友だちがいます。
   I have a friend (the / flute / who / plays).
2) 私たちが登った山は雪で覆われていました。
   The mountain (climbed / which / we) was covered with snow.
3) 映画が始まる時刻はわかりますか。
   Do you know the time (movie / begins / when / the)?
4) 彼らが夕食を食べたレストランは有名です。
   The restaurant (had / they / dinner / where) is famous.
5) 私は彼が出演したすべての映画を観ています。
   I've seen all the movies (he / in / that / appeared).

C 次の文の＿＿に，関係詞を使って（ ）内の意味を表す適語を入れなさい。

1) The flower ＿＿＿ ＿＿＿ ＿＿＿ is a tulip.（私が好きな）
2) Do you know the man ＿＿＿ ＿＿＿ ＿＿＿ ?（彼女が招待した）
3) We need a person ＿＿＿ ＿＿＿ ＿＿＿ ＿＿＿ .
   （英語を話せる）
4) A boy ＿＿＿ ＿＿＿ ＿＿＿ is waiting at the door.
   （名前がナオトという）
5) The day ＿＿＿ ＿＿＿ ＿＿＿ was August 2.（私たちが会った）
6) I know the name of the hotel ＿＿＿ ＿＿＿ ＿＿＿ .
   （彼らが泊まった）

SECTION 9 関係詞（解答 ▶ p. 482）

D 次の文の＿＿に適切な関係詞を入れなさい。

1) あなたの言っていることがわかりません。
   I don't understand _____ you are saying.

2) これは彼女が初めて書いた本です。
   This is the first book _____ she wrote.

3) そうやって彼はその機械を発明しました。
   That's _____ he invented the machine.

4) これが，あなたが探していたかぎですか。
   Is this the key _____ you've been looking for?

5) 私は美術館に行って，ピカソの絵を見ました。
   I visited the museum, _____ I saw Picasso's paintings.

6) 彼は私に独身だと言いましたが，それは本当ではありませんでした。
   He told me that he was single, _____ was not true.

7) この本をほしがる人にはだれにでもあげます。
   I'll give this book to _____ wants it.

E 各組の文が同じような内容を表すように，＿＿に適語を入れなさい。

1) a) My daughter has a doll with blue eyes.
   b) My daughter has a doll _____ _____ are blue.

2) a) I wear these gloves when I ride a motorcycle.
   b) These are the gloves _____ _____ _____ when I ride a motorcycle.

3) a) I'm reading a novel written by Murakami Haruki.
   b) I'm reading a novel _____ Murakami Haruki _____ .

4) a) In Japan, school begins in April.
   b) The month _____ _____ _____ in Japan is April.

5) a) You don't eat meat. Please tell me the reason.
   b) Tell me the reason _____ _____ _____ _____ meat.

6) a) I met a boy in the park. He was Tom's brother.
   b) The boy _____ _____ _____ in the park was Tom's brother.

句 と 節

2語以上の語のかたまりが，文の中でひとつの品詞のはたらきをして，その中に〈主語＋動詞〉がないものを句と呼び，〈主語＋動詞〉があるものを節と呼ぶ。

❶ 句の種類

① 名詞句

名詞と同じように，主語・補語・目的語・前置詞の目的語として用いられる句が名詞句。

Visiting foreign countries is fun. ［動名詞が主語］
（外国を訪れることは楽しい。）

His dream is **to become a car racer**. ［不定詞が補語］
（彼の夢はカーレーサーになることだ。）

I don't know **how to pronounce his name**. ［〈疑問詞＋不定詞〉が目的語］
（私には彼の名前をどう発音すればいいのかわからない。）

② 形容詞句

名詞を修飾する形容詞のはたらきをする句が形容詞句。

I enjoyed the trip **to France**. ［〈前置詞＋名詞〉が形容詞のはたらきをする］
（私はフランスへの旅行を楽しんだ。）

I don't have time **to talk with you** now. ［不定詞が形容詞のはたらきをする］
（今，君と話している時間はないんだ。）

The girl **dancing with Eric** is my sister. ［分詞が形容詞のはたらきをする］
（エリックと踊っている少女は私の妹です。）

③ 副詞句

動詞などを修飾する副詞のはたらきをする句が副詞句。

My father often goes **to France**. ［場所を表す副詞のはたらきをする］
（私の父はよくフランスへ行く。）

I visited Paris **two years ago**. ［時を表す副詞のはたらきをする］
（私は2年前にパリを訪れた。）

This mountain is dangerous **to climb in winter**. ［不定詞が副詞のはたらきをする］
（この山は冬に登るには危険だ。）

❷ 節の種類

① 名詞節

名詞と同じように，主語・補語・目的語・前置詞の目的語として用いられる節が名詞節。

| What he told me | was true.　[関係詞節が主語]
　　　S　　V

（彼が私に言ったことは本当だった。）

The problem is | that we have no money with us |.　[that節が補語]
　　　　　　　　　　　　S　　　V

（問題は，私たちにはお金の持ち合わせがないことだ。）

I know | who broke the vase |.　[疑問詞節が目的語]
　　　　　　S　　V

（私はだれがその花びんを割ったのか知っている。）

② 形容詞節

名詞を修飾する節が形容詞節。

He is the runner | who broke the world record |.　[関係代名詞がつくる節]
　　　　　　　　　　　　S　　　V

（彼は世界記録を破ったランナーだ。）

I will never forget the day | when I first met her |.　[関係副詞がつくる節]
　　　　　　　　　　　　　　　　　　S　　V

（彼女に初めて会った日を，私は決して忘れないだろう。）

③ 副詞節

副詞のはたらきをする節が副詞節。when, because, ifなどの接続詞を使って時や理由，条件などを表す。

| When he was young |, he visited Paris.　（若かったころ，彼はパリを訪れた。）
　　S　　V
　　　　　　　　　　　　　　　　　　　　　　　　　　　　　　　　　　[時を表す]

I ate three hamburgers, | because I was hungry |.
　　　　　　　　　　　　　　　　　　S　　V

（おなかがすいていたので，ハンバーガーを3個食べた。）[理由を表す]

| If it snows tomorrow |, I will stay at home.
　　S　　V

（もし明日雪が降るなら，家にいよう。）[条件を表す]

SECTION 10 比較

理解へのアプローチ

❶ 相手と同じくらいであることを表す

　何かと何かを比べて「同じくらい」と言うときは，英語では **as ～ as** を使います。asとasの間には，どういう点で比べているかを表す**形容詞や副詞の原級**を入れます。原級というのは，辞書にのっているそのままの形のことです。

　では，私とケンの背の高さを比べて「同じくらいだ」と言ってみましょう。「私は～だ」と言うときはbe動詞を使いますから，これに「同じくらいの背の高さ」を表すas tall asを続けます。

　　I am as tall as

これで「私は～と同じくらいの背の高さだ」を表すことができます。比べているのは「ケンの背の高さ」ですから，「ケンは～だ」を表すKen isを続けます。

　　I am as tall as Ken is.

「私がどうなのか」を表すときに使うI amと，「ケンがどうなのか」を表すときに使うKen isが，as tall asの両側でつりあっていますね。

　　I am as tall as Ken.

としても，何と何を比べているかわかりますから，最後のisは省略できます。

　では，「彼女はお姉さんと同じくらいよく勉強します」はどうでしょう。「よく勉強する」はstudy hardです。hardをas hard asにしてstudyに続けますから，

　　She studies as hard as

となります。お姉さんが勉強する程度と比べているわけですから，her sister studiesを続けます。studyを繰り返すのはかっこ悪いので，代わりにdo/doesを使います。

　　She studies as hard as her sister does.

　もちろん，このdoesも省略できます。

　　She studies as hard as her sister.

「ジュンはマイクと同じくらい高く跳べる」と言うときは，

Jun can jump as high as Mike can.

となります。「ジュンが跳ぶことができる高さ」と「マイクが跳ぶことができる高さ」を比べているのです。Mikeの後にはcan jumpが続くことになりますが，jumpは繰り返さずにcanだけで表します。このcanも省略することができます。

high
跳ぶ高さ

Jun can jump as high as Mike.

ここで，ジュンの10年後の姿を想像して，「ジュンは10年前と同じくらい高く跳ぶことができる」という文をつくってみましょう。比べるのは「ジュンが跳ぶことができる高さ」と「10年前にジュンが跳ぶことができた高さ」ということになります。

Jun can jump as high asの後に「10年前にジュンが跳ぶことができた」を続けます。ジュンをheにして，he could ten years agoとします。

Jun can jump as high as he could ten years ago.

この場合は，heの後をちゃんと言わないと何と比べているのかわかりませんね。

❷ 相手との間に差があることを表す

何かと何かを比べて「**差がある**」ときは，**形容詞や副詞の比較級**を使います。比較級はolderとかyoungerのように-erをつけたり，more difficultのようにmoreをつける形です。比較級を使って差があることを示すときは，その後にthanを続けて〈**比較級＋than**〉という形で使います。

「ジュンは僕よりも背が高い」ことを表すときは，「ジュンの背の高さ」と「僕の背の高さ」を比べることになりますから，

Jun is taller than I am.

となります。最後のamは省略できますが，thanの後に代名詞を続ける場合はthan meのように目的格を使います。

Jun is taller than me.

これはasの後でも同じで，My mother is as old as her.（私の母は彼女と同じくらいの年です。）のようにします。

SECTION
10
比較

235

「彼女は彼女のお姉さんよりもよく勉強する」であれば,

She studies harder than her sister does.

で表します。最後のdoesは省略できますから,

She studies harder than her sister.

となります。

複数の中で一番であることを表す

ほかのいくつかのものと比べて,「これが一番だ」と言いたいときは,**形容詞や副詞の最上級**という形を使います。「最上級」ですから,「一番」を表す形です。最上級は,tallestとかoldestのように-estをつけたり, most difficultやmost expensiveのようにmostをつけてつくります。「一番」ということは,それがどれなのか決まっているわけですから, theをつけてthe tallestとかthe most difficultのような形で使います。

「ジュンは一番背が高い」であれば,

Jun is the tallest.

です。何の中で一番なのかを示す必要がありますから,「私たちみんなの中で」と続けてみましょう。

Jun is the tallest of us all.

ofは〈所属・部分〉を表す前置詞です。こういう集団に所属しているものの中で, という意味で使っているのです。one of my friends（私の友人のひとり）のofと同じです。

「この学校の中で」と言うときはinを使って,

Kaori studies the hardest in this school.

（カオリはこの学校の中で最もよく勉強します。）

のようにします。inは〈内部〉を表しますから, in this school（この学校で）とかin this town（この町で）と言うときに使うのです。

学習ガイド

基本ゾーン

UNIT 1 原級を使う比較の基本 ……………………………………… p. 238
　❶ 〈as＋原級＋as〉で同じくらいであることを表す
　❷ 〈not as＋原級＋as〉で相手に及ばないことを表す

UNIT 2 原級を使う比較表現 ……………………………………… p. 240
　❶ 〈as＋原級＋as〉の前に倍数表現を入れる
　❷ as＋原級 as you can / as＋原級＋as possible

UNIT 3 比較級を使う比較の基本 …………………………………… p. 242
　❶ 〈比較級＋than〉で差があることを表す
　❷ lessを使う比較表現

UNIT 4 差の程度と比べる相手の表し方 …………………………… p. 244
　❶ 比較級の前に差の程度を表す表現を入れる
　❷ 何と何を比べているかに注意する

UNIT 5 最上級を使う比較の基本 …………………………………… p. 246
　❶ 最上級を使って一番であることを表す
　❷ leastを使う比較表現

UNIT 6 最上級を使う比較表現 ……………………………………… p. 248
　❶ 一番であることを強調する表現を入れる
　❷ 最上級を使う表現

応用ゾーン

UNIT 7 最上級の意味の表し方 ……………………………………… p. 250
　❶ 原級と比較級で最上級の意味を表す
　❷ 〈the＋比較級〉を使う場合

表現ゾーン

UNIT 8 原級を使う重要表現 ………………………………………… p. 252
　❶ not so much A as B　❷ as many as / as much as

UNIT 9 比較級を使う重要表現（1） ………………………………… p. 254
　❶ the＋比較級 〜, the＋比較級 …　❷ all the＋比較級

UNIT 10 比較級を使う重要表現（2） ……………………………… p. 256
　❶ more than　❷ no more thanとno less than

UNIT 11 比較級を使う重要表現（3） ……………………………… p. 258
　❶ no＋比較級＋than　❷ any＋比較級 / no＋比較級

　　　形容詞と副詞の比較変化 ……………………………………… p. 262

SECTION **10**

比較

原級を使う比較の基本

1 〈as＋原級＋as〉で同じくらいであることを表す

TARGET 161

(1) Our math teacher is **as old as** my father.
(2) She runs **as fast as** her sister.
(3) She earns **as much money as** her husband.

(1) 私たちの数学の先生は，私の父と同じくらいの年齢だ。
(2) 彼女はお姉さんと同じくらい速く走る。
(3) 彼女は夫と同じくらいお金を稼いでいる。

(1) 形容詞が表す程度が同じくらいであることを表す

何かと何かを比べて**同じくらい**であることを表すときは，〈**as＋原級＋as**〉を使う。形容詞の場合はas old asのようになり，何と比べているのかはその後に続ける。

- Our math teacher is **as old as** my father.
  ▶「数学の先生の年齢」と「私の父の年齢」を形容詞 old を使って比べている。

  His hair is **as gray as** my father's.
  （彼の髪は私の父と同じくらい白髪まじりだ。）[my father's = my father's hair]

(2) 副詞が表す程度が同じくらいであることを表す

副詞の場合はas fast asのような形で使う。

- She runs **as fast as** her sister.
  ▶「彼女が走る速さ」と「彼女の姉が走る速さ」を副詞 fast を使って比べている。

  I get up **as early as** my father.（私は父と同じくらい早く起きます。）

(3) 数や量が同じくらいであることを表す

何かと何かの**数や量が同じくらい**であることを表すときは，〈**as many/much＋名詞＋as**〉という形で表す。

- She earns **as much money as** her husband.
  ▶「彼女が稼ぐ金額」と「彼女の夫が稼ぐ金額」を比べている。
  × She earns money as much as her husband.

  I have **as many DVDs as** you.
  （僕は君と同じくらいの数のDVDを持っている。）[manyの後は複数形の名詞]

   形容詞に数えられる名詞の単数形を続けるときは〈as＋原級＋a＋名詞＋as〉の語順にする。
  He is **as good a student as** Liz.（彼はリズと同じくらいよい生徒だ。）

使い方は p.2 ▶

161 日本語の意味に合うように, ( ) に適語を入れなさい。

1) 僕は君と同じくらい怒っているよ。
   I am ( ) ( ) ( ) you.
2) ケンタはジュンと同じくらい上手に絵を描く。
   Kenta paints ( ) ( ) ( ) Jun.
3) 私は母と同じくらいの量のパンを焼いた。
   I baked ( ) ( ) bread ( ) my mother.

2 〈not as ＋原級＋ as〉で相手に及ばないことを表す

TARGET 162

(1) My room isn't as large as yours.
(2) I can't sing as well as her.

(1) 私の部屋はあなたの部屋ほど広くない。
(2) 私は彼女ほど上手に歌えない。

SECTION 10
比較

(1) 形容詞が表す程度が相手に及ばないことを表す

〈not as ＋原級＋ as〉は「相手ほど〜ではない」という意味になる。

● My room isn't as large as yours.
　▶「私の部屋の広さ」が「あなたの部屋 (yours) の広さ」に及ばないことを表している。

(2) 副詞が表す程度が相手に及ばないことを表す

● I can't sing as well as her.
　▶「私の歌のうまさ」が「彼女の歌のうまさ」に及ばないことを表している。比べる相手を人称代名詞で示すときは目的格を使う (⇨p.380)。

 比べている相手を表すときに be 動詞や助動詞を使う場合は, I'm not as tall as he is. や I can't sing as well as she can. のようにする。相手に及ばないことを表すときに, 〈not so ＋原級＋ as〉という形を使って, I'm not so tall as him. のようにすることもある。

162 日本語の意味に合うように, ( ) に適語を入れなさい。

1) ビルは君ほど金持ちではない。
   Bill ( ) as rich ( ) you.
2) 私は彼ほど一生懸命に働かなかった。
   I ( ) work as hard ( ) him.

 Ans. 161-1) as angry as 2) as well as 3) as much, as
162-1) isn't, as 2) didn't, as

239

UNIT 2 原級を使う比較表現

1 〈as＋原級＋as〉の前に倍数表現を入れる

> **TARGET 163**
>
> (1) This car is twice as expensive as that one.
> (2) This computer is half as big as mine.
>
> (1) この車はあの車の2倍の値段だ。
> (2) このコンピュータは私のものの半分の大きさだ。

(1) 比べる相手の〜倍であることを表す

何かと何かを比べて**差が倍**あることを表すときは，twiceを〈as＋原級＋as〉の前に入れる。

- This car is twice as expensive as that one.
  - ▶ twiceで「差が2倍」を表している。oneはcarを指す代名詞（⇨p.388）。

「3倍」以上の倍数を表すときは，three timesのように，数詞の後にtimesをつける。

This ball is three times as heavy as that one.
（このボールはあのボールよりも3倍重い。）

(2) 比べる相手の半分であることを表す

- This computer is half as big as mine.
  - ▶ halfで「2分の1」を表している。mineはmy computerを表す。

my computer

「3分の1」はone-third,「3分の2」はtwo-thirdsのように表す（⇨p.473）。

My room is one-third as large as yours.
（僕の部屋は君の部屋の3分の1の大きさだ。）

> 参考　sizeやlengthのような名詞を使って，twice the size of（〜の倍の大きさ）/ half the length of（〜の半分の長さ）のように表すこともできる。
> My camera is **twice the size of** this one.
> （私のカメラはこのカメラの倍の大きさだ。）

163

日本語の意味に合うように，（　）内の語句を並べかえなさい。
1) このヘビはあのヘビの3倍の長さです。
　This snake is (times / long / three / as / as) that one.
2) 私は彼の半分の数しかトレーディング・カードを持っていない。
　I have (trading cards / half / as / as / many) him.

2 as＋原級＋as you can ／ as＋原級＋as possible

TARGET 164

(1) You should clean your room as quickly as you can.
(2) Will you finish this job as soon as possible?

(1) 部屋をできるだけすばやく掃除すべきです。
(2) この仕事をできるだけ早く終わらせてもらえますか。

(1)〈as＋原級＋as you can〉「できるだけ～」

- You should clean your room as quickly as you can.
  ▶「あなたが可能なだけすばやく」という意味。

you canの部分は，その動作をする人や時制によって変える。

I ate lunch as quickly as I could.
（僕はできるだけすばやく弁当を食べた。）[弁当を食べるのは「僕」で，過去のことなのでI couldとなっている]

(2)〈as＋原級＋as possible〉「できるだけ～」

- Will you finish this job as soon as possible?
  ▶「可能なだけすぐに」という意味。as soon as you canでも表現できる。

Repeat it as many times as possible.
（できるだけ何回も繰り返しなさい。）

We need as many people as possible to support us.
（私たちを支援してくれるできるだけたくさんの人が必要なのです。）

〈as＋原級＋as you like〉を使うと，「好きなだけ～」という意味を表すことができる。

You can keep the book as long as you like.
（その本を好きなだけ長く持っていていいよ。）[you likeは内容に応じて変える]

> 参考　〈as＋原級＋as ever〉は「相変わらず～」という意味を表す。
> She is as beautiful as ever.（彼女は相変わらず美しい。）

日本語の意味に合うように，（　）に適語を入れなさい。
1) 彼女はできるだけ静かに階段を上がった。
   She went up the stairs as quietly (　) (　) (　).
2) その計画について，できるだけたくさんのことを知りたい。
   I want to know (　) much (　) (　) about the plan.

Ans. 163-1) three times as long as　2) half as many trading cards as
164-1) as she could　2) as, as possible

UNIT 3 比較級を使う比較の基本

1 〈比較級＋than〉で差があることを表す

> **TARGET 165**
>
> (1) Tokyo Tower is **taller than** the Eiffel Tower.
> (2) He speaks **more slowly than** you.
> (3) She ate **more cookies than** me.
>
> (1) 東京タワーはエッフェル塔より高い。
> (2) 彼はあなたよりゆっくり話しますよ。
> (3) 彼女は私よりもたくさんのクッキーを食べた。

(1) 形容詞の比較級を使って差があることを表す

　何かと何かを比べて**差がある**ことを表すときは，比較級（⇨p.262）を使って〈**比較級＋than**〉で表す。thanの後には何と比べているのかを続ける。

- Tokyo Tower is **taller than** the Eiffel Tower.
  ▶「東京タワーの高さ」と「エッフェル塔の高さ」をtallの比較級tallerで比べている。

  These jeans are **more expensive than** those.
  （このジーンズはあのジーンズより値段が高い。）［形容詞expensiveの比較級はmore expensive。「ジーンズ」は複数形のjeansで表す（⇨p.367）］

(2) 副詞の比較級を使って差があることを表す

- He speaks **more slowly than** you.
  ▶「彼が話すゆっくりさ」と「あなたが話すゆっくりさ」を比べている。

  Peter arrived **earlier than** Lucy.
  （ピーターはルーシーより早く到着した。）［earlierは副詞earlyの比較級］

(3) 数や量に差があることを表す

　数や量に差があることを表すときは〈**more＋名詞＋than**〉で表す。moreはmanyとmuchの比較級で，数を表すときは名詞の複数形を続ける。

- She ate **more cookies than** me.
  ▶「彼女が食べたクッキーの数」と「私が食べたクッキーの数」を比べている。

  They need **more help than** us.（彼らは私たちよりも助けが必要です。）

〈比較級＋than〉を否定文で使うと「相手より～ということはない」という意味になる。

- He doesn't learn **more quickly than** me.
  （彼が私よりも物覚えが早いということはないですよ。）

165 日本語の意味に合うように，（　）に適語を入れなさい。

1) この雑誌はあの雑誌よりもおもしろい。
   This magazine is (　　) (　　) than that one.
2) サトシは僕よりも歌がうまい。
   Satoshi sings (　　) (　　) me.
3) 妹は僕よりもたくさんのプレゼントをもらった。
   My sister received (　　) presents (　　) me.

2 lessを使う比較表現

TARGET 166

(1) This restaurant is less expensive than that one.
(2) I spend less money on clothes than my brother.

(1) このレストランはあのレストランほど値段が高くない。
(2) 私は兄ほど服にはお金をかけません。

(1) lessを使って相手に及ばないことを表す

比べているものの程度などが相手に及ばないときは，littleの比較級のlessを使って，〈less＋形容詞／副詞の原級＋than〉の形にする。

- This restaurant is less expensive than that one.
  ▶ This restaurant is not as expensive as that one. で表すこともできる(⇨p.239)。

(2) 量が相手に及ばないことを〈less＋名詞＋than〉で表す

- I spend less money on clothes than my brother.
  ▶ I don't spend as much money on clothes as my brother. で表すこともできる。

 lessは量を表すlittleの比較級なので，数を表すときはfewerを使うのが正しい(実際にはlessの後に複数形を続けることもある)。
He took fewer holidays than us.
(彼は私たちよりも少ない休暇をとった。)

166 日本語の意味に合うように，（　）に適語を入れなさい。

1) このニュースはあのニュースよりも重要ではない。
   This news is (　　) (　　) than that.
2) 彼女はその課題を終えるのに，私よりもかかった時間が少なかった。
   She took (　　) (　　) than me to finish the task.

Ans. 165-1) more interesting 2) better than 3) more, than
166-1) less important 2) less time

SECTION 10 比較

243

UNIT 4 差の程度と比べる相手の表し方

1 比較級の前に差の程度を表す表現を入れる

> **TARGET 167**
>
> (1) This tower is six meters taller than Tokyo Tower.
> (2) I think he is much smarter than me.
>
> (1) この塔は東京タワーよりも6メートル高い。
> (2) 彼は僕よりもかなり賢いと思う。

(1) 具体的な差を比較級の前に入れる

何かと何かの**差がどれだけか**を示すときは，比較級の直前に差を表す表現を入れる。

● This tower is six meters taller than Tokyo Tower.
  ▶ 高さの差が6メートルであることを示している。

> 参考　差がどれだけあるかは，byを使って文末に置くこともできる。
> This tower is taller than Tokyo Tower by six meters.

(2) muchを使って差があることを強調する

差が大きいことを表すときは，muchを比較級の直前に入れて比較級の意味を強調する。a lotやfarを使うこともできる。

● I think he is much smarter than me.
  ▶ muchがsmarterを強調して「〜よりかなり賢い」という意味を表している。a lot smarter / far smarterとしてもよい。

差が小さいことを表すときは，a littleかa bitを比較級の直前に入れる。

Susan is a little shorter than Ann.
  （スーザンはアンよりも少しだけ背が低い。）[a bit shorterとしてもよい]

> 参考　数の差が大きいことを表すのは，〈many more＋名詞の複数形〉。
> He has many more comic books than me.
> （彼は僕よりもずいぶん多くのマンガ本を持っている。）

167　日本語の意味に合うように，（　）に適語を入れなさい。

1) 私の父は母よりも5歳年上だ。
　　My father is (　　) (　　) (　　) than my mother.

2) イアンは僕よりもかなり速く泳ぐことができる。
　　Ian can swim (　　) (　　) than me.

244

2 何と何を比べているかに注意する

TARGET 168

(1) He doesn't eat as much as he used to.
(2) The population of Kobe is about as large as that of Kyoto.

(1) 彼は昔ほどたくさん食べない。
(2) 神戸の人口は京都の人口とほぼ同じだ。

(1) 別の状況と比べる

- He doesn't eat as much as he used to.
  ▶「今の彼が食べる量」と「昔の彼が食べていた量」を比べている。

The work is not as easy as I thought.
（その仕事は思ったほど簡単ではない。）

He looks much younger than he really is.
（彼は実際の年齢よりもずいぶん若く見える。）

My sister studies harder than I did at her age.
（妹は私が妹の年齢のときにしていたより一生懸命勉強している。）

The sun sets earlier in winter than in summer.
（太陽は，冬には夏よりも早く沈む。）

She looks less happy than before.
（彼女は以前よりは幸せでないみたいだ。）

 〈know better than + 不定詞〉は「〜するほどばかではない」という意味。
You should have known better than to trust him.
（彼を信用するなんてことをすべきじゃなかったね。）

(2) 名詞の繰り返しを避けるために that / those を使う

- The population of Kobe is about as large as that of Kyoto.
  ▶ that of Kyoto は the population of Kyoto ということ。

168

日本語の意味に合うように，（ ）内の語句を並べかえなさい。
1) 土地の値段は数年前よりも安い。
   The price of land is lower (it / than / a few years / was / ago).
2) 抗議は過去のものよりも小さかった。
   The protests were smaller (of / the past / than / those).

 Ans. 167-1) five years older 2) much/far faster
168-1) than it was a few years ago 2) than those of the past

245

UNIT 5 最上級を使う比較の基本

1 最上級を使って一番であることを表す

TARGET 169

(1) This is **the tallest building** in the world.
(2) Susan is **the best player** of them all.
(3) This is **the most interesting novel** that I've ever read.

(1) これが世界中で最も高い建物です。
(2) スーザンはみんなのうちで最も優秀な選手です。
(3) これは私が今まで読んだ最もおもしろい小説です。

(1) ある範囲の中で一番であることを表す

一番であることを表すときは，形容詞や副詞の**最上級**を使う。

- This is **the tallest building** in the world.
  ▶「一番」なので，特定のものであることを示すthe（⇒p.370）をつける。tallestは形容詞tallの最上級。

Kaori is **the most active girl** in this class.
（カオリはこのクラスで最も活発な女の子です。）

He works **(the) hardest** in this office.
（彼はこの事務所で最もよく働く。）［副詞の最上級にはtheをつけなくてもよい］

 mostにtheをつけずに使い，「とても」という意味を表すことがある。
She sang the song **most beautifully**.
（彼女はその歌をとても見事に歌った。）

(2) ある集団の中で一番であることを表す

- Susan is **the best player** of them all.
  ▶「みんなのうちで」を of them all で表している。

「ある集団で一番」の場合はofを使い，「ある範囲の中で一番」であることを表す場合はinを使う。

He is **the tallest** of us all / in this school.
（彼は僕たちのうちで／この学校で一番背が高い。）

 on the teamのようにonを使う場合もある。
She is the best player **on the team**.

Yesterday was **the hottest day** of the year.
（きのうは今年一番の暑い日だった。）［ある期間を示すときもofを使う］

(3) 最上級の名詞を関係詞節で修飾する

- This is **the most interesting novel** that I've ever read.
  - ▶ thatは関係代名詞。「今まで読んだ中で一番」であることを表している。

日本語の意味に合うように，（　）に適語を入れなさい。
1) 彼がこの町で一番のお金持ちです。
   He is (　　) (　　) man (　　) this town.
2) これがこれら5つのうちで最も高価な腕時計です。
   This is (　　) (　　) (　　) watch (　　) these five.
3) 彼女は私が会った中で最も親切な人だ。
   She is (　　) (　　) person I've (　　).

2 leastを使う比較表現

TARGET 170

(1) This is **the least popular DVD** in this store.
(2) This route is likely to have **the least traffic**.

(1) これはこの店で最も人気のないDVDです。
(2) このルートは最も交通量が少なそうだ。

(1) the leastを使って「最も～でない」を表す

- This is **the least popular DVD** in this store.
  - ▶ the least popularで「最も人気のない」という意味になる。

  He performed **the least confidently**.
  （彼が最も自信なさげに演技した。）[the leastの後に副詞を続ける]

(2) 量が最も少ないことを〈the least＋名詞〉で表す

- This route is likely to have **the least traffic**.
  - ▶ the least trafficは「最も交通量が少ない」。〈be likely＋不定詞〉（⇨p.150）

日本語の意味に合うように，（　）に適語を入れなさい。
1) このホテルがこの町で最も高くないホテルです。
   This hotel is the (　　) (　　) in this town.
2) 彼はこの分野での経験が最も少ない。
   He has (　　) (　　) (　　) in this field.

169-1) the richest, in 2) the most expensive/valuable, of 3) the kindest, met
170-1) least expensive 2) the least experience

UNIT 6 最上級を使う比較表現

1 一番であることを強調する表現を入れる

> **TARGET 171**
>
> (1) This is **by far the worst news** of the week.
> (2) He is **the very best athlete** in my town.
>   (1) これは今週の飛び抜けて最悪のニュースです。
>   (2) 彼は私の町では，まさに最高の運動選手だ。

(1) ほかとの差が開いていることを強調する

by far や **much** を最上級の前に入れると，「飛び抜けて」という強調の意味になる。

- This is **by far the worst news** of the week.
  ▶ the worst であることを by far で強調している。much を使うこともできる。

  He was **much the most important thinker**.
  （彼はずば抜けて重要な思想家だった。）[by far や much は the の前に入れる]

(2) very で形容詞の最上級を強調する

〈**the very**＋形容詞の最上級〉の形で，最上級の意味を強調することができる。

- He is **the very best athlete** in my town.
  ▶ very は best を強調し，「まさに最高の」という意味を表している。

171 日本語の意味に合うように，（　）に適語を入れなさい。
1) 彼はそのグループでは抜群にうまいダンサーだ。
   He is (　　)(　　) the best dancer in the group.
2) 彼はうちのチームでは，まさに最高の選手だ。
   He is the (　　)(　　) player on our team.

2 最上級を使う表現

> **TARGET 172**
>
> (1) She is **one of the brightest students** I know.
> (2) Akira is **the second tallest student** in this class.
> (3) I feel **happiest** when I am with you.
>   (1) 彼女は私が知っている最も聡明な学生のひとりです。
>   (2) アキラはこのクラスで2番目に背の高い生徒です。
>   (3) 私はあなたと一緒にいるときが一番うれしいです。

248

(1)「最も〜なひとり／ひとつ」を表す

「最も〜なひとり／ひとつ」と言うときは，one of the brightest studentsのように，最上級の後の名詞は複数形になる。

- She is one of the brightest students I know.
  ▶ the brightest students (that) I knowで「私が知っている最も聡明な学生」。

  He suggested some of the best ways to study.
  （彼は勉強する最もよい方法のいくつかを教えてくれた。）

  「最も〜ないくつか」と言う場合は，数えられない名詞を使うこともできる。
  We enjoyed some of the best food in the restaurant.
  （私たちはそのレストランで最高の料理のいくつかを楽しんだ。）

(2)「〜番目に…な」を表す

一番のものから数えて「〜番目」であることは，〈the＋何番目の＋最上級〉で表す。

- Akira is the second tallest student in this class.
  ▶ 2番目はsecond，3番目はthirdのように序数（⇨p.472）で表す。

  This is the second oldest university in England.
  （ここはイングランドで2番目に古い大学です。）

(3) その人やものの中で「一番〜」を表す

形容詞の最上級でも，その人やものの中で「一番〜」と言うときはtheをつけない。

- I feel happiest when I am with you.
  ▶ 自分の中で一番うれしい時について述べている。

  This lake is deepest here.（この湖はこのあたりが一番深い。）
  ［This lake is the deepest here. は，「この湖はこのあたりで一番深い湖だ」を表す］

日本語の意味に合うように，（ ）内の語句を並べかえなさい。
1) ここはこのホテルで最もよい部屋のひとつです。
   This is (the / one / nicest / of / rooms) in this hotel.
2) これが彼女のコレクションの中で3番目に古い人形です。
   This is (third / the / doll / oldest) in her collection.
3) 夜景はその時が最高だった。
   The night view (best / was / then).

 171-1) by far 2) very best
172-1) one of the nicest rooms 2) the third oldest doll 3) was best then

249

UNIT 7 最上級の意味の表し方

1 原級と比較級で最上級の意味を表す

> **TARGET 173**
>
> (1) No other animal is **as large as** the blue whale.
> (2) No other animal is **larger than** the blue whale.
> (3) The blue whale is **larger than** any other animal.
>
> (1) ほかのどの動物もシロナガスクジラほど大きくない。
> (2) ほかのどの動物もシロナガスクジラより大きくない。
> (3) シロナガスクジラはほかのどの動物よりも大きい。

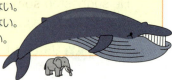

(1) 原級を使って最上級の意味を表す

〈no other＋名詞の単数形〉を主語にして〈as＋原級＋as〉を使うと，比べる相手が一番であることを表すことができる。

- No other animal is **as large as** the blue whale.
    ▶「シロナガスクジラと同じくらい大きいほかの動物はない」→「最も大きい」

  No other planet is **as big as** Jupiter.
  （木星ほど大きな惑星はほかにない。）
  [otherは省略されることもある]

(2) 比較級を使って最上級の意味を表す①

〈比較級＋than〉を使っても，比べる相手が一番であることを表すことができる。

- No other animal is **larger than** the blue whale.
    ▶「シロナガスクジラより大きいほかの動物はない」→「最も大きい」

  No other river is **longer than** the Nile. （ナイル川より長い川はほかにない。）

 nothing (else) やnobody/no one (else)を主語にすることもできる。
Nothing is as precious as time.
（時間ほど貴重なものは何もない。）
No one knows this town **better than** him.
（彼よりもこの町のことをよく知っている人はいない。）

(3) 比較級を使って最上級の意味を表す②

比べる相手を〈any other＋名詞の単数形〉とすると，主語が一番であることを表すことができる。

- The blue whale is **larger than** any other animal.
    ▶「シロナガスクジIt's ほかのどんな動物よりも大きい」→「最も大きい」

250

He has more talent than any other player I have seen.
（彼は私が今まで見た選手のだれよりも才能がある。）

 thanの後で anything else や anyone else を使って，最上級の意味を表すこともできる。
Time is more precious **than anything else**.
He knows this town better **than anyone else**.

173　日本語の意味に合うように，（　）に適語を入れなさい。
1）富士山ほど高い山は日本にはありません。
　（　）（　）（　）in Japan is as high as Mt. Fuji.
2）ナオミより背の高い女の子はこの学校にはいない。
　（　）（　）girl in this school is（　）than Naomi.
3）サトシは私たちのクラスのほかのだれよりも速く走ることができる。
　Satoshi can run faster（　）（　）（　）student in our class.

2　〈the＋比較級〉を使う場合

TARGET 174

Lucy is the more talkative of the two girls.
その2人の女の子のうち，ルーシーのほうがよりおしゃべりだ。

2人や2つで比べるときは比較級にtheをつける

2人や2つを比べて，そのうちの一方が「より〜だ」と表すときは，比較級にtheをつける。

● **Lucy is the more talkative of the two girls.**
　▶ 2人の女の子の一方に決まるので，比較級にtheがつく。

3人以上であれば，最上級を使う。

Lucy is the most talkative of the three girls.
（その3人の女の子のうち，ルーシーが最もおしゃべりだ。）

174　日本語の意味に合うように，（　）に適語を入れなさい。
その2匹のうちなら，このネコのほうが健康だよ。
This cat is（　）（　）of the two.

Ans. 173-1) No other mountain　2) No other, taller　3) than any other
174) the healthier

UNIT 8 原級を使う重要表現

1 not so much A as B / more B than A

TARGET 175

John is **not so much** a musician **as** an artist.
ジョンは音楽家というより，むしろ芸術家だ。

「AというよりむしろB」を表す

not so much A as B は，「AというよりむしろB」という意味を表す。Aの程度がBの程度に及んでいないことを表している。

- John is **not so much** a musician **as** an artist.
  ▶「ジョンが音楽家であること」が「ジョンが芸術家であること」に及ばないことを表す。John is a musician. と John is an artist. の度合いについて比べている。

He did **not** look **so much** surprised **as** afraid.
（彼は驚いているというより，むしろ恐れているように見えた。）
[「驚いているように見える」が「恐れているように見える」に及んでいないことを表す。He looked surprised. と He looked afraid. の度合いについて比べている]

more B than A は，「AというよりむしろB」という意味を表す。Aの程度よりもBの程度が勝っていることを表している。

- Mike is **more** a man **than** a boy.
  （マイクは男の子というよりむしろ男の人だ。）
  [「男の子であること」よりも「男の人であること」が勝っていることを表している。Mike is a man. と Mike is a boy. の度合いについて比べている。Mike is more of a man than a boy. とすることもできる]

> 参考　rather than を使って not so much A as B や more B than A と同じ意味を表すこともできる。
> I thought it was a lecture **rather than** a talk.
> I thought it was **rather** a lecture **than** a talk.
> （それは話というより説教だと思った。）

175
日本語の意味に合うように，（　）に適語を入れなさい。
メアリーは美しいというよりはむしろかわいらしい。
Mary is (　　) (　　) (　　) beautiful as cute.

2 as many as / as much as

TARGET 176

(1) **As many as** 100 elderly people live in this nursing home.
(2) She often pays **as much as** 3,000 yen for lunch.

(1) 100人**もの**お年寄りがこの老人ホームで暮らしている。
(2) 彼女はしばしば，昼食に3,000円**も**使う。

(1) as many as で数の多さを強調する

as many as は，それに続く数の多さを強調して「〜もの」という意味を表す。

● **As many as** 100 elderly people live in this nursing home.
▶ 100人という数が，かなり多い数であることを表している。

(2) as much as で量の多さを強調する

as much as は，それに続く量の多さを強調することになる。

● She often pays **as much as** 3,000 yen for lunch.
▶ 3,000円が昼食にしては高額であることを表している。

as often as や as early as も，その後に続く回数や時期を強調する。

He goes swimming **as often as** four times a week.
（彼は週に4回も泳ぎに行く。）

His novel was translated into English **as early as** 1930.
（彼の小説は1930年には英語に翻訳されていた。）

 〈as＋原級＋as〉を使う慣用表現には次のようなものがある。
as cold as ice（氷のように冷たい＝とても冷たい）
as quiet as a mouse
（ネズミのようにおとなしい＝とてもおとなしい）
as black as a crow（カラスのように黒い＝真っ黒な）
as cool as a cucumber
（キュウリのように涼しげに＝落ち着き払って）

176

日本語の意味に合うように，（　）に適語を入れなさい。
1) その事故で20人もの人がけがをした。
　　As (　　) (　　) 20 people got injured in the accident.
2) その自転車は50万円もする。
　　The bicycle costs (　　) (　　) as 500,000 yen.

Ans. 175) not so much
176-1) many as 2) as much

UNIT 9 比較級を使う重要表現 (1)

1 the ＋比較級 ～ , the ＋比較級 ...

TARGET 177

(1) **The higher** we climbed, **the colder** it became.
(2) **The more time** you have, **the more work** you can do.

(1) 高く登れば登るほど，ますます寒くなっていった。
(2) 時間があればあるほど，たくさん仕事がこなせる。

(1)〈the ＋比較級〉に主語と動詞を続ける

〈the ＋比較級 ～ , the ＋比較級 ...〉という形を使うと，「～すればするほど，ますます…」という意味を表す。比較級の後には〈主語＋動詞〉を続ける。

- **The higher** we climbed, **the colder** it became.
  ▶ the higher は「高ければ高いほど」，the colder は「それだけ寒い」を表す。

- **The more** I study, **the more** I know.
  （勉強すればするほど，それだけ知識が増える。）

- **The more** she practiced, **the better** she played.
  （練習すればするほど，彼女はそれだけ上手に演奏できるようになった。）

(2)〈the more ＋名詞〉に主語と動詞を続ける

- **The more time** you have, **the more work** you can do.
  ▶ × the more you have time のように，more と time を離すことはできない。

- **The more** we produce, **the higher income** we'll get.
  （たくさん製造すればするほど，それだけ収入は高くなる。）

> **注意!!** 比較級の後の〈主語＋動詞〉が省略されることもある。
> The sooner the better. （早ければ早いほどよい。）
> The more work, the greater the rewards.
> （仕事をすればするほど，報酬は大きくなる。）

 Q 177

日本語の意味に合うように，（ ）内の語句を並べかえなさい。
1) 早く出発すればするほど，早く着くだろう。
　The sooner we leave, (we / the / will / earlier / arrive).
2) エリと過ごす時間が多ければ多いほど，彼は彼女のことを理解していった。
　The (time / he / more / spent) with Eri, the more he understood her.

254

2 all the ＋比較級

TARGET 178

(1) We admire him **all the more** for his intelligence.
(2) He's studying **all the harder** because he has a test tomorrow.

(1) 彼の知性ゆえに，彼のことを私たちはいっそう賞賛します。
(2) 明日試験があるので，彼はよりいっそうがんばって勉強しています。

(1) all the ＋比較級＋ for ～

〈**all the ＋比較級**〉は，比較級が表す意味を強調して「それだけいっそう～」という意味を表す。「ますます～」になる理由は〈**for ＋名詞**〉で説明することができる。

● We admire him **all the more** for his intelligence.
　▶ for の後の his intelligence が，彼をいっそう賞賛する理由。

(2) all the ＋比較級＋ because ...

because で理由を説明するときは〈**because ＋文**〉となり，〈主語＋動詞〉を続ける。

● He's studying **all the harder** because he has a test tomorrow.
　▶ because の後には〈主語＋動詞〉が続く。名詞を続けるときは because of を使う。

for や because を使って理由を説明する以外にも，「それだけいっそう～」になるための手段や状況について述べることもある。

　The job was made **all the easier** by using a computer.
　（コンピュータを使うことで，その仕事はよりいっそう簡単にできた。）

　You can do the job **all the more easily** if you have a computer.
　（コンピュータがあれば，その仕事をよりいっそう簡単にできますよ。）

 none を使って〈none the ＋比較級〉とすると，「それだけ～ということはない」という意味になる。
He loves Janet **none the less** for her faults.
（彼女の欠点のために，彼のジャネットへの愛情が少なくなるということはない。）

Q 178
日本語の意味に合うように，（　）に適語を入れなさい。
1) 私はそのことでいっそう気分がよくなった。
　　I felt (　　) (　　) (　　) (　　) it.
2) 彼女は正直なので，それだけいっそう僕は彼女のことが好きなんです。
　　I like her (　　) (　　) better (　　) she is honest.

 177-1) the earlier we will arrive 2) more time he spent
178-1) all the better for 2) all the, because

UNIT 10 比較級を使う重要表現 (2)

1 more than

TARGET 179

(1) **More than** one student was sleeping in the library.
(2) I was **more than** surprised.

(1) 図書館で居眠りをしている生徒は1人だけではなかった。
(2) 私はものすごく驚きました。

(1) more than ～「～よりも多い」
more than に数を続けると,「～よりも多い」を表す。

● **More than** one student was sleeping in the library.
　▶ one student に合わせて was sleeping とする。more than one は,2人以上ということ。「～よりも少ない」は less than ... で表す。

(2) more than ～「大いに～」
more than に形容詞を続けて,「大いに」「非常に」という意味を表すこともある。

● I was **more than** surprised.
　▶ more than surprised は「大いに驚いた」の意味。

more than に節を続けて,限度を超えていることを表すこともできる。

　　His behavior is **more than** I can stand.
　　　(彼の態度にはとても我慢できない [我慢できる範囲を超えている]。)

179　日本語の意味に合うように,( ) に適語を入れなさい。
1) 10匹より多くのコウモリがその洞窟にいた。
　　( ) ( ) ten bats were in the cave.
2) 大歓迎しますよ。
　　You'd be ( ) ( ) welcome.

2 no more than と no less than

TARGET 180

(1) There are **no more than** four people in the office.
(2) There were **no less than** 200 people in the theater.

(1) 事務所には4人しか人がいません。
(2) 劇場には200人もの人がいた。

(1) no more than ～「～しかない」

no more thanに数や量を表す表現を続けると，「～しかない」というonlyの意味を表すことができる。noがmore thanの持つ「～よりも多い」という意味を打ち消すため，**その数や量だけ**ということになり，少ないことを強調したいときに使う。

- There are **no more than** four people in the office.

    ▶ no more than four peopleは「4人しか」という意味で，少なさを表している。

no more than four people

(2) no less than ～「～もある」

no less thanは数や量の多さを表す表現。

- There were **no less than** 200 people in the theater.

    ▶「200人も」と多さを表している。(⇨p.253)

no less than 200 people

 lessはlittleの比較級なので数について言うときはfewerを使うのが正しい（実際にはno less thanで数を表すこともある）。
There are **no fewer/less than** five exchange students in our school.（うちの学校には交換留学生が5人もいる。）

more thanとless thanをnotで否定すると，「～より多くはない」「～より少なくはない」という否定文になり，それぞれ「せいぜい～」「少なくとも～」を表すことになる。

You can speak for **not more than** five minutes.
（君が話すことができるのはせいぜい5分間だよ。）

There are **not less than** twenty people waiting in line.
（少なくとも20人は列に並んでいる。）
[no more thanやno less thanをこの意味で使うこともある]

180　日本語の意味に合うように，（　）に適語を入れなさい。
1) 体育館には5人しか生徒がいなかった。
　There were (　) (　) (　) five students in the gym.
2) スペルミスを3つもしてしまった。
　I made (　) (　) than three spelling mistakes.

 179-1) More than 2) more than
180-1) no more than 2) no less/fewer

UNIT 11 比較級を使う重要表現 (3)

① no＋比較級＋than

TARGET 181

(1) That camera is **no bigger than** a matchbox.
(2) Sleeping too much is **no more healthy than** eating too much.

(1) あのカメラはマッチ箱くらいの大きさしかない。
(2) 寝過ぎは，食べ過ぎと同じように健康的でない。

(1) no＋比較級＋than ...「…と同じ程度でしかない」

〈no＋比較級＋than ...〉は，noが〈比較級＋than〉の意味を打ち消して，「…と同じくらいの〜しかない」という意味になる。

- That camera is **no bigger than** a matchbox.
  ▶ noがbigger thanを打ち消して，「マッチ箱くらいの大きさしかない」となる。

  He was **no better than** a dictator. (彼は独裁者も同然だった。)

   参考　〈no＋比較級＋than ...〉が，「…より〜なことはない」という〈not＋比較級＋than ...〉の意味で使われることもある。
  This question is **no more difficult than** that one.
  (この問題があの問題より難しいということはないよ。)

(2) no more 〜 than ...「…と同じように〜でない」

- Sleeping too much is **no more healthy than** eating too much.
  ▶「食べ過ぎ」という明らかに健康的ではないことを持ち出して，「寝過ぎ」がそれと同程度であることを表している。

  He is **no more a genius than** I am.
  (私が天才でないように，彼も天才ではない。)

no less 〜 than ... は，「…と同じように〜だ」という意味。

- The latter is **no less important than** the former.
  (後者も前者と同様に重要だ。)

181　日本語の意味に合うように，(　)に適語を入れなさい。

1) 今日はきのうと同じくらいの寒さでしかない。
   It's (　) (　) today than it was yesterday.

2) 僕もそのポジションには向いていないけど，彼も向いてないよ。
   He is (　) (　) fit for the position (　) I am.

2 any ＋比較級 / no ＋比較級

> **TARGET 182**
>
> (1) Do you feel **any better** today?
> (2) I can **no longer** stand the noise.
>
> (1) 今日は少しは気分がいいですか。
> (2) これ以上この騒音には耐えられない。

(1) 比較級の前に any を入れる

比較級の前に any を入れると「少しは〜」という意味を表す。

● Do you feel **any better** today?
▶「前に比べて少しは気分がいいか」と聞いている。

否定文で〈any ＋比較級〉を使うと，「少しも〜」という意味を表すことができる。

I can't walk **any farther**. (もうこれ以上歩けません。)

(2) 比較級の前に no を入れる

比較級の前に no を入れると，「少しも〜ない」という意味を表す。

● I can **no longer** stand the noise.
▶ no longer で「これ以上〜ない」という意味を表す。I can't stand the noise any longer. とすることもできる。

182

日本語の意味に合うように，( )に適語を入れなさい。
1) これ以上君とは話したくない。
　　I don't want to talk to you ( ) ( ).
2) 君はもう若くないんだから。
　　You're ( ) ( ) young.

　superior（優れている），inferior（劣っている）を使って比較を表す場合は，to を使って「〜より」を表す。
This year's model is **superior to** last year's.
（今年のモデルは昨年のより優れている。）
This wine is **inferior to** that in taste.
（このワインはあれよりも味が劣っている。）
senior（先輩の），junior（後輩の）も同じように使う。

Ans. 181-1) no colder 2) no more, than
182-1) any more 2) no longer

259

EXERCISES

A 日本語の意味に合うように，＿＿に適語を入れなさい。

1) ボブはお父さんと同じくらい背が高い。
   Bob is _____ _____ _____ his father.
2) 私はあなたほど上手に泳げません。
   I _____ swim _____ well _____ you.
3) あなたは私より一生懸命に働きます。
   You work _____ _____ me.
4) このコンピュータは全部の中で最もいい。
   This computer is _____ _____ _____ all.
5) 彼は日本で最も人気のあるギタリストです。
   He is _____ _____ _____ guitarist in Japan.

B 3人の発言内容を読み，次の会話を完成させなさい。

Alice: I'm 16. I'm 170 cm tall. I got up at 6:00 this morning.
Susan: I'm 17. I'm 160 cm tall. I got up at 5:30 this morning.
Jill: I'm 17. I'm 165 cm tall. I got up at 11:00 this morning.

1) "Who is older, Jill or Alice?" "_____ _____."
2) "Who is the youngest?" "_____ _____."
3) "Is Susan as _____ _____ Jill?" "No, she isn't."
4) "Who is _____ _____ tallest of the three?" "Jill is."
5) "Who got up _____ _____ the three?" "Susan did."
6) "Did Alice get up earlier than Jill?" "_____, _____ _____."

C 日本語の意味に合うように，（ ）内の語句を並べかえなさい。

1) 彼らの校庭は僕らの校庭の2倍も広い。
   Their schoolyard is (as / as / large / twice) ours.
2) できるだけゆっくり話してくれませんか。
   Will you speak (as / as / possible / slowly)?
3) 私はトムに欠点があるからこそ，それだけいっそうトムのことが好きです。
   I like Tom (for / the / all / better) his faults.

SECTION 10 比較 (解答 ▶ p. 483)

4) 僕はそのレースで2番目に速かったんだよ。
   I was (second / the / fastest) in the race.
5) あの問題はとび抜けて難しかった。
   That question was (the / far / by / most) difficult.
6) 日本は世界で最も豊かな国のひとつです。
   Japan is (the richest / one / countries / of) in the world.

D 各組の文がほぼ同じ内容を表すように，＿＿に適語を入れなさい。

1) a) This car is more expensive than that one.
   b) That car is ＿＿＿＿ ＿＿＿＿ expensive ＿＿＿＿ this one.
2) a) This house is twice the size of mine.
   b) My house is ＿＿＿＿ ＿＿＿＿ large ＿＿＿＿ this one.
3) a) Mr. Williams is a scholar rather than a teacher.
   b) Mr. Williams is ＿＿＿ ＿＿＿ ＿＿＿ a teacher as a scholar.
4) a) As I got to know him more, I liked him better.
   b) ＿＿＿ ＿＿＿ I got to know him, ＿＿＿ ＿＿＿ I liked him.
5) a) As many as fifty freshmen joined our baseball club.
   b) ＿＿＿＿ ＿＿＿＿ ＿＿＿＿ fifty freshmen joined our baseball club.

E 日本語の意味に合うように，＿＿に適語を入れなさい。

1) 私はすべてのスポーツの中でサッカーが一番好きです。
   I like soccer ＿＿＿＿ ＿＿＿＿ ＿＿＿＿ all sports.
2) 彼はほかのどんな食べ物よりもラーメンが好きです。
   He likes ramen ＿＿＿＿ ＿＿＿＿ ＿＿＿＿ ＿＿＿ food.
3) 日本では富士山ほど高い山はほかにありません。
   ＿＿＿＿ ＿＿＿＿ mountain in Japan is ＿＿＿＿ high ＿＿＿＿ Mt. Fuji.
4) この映画ほどわくわくする映画はほかにありません。
   ＿＿＿＿ ＿＿＿＿ film is ＿＿＿＿ ＿＿＿＿ than this one.
5) これは私が今まで観た中で最もわくわくする映画です。
   This is ＿＿＿＿ ＿＿＿＿ ＿＿＿＿ film that I have ＿＿＿＿ seen.

形容詞と副詞の比較変化

❶ 規則変化：er, est 型

1音節（発音する母音の数が1つ）の語と，**2音節の語の一部**（語尾が y, er, ow, le などで終わる語）は，原級の語尾に **er**（比較級），**est**（最上級）をつける。

	原　級	比較級	最上級
1音節の語	tall	taller	tallest
	young	younger	youngest
2音節で語尾が y, er, ow, le の語	pretty	prettier	prettiest
	clever	cleverer	cleverest
	narrow	narrower	narrowest
	simple	simpler	simplest

注意!!
① 語尾が e で終わる語は，その後に r, st をつける。
　　large - larger - largest　　wide - wider - widest
② 語尾が〈子音字＋y〉で終わる語は，y を i に変えて，er, est をつける。
　　early - earlier - earliest　　easy - easier - easiest
③ 語尾が〈1母音字＋1子音字〉で終わる語は，子音字を重ねて，er, est をつける。
　　big - bigger - biggest　　hot - hotter - hottest

❷ 規則変化：more, most 型

2音節の語の大部分と**3音節以上の語**，および**語尾が ly で終わる副詞**は，原級の直前に **more**（比較級），**most**（最上級）をつける。

	原　級	比較級	最上級
2音節で語尾が y, er, ow, le 以外の語	care-ful	more careful	most careful
	hon-est	more honest	most honest
	self-ish	more selfish	most selfish
3音節以上の語	im-por-tant	more important	most important
	dif-fi-cult	more difficult	most difficult
語尾が ly の副詞	quickly	more quickly	most quickly

early は語尾がly で終わるが，形容詞（早い），副詞（早く）とも，early - earlier - earliest と変化する。

❸ 不規則変化

語の形そのものをまったく別なつづりに変化させて，比較級や最上級を作るものもある。

原　級	比較級	最上級
good（よい）	better	best
well（健康な，上手に）	better	best
bad（悪い）	worse	worst
badly（ひどく）	worse	worst
ill（病気の，悪く）	worse	worst
many（数が多くの）	more	most
much（量が多くの，大いに）	more	most
little（量が少しの，少し）	less	least

❹ 2種類の比較級・最上級がある語

far, late には，それぞれ意味の違いに応じて2種類の比較級・最上級がある。

far（距離に関して）「遠い，遠く」　- farther [fá:rðər] - farthest [fá:rðist]
　　　　　　　　　　　　　　　　　- further [fə́:rðər] - furthest [fə́:rðist]
far（程度に関して）「いっそう（の）」　- further - furthest

　the farther/further bank of the river（川の遠いほうの岸→川の向こう岸）[距離]
　discuss further（さらに議論をする）[程度]

late（時間について）「遅い，遅く」 - later - latest
late（順序について）「後の」　　　 - latter - last

　later than usual（いつもより遅く，通常よりも遅い時間に）[時間]
　the latter half of the film（その映画の後半部分）[順序]

SECTION 11 仮定法

想像の世界を過去形で表す

「お金があったらなあ」って思うこと，ありますよね。せっかくほしいギターが見つかったのに，それを買うだけのお金がない，そんな状況を考えてみてください。

「お金ならあるよ」ということであれば，

　　I **have** enough money to buy the guitar.
　　（そのギターを買うだけのお金がある。）

と言えますね。現在形のhaveを使って，今の状態を表しているわけです。

でも，お金がないという状況で「お金があれば」と言うときに，現在形のhaveは使えません。英語では，**現実とは違うことを表すときに過去形を使う**からです。日本語では「お金があれば」と言えますが，英語では必ず過去形にします。ifを使って，

　　If I **had** enough money

とすれば，「もし十分なお金があったら」という，**現実とは違う想像の世界を表す**ことができるのです。

現実の世界では現在のことは現在形で表しますが，表すことが現実から離れた想像の世界のことになってしまうと，現在形は使えなくなります。「現実の世界とは違う」ということを動詞の形を変えて示すために，過去形を使うのです。**現実とは距離があるということを過去形で表している**，ということです。

「お金があったら」という想像の世界で思い描いていることは，「そのギターを買う」ということです。I will buy the guitarとすると，「ギターを買うよ」という現実の世界のことになってしまいますから，ここでも過去形のwouldを使います。

　　If I **had** enough money, I **would buy** the guitar.

これで，「十分なお金があれば，そのギターを買うだろうなあ」という意味を表すことができるのです。

現実とは違う想像の世界の例をもう1つ挙げてみましょう。「僕が君なら」という表現です。これって想像の世界のことですよね。「僕が君なら、そのギターは買わないね」という言い方です。これも過去形を使って，

　　If I were you

とします。be動詞の場合は主語に関係なくwereを使います。Iの後にwereが続くというだけでも「ありえない」という感じがしますね。この後に「そのギターは買わないね」を続けて，

　　If I were you, I wouldn't buy the guitar.

とすれば、仮定法の文のできあがりです。

　では、ここで仮定法の確認です。ポイントは、**現実とは違うことについて言いたいときは過去形を使う**、これだけです。

　「もし僕がイヌだったら」なら、If I were a dog、「もし彼女のイヌが話すことができたら」なら、If her dog **could talk**です。「～できたら」と言いたければ、couldを使えばいいのです。

② ありそうもないことを表す

　過去形を使うと、現実とは違うことだけでなく、**起こりそうもない、どうもそういう可能性はなさそうだと思っていること**を表すことができます。

　ものすごい雨が降っていて、どう考えてもしばらくやみそうもない、という状況をイメージしてください。そんな状況で、「もし雨がやんだら」と言うときは、

　　If it stopped raining

と、過去形を使って表します。「花火で遊べるんだけどなあ」と続けたければ、

　　If it stopped raining, we could play with fireworks.

と続けるだけです。「～するんだけどなあ」と言うときはwouldを、「～できるんだけどなあ」というときはcouldを使います。

過去の事実とは違うことを表す

現実とは違うこと,起こりそうもないと思うことを表すときは過去形を使いましたね。では,**過去の事実とは違うことを表す**ときはどうすればよいのでしょうか。

かさを持っていなかったために,ずぶぬれになってかぜをひいてしまった,という場面設定をしてみましょう。かぜでつらそうな人に,「かさを持っていたら,かぜをひかなかったのにね」と言うわけです。

「かさを持っていたら」というのは,もちろん過去のことです。実際には持っていなかったわけですから,過去の事実とは違うことを表すことになります。現実とは違うことは過去形で表しましたから,ここでも時を1つずらします。過去よりも前のことを表すのは過去完了形でしたね（⇨p.70）。過去完了形は〈**had＋過去分詞**〉ですから,

　　If you **had had** an umbrella

で「もしあなたがかさを持っていたら」という,**過去の事実とは違う想像の世界を表す**ことができるのです。had had an umbrellaの最初のhadは過去完了形をつくるhadで,次のhadは「持っている」を表すhaveの過去分詞です。

「もしかさを持っていたら」という想像の世界では,「かぜをひかなかった」ということになります。you wouldn't catch a coldでは「かぜをひかないだろうね」という意味になってしまいますから,ここでは使えません。過去のことについて「〜だっただろう」と言うときは,wouldの後を完了形にするのです。〈**would have＋過去分詞**〉という形になりますから,

　　you **wouldn't have caught** a cold

で「あなたはかぜをひかなかっただろう」という想像を表すことができます。

これをIf you had had an umbrellaに続けると,

　　If you **had had** an umbrella, you **wouldn't have caught** a cold.

となって,「かさを持っていたら,かぜをひかなかっただろうに」という意味を表すことができるのです。

学習ガイド

基本ゾーン

UNIT 1 仮定法過去 …………………………………………… p. 268
① 条件を表す文と仮定を表す文
② 仮定法を使ってありそうもないことを表す

UNIT 2 仮定法過去完了 ……………………………………… p. 270
① 過去完了形を使って過去の事実と異なることを表す
② 過去のことは仮定法過去完了,現在のことは仮定法過去

応用ゾーン

UNIT 3 wishとif onlyを使う仮定法 ……………………… p. 272
① wishを使って願望を表す
② if onlyを使って強い願望を表す

UNIT 4 it's timeとas ifを使う仮定法 …………………… p. 274
① it's timeを使って「〜するころだ」を表す
② as ifを使って「まるで〜のように」を表す

表現ゾーン

UNIT 5 仮定法を使う表現(1) ……………………………… p. 276
① without / with / otherwiseを使って仮定を表す
② if it were not for / if it had not been forで仮定を表す

UNIT 6 仮定法を使う表現(2) ……………………………… p. 278
① 〈if＋主語＋were to〉や〈if＋主語＋should〉で仮定を表す
② 仮定法を使っていねいな表現にする

UNIT 7 仮定法を使う表現(3) ……………………………… p. 280
① ifを使わずにwere / had / shouldで文を始める
② 主語や副詞句でif節に相当する内容を表す

SECTION 11 仮定法

UNIT 1 仮定法過去

1 条件を表す文と仮定を表す文

TARGET 183

(1) If it **rains** tomorrow, I'**ll stay** home.
(2) If I **had** time and money, I **would travel** around the world.

(1) 明日雨が降れば，私は家にいます。
(2) 時間とお金があれば，私は世界中を旅行するでしょう。

(1) 可能性のあることを表す

「～であれば」という**可能性のある条件を示す**場合，ifの後では動詞の**現在形**を使う（⇨p.53）。

- If it **rains** tomorrow, I'**ll stay** home.
  ▶ 明日雨が降る可能性があると考えている。「家にいる」ことも実現の可能性があるので，〈will＋動詞の原形〉を使う。

(2) 可能性のないことを表す

現在の事実とは違うことや，**可能性がなさそう**なこと，**話し手の想像**を述べるときは，ifの後では動詞の**過去形**を使う。このような動詞の使い方が仮定法で，動詞の過去形を使うので仮定法過去と呼ぶ。

- If I **had** time and money, I **would travel** around the world.
  ▶ 時間とお金が今はない（I don't have time and money now.）ので，想像であることを示す過去形を使っている。

実現できないことについて「～するだろう」と言うときは〈**would＋動詞の原形**〉を使う。「～できるだろう」はcould，「～するかもしれない」はmightを使って表す。

- If my father **had** a car, we **could go** for a drive.
  （父が車を持っていれば，ドライブに行くことができるのに。）[「父は車を持っていないのでドライブに行くことができない」という現実が前提になっている]

日本語の意味に合うように，（　）に適語を入れなさい。

1) タケシを見かけたら，あなたに電話させますね。
   If I (　　) Takeshi, (　　) have him call you.
2) もし路上で財布を見つけたとしたら，私は警察に届けるでしょうね。
   If I (　　) a wallet on the street, I (　　) take it to the police.

使い方は p.2 ▶

2 仮定法を使ってありそうもないことを表す

TARGET 184

(1) If I **were** you, I **would accept** his offer.
(2) What **would** you **do** if you **won** the lottery?

(1) 僕が君なら，彼の申し出を受けるのになあ。
(2) 宝くじが当たったら，あなたは何をしますか。

(1) 現実とは違うことを表す

現実とは違うことを表す仮定法過去の文では，ifに続く文の動詞は**過去形**にする。

If I **lived** in Hawaii, I **would go** surfing every day.
（ハワイに住んでいれば，毎日サーフィンに行くのに。）

> **参考**　「～することができたら」という仮定の場合は，ifの後でcouldを使う。
> If your cat **could** talk, what would you do?
> （あなたのネコが話すことができたら，どうしますか。）

ifの後でbe動詞を使う場合は，主語の人称や数に関係なく**were**を使う。

● If I **were** you, I **would accept** his offer.
　▶ 主語がIでもwereを使う。If I were youは「私があなたなら」という表現。

> **注意!!**　主語がIや3人称単数の場合は，wasを使うこともできる。
> If he **was** ready, we would go.
> （彼の準備ができていれば，出かけるのになあ。）

(2) 未来に起こりそうにないことを表す

未来のことについての仮定も，仮定法過去で表すことができる。話し手が可能性がないと思えば仮定法を使うことになる。

● What **would** you **do** if you **won** the lottery?
　▶ 「宝くじに当たる」ことをありそうもないことだと考えている。if節を主節の後にすることもできる。

184　日本語の意味に合うように，（　）内の語を正しい形に変えなさい。
1) もしジョーがここにいたら，私たちを助けてくれるのに。
　If Joe (be) here, he would save us.
2) 雨がすぐにやんでくれたらいいのになあ。
　It would be nice if it (stop) raining soon.

 183-1) see, I'll 2) found, would
184-1) were/was 2) stopped

SECTION 11
仮定法

UNIT 2 仮定法過去完了

1 過去完了形を使って過去の事実と異なることを表す

TARGET 185

If you **had taken** the subway, you **would have made** it.
もしあなたが地下鉄に乗っていたら、間に合っただろうに。

過去の事実とは違うことを表す

過去の事実とは違うことを述べるときは、**過去完了形**を使う（仮定法過去完了）。「〜しただろう」は〈**would have ＋過去分詞**〉で表す。

- If you **had taken** the subway, you **would have made** it.
  ▶ You didn't take the subway, so you didn't make it.（地下鉄に乗らなかったので間に合わなかった）という状況。make it「間に合う」。

If I **had cleaned** my room, I **would have invited** my friends.
（自分の部屋の掃除をしていたら、友だちを呼んだのに。）
［実際には部屋の掃除をしなかったという状況］

If she **hadn't been** busy, she **would have helped** you.
（もし彼女が忙しくなかったら、君を助けてくれただろう。）

You **wouldn't have caught** a cold if you **had worn** a coat.
（コートを着ていたら、君はかぜをひかなかっただろうに。）

「〜できただろう」はcould、「〜したかもしれない」はmightを使って表す。

If I **had arrived** five minutes earlier, I **could have seen** her.
（5分早く着いていたら、彼女に会うことができたのに。）

If I **had been** more careful, I **might not have made** such a mistake.
（もっと注意していたら、あんな間違いはしなかったかもしれないのに。）

> **注意!!** hadやwouldは省略されてI'dのような形になることがある。
> If I'd known the truth, I'd have told you.
> （もし真実を知っていたら、あなたに話していたのですが。）

185
日本語の意味に合うように、（　）に適語を入れなさい。
もし十分なお金を持っていたら、その腕時計を買うことができたのに。
If I (　　) (　　) enough money, I could have bought the watch.

270

2 過去のことは仮定法過去完了, 現在のことは仮定法過去

TARGET 186

If I **had gone** to bed earlier, I **wouldn't be** so sleepy now.
もっと早く寝ていたら, 今こんなに眠くないのに。

過去の事実とは違うことと, それによって変わる現在の状況を表す

過去の事実とは違うことを過去完了形を使って表し, 主節では「〜だろう」という仮定法過去を使うことができる。

- If I **had gone** to bed earlier, I **wouldn't be** so sleepy now.
  ▶「もっと早く寝ていたら」(過去の事実と違うこと)→「今は眠くないのに」(現在の事実と違うこと)。nowがあることから, 主節が今のことを表しているとわかる。

If you **had studied** yesterday, you **could answer** this question.
(きのう勉強していたら, 君はこの質問に答えることができるのに。)

 if節では仮定法過去, 主節では〈would have＋過去分詞〉を使うこともある。
What **would** you **have done** if you **were** me?
(君が僕なら, 何をしただろうね。)

186
日本語の意味に合うように, (　)に適語を入れなさい。
きのう宿題を終えていたら, 今ごろこんなに忙しくないのになあ。
If I (　) (　) my homework yesterday, I (　) (　) so busy now.

仮定法過去と仮定法過去完了の基本形

◆ 仮定法過去：If＋主語＋過去形, 主語＋would＋動詞の原形
　　If I **dyed** my hair blonde, my father **would get** angry.
　　(僕が髪を金髪に染めたら, 父親は怒るだろうな。)

◆ 仮定法過去完了：If＋主語＋had＋過去分詞, 主語＋would have＋過去分詞
　　If he **had asked** me, I **would have given** him some advice.
　　(彼が私に尋ねていたら, 私は彼にアドバイスをしただろう。)

Ans. 185) had had
186) had finished, wouldn't be

UNIT 3 wishとif onlyを使う仮定法

1 wishを使って願望を表す

> **TARGET 187**
>
> (1) I **wish** you **were** here with me.
> (2) I **wish** we **had stayed** there longer.
>
> (1) あなたがここに私と一緒にいたらなあ。
> (2) そこにもっと長く滞在したらよかったなあ。

(1) 現在の状況への願望を表す

wishに続く文の動詞を過去形にすると、「〜ならなあ」という実現できない願望を表すことができる。

- I **wish** you **were** here with me.
  ▶「あなたがここにいない」という状況なので、過去形を使ってyou wereとする。

  I **wish** I **knew** her phone number. (彼女の電話番号を知っていたらなあ。)

(2) 過去の状況への願望を表す

wishに続く文の動詞を過去完了形にすると、「〜だったらなあ」という実現できなかったことに対する願望を表すことになる。

- I **wish** we **had stayed** there longer.
  ▶ 実際に滞在した期間より「もっと長く」という願望を表している。

  I **wish** I **hadn't eaten** so much. (あんなにたくさん食べなければよかった。)

過去形wishedの場合も、その時点での願望なら過去形、その時点よりも前のことへの願望なら過去完了形を使う。

I **wished** I **were** taller.
（もっと背が高ければなあと思った。）

I **wished** I **had studied** harder.
（もっと勉強しておけばよかったと思った。）

思った時点　今

wishの後でwouldを使うと、「〜してくれないかな」という願望を表す。現状に不満を持っていて、その状況を改善する動作や変化への願望を表している。

I **wish** they **would stop** talking. (彼らがおしゃべりをやめてくれたらなあ。)

I **wish** it **would stop** raining. (雨がやんでくれたらなあ。)

> 「〜することができたらなあ」という願望を表すときはcouldを使う。
> I wish my cat **could talk**. (うちのネコが話せたらなあ。)
> I wish he **could have been** there. (彼がそこにいられたらなあ。)

187 日本語の意味に合うように，(　)に適語を入れなさい。
1) 雨が降っていなければいいのになあ。
   I wish it (　　) raining.
2) きのうあのスニーカーを買っておけばよかったなあ。
   I wish I (　　) (　　) those sneakers yesterday.

2　if only を使って強い願望を表す

TARGET 188

(1) **If only I had** more time to study!
(2) **If only I hadn't overslept** this morning!
(1) もっと勉強する時間がありさえすれば！
(2) 今朝，寝坊さえしなかったら！

(1) 現在の状況への強い願望を表す

if only を使うと wish よりも**強い願望**を表すことができる。仮定法過去の形を使うと，「〜でさえあれば」という強い願望を表すことになる。

- **If only I had** more time to study!
  ▶「もっと勉強する時間がほしい」という願望を表している。

  If only my tooth **would stop** hurting!
  （歯痛がおさまってくれさえすれば！）
  ［すぐには実現しそうにないことへの願望を表している］

(2) 過去の状況への強い願望を表す

if only に続く文で過去完了形を使うと，「〜でさえあったら」という実現しなかったことに対する強い願望を表すことになる。

- **If only I hadn't overslept** this morning!
  ▶ 今朝寝坊したことを後悔しているという状況。

188 日本語の意味に合うように，(　)に適語を入れなさい。
1) 彼が携帯電話を持ってさえいれば！
   If only he (　　) a mobile phone with him!
2) 昨夜，宿題を終わらせてさえいたら！
   If only I (　　) (　　) my homework last night!

 Ans.　187-1) weren't/wasn't　2) had bought
188-1) had　2) had finished

UNIT 4　it's time と as if を使う仮定法

1　it's time を使って「〜するころだ」を表す

TARGET 189

(1) It's time you had a haircut.
(2) It's high time you went to bed.

(1) 君は髪を切るころだよ。
(2) もう寝る時間ですよ。

(1) It's time に仮定法過去を続ける

It's time に続く文で動詞の過去形を使うと，「〜するころだ」という意味を表す。

- It's time you had a haircut.
  ▶「もう髪を切ってもいいころだ」という意味で，髪を切ることを促している。

(2) time の前に high や about を入れる

- It's high time you went to bed.
  ▶ high を入れると「すぐにでも」という意味になる。

It's about time we went home.
（そろそろ帰宅する時間ですね。）[about を入れると「そろそろ」という意味になる]

 不定詞を使って，同じ意味を表すことができる。
It's time to go home.（もう家に帰る時間だ。）
It's time for you to go home.（君はもう家に帰る時間だよ。）

189

日本語の意味に合うように，（　）に適語を入れなさい。
1) もう練習を始める時間ですよ。
　　It's time we (　　) practicing.
2) そろそろ部屋の掃除をしないといけないころだな。
　　It's about time I (　　) my room.

2　as if を使って「まるで〜のように」を表す

TARGET 190

(1) He talks as if he were an expert.
(2) She behaved as if nothing had happened.

(1) 彼はまるで専門家であるかのように話す。
(2) 彼女はまるで何事も起きなかったかのようにふるまった。

(1) as if に仮定法過去を続ける

　as ifに続く文で動詞の**過去形**を使うと、「まるで〜のように」という、**現在の事実とは違うと話し手が思っている**ことを表すことになる。

- He talks **as if** he **were** an expert.
   ▶ 専門家でもないのに、専門家のように話しているという状況。

(2) as if に仮定法過去完了を続ける

　as if に続く文で動詞の**過去完了形**を使うと、「まるで〜だったように」という、**過去の事実とは違うと話し手が思っている**ことを表すことになる。

- She behaved **as if** nothing **had happened**.
   ▶ 述語動詞が過去形なので、過去完了形でその時点より前のことを表している。

過去のことについて言うときは、その時点でのことであれば過去形を、その時点より前のことであれば過去完了形を使う。

　　I felt **as if** I **were** in a dream.
　　（まるで夢の中にいるような気がした。）［wereの代わりにwasを使うこともできる］

　　I felt **as if** I **had come** to another world.
　　（まるで別世界に来たような気がした。）

as though を使って as if と同じ意味を表すことができる。

　　He looks **as though** he **were** rich.
　　（彼は金持ちであるかのように見える。）［wereの代わりにwasを使うこともできる］

　　It appears **as though** everything **had worked** well.
　　（すべてがうまくいったかのように見える。）

> **注意!!** 話し手がそうかもしれないと思っていることを述べる場合は、仮定法は使わない。
> He looks as if he **is** angry.（彼は怒っているように見える。）
> They talk as if they **haven't seen** each other for years.
> （彼らは何年も会っていなかったような話し方をする。）

190　日本語の意味に合うように、（　）に適語を入れなさい。
1) 彼女はまるでお姫様であるかのようにふるまう。
　　She behaves as if she (　　) a princess.
2) 彼はまるで幽霊を見たかのように話した。
　　He talked as if he (　　) (　　) a ghost.

Ans.　189-1) started/began　2) cleaned
　　　　190-1) were/was　2) had seen

UNIT 5 仮定法を使う表現(1)

1 without / with / otherwise を使って仮定を表す

TARGET 191

(1) **Without** your help, he **would give up** his dream.
(2) **With** more time, I **could have answered** all the questions.
(3) The air conditioner is broken; **otherwise** I **could sleep** well.

(1) 君の助けがなければ，彼は夢をあきらめてしまうでしょう。
(2) もっと時間があったら，すべての質問に答えることができたのに。
(3) エアコンが壊れているんだ。そうでなければ，よく眠れるんだけど。

(1) without を使って「～がなければ」を表す

● **Without** your help, he **would give up** his dream.
  ▶「助けがなければ」という現時点での仮定を表している。

  I **couldn't have succeeded without** their support.
  （彼らの支援がなかったら，私は成功できなかっただろう。）[過去のこと]

文章体では but for を使って「～がなければ」という仮定を表すこともある。

  But for dreams, our life **would have** no meaning.
  （夢がなければ，人生に意味なんてないだろう。）

(2) with を使って「～があれば」を表す

● **With** more time, I **could have answered** all the questions.
  ▶「時間があったら」は，過去の時点での仮定を表している。

(3) otherwise で「そうでなければ」を表す

● The air conditioner is broken; **otherwise** I **could sleep** well.
  ▶ otherwise は if it were not broken という意味を表している。

191 日本語の意味に合うように，（ ）に適語を入れなさい。
1) 弁護士の助言がなければ，彼は破産してしまうだろう。
   (   ) the lawyer's advice, he would go bankrupt.
2) もう少し努力をしていたら，彼はその試験に合格していただろう。
   (   ) a little more effort, he would have passed the exam.
3) きのうは体調が悪かった。そうでなければ映画を観に行くことができたのに。
   I felt sick yesterday; (   ) I could have gone to the movies.

2 if it were not for / if it had not been for で仮定を表す

TARGET 192

(1) **If it were not for** music, my life **would be** boring.
(2) **If it had not been for** the life jacket, I **would have drowned**.

(1) 音楽がなければ，僕の人生はつまらないだろう。
(2) 救命胴衣がなかったら，私はおぼれていただろう。

(1) if it were not for 〜で「〜がなければ」を表す

- **If it were not for** music, my life **would be** boring.
  ▶「音楽がなければ」という仮定を表している。

会話体ではwereの代わりにwasを使うこともある。

If it was not for his family, he **would quit** this job.
（家族がいなければ，彼はこの仕事をやめてしまうだろう。）

(2) if it had not been for 〜で「〜がなかったら」を表す

- **If it had not been for** the life jacket,
  I **would have drowned**.
  ▶「救命胴衣がなかったら」という過去の事実とは違う仮定を表している。実際には救命胴衣があったので助かった。

She **couldn't have gone** to college **if it hadn't been for** the **scholarship**.（奨学金がなかったら，彼女は大学に行けなかったでしょう。）

if it were not for 〜やif it had not been for 〜を使う文は，withoutを使って表すことができる。

Without music, my life **would be** boring.
Without the life jacket, I **would have drowned**.

192

日本語の意味に合うように，（ ）に適語を入れなさい。
1) 水がなければ，人は生きることができないだろう。
　If it (　　) (　　) for water, humans could not live.
2) 彼のヒントがなかったら，そのパズルを解くことができなかっただろう。
　If it (　　) (　　) (　　) for his hint, I couldn't have solved the puzzle.

191-1) Without 2) With 3) otherwise
192-1) were/was not 2) had not been

SECTION 11
仮定法

仮定法を使う表現(2)

 〈if＋主語＋were to〉や〈if＋主語＋should〉で仮定を表す

> **TARGET 193**
>
> (1) Would you object if I were to go abroad alone?
> (2) If you should start a company, I would help you.
>
> (1) もし私が1人で海外へ行くとしたら，反対しますか。
> (2) あなたが会社を始めるようなことがあれば，私は手伝いますよ。

(1) were to を使って仮定を表す

ifに続く文で〈were to＋動詞の原形〉を使うと，そうなる可能性が低い想像上の状況を表すことができる。

- **Would you object if I were to go abroad alone?**
  ▶「もし行くとすれば」という話し手の想像を表している。〈be動詞＋不定詞〉を仮定法にした表現（⇨p.154）。

If we were to meet him, we would have less friction.
（もし私たちが彼と会うようなことになれば，摩擦は少なくなるでしょう。）

 主語がIや3人称単数の場合は，wasを使うこともできる。
　　　　　If he **was to** join our team, we would win the championship.
　　　　　（彼がうちのチームに入ることになったら，僕たちは優勝するだろう。）

(2) should を使って仮定を表す

ifに続く文で**should**を使うと，そうなるかもしれないような仮定を表す。

- **If you should start a company, I would help you.**
  ▶「あなたが会社を始める」という状況がいつかあるかもしれないと思っている。

If Bob should hear the rumor, he will get angry.
（ボブがそのうわさを聞いたら，彼は怒るよ。）[主節はwillを使うこともある]

If you should see Peter, tell him to call me.
（ピーターに会うことがあったら，私に電話するように言ってくれ。）[主節は命令文]

193 日本語の意味に合うように，（　）に適語を入れなさい。
1) 宇宙に行くようなことになったら，何を持っていきますか。
　　What (　) you bring if you (　) (　) (　) into space?
2) 彼が私の助けを必要とすることがあれば，連絡してくるよ。
　　If he (　) (　) my help, he (　) call me.

2 仮定法を使ってていねいな表現にする

TARGET 194

(1) **Would** it **be** all right **if** I **sat** here?
(2) It **would be** nice **if** you **would watch** these bags.

(1) ここに座ってもよろしいでしょうか。
(2) これらのかばんを見ていていただけるとありがたいのですが。

(1) 仮定法を使って相手の意向を尋ねる

仮定法過去を使うと，ありそうもないと話し手が思っていることを表すことができる。このため，自分が何かをしたいと思っているときに動詞の過去形を使うと，控えめでていねいな表現にすることができる。

- **Would** it **be** all right **if** I **sat** here?
  ▶「もし私が座ったとしても，だいじょうぶでしょうか」と遠回しに言うことで，ていねいな表現になる。

(2) 仮定法を使って相手に頼みごとをする

相手に何かをしてほしいと思っているときに，〈if you would＋動詞の原形〉を使うと，「～していただけると」というていねいな意味合いを出すことができる。

- It **would be** nice **if** you **would watch** these bags.
  ▶「かばんを見ていてくれるつもりがあればうれしい」ということ。

 if you would watch の would は，相手の意志を表す will の過去形。〈if you will＋動詞の原形〉でも依頼を表すことができる。
If you **will** help me, I will be happy.（手伝ってくれるとうれしいです。）

I was wondering if で文を始めると，ていねいな依頼の表現になる。

- I **was wondering if** you **could help** me.（手伝っていただけませんか。）
  [「～かなと思っているのですが」ということ。I wonder if ... / I'm wondering if ... / I wondered if ... / I was wondering if ... の順でていねいさが増す]

---

194 日本語の意味に合うように，（　）に適語を入れなさい。
1) 窓を閉めてもよろしいでしょうか。
    (　　) you mind if I (　　) the window?
2) 助言していただければ大変ありがたいのですが。
    I (　　) be most grateful if you (　　)(　　) me.

 Ans. 193-1) would, were to go 2) should need, would
194-1) Would, closed 2) would, would advise

仮定法を使う表現(3)

ifを使わずに were / had / should で文を始める

TARGET 195

(1) **Were it not for** you, this project **wouldn't exist**.
(2) **Should** you **have** any questions, please let me know.

(1)あなたがいなければ，このプロジェクトは存在しないだろう。
(2)何か質問がありましたら，私に知らせてください。

(1) were や had を文頭に出して if を省略する

仮定法では **were** を主語の前に出して，if を省略することができる。

- **Were it not for** you, this project **wouldn't exist**.
  ▶ If it were not for you を Were it not for you で表している。

  Were I you, I **would ask** her for a date.
  （僕が君なら，彼女をデートに誘うのに。）
  [If I were you を Were I you で表している]

had を主語の前に出して，if を省略することもできる。

Had I **studied** harder, I **could have passed**.
（もっとがんばって勉強していたら，私は合格できたのに。）[If I had studied ...]

Had he **taken** my advice, he **wouldn't have failed** the test.
（彼が僕のアドバイスを聞いていたら，テストに失敗しなかったのに。）

(2) should を文頭に出して if を省略する

should を主語の前に出して，if を省略することもできる。

- **Should** you **have** any questions, please **let** me know.
  ▶ If you should have を Should you have で表している。

 仮定を表す文が後ろに回ることもある。
What would you do should you lose all the money?
（お金をすべて失ってしまったら，あなたはどうしますか。）

195　日本語の意味に合うように，( )内の語句を並べかえなさい。
1) 僕が君の立場なら，彼女に本当のことを話すだろうね。
(in / I / were / your place), I would tell her the truth.
2) その標識が見えていたら，私は止まっていたでしょう。
(I / had / the sign / seen), I would have stopped.

2 主語や副詞句でif節に相当する内容を表す

TARGET 196

(1) **A true friend would give** you better advice.
(2) Three days ago, I **would have accepted** this offer.

(1) 本当の友人なら，もっとましな助言をしてくれるよ。
(2) 3日前なら，私はこの申し出を受けていたことでしょう。

(1) 主語に仮定の意味を込める

主語自体に仮定の意味を込めて，「～なら」という意味を表すことができる。

- **A true friend would give** you better advice.
  ▶「本当の友人なら」という仮定の意味が含まれている。

(2) 副詞句に仮定の意味を込める

時を表す副詞句に仮定の意味を込めて，「～という時なら」という意味を表すことができる。

- Three days ago, I **would have accepted** this offer.
  ▶「3日前なら」という仮定の意味が含まれている。

不定詞を使って，「～すれば」という仮定の意味を表すこともできる。

- **To see him cook**, you **would take** him for a professional chef.
  （彼が料理するのを見たら，プロのシェフだと思うでしょう。）[To see him cookという不定詞句に「彼が料理するのを見たら」という仮定の意味が含まれている]

 ifの代わりにsupposeを使って仮定を表すことがある。
Suppose you were on a desert island alone, what would you do?
（無人島に1人でいるとしたら，どうしますか。）

SECTION 11 仮定法

196

日本語の意味に合うように，( )に適語を入れなさい。
1) 正直な男であれば，そんなことはしないだろう。
　　An honest man (　　) not do such a thing.
2) 5分早ければ，彼は助かっただろう。
　　Five minutes earlier, he (　　) have been saved.

Ans. 195-1) Were I in your place 2) Had I seen the sign
196-1) would 2) would

EXERCISES

A 日本語の意味に合うように，( )内から正しいものを選びなさい。

1) 私に翼があれば，あなたのところに飛んでいけるのに。
   If I (have / had) wings, I (can / could) fly to you.
2) もし私があなたなら，自分の過ちを認めるだろう。
   If I (am / were) you, I (will / would) admit my mistake.
3) もし地図を持っていたら，私は迷わなかったでしょうに。
   If I (have / had) had a map, I wouldn't (get / have got) lost.
4) 姉は私に対して，まるでお母さんみたいに話すのよ。
   My sister talks to me as if she (is / were) my mother.
5) 彼はまるですべての希望を失ったかのような顔をしていました。
   He looked as if he (lost / had lost) all hope.

B 日本語の意味に合うように，＿＿に適語を入れなさい。

1) もし十分な時間があれば，それを完成させることができるのに。
   If I ＿＿＿＿＿＿ enough time, I ＿＿＿＿＿＿ ＿＿＿＿＿＿ it.
2) もし十分な時間があったら，それを完成させることができたのに。
   If I ＿＿＿＿＿＿ ＿＿＿＿＿＿ enough time, I could ＿＿＿＿＿＿ ＿＿＿＿＿＿ it.
3) 彼がパーティーに来られるといいのになあ。
   I wish ＿＿＿＿＿＿ ＿＿＿＿＿＿ ＿＿＿＿＿＿ to the party.
4) 彼がパーティーに来られたらよかったのになあ。
   I wish ＿＿＿＿＿＿ ＿＿＿＿＿＿ ＿＿＿＿＿＿ ＿＿＿＿＿＿ to the party.
5) 彼の援助がなければ，私は失敗するだろう。
   If it ＿＿＿＿＿＿ ＿＿＿＿＿＿ for his help, I ＿＿＿＿＿＿ ＿＿＿＿＿＿.
6) 彼の援助がなかったら，私は失敗していただろう。
   If it ＿＿＿＿＿＿ ＿＿＿＿＿＿ ＿＿＿＿＿＿ for his help, I would ＿＿＿＿＿＿ failed.

C 各組の文が同じような内容を表すように，＿＿に適語を入れなさい。

1) a) I'm sick, so I can't play baseball with my friends.
   b) If I ＿＿＿＿＿＿ sick, I ＿＿＿＿＿＿ ＿＿＿＿＿＿ baseball with my friends.
2) a) You couldn't get a ticket because you arrived a little late.

SECTION 11 仮定法 (解答 ▶ p. 484)

b) If you _____ _____ a little earlier, you _____ _____ _____ a ticket.

3) a) Thanks to your help, I managed to change that tire.
   b) _____ your help, I couldn't _____ _____ that tire.

4) a) I didn't eat breakfast this morning, so I'm hungry now.
   b) If I _____ _____ breakfast, I _____ _____ hungry now.

D 日本語の意味に合うように，（　）内の語句を並べかえなさい。

1) 車の運転ができたらいいのになあ。
   I wish (drive / could / I).

2) 忙しくなかったら，彼はあなたに電話したでしょうに。
   (he / had / been / not) busy, he (have / called / would) you.

3) 彼女の電話番号を知ってさえいたらなあ。
   (only / knew / if / I) her phone number.

4) そろそろ試合が始まってもいい時間です。
   It's (the game / about / started / time).

5) もう少し注意していたら，そんな間違いはしなかったでしょうに。
   (a little / care / with / more), you (have / made / not / would) such a mistake.

E 日本語の意味に合うように，＿＿に適語を入れなさい。

1) 決心が変わることがあれば，私にどうかお知らせください。
   If you _____ change your mind, do let me know.

2) もう1度人生をやり直すとしたら，音楽家になりたいと思います。
   If I _____ _____ live again, I would like to be a musician.

3) 私がフランス語を話せれば、あなたの通訳をするのですが。
   If I _____ speak French, I _____ interpret for you.

4) あなたが病気だとわかっていたら，お見舞いに行けたのに。
   _____ I _____ you were ill, I _____ _____ visited you.

5) 私を子ども扱いしないでください。
   Don't treat me _____ _____ I _____ a child.

SECTION 12 否定

理解へのアプローチ

❶ 「～ない」の表し方

　日本語では，「私はこの自転車を買いま…」まで言って，最後に「せん」をつけ加えれば，否定の意味を伝えることができます。最後までひっぱっておいて，結局「買いません」と，相手をがっかりさせるような言い方ができるのです。でも，英語ではこんなことはできません。

　英語の語順の基本は「言いたいことを〈主語＋動詞〉でばしっと言う」でしたね。「～ない」と言うときも，この最初の部分で言わなければならないのです。

　文の内容を否定したいときは，**述語動詞をnotで否定**します。be動詞や助動詞があればその後にnotを続けます。

　　My sister won't drink tomato juice.
　　（僕の妹はトマトジュースを飲もうとしない。）

won'tはwill notの短縮形で，「どうしても～しようとしない」という意味を表します（⇒p.84）。一般動詞の場合はdoを使って否定文をつくります。

　　My sister doesn't drink tomato juice.
　　（僕の妹はトマトジュースを飲まない。）

neverを動詞の前に置くと，「決して～ない」という強い否定を表すことができます。

　　My sister never drinks tomato juice.
　　（僕の妹は決してトマトジュースを飲まない。）

rarelyを使うと「めったに～ない」という頻度の低さを表す否定文になります。

　　My sister rarely drinks tomato juice.
　　（僕の妹はめったにトマトジュースを飲みません。）

❷ 何を否定するのか

　否定語を使うときは，何を否定するのかにも注意する必要があります。

　　I didn't tell her to leave the tomato juice.

この文は，述語動詞を否定することで文全体の内容を否定していますから，「僕は彼女にそのトマトジュースを残すようには言わなかった。」という意味になります。一方，

I told her **not** to leave the tomato juice.

で否定しているのは，to leave the tomato juice という不定詞句です。この文は，「僕は彼女にそのトマトジュースを残さないようにと言った。」という意味になるのです。

学習ガイド

基本ゾーン

UNIT 1 not / never ……………………………………… p. 286
　❶ not で否定する　❷ never で否定する

UNIT 2 hardly / rarely ……………………………………… p. 288
　❶ 程度を否定する　❷ 頻度を否定する

応用ゾーン

UNIT 3 部分否定と二重否定 ……………………………………… p. 290
　❶ 部分否定と全否定　❷ 二重否定

UNIT 4 not の使い方 ……………………………………… p. 292
　❶ not の位置　❷ 節の代わりをする not

表現ゾーン

UNIT 5 否定語を使う否定表現 ……………………………………… p. 294
　❶ cannot を使う表現
　❷ 否定語を使って時を表す表現

UNIT 6 否定語を使わない否定表現 ……………………………………… p. 296
　❶ 不定詞を使う否定表現
　❷ but / from を使う否定表現

SECTION 12 否定

not / never

1 notで否定する

TARGET 197

(1) I **didn't ask** her to help me.
(2) I asked her **not** to help me.

（1）私は彼女に手伝ってくれとは頼まなかった。
（2）私は彼女に手伝わないでくれと頼んだ。

(1) notで文の内容を否定する

述語動詞を**not**で否定すると，文の内容を否定することができる。動詞がaskのような一般動詞であれば，助動詞のdoを使って〈**do not**＋動詞の原形〉にする。

- I **didn't ask** her to help me.
  ▶ I asked her to help me. という文を否定している。過去のことなのでdid not [didn't] askとする。**NOT**［I asked her to help me］.

述語動詞がbe動詞の場合はbe動詞にnotをつけ，助動詞を使う文では助動詞にnotをつける。

Kenta **is not [isn't]** at home.（ケンタは家にいません。）

You **must not [mustn't] play** catch on the street.
（通りでキャッチボールをしてはいけません。）

> 参考　否定文ではdidn't, isn't, mustn'tのような短縮形を使うことが多い（⇨p.30）。

(2) notで後に続く語句や節の内容を否定する

語句や節の内容を否定するときは，**否定する語句や節の直前にnot**を置く。

- I asked her **not** to help me.
  ▶ to help meという不定詞句を否定している。
  I asked her **NOT**［to help me］.（⇨p.135）

次の文では，notが語句や節を否定している。

Fred is a Canadian, **not** an American.
（フレッドはカナダ人で，アメリカ人ではない。）

She loves him because he is honest, **not** because he is rich.
（彼女が彼を愛しているのは，彼が誠実だからであって，金持ちだからではない。）
［否定しているのはbecause he is richという理由を表す節］

使い方は p.2 ▶

日本語の意味に合うように，文を書きかえなさい。

1) 私はその質問に答えようとはしなかった。
   I tried to answer the question.
2) 笑わないようにしたが，難しかった。
   I tried to laugh, but it was difficult.

2 neverで否定する

TARGET 198

(1) She **never goes** out alone at night.
(2) Her father told her **never** to go out alone at night.

(1) 彼女は決して夜間に1人で外出しません。
(2) 彼女の父は彼女に，決して夜間に1人で外出しないようにと言った。

(1) neverで文の内容を否定する

neverを動詞の前に入れると，「決して〜ない」「一度も〜ない」という意味を表す。

- She **never goes** out alone at night.
  ▶ She goes out alone at night. という内容を「決してない」と否定している。

  I **have never seen** a cockroach before.
  （私はこれまでに一度もゴキブリを見たことがない。）(⇨ p.67)

be動詞や助動詞を使う場合は，be動詞や助動詞の後にneverを続ける。

  Kenta **is never** at home.（ケンタは家にいたためしがない。）

  I'**ll never forget** that moment.（あの時のことは決して忘れないだろう。）

(2) neverで語句の内容を否定する

neverも否定する語句の直前に置いて，その語句の内容を否定することができる。

- Her father told her **never** to go out alone at night.
  ▶ to go out alone at night ということが「決してないように」と否定している。

SECTION 12 否定

日本語の意味に合うように，(　)に適語を入れなさい。

1) サトコは決してコーヒーを飲まない。
   Satoko (　　) (　　) coffee.
2) 二度と遅刻しないと約束します。
   I promise (　　) to (　　) late again.

197-1) I didn't try to answer the question. 2) I tried not to laugh, but it was difficult.
198-1) never drinks 2) never, be

287

hardly / rarely

1 程度を否定する

TARGET 199

(1) Lucy **can hardly understand** Japanese.
(2) It's **hardly possible** for him to get the prize.

(1) ルーシーは日本語がほとんどわからない。
(2) 彼がその賞を取ることは，ほとんど不可能だ。

(1) hardly で「ほとんど〜しない」を表す

hardly は否定の意味を表す副詞で，**程度がほとんどない**ことを表す。述語動詞を否定すると，「ほとんど〜しない」という意味を表すことができる。

- Lucy **can hardly understand** Japanese.
  ▶「ほとんど理解できない」ことを表している。

The situation **has hardly improved**.
（状況はほとんど進展していません。）

 scarcely も hardly と同じ意味を表すが，hardly よりもかたい表現で，使われることは少ない。
In the snowstorm, I **could scarcely walk**.
（ふぶきの中で，私はほとんど歩くことができなかった。）

(2) hardly で「ほとんど〜ない」を表す

hardly は，SVC の文で使って「ほとんど〜ない」という意味を表すこともできる。

- It's **hardly possible** for him to get the prize.
  ▶「ほとんど可能ではない＝不可能に近い」ことを表している。

It **was hardly necessary** to buy this software.
（このソフトを買う必要はほとんどなかった。）

hardly が any や anybody のような語を修飾すると，「ほとんどない」ことを表す。

There's **hardly anybody** in the park.
（公園にはほとんどだれもいない。）

 「だれもいない」は nobody か no one で表す（⇨ p.290, 397）。
There's **nobody** in the park.（公園にはだれもいない。）
「何もない」ことを表す形容詞 no は，Section 17（⇨ p.396）で，「ほとんどない」ことを表す few, little は，Section 18（⇨ p.411）で扱う。

199

日本語の意味に合うように，（ ）に適語を入れなさい。
1) トンプソンさんのことはほとんど知りません。
   I (　) (　) Mr. Thompson.
2) タカシが彼女に平手打ちされたのは，ほとんど驚くべきことじゃない。
   It's (　) (　) that Takashi was slapped by her.

2 頻度を否定する

TARGET 200

(1) David **rarely fights** with his friends.
(2) My father **hardly ever wears** a tie.

(1) デイビッドはめったに友だちとけんかをしない。
(2) 私の父はめったにネクタイをしません。

(1) rarely で「めったに〜しない」を表す

rarely は否定の意味を表す副詞で，**頻度がほとんどない**ことを表す。動詞の前に入れると，「めったに〜しない」という意味を表すことができる。

● David **rarely fights** with his friends.
  ▶「めったにけんかをしない」ことを表している。

  I **rarely see** him these days. （最近，彼をほとんど見ていません。）

rarely と同じ意味で seldom を使うこともできる（rarely よりもかたい表現）。

  She **seldom reads** comic books.
  （彼女はめったにマンガを読まない。）

(2) hardly ever は「めったに〜しない」を表す

頻度がほとんどないことは，**hardly ever** を使って表すことも多い。

● My father **hardly ever wears** a tie.
  ▶「めったにネクタイをしない」ことを表している。

200

日本語の意味に合うように，（ ）に適語を入れなさい。
1) 彼が学校に遅刻して来ることはめったにない。
   He (　) (　) to school late.
2) 私はめったに映画を観に行かない。
   I (　) (　) go to the movies.

Ans. 199-1) hardly know 2) hardly surprising
200-1) rarely/seldom comes 2) hardly ever

289

UNIT 3 部分否定と二重否定

1 部分否定と全否定

TARGET 201

(1) I haven't read all of his novels.
(2) I have read none of his novels.

(1) 私は彼の小説を全部読んだわけではありません。
(2) 私は彼の小説を1冊も読んだことがありません。

(1) 部分を否定する

notの後でallを使うと，「全部～というわけではない」という部分否定の意味になる。

- I haven't read all of his novels.
  ▶「読んでいない小説もある」ことを表している。

allのような「全体」を表す語句をnotの後で使うと，部分否定を表すことになる。

Not everybody can be an artist.（だれもが芸術家になれるわけではない。）

 All the students didn't come. のように，allの後でnotを使うと「学生は全員来なかった」という意味にもなる。部分否定を表すときは，not→allの順で，**Not all** the students came.（すべての学生が来たわけではなかった。）とする。

always（いつも），completely（完全に），necessarily（必ず），quite（まったく）のような副詞にnotがつく場合も，部分否定の意味を表す。

I **don't always** agree with her.（私は彼女にいつも賛成するわけではない。）

Your idea is **not completely** wrong.
（君の考えは完全に間違いというわけではない。）

(2) 全部を否定する

noneを使うと，「全部～でない」という全否定を表すことになる。

- I have read **none** of his novels.
  ▶「読んだ小説が1冊もない」ことを表している。

nobodyやnothingなどを使って，全否定を表すこともできる（⇨p.397）。

Nobody was seen on the beach.
（浜辺にはだれも見あたらなかった。）

201

日本語の意味に合うように，( )に適語を入れなさい。
1) すべての学生が徒歩で通学しているわけではない。
　　(　　)(　　) the students come to school on foot.
2) お金が必ずしも幸福を意味するとは限らない。
　　Money does (　　)(　　) mean happiness.

2 二重否定

TARGET 202

(1) It is **not impossible** to jump over this fence.
(2) Meg **never fails** to send me a birthday card.

(1) このフェンスを跳び越えるのは不可能ではない。
(2) メグは必ず私にバースデーカードを送ってくれる。

(1) 否定の表現を重ねる

1つの文の中で否定の意味を表す語が2つ使われることを二重否定と呼ぶ。

● It is **not impossible** to jump over this fence.
　▶「不可能な」をnotで否定しているので，「不可能ではない」となる。

次の文も二重否定の表現と考えることができる。

　　You **can't** see the movie **without** crying.
　　　(その映画は涙なくして観ることはできませんよ。)

(2) 否定の意味を続けて肯定の意味を表す

● Meg **never fails** to send me a birthday card.
　▶「送りそこなう」をneverで否定しているので「必ず送る」という意味になる。

　Don't fail to call me.（必ず電話してください。）［一度だけの行為に対して］

 forgetと否定語を一緒に使っても肯定の意味を表すことができる。
　　Don't forget to call me tomorrow.（明日，必ず電話してください。）

202

日本語の意味に合うように，( )に適語を入れなさい。
1) 彼が遅れて来るのはめずらしいことではない。
　　It is (　　) unusual for him to be late.
2) 5時までには必ず家に帰ってきなさい。
　　Don't (　　) to come home by five.

 201-1) Not all　2) not necessarily
202-1) not　2) fail

291

UNIT 4 notの使い方

1 notの位置

TARGET 203

(1) I **don't think** it's a good idea.
(2) I hope I'**m not disturbing** you.

(1) それはよい考えとは思えません。
(2) おじゃまをしていなければいいのですが。

(1) 主節の動詞を否定する

「…だとは思わない」と言うときは，**I don't think ...** の形を使う。「…ではないと思う」のようにthinkの後の文を否定するよりも，I don't think ... とするのがふつう。

- I **don't think** it's a good idea.
  ▶「よい考えである」ことを否定するのではなく，「思わない」で否定を表している。

 I thinkの後に否定文を続けると「…ではないと思う」という断定的な判断を表すことになる。この意味合いをやわらげるために「…だとは思わない」という形を使う。

believeやsupposeのような語も，I don't believe ... やI don't suppose ... という形にするのがふつう。

I **don't believe** he knows the truth.（彼が真実を知っているとは思えない。）

(2) 従属節の動詞を否定する

hopeを使って「…でないことを願う」と言うときは，hopeの後の文（従属節）を否定する。

- I hope I'**m not disturbing** you.
  ▶「じゃましている」を否定して，「…を望む」は否定しない。

I hope he **doesn't realize** my error.
（彼が私の誤りに気づかなければいいのですが。）

I hope…

203

日本語の意味に合うように，（　）に適語を入れなさい。
1) 彼がラップを好きだとは思わないよ。
　　I (　　) think he likes rap music.
2) 彼女が僕のことを怒らないといいんだけど。
　　I (　　) she won't get angry with me.

② 節の代わりをする not

TARGET 204

(1) "Will Jun be late again?" "I hope not."
(2) "Do you have any small change?" "I'm afraid not."

(1)「ジュンはまた遅れてくるのかな。」「そうじゃないといいね。」
(2)「小銭をお持ちですか。」「あいにくないんです。」

(1) I hope not.「そうでないことを願う」

相手の問いかけに対してI hope not. と答えると，notだけでhopeに続く否定の節の内容を表すことができる。

- "Will Jun be late again?" "I hope not."
  ▸ I hope not. はI hope Jun won't be late again. ということ。notだけでJun won't be late againという内容を表している。

(2) I'm afraid not.「残念ながらそうでない」

「残念ながらそうではない」と答える場合は，I'm afraid not. を使う。

- "Do you have any small change?" "I'm afraid not."
  ▸ I'm afraid not. はI'm afraid I don't have any small change. ということ。notだけで否定の節の内容を表している。

think, believe, supposeも，I think not. のような形にすることができるが，I don't think so. という形を使うことのほうが多い。

"Is Jim coming today?" "I don't think so."
（「ジムは今日来ますか。」「来るとは思いませんけれど。」）

> 肯定の節の内容を1語で表すときには，soを使う。
> "Is Mary still there?" "I hope so."
> （「メアリーはまだそこにいるかな。」「そうだといいね。」）
> "Is it still raining?" "I'm afraid so."
> （「まだ雨は降っていますか。」「（残念ながら）そうだと思いますよ。」）

日本語の意味に合うように，( )に適語を入れなさい。
1)「明日，雨が降るかな？」「降らないといいね。」
　　"Will it rain tomorrow?" "I (　　) (　　)."
2)「彼は選挙に勝ったの？」「残念ながら勝てなかったよ。」
　　"Did he win the election?" "I'm (　　) (　　)."

Ans. 203-1) don't 2) hope
204-1) hope not 2) afraid not

否定語を使う否定表現

1 cannotを使う表現

TARGET 205

(1) You **cannot be too careful** when you swim in the sea.
(2) I **cannot help crying** whenever I watch that movie.

(1) 海で泳ぐときは、いくら注意してもしすぎることはない。
(2) あの映画を観るときはいつも、泣かずにはいられない。

(1) cannot ... too ~

cannot/can't ... too ~ は「いくら~してもしすぎることはない」という意味を表す。

- You **cannot be too careful** when you swim in the sea.
    ▶「いくら注意してもしすぎることはない」という意味。be too ...（あまりに…すぎる）をcannotで否定することで、「あまりに…すぎることはあり得ない」となる。

I **can't thank him too much**.（彼にはいくら感謝してもしすぎることはない。）
  [thank him too much（彼に感謝しすぎる）をcan'tで否定している]

(2) cannot help -ing

cannot/can't help -ing は「~せずにはいられない」という意味を表す。

- I **cannot help crying** whenever I watch that movie.
    ▶「泣かずにはいられない」という意味。このhelpは「~を避ける」という意味なので、「泣くのを避けることはできない」ことを表している。

I tried not to laugh but I **couldn't help it**.
（笑わないようにしたが、こらえることができなかった。）
[cannot help it は「それ（笑うこと）をこらえることができない」という意味]

 〈cannot help but ＋動詞の原形〉や〈cannot but ＋動詞の原形〉で「~せずにはいられない」という意味を表すことができる。
I **couldn't help but agree** with the policy.
（その政策に賛成せずにはいられなかった。）

205 日本語の意味に合うように、（ ）に適語を入れなさい。
1) 職業を選ぶときには、どんなに真剣にしてもしすぎるということはない。
　　You (　　) be (　　) serious in choosing a job.
2) 彼のことを好きにならずにはいられない。
　　I (　　) (　　) liking him.

2 否定語を使って時を表す表現

TARGET 206

(1) It **was not long before** the rain stopped.
(2) My brother **didn't** get a job **until** he was twenty-five.
(3) The game **had hardly started when** it began to snow.

(1) 雨はまもなくやんだ。
(2) 兄は25歳になってやっと就職した。
(3) 試合が始まるとすぐに雪が降り始めた。

(1) It was not long before ...「まもなく…した」

- It **was not long before** the rain stopped.
  ▶「雨がやむまでには長くかからなかった→まもなくやんだ」という意味。

It will not be long before ... だと「まもなく…するだろう」となる。

It won't be long before an ambulance arrives.
（まもなく救急車が到着するだろう。）[救急車が到着することを想定しているので, arrivesと現在形を使っている（⇨p.53）]

(2) not ... until ～「～になってやっと…する」

- My brother **didn't** get a job **until** he was twenty-five.
  ▶「25歳まで就職しなかった→25歳になってやっと就職した」という意味。

It wasn't until last night **that** my cat came back.
（昨夜になってようやく, 僕のネコが戻ってきた。）
[not ... until ～を, It is ～ that ... の強調構文で表している（⇨p.349）]

(3) had hardly＋過去分詞＋when ...「～するとすぐに…」

- The game **had hardly started when** it began to snow.
  ▶ほとんど同時であることを表す。whenの代わりにbeforeも使える。

206

日本語の意味に合うように, (　)に適語を入れなさい。
1) もうすぐガソリンがなくなるだろう。
　　It will not be (　　) (　　) we run out of gas.
2) 彼は試合が終わってやっとここに来た。
　　He did (　　) come here (　　) the game was over.
3) 彼女が話し始めるとすぐに彼が口をはさんだ。
　　She (　　) (　　) started talking when he interrupted her.

Ans. 205-1) cannot/can't, too　2) cannot/can't help
206-1) long before　2) not, until　3) had hardly

UNIT 6 否定語を使わない否定表現

1 不定詞を使う否定表現

TARGET 207

(1) I **have yet to see** your paintings.
(2) He would be **the last man to break** his word.

(1) あなたの絵はまだ見たことがありません。
(2) 彼は決して約束を破らないでしょう。

(1) have yet ＋不定詞

have yet の後に不定詞を続けると，「まだ～していない」という意味になる。

- I **have yet to see** your paintings.
  ▶「これから見ることになっている→まだ見ていない」という意味。〈have yet＋不定詞〉は文章体の表現。

  This job **has yet to be finished**. (この仕事はまだ終わっていない。)

(2) the last ... ＋不定詞

〈the last＋名詞〉の後に不定詞を続けると，「決して～しない…／最も～しそうにない…」という意味になる。名詞の後に関係詞節を続けることもできる。

- He would be **the last man to break** his word.
  ▶「約束を破るとしたら一番最後だろう→決して約束を破らないだろう」という意味。想像上のことなので，仮定法の would が使われている。

  This is **the last thing** that I want to do. (これは決してしたくないことだ。)

too ... の後に不定詞を続けると，「あまりに…で～できなかった」「～するにはあまりに…だ」という意味になる(⇨p.152)。
He was **too** sleepy **to answer** the phone.
(彼はあまりに眠くて電話に出られなかった。)

fail に不定詞を続けると，「～できない」「～しそこなう」という意味になる(⇨p.291)。
I **failed to keep** the secret.
(私は秘密を守ることができなかった。)

207
日本語の意味に合うように，( )に適語を入れなさい。
1) 私たちはまだ結果を聞いていない。
　　We have ( ) ( ) hear the result.
2) 彼女は決して友人を裏切るようなことはしない人です。
　　She is ( ) ( ) ( ) to betray a friend.

2 but / fromを使う否定表現

TARGET 208

(1) London is **anything but** boring.
(2) The movie was **far from** exciting.
(3) This building is **free from** rats.

(1) ロンドンは少しも退屈な街なんかじゃない。
(2) その映画は，とてもおもしろいとは言えないものだった。
(3) この建物にはネズミはいません。

(1) anything but ...「少しも…でない」

- London is **anything but** boring.
  - ▶「退屈以外は何でも→退屈ではない」という意味。このbutは「〜を除いて」という意味で使われている。

  He is **anything but** a scholar. (彼は学者なんかじゃないよ。)

   参考 nothing but ... は「…以外は何もない」という意味を表す。
  There was **nothing but** cheese to eat.
  （食べるものはチーズしかなかった。）[nothing but = only]

(2) far from ...「少しも…でない」

- The movie was **far from** exciting.
  - ▶「おもしろさからはほど遠い→少しもおもしろくない」という意味。

(3) free from / of ...「…がない／…を含まない」

- This building is **free from** rats.
  - ▶「ネズミからは自由だ→ネズミはいない」という意味。fromの後には話し手がよくない印象を持っているものが続く。

  Admission is **free of** charge. (入場は無料です。) [支払いが免除されているという意味ではfree of ... を使う]

SECTION **12** 否定

・・・・(Q) ・・・・・・・・・・・・・・・・・・・・・・・・・・・・・・・・・・
208
日本語の意味に合うように，（ ）に適語を入れなさい。
1) 彼の小説はとてもおもしろいとは言えない。
   His novel is (   ) from interesting.
2) この町には交通渋滞がない。
   This town is (   ) from heavy traffic.

 207-1) yet to 2) the last person
208-1) far 2) free

297

EXERCISES

A 次の英文を参考にして、日本語の意味に合うように、___に適語を入れなさい。

1) a) Fred is from Australia.
   Fred _____ from Canada. (フレッドはカナダの出身ではありません。)
   b) Fred speaks English.
   Fred _____ _____ Japanese. (フレッドは日本語を話しません。)
   c) Fred can play the guitar.
   Fred _____ _____ the piano. (フレッドはピアノが弾けません。)

2) a) I'm French.
   I'm _____ Italian. (私はイタリア人ではありません。)
   b) I went to the concert.
   I _____ _____ to the party. (私はパーティーに行きませんでした。)
   c) I've already had breakfast.
   I _____ _____ lunch yet. (私はまだ昼食を食べていません。)

B 日本語の意味に合うように、___に適語を入れなさい。

1) 私はニューヨークに行ったことが一度もありません。
   I've _____ been to New York.

2) パーティーではほとんど食べることができなかった。
   I could _____ eat anything at the party.

3) 彼らはめったに肉を食べません。
   They _____ eat meat.

4) 私たちはまだこの仕事を完成させていません。
   We have _____ to complete this work.

C 日本語の意味に合うように、( )内の語を並べかえなさい。

1) 安い物が必ずしも経済的だとは限りません。
   Cheap things (always / are / economical / not).

2) あなたにはいくら感謝してもしすぎることはありません。
   I (you / too / thank / cannot) much.

3) 先生は私たちに決してうそをついてはいけないと言いました。
   Our teacher told (to / us / tell / never) a lie.

SECTION ⓬ 否定 (解答 ▶ p. 484)

4) 目覚まし時計が鳴ってからようやく私は目を覚ました。
   I (wake / until / didn't / up) the alarm clock rang.
5) 大学生が自宅で暮らすのはめずらしいことではありません。
   It (uncommon / not / for / is) college students to live at home.

D 日本語の意味に合うように，＿＿に適語を入れなさい。

1) もう2度と授業には遅刻しません。
   I ＿＿＿＿ ＿＿＿＿ ＿＿＿＿ late for the class again.
2) あなたは1つも間違いをしませんでした。
   You ＿＿＿＿ ＿＿＿＿ ＿＿＿＿ mistakes.
3) 私は彼の歌が全部好きだというわけではありません。
   I ＿＿＿＿ ＿＿＿＿ ＿＿＿＿ of his songs.
4) 法律を学んでいる学生がみな法律家になれるわけではありません。
   ＿＿＿＿ ＿＿＿＿ student studying law can become a lawyer.
5) 今夜は雨は降らないと思うよ。
   I ＿＿＿＿ think that it will ＿＿＿＿ tonight.
6) ジョンは決して君を裏切るような男ではないよ。
   John would ＿＿＿＿ the ＿＿＿＿ man to betray you.

E 各組の文がほぼ同じ内容を表すように，＿＿に適語を入れなさい。

1) a) Thomas comes every Sunday.
   b) Thomas never ＿＿＿＿ ＿＿＿＿ come on Sunday.
2) a) The musical was not a success at all.
   b) The musical was ＿＿＿＿ from being a success.
3) a) This area doesn't have air pollution.
   b) This area is ＿＿＿＿ from air pollution.
4) a) Your dream will soon come true.
   b) It will ＿＿＿＿ be ＿＿＿＿ before your dream comes true.
5) a) As soon as I got home, the telephone rang.
   b) I ＿＿＿＿ ＿＿＿＿ got home when the telephone rang.

SECTION 13 疑問文・感嘆文

理解へのアプローチ

1 語順を変えて質問であることを伝える

だれかに何かを尋ねるときは,「質問ですよ」ということを相手に伝える必要があります。日本語では,「あなたは高校生ですか」のように, 文の最後に「か?」を加えるだけで疑問文にできます。英語でもYou are a high school student?と語尾を上げて言えば, 相手は質問していると思ってくれます。でも, これは会話のときだけです。英語では, 文の始めに疑問文であることをきちんと示さなければならないのです。

疑問文には, Yes/No疑問文と疑問詞を使う疑問文があります。Yes/No疑問文は, 相手にYesかNoの答えを求める疑問文です。**主語の前にbe動詞や助動詞を出す**ことで, 質問していることを表します。

Are you a high school student?（あなたは高校生ですか。）

肯定文でbe動詞や助動詞を使わないときは, doを使って〈Do＋主語＋動詞の原形〉の語順にします。

Do you know her phone number?
（彼女の電話番号知ってる?）

具体的な答えを聞きたいときは, 疑問詞で文を始めます。**疑問詞の後は疑問詞が主語のはたらきをするときは動詞を続け, そうでなければYes/No疑問文と同じ語順に**します。

Who teaches you English?
（だれがあなたに英語を教えていますか。）

What did you do yesterday?
（あなたはきのう何をしましたか。）

who, what, whichは「だれ?」「何?」「どれ?」という質問をするときに, when, where, how, whyは「いつ?」「どこ?」「どのように?」「なぜ?」のような質問をするときに使います。

Where is your school?（あなたの学校はどこにありますか。）

Why did you go there?（あなたはどうしてそこに行ったのですか。）

❷ how や what を使って感情を伝える

「なんて〜なんだ」のように，感情を強調して表現したいときに感嘆文を使います。
形容詞や副詞を強調するときは how，形容詞に名詞をつけるときは what を使います。

How nice!（なんてすてきなんでしょう！）

What a beautiful sunset!（なんて美しい夕焼けなんでしょう！）

学 習 ガ イ ド

基本ゾーン

- **UNIT 1** Yes/No 疑問文と選択疑問文 ……………………………… p. 302
  - ❶ Yes/No 疑問文と否定疑問文 ❷ 選択疑問文
- **UNIT 2** 疑問代名詞を使う疑問文（1）………………………… p. 304
  - ❶ who / what / which ＋動詞
  - ❷ who / what / which ＋疑問文の語順
- **UNIT 3** 疑問代名詞を使う疑問文（2）………………………… p. 306
  - ❶ whose / what / which ＋名詞
  - ❷ 前置詞と疑問詞のつながり
- **UNIT 4** 疑問副詞を使う疑問文（1）…………………………… p. 308
  - ❶ when / where ❷ why / how
- **UNIT 5** 疑問副詞を使う疑問文（2）…………………………… p. 310
  - ❶ how ＋形容詞／副詞 ❷ why や how を使う表現

応用ゾーン

- **UNIT 6** 応答疑問と付加疑問 ………………………………… p. 312
  - ❶ 応答疑問 ❷ 付加疑問
- **UNIT 7** 間接疑問と感嘆文 …………………………………… p. 314
  - ❶ 間接疑問 ❷ 感嘆文

表現ゾーン

- **UNIT 8** 疑問詞を使うさまざまな表現 ……………………… p. 316
  - ❶ 疑問詞を使う表現 ❷ 修辞疑問

SECTION 13　疑問文・感嘆文

UNIT 1 Yes/No疑問文と選択疑問文

1 Yes/No疑問文と否定疑問文

> **TARGET 209**
>
> (1) **Are** you free tomorrow?
> (2) **Do** you **take** cream in your coffee?
> (3) **Can't** you swim?
>
> (1) 明日はひま？
> (2) コーヒーにクリームは入れますか。
> (3) 泳げないの？

(1) be動詞で始める疑問文

質問の答えとしてYesかNoを求める疑問文をYes/No疑問文と呼ぶ。be動詞を使うときは，**be動詞で疑問文を始める**。

- **Are** you free tomorrow?
  ▶ Yes, I am. / No, I'm not. I'm busy tomorrow. のように答える。

(2) doで始める疑問文

be動詞以外の動詞の場合はdoで始め，〈**Do/Does/Did＋主語＋動詞の原形**〉という語順にする。助動詞を使う場合は，その助動詞を主語の前に出す。

- **Do** you **take** cream in your coffee?
  ▶ Yes, I do. / No, I don't. I drink coffee black. のように答える。

  Does she like music? （彼女は音楽が好きですか。）[主語が3人称で単数ならdoesを使う。過去のことを尋ねる場合はdidを使う]

  Will it be good for you? （それは君にとっていいことなの？）
  [Yes, of course. （ええ，もちろん。）/ Actually, I'm not sure. （実は，よくわからないんです。）のような答え方ができる]

(3) 否定形で始める疑問文

- **Can't** you swim? — No, I can't. / Yes, I can.
  ▶「そうじゃないの？」という意外な気持ちを表すときにbe動詞や助動詞の否定形で文を始める。「泳げないの？」に対して「泳げない」と答える場合はnoと言う。

   答えが肯定の内容ならYes, 否定の内容ならNoで答える。
  "Don't you like Chinese food?" "Yes, actually I do."
  （「中華料理は好きじゃないかしら？」「いや，実は好きなんです。」）

否定疑問文は，自分の考えを確認したいときや，相手に同意を求めるときにも使う。

"**Aren't** **you** sleepy?" "**Yes**, I am."(「眠いんじゃないの？」「うん，眠いよ。」)
Isn't **it** a beautiful morning?(気持ちのいい朝じゃない？)

209

日本語の意味に合うように，（　）に適語を入れなさい。

1)「これはあなたのマーカーペンですか。」「いいえ，違います。」
　"(　)(　) your highlighter?" "No, it (　)."

2)「彼女の住所を知っていますか。」「ええ，知っています。」
　"(　)(　) know her address?" "Yes, (　)(　)."

3)「一緒に来られないの？」「うん，行けないんだ。」
　"(　) you come with me?" "(　), I can't."

2 選択疑問文

TARGET 210

(1) Will you have tea **or** coffee?
(2) Shall we go for a walk **or** stay at home?

(1) 紅茶になさいますか，それともコーヒー？
(2) 散歩に行こうか，それとも家にいる？

(1) 選択肢を提示する選択疑問文

orを使って，選択肢の中から選ぶことを求める選択疑問文をつくることができる。

● Will you have tea **or** coffee?

▶ teaかcoffeeか，どちらなのかを尋ねている。選択肢が3つ以上になる場合は，A, B or Cのように続ける。選択疑問文では，orの前までを上がり口調，最後は下がり口調で言うのがふつう。

(2) 句や節を選択肢にする選択疑問文

● Shall we go for a walk **or** stay at home?

▶ go for a walkかstay at homeか，どちらなのかを尋ねている。

210

日本語の意味に合うように，（　）に適語を入れなさい。

1) 目玉焼きがほしい？ それともゆで卵？
　Do you want a fried egg (　) a boiled egg?

2) 旅行は飛行機で行ったんですか，それとも船で？
　Did you travel by air (　)(　) sea?

Ans. 209-1) Is this, isn't 2) Do you, I do 3) Can't, No
210-1) or 2) or by

UNIT 2 疑問代名詞を使う疑問文 (1)

1 who / what / which ＋動詞

TARGET 211

(1) **Who broke** the window?
(2) **What is needed** for the camping trip?
(3) **Which is** your umbrella?

(1) だれが窓ガラスを割ったのですか。
(2) キャンプ旅行には何が必要ですか。
(3) どれがあなたのかさですか。

(1) who の後に動詞を続ける

疑問代名詞が文の主語や補語になる場合は，〈疑問代名詞＋動詞〉の語順になる。

● **Who broke** the window?
　▶ だれが割ったかを尋ねている。who は broke の主語。

　Who is the lady over there? (あちらのご婦人はどなたですか。)
　[Who is the president of your company? (あなたの会社の社長はだれですか。)
　のように，疑問代名詞が主語なのか補語なのか決められない場合もある]

 疑問代名詞は3人称単数扱いなので，be動詞は is や was となり，一般動詞で現在のことを表すときは3単現のsがつく。
　Who works with you? (だれがあなたと一緒に働いていますか。)

(2) what の後に動詞を続ける

● **What is needed** for the camping trip?
　▶ 何が必要かを尋ねている。what は is needed の主語。

(3) which の後に動詞を続ける

● **Which is** your umbrella? ― This is mine.
　▶ 何本かあるかさの中からどれなのかを尋ねている。

211 日本語の意味に合うように，(　)に適語を入れなさい。
1) だれがドアを開けたのですか。
　(　　) (　　) the door?
2) 彼に何があったのですか。
　(　　) happened to him?
3) イエスかノーか，答えはどっち？
　(　　) (　　) your answer, yes or no?

who / what / which ＋疑問文の語順

TARGET 212

(1) **Who did** you **see** last night?
(2) **What are** you **planning** to do?
(3) **Which do** you **prefer**, tea or coffee?

(1) 昨夜，だれに会いましたか。
(2) 何をする予定ですか。
(3) お茶とコーヒー，どちらがお好きですか。

(1) who の後に疑問文の語順を続ける

疑問代名詞が動詞の目的語になる場合は，疑問代名詞の後に疑問文の語順を続ける（⇨ p.302）。

- **Who did** you **see** last night?
  ▶ だれに会ったのかを尋ねている。who は see の目的語。

Who will you **invite** to the party?（パーティーにはだれを招待しますか。）

> **注意!!** 動詞の目的語なので目的格の whom を使うのが文法的には正しいが，疑問文の文頭で使うときは who を使うことが多い。
> Whom did you visit?（だれを訪ねたのですか。）

(2) what の後に疑問文の語順を続ける

- **What are** you **planning** to do?
  ▶ 何をするつもりなのかを尋ねている。what は do の目的語。

(3) which の後に疑問文の語順を続ける

- **Which do** you **prefer**, tea or coffee?
  ▶ 2つの選択肢のうち，どちらなのかを尋ねている。which は prefer の目的語。

212　日本語の意味に合うように，（　）に適語を入れなさい。
1) だれと話していたんですか。
　　（　）（　）you（　）with?
2) あなたのために私に何ができますか。
　　（　）（　）I do for you?
3) 小，中，大のどれがいいですか。
　　（　）（　）you want, small, medium or large?

SECTION 13 疑問文・感嘆文

211-1) Who opened 2) What 3) Which is
212-1) Who/Whom were, talking 2) What can 3) Which do

305

UNIT 3 疑問代名詞を使う疑問文 (2)

1 whose / what / which ＋名詞

TARGET 213

(1) **Whose key** is this?
(2) **What sport** do you like?
(3) **Which bus** should we take?

(1) これはだれのかぎですか。
(2) どんなスポーツが好きですか。
(3) どのバスに乗ればいいのですか。

(1) 〈whose ＋名詞〉で文を始める

「だれのものか」を尋ねたいときは,〈**whose ＋名詞**〉を文頭で使う。

- **Whose key** is this? — It's not mine.
  ▶ Whose is this?(これはだれのもの？)のようにwhoseを単独で使うこともある。

  Whose coat is on the table?（テーブルの上にあるのはだれのコート？）

(2) 〈what ＋名詞〉で文を始める

whatは疑問形容詞として〈**what ＋名詞**〉の形で使うことができる。

- **What sport** do you like? — I like soccer.
  ▶「どんなスポーツが好き？」と尋ねている。

  What color is your father's car?（あなたのお父さんの車は何色ですか。）

  What kind of music do you like?（あなたはどんな種類の音楽が好きですか。）
  [種類を尋ねるときにWhat kind[sort] of ...?という表現を使う]

(3) 〈which ＋名詞〉で文を始める

いくつかあるものの中から「どの〜」と尋ねたいときは〈**which ＋名詞**〉を使う。

- **Which bus** should we take?
  ▶ いくつかあるバスの中から「どのバス？」と尋ねている。

213　日本語の意味に合うように, (　)に適語を入れなさい。

1) それはだれのミスだったのですか。
   (　　　) mistake was that?
2) どんな辞書を使っていますか。
   (　　　) dictionary do you use?
3) 彼はどの道を行きましたか。
   (　　　) way did he go?

② 前置詞と疑問詞のつながり

TARGET 214

(1) **Who** did you travel **with**?
(2) **What** are you laughing **at**?

(1) だれと旅行したのですか。
(2) 君は何を笑っているのですか。

(1) who が前置詞の目的語になる

(1) のように「だれと（一緒に）旅行したの？」と尋ねるときは，travel の後に前置詞の with が必要。この who は with の目的語。

● **Who** did you travel **with**?

▶ だれと一緒に旅行したのか尋ねている。travel with 〜 の「〜」の部分を聞きたいのだから with が必要。

 この who は前置詞に続くものなので目的格の whom を使って Whom did you travel with? とするのが正式。ただし，疑問文の冒頭では who を使うことが多い。
前置詞を疑問詞の前につけて With whom did you travel? とすることもできるが，この形は文章体。

Who did you **vote for**? （だれに投票しましたか。）

Who are you going to **speak to**? （だれと話すつもりですか。）

(2) what や which が前置詞の目的語になる

● **What** are you **laughing at**?

▶ 何を笑っているのか尋ねている。laugh at 〜 の「〜」の部分が何かを聞きたいのだから at が必要。

What are they **talking about**? （彼らは何の話をしているの？）

Which club do you **belong to**? （どのクラブに所属していますか。）

214
日本語の意味に合うように，（　）に適語を入れなさい。
1) だれとけんかをしたの？
　　（　　）did you have a quarrel with?
2) この DVD はどの店から借りてきたのですか。
　　（　　）store did you rent this DVD （　　）?

Ans. 213-1) Whose 2) What 3) Which
214-1) Who/Whom 2) Which, from

疑問副詞を使う疑問文 (1)

1 when / where

TARGET 215

(1) **When** did you come back from New York?
(2) **Where** are you going to stay in Tokyo?

(1) いつニューヨークからお戻りになったのですか。
(2) 東京ではどちらにご滞在の予定ですか。

(1) whenで「いつ？」を尋ねる

whenやwhereのような疑問副詞の後は，疑問文の語順にする（⇒p.302）。

- **When did you come** back from New York?
  ▶「いつ？」の後に「ニューヨークから戻ってきましたか」を疑問文の語順で続ける。

When can you come to my house?（いつうちに来ることができますか。）

(2) whereで「どこ？」を尋ねる

- **Where are you going** to stay in Tokyo?
  ▶「どこ？」の後に「東京で滞在の予定ですか」を続ける。I'm going to stay at my uncle's.（おじの家に滞在する予定です。）のような答え方ができる。

Where shall we meet?（どこで待ち合わせしましょうか。）

215　日本語の意味に合うように，（　）内の語句を並べかえなさい。
1) あなたはいつ戻ってきますか。
　　(you / when / be / will / back)?
2) どこでそのうわさを聞きましたか。
　　(hear / did / where / you / that rumor)?

2 why / how

TARGET 216

(1) **Why** do you want to go to college?
(2) **How** do you come to school?
(3) **How** is your grandmother?

(1) あなたはなぜ大学に行きたいのですか。
(2) あなたはどうやって通学していますか。
(3) あなたのおばあさんはどうしていますか。

308

(1) why で「なぜ？」「どうして？」を尋ねる

- **Why do you want** to go to college?
  ▶「なぜ？」の後に「あなたは大学に行きたいのですか」を続ける。

  Why did he sell his car?（どうして彼は車を売ったの？）

  Why didn't you come to school yesterday?
  （どうしてきのうは学校に来なかったの？）

 why を使って「なぜ？」と聞かれたときは，because を使って理由を説明するのがふつう。
Why did you go to the hospital?（どうして病院に行ったの？）
Because I had a bad cold.（ひどいかぜをひいていたからです。）
不定詞を使って「～するため」と答えることもできる。
To visit my aunt.（おばのお見舞いのためです。）

(2) how で「どうやって？」を尋ねる

- **How do you come** to school? — By bicycle.
  ▶「どうやって？」の後に「あなたは学校に行きますか」を続ける。by bicycle は「自転車で」という通学手段を表している（⇨p.373）。

  How do I get to the post office?
  （郵便局へはどうやって行けばいいですか。）[You can walk there from here.（ここから歩けますよ。）のように方法を答える]

(3) how で「どのような？」を尋ねる

- **How is** your grandmother?
  ▶おばあさんの健康状態を尋ねている。She's very well.（とても元気です。）のように答える。

  How was your date with Kyoko?
  （キョウコとのデートはどうだった？）

Q 216

日本語の意味に合うように，（　）に適語を入れなさい。
1) どうして私のことを信じてくれないの？
　（　　）（　　）you believe me?
2) どうやってそんなにすぐにここに着いたのですか。
　（　　）did you come here so quickly?
3) 今朝のご気分はいかがですか。
　（　　）（　　）you feeling this morning?

 215-1) When will you be back 2) Where did you hear that rumor
216-1) Why don't 2) How 3) How are

UNIT 5 疑問副詞を使う疑問文 (2)

1 how ＋形容詞／副詞

> **TARGET 217**
>
> (1) **How old** is your sister?
> (2) **How far** is it from here to the station?
> (1) 妹さんはおいくつですか。
> (2) ここから駅まではどのくらいの距離がありますか。

(1) 〈how ＋形容詞〉で「どのくらいの〜なのか」を尋ねる

howの直後に形容詞を続けると，「どのくらいの〜なのか」を尋ねることができる。

- **How old** is your sister?
  ▶ how oldで「どのくらいの年なのか」→「何歳なのか」を尋ねている。

  How big is your family? （あなたのところは何人家族ですか。）[How many people are there in your family? で人数を尋ねることもできる]

(2) 〈how ＋副詞〉で「どのくらい〜なのか」を尋ねる

距離や時間，程度などを尋ねるときは，howの直後に副詞を続ける。

- **How far** is it from here to the station?
  ▶ ここから駅までは「どのくらい離れているのか」尋ねている。

  How soon can you come? （どのくらいの時間で来ることができますか。）

  How long are you going to stay? （どのくらいの滞在予定ですか。）

  How often do you go to the dentist?
  （どのくらいの頻度で歯医者に行きますか。）

数や量を尋ねるときはhow manyとhow muchを使う（⇨p.408）。

  How many photographs did you take during the trip?
  （旅行の間に写真を何枚撮りましたか。）

  How much should we pay? （いくら払わなければなりませんか。）

日本語の意味に合うように，( ) に適語を入れなさい。
1) 身長はどのくらいありますか。
   ( ) ( ) are you?
2) あなたはTシャツを何枚持っていますか。
   ( ) ( ) T-shirts do you have?

2 whyやhowを使う表現

TARGET 218

(1) **Why don't you** call a taxi?
(2) **How come** you didn't wake me up?

(1) タクシーを呼んだら？
(2) どうして起こしてくれなかったんだ？

(1)〈Why don't you＋動詞の原形？〉「～したらどう？」

● **Why don't you call** a taxi?
　▶「タクシーを呼ぶ」ことを提案している。

「～しませんか？」と言う場合は，〈**Why don't we＋動詞の原形？**〉を使う。

Why don't we go to a movie?（映画を観に行きませんか。）

 「…しませんか」という提案は，Let's ...（⇨p.34）やShall we ...?（⇨p.87）で表すこともできる。

「～したらどう？」と言う提案は〈**Why not＋動詞の原形？**〉で表すこともできる。

Why not call Bob?（ボブに電話してみたらどう？）

提案や勧誘を **How about ～?** で表すこともある。

How about a cup of coffee?（コーヒーでもいかがですか。）
[How aboutの後に動名詞を続けると，「～するのはどう？」という意味になる（⇨p.175）。What about ...? でも提案を表すことができる]

(2)〈How come＋主語＋動詞？〉「どうして…？」

How come ...? は「なぜ？」という理由を尋ねる表現。How comeの後は〈主語＋動詞〉の語順にする。

● **How come** you didn't wake me up?
　▶ 起こしてくれなかった理由を尋ねている。

Q 218 日本語の意味に合うように，（　）に適語を入れなさい。
1) 帽子をかぶったらどう？
　（　）（　）（　）wear a hat?
2) どうして妹さんを連れてこなかったの？
　（　）（　）you didn't bring your sister?

SECTION **13** 疑問文・感嘆文

 217-1) How tall　2) How many
218-1) Why don't you　2) How come

311

UNIT 6 応答疑問と付加疑問

1 応答疑問

> **TARGET 219**
>
> (1) "I'm writing a novel." "Oh, **are you?**"
> (2) "I didn't take the exam yesterday." "**Didn't you?**"
>
> (1)「私，小説を書いているの。」「えっ，そうなの？」
> (2)「きのう，試験を受けなかったんだ。」「そうなの？」

(1) 肯定文に対し「そうなの？」と短く聞き返す

相手の発言に対応する〈be動詞＋主語？〉〈助動詞＋主語？〉という短い疑問形（応答疑問）で聞き返すことで，相手の言ったことに「えっ，そうなの？」と興味や驚きを示すことができる。

- "I'm writing a novel." "Oh, **are you?**"
    ▶ Are you writing a novel? という疑問文の最初の Are you だけを使う。

    "My mother is sick." "**Is she?**" (「母が病気なんです。」「そうなの？」)

    "Mike won the match." "**Did he?**" (「マイクが試合に勝ったよ。」「そう？」)

(2) 否定文に対し「そうなの？」と短く聞き返す

- "I didn't take the exam yesterday." "**Didn't you?**"
    ▶ Didn't you take the exam yesterday? の最初の Didn't you だけを使う。

    "I can't swim." "**Can't you?**" (「僕，泳げないんです。」「そうなの？」)

219 日本語の意味に合うように，(　)に適語を入れなさい。
1)「おなかがぺこぺこなんです。」「えっ，そうなの？」
　"I'm very hungry." "Oh, (　　) (　　)?"
2)「僕，スマホを持ってないんだ。」「えっ，そうなの？」
　"I don't have a smartphone." "Oh, (　　) (　　)?"

2 付加疑問

> **TARGET 220**
>
> (1) The restaurant opens at five, **doesn't it?**
> (2) You don't want to walk, **do you?**
>
> (1) そのレストランは5時に開くんですよね。
> (2) 歩きたくないんじゃないの？

312

(1) 肯定文で付加疑問を使う

相手に同意を求めたり確認したりするときに,〈助動詞／be動詞＋主語？〉という疑問形を文末につけ加える。これを付加疑問と呼び, 肯定文の後には否定の付加疑問を続ける。**主語は文の主語の代わりをする代名詞**を使う。

- The restaurant opens at five, **doesn't it?**
  - ▶ 主語が3人称単数で動詞がopensなので,付加疑問の助動詞はdoesを使う。

It's hot in this room, **isn't it?** （この部屋は暑いですよね。）

Tom will come here tomorrow, **won't he?**
（トムは明日ここに来るんですよね。）

It has been a long time since we last met, **hasn't it?**
（ずいぶん久しぶりですよねえ。）[完了形の場合は〈have＋主語〉を使う]

(2) 否定文で付加疑問を使う

否定文の後には肯定の付加疑問を続ける。

- You don't want to walk, **do you?**
  - ▶「歩きたくないんでしょ,そうでしょ？」という意味。

That isn't my fault, **is it?**
（それは僕の責任じゃないよね。）
[主語がthisやthatの場合は,付加疑問ではitを使う]

You haven't met my brother, **have you?**
（僕の兄には会ったことなかったよね。）

参考　付加疑問を上がり調子で言うと,相手に確認を求める意味になる。
The game starts at five, **doesn't it?** ↗
（その試合は5時に始まるんだよね。→確かそうだと思うんだけど。）
付加疑問を下がり調子で言うと,相手に同意を求める意味になる。
She never listens, **does she?** ↘
（彼女は決して人の話を聞かないよね。→君もそう思うでしょ。）
[neverは否定語なので,肯定の付加疑問をつける]

220

日本語の意味に合うように,(　)に適語を入れなさい。
1) トモヤはまだ寝ているんでしょ。
　　Tomoya is still sleeping, (　　) (　　)?
2) その写真はまだ見ていないよね。
　　You haven't seen the picture, (　　) (　　)?

219-1) are you　2) don't you
220-1) isn't he　2) have you

UNIT 7 間接疑問と感嘆文

1 間接疑問

TARGET 221

(1) I don't know **what you are talking** about.
(2) Do you know **who painted** this portrait?

(1) 君が何の話をしているのかわからないよ。
(2) だれがこの肖像画を描いたか知ってる？

(1) 平叙文に疑問文を埋め込む

文の一部として埋め込まれた疑問文を間接疑問と呼ぶ。**間接疑問は〈主語＋動詞〉の語順**になる。

- I don't **know what you are talking** about.
  ▶ what you are talking about が間接疑問。何かを尋ねるわけではないので，you are talking という〈主語＋動詞〉の語順にして，疑問符（?）もつけない。

     疑問詞が主語になる場合は，そのまま〈疑問詞＋動詞〉の語順にする。
    I don't know <u>who broke</u> the glass.
    （だれがそのグラスを割ったのか知りません。）

間接疑問は名詞のはたらきをして，動詞の目的語になったり，主語や補語になったりする。

It doesn't matter to me 〔**how you solve it**〕.
（君がそれをどうやって解決するかは僕にはどうでもいいことだ。）〔how you solve it が主語になっている。文頭の it は形式主語〕

The most important thing is 〔**what you want to study in college**〕.
（最も大切なことは，あなたが大学で何を勉強したいかです。）〔what you want to study in college が補語で，主語について述べている〕

(2) 疑問文に疑問文を埋め込む

- Do you know **who painted** this portrait?
  ▶ who painted this portrait が know の目的語になっている。文全体は，知っているかどうかを尋ねる Yes/No 疑問文。

 「だれ？」を聞くときは who で始まる疑問文にする。
Who do you think painted this portrait?
（だれがこの肖像画を描いたと思いますか。）

日本語の意味に合うように，（ ）内の語句を並べかえなさい。
1) だれがこれらの花を私に送ってくれたのかわかりません。
　　I'm not sure (sent / who / me) these flowers.
2) 彼がなぜ計画を断念したか知っていますか。
　　Do you know (he / why / gave up) his plan?

❷ 感嘆文

TARGET 222

(1) **How cute** the baby is!
(2) **What a strange painting** this is!
　(1) その赤ちゃんはなんてかわいいんでしょう！
　(2) これはなんて奇妙な絵なんだろう！

(1) howを使って感嘆文をつくる

形容詞や副詞の意味を強調して，強い感情を表すときに感嘆文を使う。形容詞や副詞を強調するときは，〈**How**＋**形容詞／副詞**＋**主語**＋**動詞**！〉という形にする。

- **How cute** the baby is!
    ▶ cute という形容詞の意味を強調している。

　How high he jumps!（彼はなんて高く跳ぶんだろう！）

　How nice!（なんてすてきなんだ！）［〈主語＋動詞〉を省略することもある］

(2) whatを使って感嘆文をつくる

強調する形容詞に名詞がつく場合は，〈**What a/an**＋**形容詞**＋**名詞**＋**主語**＋**動詞**！〉という形にする。

- **What a strange painting** this is!
    ▶ a strange painting を強調している。

　What a game!（なんという試合なんだ！）［〈What a/an＋名詞！〉だけでも使う］

日本語の意味に合うように，（ ）に適語を入れなさい。
1) この庭はなんてすてきなんだ！
　　(　　) lovely this garden is!
2) なんて無駄な時間だったんだろう！
　　(　　) (　　) waste of time that was!

Ans. 221-1) who sent me 2) why he gave up
222-1) How 2) What a

UNIT 8 疑問詞を使うさまざまな表現

1 疑問詞を使う表現

TARGET 223

(1) **What is** your brother **like**?
(2) **What do you think of** my collection?

(1) あなたのお兄さんはどんな人？
(2) 僕のコレクション，どう思う？

(1) What + be動詞 + 主語 + like?

「どのような人？」「どのようなもの？」と尋ねるときに，**What + be動詞 + 主語 + like?** を使う。

- **What is** your brother **like**?
  ▶「あなたのお兄さん」についてどういう人なのかを尋ねている。この like は「〜のような」という意味の前置詞。

  What was the weather **like**?（天気はどうでしたか。）

What ... for? は「何のために→なぜ？」という意味になる。

  What did you bring a swimsuit **for**?
  （何のために水着を持ってきたの？）

What if ...? は「…だったらどうしますか」「…だったらどうなりますか」と言う意味。

  What if it rains tomorrow?（明日，雨が降ったらどうなるのだろう。）
  [What if ...? を使って「〜するのはどうだろう」という提案を表すこともある。
  What if we go to the movies?（映画を観に行くのはどう？）]

(2) What do you think of 〜？

「〜をどう思う？」と尋ねるときは，**What do you think of 〜?** を使う。

- **What do you think of** my collection?
  ▶「僕のコレクション」についてどう思っているのかを尋ねている。具体的な意見を聞くのでwhatを使う。

  What does your girlfriend **think of** your haircut?
  （君のガールフレンドはその髪型をどう思っているのかな？）

howを使って感想を聞くときは，**How do you feel about 〜?** を使う。

  How do you feel about him?（彼のこと，どう思いますか。）

参考 whatやhowを使うあいさつの表現には次のようなものがある。
What's up?　　　　　　What's new?
How are you?　　　　　How's it going?
How are you doing?　　How are things with you?

223　日本語の意味に合うように,(　)に適語を入れなさい。
1)「彼,仕事をやめることにしたんだって。」「どうして?」
　 "He decided to quit his job." "(　　) for?"
2) 彼の新しい小説のことはどう思いますか。
　 (　　) do you think of his new novel?

2 修辞疑問

TARGET 224

Who believes the gossip?
そんなうわさ話をだれが信じるの?

疑問文の形で自分の考えを伝える

疑問文の形をしているが,相手に答えを期待せずに,自分の考えを強く述べる文を修辞疑問と呼ぶ。

- **Who believes** the gossip?
  ▶「だれが信じる?→だれも信じないよ(Nobody believes the gossip.)」という意味。

Who knows?(だれも知らないよ。)
　[だれが知っているって言うんだ?→知っているはずがないよ]

Who cares?(かまうもんか。)
　[だれが気にするんだ?→かまわないよ]

参考 Why not?は「もちろん,いいよ」という意味を表す。「なぜだめなの?」
→「だめなわけないよ」ということ。
"How about going out for dinner?" "**Why not**?"
(「外食するっていうのはどう?」「いいわよ。」)

224　日本語の意味に合うように,(　)に適語を入れなさい。
だれがこの町のことを君よりよく知っているって言うんだい。
(　　)(　　) this town better than you?

223-1) What 2) What
224) Who knows

EXERCISES

A ___に適語を入れて，次の会話を完成しなさい。

1) A: _____ _____ a student at this school?
   B: Yes, I am.
2) A: _____ _____ _____ to school by bus?
   B: No, she doesn't. She goes to school on foot.
3) A: _____ took this picture?
   B: My father did.
4) A: _____ camera is this?
   B: It's mine.
5) A: _____ do you prefer, fish or meat?
   B: I prefer fish.
6) A: _____ was the concert last night?
   B: It was great!

B 京都を旅行してきたロブに，ヒデトが質問をしています。会話が成り立つように，___に適切な疑問詞を入れなさい。

Hideto: ①_____ did you go to Kyoto?
Rob: Last week.
Hideto: ②_____ did you travel with?
Rob: With Kevin and Anne.
Hideto: ③_____ did you stay in Kyoto?
Rob: At Midori Ryokan.
Hideto: ④_____ did you do in Kyoto?
Rob: We visited more than ten temples there.
Hideto: ⑤_____ did you visit so many temples?
Rob: Because we are interested in Japanese architecture.
Hideto: ⑥_____ _____ did you stay in Kyoto?
Rob: For three days.

C 次の文の（　）内から正しいものを選びなさい。

1)   "Aren't you tired?" "(Yes / No), I'm not."

SECTION 13 疑問文・感嘆文 (解答 ▶ p. 485)

2) Mary didn't turn off the light, (does / did / didn't) she?
3) This bag is yours, (is / isn't / doesn't) it?
4) Your brother can speak Spanish, (can / can't / doesn't) he?
5) You haven't had lunch yet, (have / haven't / didn't) you?
6) (How / What) pretty your dress is!
7) (How / What) a wonderful tennis player he is!

D a)の文を必要があれば適切な形にしてb)の空所に入れなさい。

1) a) Where does she live?
   b) Do you know _____ _____ _____ ?
2) a) Who wrote this poem?
   b) I don't know _____ _____ _____ _____ .
3) a) Why did Alan go home?
   b) Can you tell me _____ _____ _____ _____ ?
4) a) How old is he?
   b) I wonder _____ _____ _____ _____ .

E 日本語の意味に合うように, ( )内の語を並べかえなさい。

1) どんなお仕事をしていますか。
   (work / of / what / kind) do you do?
2) あとどのくらいで空港に着きますか。
   (I / can / soon / how) get to the airport?
3) これは何だか知っていますか。
   (this / you / is / do / know / what)?
4) これは何だと思いますか。
   (this / you / is / do / think / what)?
5) それはなんておもしろいアイデアでしょう！
   (an / idea / interesting / what) that is!
6) どうして彼らが私の名前を知っているの。
   (know / how / they / come) my name?

SECTION 14 　時制の一致と話法

1　いつのことを表すのか

　日本語では「彼は怒っていると思った」のように，過去のことでも「怒っている」という表現を使うことができますが，英語では，過去のことならきちんと過去形で表さなければなりません。

　I thought he was angry.

　このように，述語動詞の時制にほかの動詞の時制を合わせることを，**時制の一致**と呼びます。

　では，「彼女が髪型を変えたことに気がついた」という文を英語にしてみましょう。「彼女が髪型を変えた」のは，「気がついた」よりも前のことですね。こういうときは，I noticedとした後に，それよりも前のことを表す過去完了形を使います。

　I noticed that she had changed her hairstyle.

2　だれかの話を伝える

　だれかが話したことを別の人に伝える方法には，直接話法と間接話法という2つの方法があります。**直接話法**は，だれかが話したことを**そのままの形で伝える**方法で，あたかもその人が言っているかのように伝えることができます。

　　Ken said, "I'm very tired."（ケンが，「僕はとても疲れたよ」って言った。）

この文では，ケンが言ったことばをそのまま引用符（" "）の中に入れて伝えています。これが直接話法です。

　これに対し**間接話法**は，伝える人が**自分のことばに直して伝える**方法です。

　　Ken said that he was very tired.（ケンがとても疲れたと言った。）

間接話法では接続詞のthatを使って伝える内容を続けます。

　間接話法は，伝える内容を伝える人の視点でとらえますから，ケンが言った「僕」は，

「彼」になります（I → he）。

また，だれかが話したことは伝える時点では過去のことになっていますから，発言の内容に合わせて時制も変えなければなりません。"I'm very tired."というケンの発言は，Ken saidに合わせて過去形を使うことになります。だれかが話したことが過去のことであれば，次のように過去完了形を使います。

He said that he had broken the window.
（彼は窓ガラスを割ったと言った。）

基本ゾーン

- **UNIT 1　時制の一致** …………………………………………… p. 322
  - ❶ 時制の一致
  - ❷ 時制の一致をしない場合
- **UNIT 2　直接話法と間接話法 (1)** …………………………… p. 324
  - ❶ 人称代名詞を合わせる
  - ❷ 時制を合わせる
- **UNIT 3　直接話法と間接話法 (2)** …………………………… p. 326
  - ❶ 伝達動詞を決める
  - ❷ 指示語，時や場所の表現を変える
- **UNIT 4　疑問文を伝える間接話法** ………………………… p. 328
  - ❶ 疑問詞を使う疑問文を伝える間接話法
  - ❷ Yes/No 疑問文を伝える間接話法
- **UNIT 5　間接話法のさまざまな形** ………………………… p. 330
  - ❶ 命令文を伝える間接話法
  - ❷ さまざまな文を伝える間接話法

SECTION 14　時制の一致と話法

UNIT 1 時制の一致

1 時制の一致

TARGET 225

(1) I **thought** he **was** sick.
(2) I **knew** he **had broken** the window.
(3) I **thought** he **would call** me.

(1) 私は彼が病気だと思った。
(2) 私は彼が窓ガラスを割ったことを知っていた。
(3) 私は彼が私に電話してくるだろうと思った。

(1) 従属節で過去形を使う

「病気だと思った」のように, 過去のある時点での状態を述べるときは,「病気だ」の部分も過去形にする。このように, **主節の動詞の時制**(thought)**に, 従属節の動詞の時制**(was)**を合わせる**ことを**時制の一致**と呼ぶ。

- I **thought** he **was** sick.
  ▶「思った」も「病気だ」も同じ過去のこと。

  I **thought** he **was studying**.
  (私は彼が勉強していると思いました。)

(2) 従属節で過去完了形を使う

「窓ガラスを割ったことを知っていた」のように, 過去のある時点よりも前のことを述べるときは過去完了形を使う (⇨ p.70)。

- I **knew** he **had broken** the window.
  ▶「窓ガラスを割った」のは「知っていた」よりも前のことなので, 過去完了形にする。

  I **knew** she **had been** there.
  (私は彼女がそこにいたことを知っていた。)

(3) 従属節で would を使う

「電話してくるだろうと思った」のように, 過去のある時点から見た未来のことは〈would＋動詞の原形〉で表す。

- I **thought** he **would call** me.
  ▶「電話してくる」のは「思った」という過去の時点から見た未来のこと。

  I **thought** she **would come** here.
  (私は彼女がここに来ると思いました。)

使い方は p.2 ▶

参考 過去形のない must や should は時制の一致でも形は変わらない。
I thought you should try it.（君はそれをしてみるべきだと思った。）

Q 225 日本語の意味に合うように，（　）に適語を入れなさい。
1) 僕は彼女が怒っていることを知っていた。
　　I knew she (　　) angry.
2) 私は，彼女がニューヨークへ行く決心をしたことを聞いた。
　　I heard she (　　) (　　) to go to New York.
3) 私は，彼はその試合に勝つだろうと思った。
　　I thought he (　　) (　　) the game.

2　時制の一致をしない場合

TARGET 226

(1) We **learned** that water **boils** at 100℃．
(2) I **didn't know** that she **washes** her hair every morning.

(1) 私たちは，水は摂氏100度で沸騰すると習った。
(2) 私は彼女が毎朝髪を洗うことを知らなかった。

(1) 変わることのない真理や事実を表す

現在も成り立つことであれば，従属節は現在形のままでよい（⇨p.56）。

● We **learned** that water **boils** at 100℃．
▶「水が100℃で沸騰する」のは変わらないことなので現在形を使う。

(2) 現在も続いている習慣を表す

● I **didn't know** that she **washes** her hair every morning.
▶「彼女が毎朝髪を洗う」のは現在の習慣なので，現在形を使う。

歴史的事実や，明らかに過去だとわかる場合は，過去完了形を使わなくてもよい。

　　I **heard** that Lincoln **was murdered**.（私はリンカーンは殺されたと聞いた。）

Q 226 日本語の意味に合うように，（　）に適語を入れなさい。
1) 彼らは地球が太陽の周りを回っていることを知らなかった。
　　They didn't know that the earth (　　) around the sun.
2) 僕はツヨシが韓国語の勉強をしていることを知らなかった。
　　I didn't know that Tsuyoshi (　　) (　　) Korean.

225-1) was 2) had decided 3) would win
226-1) goes 2) is/was studying

SECTION 14
時制の一致と話法

323

直接話法と間接話法 (1)

1 人称代名詞を合わせる

TARGET 227

(1) Jun always says, "I will be an NBA player."
(2) Jun always says that he will be an NBA player.

(1) ジュンはいつも「僕はNBAの選手になる」と言っている。
(2) ジュンはいつもNBAの選手になると言っている。

(1) 直接話法で発言をそのまま伝える

だれかが話したことをそのまま伝えるときは，引用符（" "）を使い，引用符の前にはコンマを入れる。

● Jun always says, "I will be an NBA player."
▶ ジュンが言ったことをそのまま伝えている。

「言う／言った」の部分は，引用符の後に置くこともできる。
"I need your help," he said.
（「あなたの助けが必要なんです」と彼は言った。）

(2) 間接話法では従属節の人称代名詞を適切な形にする

だれかが話したことを伝える人の視点で述べるときは，**伝える内容をthat節で表す**。伝える文に出てくる人称代名詞は，伝える人の視点で使い分ける。

● Jun always says that he will be an NBA player.
▶ 「NBAの選手になる」と言っているのはジュンなので，that節の主語はheにする。

伝える内容の前に入れるthatは省略することが多い。
Jun always says he will be an NBA player.

Rie says, "I don't want to join your team."
（リエは「あなたたちのチームには入りたくないわ」と言っている。）

Rie says that she doesn't want to join our team.
（リエは私たちのチームには入りたくないと言っている。）

227　日本語の意味に合うように，（ ）に適語を入れなさい。
1) 彼は「君を手伝うことができる」と言っている。
　　He says, "(　) can help (　)."
2) 彼は私を手伝うことができると言っている。
　　He says that (　) can help (　).

2 時制を合わせる

TARGET 228

(1) Kaori said, "I **am interested** in opera."
(2) Kaori said that she **was interested** in opera.

(1) カオリは「私はオペラに興味があるの」と言った。
(2) カオリはオペラに興味があると言った。

(1) 直接話法で発言をそのまま伝える

直接話法では，過去に言ったことでも動詞の形はその時（発話時）のままでよい。

- Kaori said, "**I am interested** in opera."
  ▶ カオリの「私はオペラに興味がある」という発言をそのまま伝えている。

(2) 間接話法では従属節の動詞を適切な形にする

間接話法で過去の発言を伝えるときは，時制を適切に変える（⇨p.322）。

- Kaori said that she **was interested** in opera.
  ▶ カオリの「私はオペラに興味がある」という発言は過去の時点のことなので，間接話法では過去形を使う。

過去よりも前のことであれば，次のように過去完了形を使う。

Ryota said, "**I forgot my** wallet." （リョータは「財布を忘れた」と言った。）
Ryota said that he **had forgotten his** wallet.
（リョータは財布を忘れたと言った。）

 過去に言ったことが，今もそう言えるのであれば現在形のままでよい。
時制の一致をしない場合（⇨p.323）も同じ。
She **said** that she is going to buy a car.
（彼女は車を買うつもりだって言ってたよ。）
仮定法の文を伝えるときは，時制の一致は起こらない。
He **said** he wished he were a bird.
（彼は自分が鳥ならと言った。）

Q 228 日本語の意味に合うように，（ ）に適語を入れなさい。
1) 彼女は頭痛がすると言った。
    She said that (　) (　) a headache.
2) 彼は部屋の掃除をすると言った。
    He said that (　) (　) clean his room.

 227-1) I, you 2) he, me
228-1) she had 2) he would/will

UNIT 3 直接話法と間接話法 (2)

1 伝達動詞を決める

TARGET 229

(1) My sister **said to** me, "I want to go shopping."
(2) My sister **told** me that she wanted to go shopping.

(1) 姉は私に「買い物に行きたいわ」と言った。
(2) 姉は私に買い物に行きたいと話した。

(1) 直接話法では〈say to +人〉を使う

- My sister **said to** me, "I want to go shopping."
  ▶ 姉が私に言った内容をそのまま伝えている。

(2) 間接話法では〈tell +人〉を使う

- My sister **told** me that she wanted to go shopping.
  ▶ My sister told me that ... で，姉が私に話したことを表している。tell は話す相手を必要とする動詞。

sayやtellのような発言内容を伝える動詞を伝達動詞と呼び，ほかにadd（〜とつけ加える），answer（〜と答える），claim（〜と主張する），deny（〜でないと言う），explain（〜と説明する），reply（〜と返事をする），mention（〜と述べる）などがある。

He **mentioned** that he had moved. (彼は引っ越したと言った。)

229 日本語の意味に合うように，( ) に適語を入れなさい。
1) 彼は私に外国へ行くつもりだと言った。
   He ( ) ( ) that he would go abroad.
2) その政治家は賄賂を受け取ってはいないと言った。
   The politician ( ) that he had taken a bribe.

2 指示語，時や場所の表現を変える

TARGET 230

(1) My sister said to me, "I'm talking to **this** goldfish **now**."
(2) My sister told me that she was talking to **that** goldfish **then**.

(1) 妹は私に「今この金魚と話してるのよ」と言った。
(2) 妹は私にその時あの金魚と話をしていると話した。

(1) 直接話法で発言をそのまま伝える

● My sister **said to me**, "**I'm talking** to **this** goldfish **now**."
▶ 発言したときは「この金魚」、「今」と言っている。

(2) 間接話法では従属節の指示語などを適切な形にする

間接話法は伝える人の視点で述べるので，this は that，now は then で表す。

● My sister **told me that she was talking** to **that** goldfish **then**.
▶ 伝える人から見ると，「この金魚」は「あの金魚」，「今」は「その時」となる。

伝えている場面で指すものがそこになければ，間接話法では this や these ではなく that や those を使う。時や場所の表現は次のようになる。

[直接話法]		[間接話法]
now	→	then
tonight	→	that night
last night	→	the night before
tomorrow	→	the next/following day
yesterday	→	the day before
... ago	→	... before
here	→	there

  直接話法から間接話法へ機械的に書きかえようとしないこと。間接話法では，伝えるときの状況に応じた表現を使う必要がある。
He told me he **leaves** for Paris **tomorrow**.
（彼は私に明日パリに出発すると言った。）
[彼が言ったことをその日のうちに伝えるのであれば，時制などを変えなくてもよい]
He said to me yesterday, "I'll meet you **here tomorrow**."
（彼はきのう私に「明日ここで会おう」と言った。）
He told me yesterday that he would meet me **here today**.
（彼はきのう私に，今日ここで会おうと言った。）
[きのうと同じ場所にいるのなら here を使う]

 230
日本語の意味に合うように，（ ）に適語を入れなさい。
1) 彼は私に，アンをそこで待っていると言った。
　　He ( ) me that ( ) ( ) waiting for Ann ( ).
2) 彼女は私に，前の夜マユミを見かけたと言った。
　　She ( ) me that she ( ) ( ) Mayumi the night ( ).

 229-1) told me 2) denied
230-1) told, he was, there 2) told, had seen, before

UNIT 4 疑問文を伝える間接話法

1 疑問詞を使う疑問文を伝える間接話法

> **TARGET 231**
>
> (1) Andy **said to** me, "**When** is your birthday?"
> (2) Andy **asked** me **when** my birthday was.
>
> (1) アンディは私に「君の誕生日はいつ？」と言った。
> (2) アンディは私に誕生日はいつなのかと尋ねた。

(1) 直接話法で発言をそのまま伝える

- Andy **said to** me, "**When** is your birthday?"
  ▶ 疑問文もそのまま引用符の中に入れて伝えている。

   直接話法では，引用符の中に疑問文をそのまま入れるので，大文字で始め，疑問符（？）もつける。

(2) 間接話法では疑問文は間接疑問の語順にする

間接話法で疑問文の内容を伝えるときは，伝達動詞には**ask**を使い，「～と尋ねた」という文にする。伝える内容は**間接疑問**（⇨p.314）で表す。

- Andy **asked** me **when** my birthday was.
  〈疑問詞 ＋ 主語 ＋ 動詞〉
  ▶ when my birthday was という間接疑問の語順になっている。過去の発言を伝えているので，時制の一致で be 動詞は was になる。文末はピリオドにする。

I **asked** the boy **why** he was crying.
（私はその男の子にどうして泣いているのかと尋ねた。）

He **asked** me **where** my father worked.
（彼は私に，父がどこで働いているのか尋ねた。）

The police officer **asked** me **who** lived in that house.
（警官が私に，あの家にはだれが住んでいるのかと尋ねた。）
［疑問詞が主語になるので，who lived という語順になっている］

231 日本語の意味に合うように，（　）内の語句を並べかえなさい。
1) 父は私に何をしたいのか尋ねた。
   My father asked me (wanted / to / what / I / do).
2) 彼は私にどのくらいそこに住んでいるのかと尋ねた。
   He asked me (had / how / I / long / lived) there.

❷ Yes/No疑問文を伝える間接話法

TARGET 232

(1) I **said to** her, "Are you all right?"
(2) I **asked** her **if** she was all right.

(1) 私は彼女に「だいじょうぶ？」と声をかけた。
(2) 私は彼女にだいじょうぶかどうか尋ねた。

(1) 直接話法で発言をそのまま伝える

- I **said to** her, "Are you all right?"
  ▶ Yes/No疑問文も，そのまま引用符の中に入れて伝えている。

(2) 間接話法では if か whether を使う

伝達動詞には **ask** を使う。伝える内容が疑問詞のないYes/No疑問文の場合は **if** か **whether** を接続詞として使い，その後に〈主語＋動詞〉を続ける。

- I **asked** her **if** she was all right.
  〈if＋主語＋動詞〉
  ▶ if she was all right で「彼女がだいじょうぶかどうか」という意味を表す。whetherを使ってもよい。過去の発言を伝えているので，時制の一致でbe動詞は was になる。文末はピリオドにする。

She **asked** me **whether** I liked soccer.
（彼女は私にサッカーが好きかどうか尋ねた。）
［直接話法だと，She said to me, "Do you like soccer?" となる］

I **asked** her **if** she could walk. （私は彼女に歩けるかどうか尋ねた。）
［直接話法だと，I said to her, "Can you walk?" となる］

He **asked** me **whether** I wanted to watch the match.
（彼は私にその試合を観たいかどうか尋ねた。）

232 日本語の意味に合うように，（ ）内の語句を並べかえなさい。
1) 母は私におなかがすいているかどうか聞いた。
　　My mother asked me (I / if / hungry / was).
2) 私は彼にその島を訪れたことがあるかどうか尋ねた。
　　I asked him (had / whether / visited / he / the island).

Ans. 231-1) what I wanted to do 2) how long I had lived
232-1) if I was hungry 2) whether he had visited the island

UNIT 5 間接話法のさまざまな形

1 命令文を伝える間接話法

TARGET 233

(1) My father **said to** me, "**Shut** the door."
(2) My father **told** me **to shut** the door.

(1) 父は私に「ドアを閉めなさい」と言った。
(2) 父は私にドアを閉めるようにと言った。

(1) 直接話法で発言をそのまま伝える

- My father **said to** me, "**Shut** the door."
  ▶ 動詞の原形で始まる命令文を, そのまま引用符の中に入れて伝えている。

(2) 間接話法では〈tell＋人＋不定詞〉を使う

間接話法で命令文の内容を伝えるときは, 伝達動詞には **tell** を使う。伝える内容は不定詞で表して,〈**tell＋人＋不定詞**〉の形にする（⇨p.142）。

- My father **told** me **to shut** the door.
  　　　　〈tell＋人＋不定詞〉
  ▶〈tell＋人＋不定詞〉で「人に〜するように言う」という意味。

「〜するな」という否定の命令文のときは, 不定詞の前に否定語を置く（⇨p.135）。

　　I **told** the boys **not to play** soccer there.
　　（私は少年たちにそこでサッカーをしないようにと言った。）
　　[直接話法にすると, I said to the boys, "Don't play soccer here." となる]

  伝える内容が依頼を表す文の場合は伝達動詞は ask を, 助言を表す文の場合は advise を使う。
Jane **asked me to open** the door.
（ジェーンは私にドアを開けるように頼んだ。）
Greg **advised me to forget** about it.
（グレッグは私にそのことは忘れるようにと助言した。）

233

日本語の意味に合うように, （　）に適語を入れなさい。
1) 彼は私に彼の部屋から出ていくようにと言った。
　　He (　　) me (　　) get out of his room.
2) 妹が私に, 妹のブラウスを着ないようにと言った。
　　My sister (　　) me (　　) (　　) wear her blouse.

2 さまざまな文を伝える間接話法

TARGET 234

(1) I **suggested** to Tom **that** we take a rest.
(2) She **told** me **how nice** I looked.
(3) He **said** he was busy, but **that** he would join us later.

(1) 私はトムに休憩したほうがいいと提案した。
(2) 彼女は私にかっこよく見えると言ってくれた。
(3) 彼は忙しいけれど後で私たちに合流すると言った。

(1) 間接話法で提案内容を伝える

suggest（〜を提案する）を伝達動詞にして，提案や勧誘を表す内容を伝える。thatの後では動詞の原形を使う（⇨p.338）。

- I **suggested** to Tom that we **take** a rest.
  ▶ suggestの後には〈to + 人〉を続ける。直接話法はI said to Tom, "Let's take a rest." となる。

(2) 間接話法で感嘆文の内容を伝える

感嘆文の内容は，感嘆文の語順のまま伝える（⇨p.315）。

- She **told** me **how nice** I looked.
  ▶ 直接話法ではShe said to me, "How nice you look!" となる。語順はそのままだが人称代名詞や時制は異なる。

(3) 間接話法で接続詞を使った文の内容を伝える

伝える内容がandやbutでつながれているときは，それぞれをthat節で表して接続詞でつなぐ。接続詞の後のthatは省略しない。

- He **said** he was busy, **but that** he would join us later.
  ▶ but that ... とすることでbut以下も伝達内容であることがわかる。saidの後のthatは省略可能。直接話法はHe said, "I'm busy, but I'll join you later." 。

234 日本語の意味に合うように，（ ）に適語を入れなさい。
1) マキは私に買い物に行きましょうと提案した。
　 Maki suggested to me that (　　) (　　) shopping.
2) 私は彼に彼のイヌはなんてかわいいんだろうと言った。
　 I told him (　　) (　　) his dog was.
3) 彼女は頭痛がして，熱があると言った。
　 She said she had a headache, (　　) (　　) she had a fever.

233-1) told, to 2) told, not to
234-1) we go 2) how cute 3) and that

EXERCISES

A 述語動詞を過去形にした文を完成させなさい。

1) I think Jim is kind.
   I thought Jim _____ kind.
2) I know Nancy loves Jim.
   I knew Nancy _____ Jim.
3) I think you have to attend the meeting.
   I thought you _____ _____ attend the meeting.
4) I know you did your best.
   I knew you _____ _____ your best.
5) I believe Mike didn't say such a silly thing.
   I believed Mike _____ _____ such a silly thing.

B 日本語の意味に合うように，(　)内から正しいものを選びなさい。

1) 私は彼がパーティーに来るだろうと思いました。
   I thought he (will / would) come to the party.
2) 母は私に，窓を開けないでと言いました。
   My mother told me (don't / not to) open the window.
3) 私は彼らに，何かいい考えはないかと尋ねました。
   I asked them (if / that) they had any good ideas.
4) 彼らは私にどうやってその問題を解いたのか尋ねました。
   They asked me how I (solved / had solved) the problem.
5) 父は私に，なんていい天気なんだろうと言いました。
   My father told me (that / what) nice weather it was.

C 日本語の意味に合うように，____に適語を入れなさい。

1) 彼女は時間がないと言いました。
   She said _____ _____ _____ no time.
2) 私はあなたが忙しかったと知っていました。
   I _____ you _____ _____ busy.
3) 彼は私に自分の部屋を掃除したと言いました。
   He _____ me that _____ _____ _____ _____ room.

4) 私はその女の子に、どこに住んでいるのか尋ねました。
   I _____ the girl _____ _____ _____.
5) 彼らは私に、彼らに加わるようにと言いました。
   They _____ me _____ _____ _____.

D 各組の文がほぼ同じ内容を表すように、___に適語を入れなさい。

1) a) She said to me, "I don't like chocolate."
   b) She _____ me that _____ _____ like chocolate.
2) a) She said to me, "Do you like chocolate?"
   b) She _____ me _____ _____ _____ chocolate.
3) a) She said to me, "I'm making a cake now."
   b) She _____ me that _____ _____ making a cake _____.
4) a) Ken told me that he would wait there until Mary came.
   b) Ken said to me, "_____ wait _____ until Mary _____."
5) a) He said to us, "How beautiful your house is!"
   b) He _____ us _____ _____ _____ house _____.
6) a) Jack suggested to us that we should go for a drive.
   b) Jack said to us, "_____ go for a drive."

E 日本語の意味に合うように、( )内の語句を並べかえなさい。

1) 私は彼女に、いつその車を買ったのかと尋ねました。
   I asked her (she / bought / when / had) the car.
2) 彼は私に何がほしいのかと尋ねました。
   He asked (what / I / me / wanted).
3) ケンがメアリーと結婚したと、トムは私に言いました。
   Tom told me (Ken / married / that / had) Mary.
4) 彼はその少女に、どうして泣いているのかと尋ねました。
   He asked (she / the girl / was / why / crying).
5) ジミーはすぐれた音楽家になるだろうと、私は思いました。
   I (Jimmy / be / thought / would) a good musician.

SECTION 15 さまざまな表現

理解へのアプローチ

① 要望を表す表現とthat節を使う表現

「何かをしたい」という要望を表す表現や,「〜してもよろしいですか」という許可を求める表現, そして, that節を使うさまざまな表現を扱います。

I'd like to go outside.（外に出たいのですが。）

Do you mind if I open the window?
（窓を開けてもよろしいですか。）

It's **important that** I should stay here.
（ここにいることが大切です。）

② 無生物主語と名詞構文

人以外の無生物を主語にして,「無生物が人に何かをさせる」というような構文と, 動詞や形容詞を名詞にしてつくる名詞構文を扱います。

The typhoon made us stay in the house all day.
（台風のせいで, 私たちは一日中家にいるしかなかった。）

His quick recovery surprised us.
（彼の早い回復は私たちを驚かせた。）

③ 強調・倒置・省略

何かを強調したいときに使う表現とIt is ... that 〜 の強調構文, 語順が変わる倒置, 語句の省略を扱います。

I **did see** a bear!（本当にクマを見たんだよ！）

It is this painting **that** received a prize.
（賞を取ったのはこの絵です。）

Never have I seen him crying.
（一度だって彼が泣いているのは見たことがない。）

I've asked him to leave, but he **won't**.
（彼に出て行くようにと言ったのに，彼はそうしようとしない。）

学習ガイド

基本ゾーン

UNIT 1 要望を表す表現 ………………………………… p. 336
　❶ 要望を表す表現　❷ 許可を求める表現

UNIT 2 that 節を使う表現（1） ……………………… p. 338
　❶ 要求や提案を表す表現　❷ 重要や必要を表す表現

UNIT 3 that 節を使う表現（2） ……………………… p. 340
　❶ 感情や判断を表す表現
　❷ 「…と言われている」を表す表現

UNIT 4 that 節を使う表現（3） ……………………… p. 342
　❶ 程度や結果を表す表現　❷ 目的や結果を表す表現

UNIT 5 無生物主語の構文 ……………………………… p. 344
　❶ 「無生物が人に〜させる」を表す
　❷ 「無生物が人に〜させない」を表す

UNIT 6 名詞構文 ………………………………………… p. 346
　❶ 名詞構文　❷ 動作を名詞で表す表現

UNIT 7 強調 ……………………………………………… p. 348
　❶ 強調のための表現　❷ 強調構文

UNIT 8 倒置 ……………………………………………… p. 350
　❶ 否定語や方向・場所を表す表現を文頭に出す
　❷ 慣用的な倒置表現

UNIT 9 省略 ……………………………………………… p. 352
　❶ 動詞を省略する　❷ なくてもわかるものは省略する

SECTION 15　さまざまな表現

UNIT 1 要望を表す表現

要望を表す表現

> **TARGET 235**
>
> (1) **I'd like** to have something cold.
> (2) **I'd rather** stay here.
> (1) 何か冷たいものが飲みたいです。
> (2) ここにいるほうがいいな。

(1) I'd like ... で要望を伝える

「〜したい」という要望を表すときは〈**I'd like**＋不定詞〉を使う。I'd likeはI would likeの短縮形で，would likeはwantのていねいな表現。

● **I'd like** to have something cold.

　▶「冷たいものを飲みたい」という要望を伝えている。something coldは「何か冷たいもの」（⇨p.404）。I'd likeの後に名詞を続けると，I'd like some postcards.（はがきを何枚かほしいのですが。）のように「〜がほしい」という意味になる。

「あなたに〜してほしい」という要望を表すときは，〈**I'd like you**＋不定詞〉を使う。

　I'd like you to meet my father.（私の父に会ってもらいたいの。）

　［〈want＋名詞＋不定詞〉と同じ形（⇨p.142）］

> 疑問文にすると相手の要望を聞いたり，依頼や勧誘を表すことができる。
> How **would you like** your egg?（卵はどのようにしましょうか。）
> **Would you like** to sing with me?（一緒に歌いませんか。）
> **Would you like** some more cake?（ケーキをもっといかが？）

(2) I'd rather ... で希望を伝える

「むしろ〜したい」という希望を表すときは，〈**I'd rather**＋動詞の原形〉という表現を使う。「そうしたくない」と言いたいときは〈I'd rather not＋動詞の原形〉とする。

● **I'd rather** stay here.

　▶「(どこかに行くよりも)ここにいたい」。preferを使う場合はI'd prefer to stay here. のように不定詞を使う。

「〜するよりも」を具体的に表す場合は次のようにする。

　I'd rather walk than ride on a bus.（バスに乗るよりは，むしろ歩きたい。）

「あなたに〜してほしい」という要望は，〈I'd rather you＋動詞の過去形〉で表す。

　I'd rather you stayed here.（あなたにここにいていただきたいのです。）

　［動詞の過去形は仮定法で，おしつけがましさをなくすことができる（⇨p.279）］

使い方は p.2 ▶

235

日本語の意味に合うように，（ ）に適語を入れなさい。

1) 私は写真家になりたい。
　　I'd ( ) ( ) be a photographer.
2) その仕事を今したいのです。
　　I'd ( ) ( ) the job now.

❷ 許可を求める表現

TARGET 236

(1) **Do you mind if** I open the window?
(2) **Is it all right if** I borrow your bike?

(1) 窓を開けてもかまいませんか。
(2) 自転車を借りてもいいですか。

(1) Do you mind if ...? で許可を求める

何かをする許可を相手に求めるときに，Do you mind if ...? を使う。

● **Do you mind if** I open the window?

▶「私が窓を開けるとあなたはいやですか」ということ。mind は「いやだと思う」という意味なので，「いいですよ」と言うときは No, not at all. や Certainly not. を使う。仮定法を使って Would you mind if I opened the window? とすると，よりていねいな言い方になる（⇨p.279）。

 参考　動名詞を使うと Do you mind me opening the window? という文になる（⇨p.175）。Would you mind waiting here? (ここでお待ちいただけますか。) のように要望を表すこともできる。

(2) Is it all right if ...? で許可を求める

● **Is it all right if** I borrow your bike?

▶「私があなたの自転車を借りてもだいじょうぶですか」ということ。OKを使って Is it OK if ...? とすることもできる。仮定法を使うこともできる（⇨p.279）。

236

日本語の意味に合うように，（ ）に適語を入れなさい。

1) お話ししてもよろしいですか。
　　Do you ( ) ( ) I talk to you?
2) これらの辞書を使ってもいいですか。
　　( ) ( ) ( ) ( ) if we use these dictionaries?

SECTION 15
さまざまな表現

 Ans.
235-1) like to　2) rather do
236-1) mind if　2) Is it all right

UNIT 2　that節を使う表現(1)

1　要求や提案を表す表現

TARGET 237

(1) Her parents **insisted** that she **go** to college.
(2) I **demanded** that he **should say** he was sorry.

(1) 彼女の両親は，彼女が大学に進学することを強く求めた。
(2) 申し訳ないと言うべきだと私は彼に言った。

(1) that節で原形を使って要求や提案を伝える

要求や**提案**を表す動詞に続くthat節では，**動詞の原形を使う。**

● Her parents **insisted** that she **go** to college.

　▶ insistにthat節を続けて「…を要求する」という意味を表している。動詞の原形を使うことで，そうすべきだと思っていることを表している。

insistやdemand（要求する）のほか，advise（助言する），recommend（勧める），request（求める），propose／suggest（提案する）などの動詞がこの形で使える。

　I **proposed** that they **hire** an interpreter.
　　（私は彼らが通訳者を雇うことを提案した。）

　I **recommended** that he **see** a doctor.
　　（彼は医者にみてもらうのがいいと，私は勧めた。）

(2) that節でshouldを使って要求や提案を伝える

that節では〈**should＋動詞の原形**〉を使うこともできる。

● I **demanded** that he **should say** he was sorry.

　▶ このshouldは「～すべきだ」という義務を表していると考えることもできる。

　She **suggested** that we **should leave** early.
　　（彼女は私たちが早く出発することを提案した。）

 イギリス英語では〈should＋動詞の原形〉を，アメリカ英語では動詞の原形を使う傾向がある。この動詞の原形を仮定法現在と呼ぶこともある。

237
日本語の意味に合うように，(　)に適語を入れなさい。
1) 僕は君があの携帯電話を買うことを勧めるよ。
　　I recommend that (　　) (　　) that mobile phone.
2) 彼は私がその会合に来るべきだと言った。
　　He insisted that I (　　) (　　) to the meeting.

2 重要や必要を表す表現

TARGET 238

(1) It's **important** that you **understand** the risk.
(2) It's **necessary** that we **should understand** one another.

(1) あなたがその危険性を理解することが重要です。
(2) 私たちがお互いを理解することは必要なことだ。

(1) that節で原形を使って重要なことや必要なことを伝える

〈It's＋形容詞＋that節〉という形で**重要**なことや**必要**なことを表す場合，that節では**動詞の原形**を使う。It's のあとにはimportantやnecessaryのような形容詞を使う。

- It's **important** that you **understand** the risk.
  ▶「…ということは大切だ」という意味。that節で動詞の原形を使って，そうすることが大切であることを表している。

urgent（緊急な）もこの形で使うことができる。

It's **urgent** that you **come** back to Tokyo.
（あなたが東京に戻ってくるのは急を要することなのです。）

(2) that節でshouldを使って重要なことや必要なことを伝える

that節では〈**should＋動詞の原形**〉を使うこともできる。

- It's **necessary** that we **should understand** one another.
  ▶「お互いを理解する」という必要なことを表すthat節でshouldを使う。

It's **essential** that we **should wear** a uniform.
（私たちが制服を着ることは必要なことなのです。）

参考 イギリス英語では〈should＋動詞の原形〉を，アメリカ英語では動詞の原形を使うことが多い。また，動詞の原形ではなく，現在形を使うこともある（そうなることを想定する感覚）。
It's necessary that he **goes** there.（彼がそこに行くことが必要だ。）

238
日本語の意味に合うように，（　）に適語を入れなさい。
1) その計画が成功することはきわめて重要なのです。
　It's vital that the plan (　　).
2) 交通規則に従うことは必要なことです。
　It is essential that we (　　) (　　) the traffic rules.

Ans. 237-1) you buy　2) should come
238-1) succeed　2) should follow

UNIT 3　that節を使う表現(2)

1　感情や判断を表す表現

> **TARGET 239**
>
> (1) I'm **surprised** that he **should feel** that way.
> (2) It's **strange** that he **gets** angry with you.
>
> (1) 彼がそんなふうに感じていることに驚いています。
> (2) 彼が君に怒るのは不思議だ。

surprised

(1) that節でshouldを使って感情や判断を表す

be surprisedのような**感情を表す表現**(⇒p.125)にthat節を続ける場合，that節ではshouldを使う。

- I'm **surprised** that he **should feel** that way.
  ▶ I'm surprisedという感情を持ったことについてthat節で述べている。

  I'm **shocked** that he **should criticize** me.
  （彼が私のことを批判するとはショックだ。）

話者の**判断**を表す〈It's 〜 that ...〉のthat節でもshouldを使う。natural（もっともな），right（正しい），wrong（悪い），strange（不思議だ），funny（おかしい），interesting（おもしろい），surprising（驚くべき）のような形容詞や，a pity（残念なこと）のような名詞をこの形で使うことができる。

- It's **natural** that Ken **should ask** for our help.
  （ケンが私たちの助けを求めるのはもっともだ。）

(2) that節でshouldを使わないこともある

- It's **strange** that he **gets** angry with you.
  ▶ shouldは「〜するなんて」のような話し手の感情を伝えるときに使う。

  I **was amazed** that he **said** yes.（彼がイエスと言ったことに驚いた。）

> **注意!!** 判断や感情を表す表現では，shouldを使わない場合は主語や時制によって動詞の形を変える必要がある。

239　日本語の意味に合うように，（　）に適語を入れなさい。
1) 新車が故障するとはおかしい。
　It's strange that a new car (　　) (　　) down.
2) 君が彼の冗談に笑わなかったのももっともだ。
　It's natural that you (　　) (　　) at his joke.

②　「…と言われている」を表す表現

> **TARGET 240**
>
> (1) **It is said** that he is a millionaire.
> (2) **It was believed** that he was a lawyer.
>
> (1) 彼は大金持ちだと言われている。
> (2) 彼は弁護士だと信じられていた。

(1)「…と言われている」をthat節を使って表す

「**…と言われている**」と言いたいときは, It is said that ... を使う。

- **It is said that** he is a millionaire.
  ▶「彼は大金持ちだ」というthat節の内容が言われていること。

theyを主語にしてThey say that ... で表すこともできる。

They say that he has a yacht.（彼はヨットを持っているそうだ。）

(2)「…と信じられている・思われている」をthat節を使って表す

- **It was believed that** he was a lawyer.
  ▶「彼は弁護士だ」というthat節の内容が信じられていたこと。

人を主語にして, 不定詞を使って表すこともできる。

He is said **to be** a millionaire.

He was believed **to be** a lawyer.

> **注意!!** 「～したと言われている」のように, 過去のことについて言う場合は完了形の不定詞を使う（⇨p.148）。
> She is said **to have won** the lottery.
> （彼女は宝くじに当たったと言われている。）
>
> He is reported **to have escaped.**（彼は脱走したと報じられている。）
> [It is reported that ...（…と報じられている）のようにthat節を使うこともできる]

日本語の意味に合うように,（ ）に適語を入れなさい。
1) 彼は天才だと言われていた。
　　　(　) (　) (　) that he was a genius.
2) 彼は優秀な経済学者だと思われている。
　　　(　) (　) (　) that he is a good economist.

239-1) should break　2) didn't laugh
240-1) It was said　2) It is believed

It is likely that ... ⇨ p.412

UNIT 4 that節を使う表現 (3)

1 程度や結果を表す表現

> **TARGET 241**
>
> (1) The wind was **so** strong **that** we couldn't go outside.
> (2) He's **such** a big boy **that** they consider him an adult.
>
> (1) 風がとても強かったので，私たちは外に出られませんでした。
> (2) 彼はとても大きな男の子なので，彼らはその子を大人だと思っています。

(1) so ~ that ... で「とても~なので…」を表す

「とても~なので…」と，何かの**程度**とその**結果**を表したいときは，〈**so** + 形容詞 / 副詞 + **that** ...〉を使う。

- The wind was **so** strong **that** we couldn't go outside.
  ▶「風がとても強かった」→その結果→「外に出られなかった」という流れ。

  He spoke **so** fast **that** I could hardly understand him.
  （彼はとても早口だったので，彼の言っていることをほとんど理解できなかった。）

(2) such ~ that ... で「とても~なので…」を表す

〈形容詞+名詞〉について「とても~なので」と言うときは **such** を使う。

- He's **such** a big boy **that** they consider him an adult.
  ▶「とても大きな男の子だ」→その結果→「大人だと思われる」という流れ。

so は形容詞や副詞について「そんなに~」であることを表す副詞で，such は名詞について「そのような~」であることを表す形容詞。
Such a small bag isn't useful.
（そのような小さなかばんでは役に立たないよ。）
[a small bag を such が修飾している]
I've never heard **so funny a story**.
（そんなおかしな話を聞いたことはない。）
[so は funny を修飾するので，so funny a story という語順になる]

so ~ that ... や such ~ that ... の that は省略されることもある。

- The children were **so** tired they went to bed early.
  （子どもたちはとても疲れていたので，早く寝てしまった。）

不定詞を使って，程度を表すこともできる（⇒p.152）。
I was **too** sleepy **to** study. （眠すぎて勉強できなかった。）
He explained clearly **enough** for us **to** understand.
（彼は私たちが理解できるくらいわかりやすく説明してくれた。）

342

241

日本語の意味に合うように，（　）に適語を入れなさい。
1) 彼女はとても緊張していたので，彼に話しかけることができなかった。
　　She was (　　) nervous (　　) she couldn't speak to him.
2) とてもいい天気だったので，私たちはハイキングに出かけた。
　　It was (　　) (　　) nice day (　　) we went hiking.

2 目的や結果を表す表現

TARGET 242

(1) I spoke loudly **so that** everyone could hear me.
(2) I arrived early, **so that** I was able to get a good seat.

(1) みんなに私の声が聞こえるように，私は大きな声で話した。
(2) 私は早く着いたので，いい席をとることができた。

(1) so that ... で「…のように」という目的を表す

● I spoke loudly **so that** everyone **could** hear me.

▶「みんなが私の声を聞くことができるように」という目的を表している。in order that ... で目的を表すこともできる。so that の後の節では，can や will のような助動詞を使って「〜できるように」「〜するように」という意味にする。

不定詞を使って目的を表すこともできる（⇨p.138）。
I spoke loudly **for everyone to hear** me.

(2) so that ... で「それで…」という結果を表す

● I arrived early, **so that** I was able to get a good seat.

▶ 結果を表す so that の前にはコンマを入れる。

so that の that を省略して，so だけで使うことも多い。
The battery was dead, **so** I couldn't call you.
（電池が切れたので，電話できませんでした。）

242

日本語の意味に合うように，（　）に適語を入れなさい。
1) トランプができるように，テーブルの上を片づけましょう。
　　Let's clear the table (　　) (　　) we can play cards.
2) その手紙はフランス語で書かれていて，それで私たちは読めなかった。
　　The letter was written in French, (　　) (　　) we couldn't read it.

Ans. 241-1) so, that 2) such a, that
242-1) so that 2) so that

UNIT 5 無生物主語の構文

1 「無生物が人に〜させる」を表す

> **TARGET 243**
>
> (1) **The typhoon** made us stay in the house all day.
> (2) **The scholarship** enabled him to continue his education.
>
> (1) 台風のせいで, 私たちは一日中家にいるしかなかった。
> (2) 奨学金のおかげで彼は教育を受け続けることができた。

(1) 無生物を主語にして「人に〜させる」を表す

無生物を主語にして「人に〜させる」と言いたいときは,〈**make＋人＋動詞の原形**〉を使う(⇨p.144)。無生物が主語になると,「主語によって人は〜する」「主語のせいで人は〜する」のような意味を表すことになる。

- **The typhoon made us stay** in the house all day.
  ▶「台風が私たちを家にとどまらせた」→「台風のせいで私たちは家にいた」

(2) 無生物を主語にして「人が〜できるようにする」を表す

無生物を主語にして〈**enable＋人＋不定詞**〉を使うと,「人が〜することを可能にする」となり,「主語のおかげで人は〜できる」という意味を表すことになる。

- **The scholarship enabled him to continue** his education.
  ▶「奨学金は彼が教育を受け続けることを可能にした」→「奨学金のおかげで彼は教育を受け続けられた」

enableのほかにも, allow / permit (〜するのを許す), cause (〜する原因となる), force (無理に〜させる), help (〜する手助けとなる) などがこの形をとる。

- **This pass permits you to use** the library.
  (このパスがあれば, 図書館を利用することができます。) [permit ⇨p.143]

- **The place helps you to feel** at ease.
  (その場所に行けば, くつろいだ気分になれますよ。)

keepを使うと,「人を〜の(状態の)ままにしておく」という文をつくることができる。

- **The noise kept me awake** all night.
  (その騒音のせいで私は一晩中起きていた。) [SVOCの文で, awakeは形容詞]

参考 無生物主語を使った表現には次のようなものもある。
This bus **takes** you **to** Chicago.（このバスはシカゴ行きです。）
This song **reminds** me **of** my school days.
（この歌を聴くと，学生のころを思い出す。）

243　日本語の意味に合うように，(　)内の語句を並べかえなさい。
1) どうしてそんなことを言うんだ？
　　(say / makes / what / you / that)?
2) 高熱のせいで，彼女は3日間寝ていなければならなかった。
　　(forced / the high fever / stay / her / to) in bed for three days.

2　「無生物が人に〜させない」を表す

TARGET 244

Her call prevented me from watching the TV program.
彼女が電話してきたので，私はそのテレビ番組を見られなかった。

無生物を主語にして「人に〜させない」を表す

　無生物を主語にして〈prevent＋人＋from＋動詞のing形〉を使うと，「人が〜するのを妨げる」となり，「主語のせいで人は〜できない」という意味を表すことになる。

- **Her call** prevented me from watching the TV program.
  ▶「彼女の電話が見るのを妨げた」→「彼女の電話のせいで見られなかった」

　stopとkeepも，preventと同じ形で使うことができる。

Nothing will stop him from studying abroad.
（彼が留学することを妨げるものは何もないだろう。）

244　日本語の意味に合うように，(　)内の語句を並べかえなさい。
悪天候のせいで，私たちは登山ができなかった。
(us / bad weather / climbing / stopped / from) the mountain.

Ans.　243-1) What makes you say that　2) The high fever forced her to stay
244) Bad weather stopped us from climbing

UNIT 6 名詞構文

1 名詞構文

TARGET 245

(1) **Her quick recovery** delighted us.
(2) **His refusal of the offer** confused us.
(3) We were surprised at **his absence from school**.

(1) 彼女の早い回復は私たちを喜ばせた。
(2) 彼がその申し出を断ったことは私たちを困惑させた。
(3) 彼が学校を休んだことに私たちは驚いた。

(1) 〈主語＋動詞〉の内容を名詞中心に表す

名詞を中心とした語のかたまりが，〈主語＋動詞〉という文に相当する内容を持つものを名詞構文と呼ぶ。

- **Her quick recovery** delighted us.
  ▶ recoveryは自動詞recoverの名詞形。her quick recoveryはShe recovered quickly.（彼女は早く回復した。）という内容を表している。名詞を修飾するので形容詞のquickを使っている。

(2) 〈主語＋動詞＋目的語〉の内容を名詞中心に表す

他動詞を名詞にしてつくる名詞構文では，目的語にあたるものが〈of ～〉の形で名詞の後に続くことが多い。

- **His refusal of the offer** confused us.
  ▶ refusalは他動詞refuseの名詞形。his refusal of the offerはHe refused the offer.（彼はその申し出を断った。）という内容を表している。

  We discussed **the construction of a new bridge**.
  （私たちは新しい橋の建設について話し合った。）
  〔constructionの動詞形はconstruct。construct a new bridge（新しい橋を建設する）を名詞構文にしたものが，the construction of a new bridge〕

(3) 〈主語＋be動詞＋形容詞〉の内容を名詞中心に表す

absence（欠席）という名詞を中心としたhis absence from schoolは，He was absent from school.（彼は学校を欠席した。）と同じ内容を表している。

- We were surprised at **his absence from school**.
  ▶ his absence from schoolで「彼が学校を休んだこと」という意味を表す。

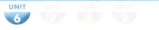

245

日本語の意味に合うように，（　）に適語を入れなさい。
1) 私たちは彼が事業で成功することを願っています。
　　We hope for (　　) (　　) in business.
2) 彼がその秘密を知っていたことに私たちは驚いた。
　　His (　　) (　　) the secret surprised us.
3) 平静のままでいられるという彼の能力はその仕事には好ましい。
　　(　　) (　　) to stay calm is good for the job.

2　動作を名詞で表す表現

TARGET 246

(1) We **made a decision** to give up the project.
(2) She is **a good speaker** of Spanish.

（1）私たちはその計画を断念する決定を下した。
（2）彼女はスペイン語を上手に話す。

(1)〈動詞＋名詞〉で「～する」を表す

- We **made a decision** to give up the project.
  ▶ make a decisionでdecideと同じ意味を表している。

ほかにtake a nap（昼寝をする），have a rest（ひと休みする），have a sleep（眠る），have a talk（話をする），give / make a speech（スピーチをする）のような表現がある。

　　I **took a nap** in the park.（僕は公園で昼寝をした。）

(2)〈形容詞＋名詞〉でどのようにするかを表す

- She is **a good speaker** of Spanish.
  ▶ She speaks Spanish well. という意味を表している。a good singer（歌がうまい人），a good cook（料理がうまい人），an early riser（早起きの人），a safe driver（安全運転をする人）のような表現もある。

246

日本語の意味に合うように，（　）に適語を入れなさい。
1) 私たちは喫茶店でひと休みした。
　　We had (　　) (　　) in a coffee shop.
2) 彼の料理はひどいねえ。
　　He's a terrible (　　), isn't he?

Ans. 245-1) his success　2) knowledge of　3) His ability
246-1) a rest/break　2) cook

347

UNIT 7 強調

1 強調のための表現

> **TARGET 247**
>
> (1) I **did see** a ghost.
> (2) Our cat is getting **fatter and fatter**.
>
> (1) 本当に幽霊を見たんだよ。
> (2) うちのネコはどんどん太っていく。

(1) do を使って強調する

動詞の意味を強調したいときはdoを動詞の前で使う。このdoは強く発音する。

- I **did see** a ghost.
  ▶「本当に見たんだ」と，seeを強調している。過去のことなのでdidを使っている。

  I **do know** about it.（私は本当にそのことを知っているのです。）

(2) 比較級の繰り返しで強調する

〈比較級＋and＋比較級〉で，「ますます～」という意味を表すことができる。

- Our cat is getting **fatter and fatter**.
  ▶「ますます太っている」という意味。

〈**the very**＋名詞〉で，「まさにその～」という意味を表すことができる。

This is **the very record** I've been looking for.
（これこそまさに私が探していたレコードです。）

not ... at all や **not in the least** は「まったく…ない」という意味を表す。

It was **not cold at all**.（ちっとも寒くなかった。）

I'm **not in the least** tired.（全然疲れてなんかいないよ。）

> be動詞の後の語句を強調する表現もある。
> **What** I want **is** to have fun.
> （私が求めているのは，楽しむことです。）[to have funを伝えたい]
> **All** you need **is** love.（あなたに必要なものは，愛です。）

日本語の意味に合うように，（ ）に適語を入れなさい。

1) 本当に君のお父さんを駅で見たんだよ。
   I（   ）（   ）your father at the station.
2) ますます多くの人がインターネットを使うようになっている。
   （   ）（   ）more people are using the Internet.

② 強調構文

TARGET 248

(1) **It is** this painting **that** received a prize.
(2) **It was** yesterday **that** I met Makoto at the station.

(1) 賞を取ったのはこの絵です。
(2) 私が駅でマコトに会ったのはきのうでした。

(1) 強調の枠組みを使う

文の一部を強調して伝えたいときは，強調したいものを it is と that の間に入れ，残りはそのまま that の後に続ける。

- **It is** this painting **that** received a prize.
  ▶「この絵です」と言った後で「賞を取った」を続ける。

(2) 強調の枠組みには名詞や副詞を入れることができる

強調構文では名詞(句)と副詞(句)を強調することができる。

- **It was** yesterday **that** I met Makoto at the station.
  ▶ 過去のことについて言っているので，It was ... としている。

  It was at the station **that** I met Makoto yesterday.
  （私がきのうマコトに会ったのは，駅でした。）

強調する名詞が人のときは who を，人以外のときは which を使うこともできる。

It was Makoto **who** I met at the station yesterday.
（私がきのう駅で会ったのは，マコトでした。）

 強調構文を疑問文にするときは，is/was を文頭に出す。
Is it this wallet **that** you lost in the park?
（公園であなたがなくしたのはこの財布ですか。）
疑問詞の内容を強調したいときは，次のようになる。
What is it that you really want to say?
（君が本当に言いたいことはいったい何なの？）

248

日本語の意味に合うように，(　)に適語を入れなさい。
1) 私が文通している相手はナンシーです。
　　(　)(　) Nancy (　) I write letters to.
2) 私が先月訪れたのはバリです。パリではありません。
　　(　)(　) Bali (　) I visited last month, not Paris.

Ans. 247-1) did see　2) More and
248-1) It is, that/who　2) It was, that/which

UNIT 8 倒置

1 否定語や方向・場所を表す表現を文頭に出す

TARGET 249

(1) **Never have I seen** such a beautiful butterfly.
(2) **Away ran the rat** at the sight of a cat.

(1) 私は今までにあんなに美しいチョウを見たことがありません。
(2) ネコの姿を見て，ネズミは逃げ去った。

(1) 否定語を文頭に出して語順を変える

neverのような**否定の意味を表す語で文を始める**と，その後はYes/No疑問文と同じ語順（⇨p.302）になる。これを倒置と呼ぶ。

- **Never have I seen** such a beautiful butterfly.
  ▶ neverの後は疑問文と同じようにhave I seenという語順にする。I have never seen such a beautiful butterfly. がふつうの語順。

littleも「少しも～ない」という否定を表す語なので，次のように倒置が起こる。

Little does he realize how much she loves him.
（彼女がどんなに彼のことを愛しているか，彼は少しも気づいていない。）

 否定語を使って時を表す表現（⇨p.295）の場合は，次のようになる。
Not until he was twenty-five did my brother get a job.
（兄は25歳になってやっと就職した。）
Hardly had the game started when it began to snow.
（試合が始まるとすぐに雪が降り始めた。）

(2) 方向・場所を表す表現を文頭に出して語順を変える

- **Away ran the rat** at the sight of a cat.
  ▶ The rat ran away at the sight of a cat. がふつうの語順。

場所を表す語句を文頭に出すときも，動詞は主語の前になる。

In the basket was a puppy.
（かごの中にいたのは子イヌでした。）

 何かが来たことを相手に伝えるために，「ほら～が来たよ」と言いたいときは，Here comes ～ . を使う。
Here comes the train.（ほら，電車が来たよ。）

249

日本語の意味に合うように，（　）に適語を入れなさい。
1) 彼は自分が間違っていると言うことはめったにない。
　　Rarely (　　) (　　) (　　) he is wrong.
2) リンゴが1つ落ちた。
　　Down (　　) (　　) (　　).

2　慣用的な倒置表現

TARGET 250

(1) Everyone wishes you good luck, and **so do I**.
(2) "I have never seen him laugh." "**Neither have I**."

(1) みんながあなたの幸運を願っていますし，私もそうです。
(2) 「彼が笑ったところを見たことがないよ。」「私もないわ。」

(1) 肯定の内容について「〜もそうだ」を表す
「〜もそうだ」は，主語を後ろに回して〈**so**＋助動詞/be動詞＋主語〉の語順にする。

● Everyone wishes you good luck, and **so do I**.
　▶ so do I は I wish you good luck, too ということ。

I **was confused** with the result, and **so were the others**.
（私はその結果に困惑したが，ほかのみんなもそうだった。）

(2) 否定の内容について「〜もそうではない」を表す
「〜もそうではない」は，〈**neither/nor**＋助動詞/be動詞＋主語〉の語順にする。

● "I **have never seen** him laugh." "**Neither have I**."
　▶ I have never seen him laugh, either. ということ。

　「本当にそうだ」と言うときは，倒置は起こらない。
　　　　　He said he was a magician, and **so he was**.
　　　　　（彼は自分はマジシャンだと言ったが，そのとおりだった。）

250

日本語の意味に合うように，（　）に適語を入れなさい。
1) 私は毎朝6時に起きるが，私の姉もそうだ。
　　I get up at six every morning, and (　　) (　　) (　　) (　　).
2) 「私はこの小説には興味がありません。」「私もありません。」
　　"I'm not interested in this novel." "(　　) (　　) (　　)."

Ans.　249-1) does he say　2) fell an apple
　　　250-1) so does my sister　2) Neither/Nor am I

UNIT 9 省略

1 動詞を省略する

TARGET 251

(1) I've asked my sister to leave, but she **won't**.
(2) You can use my dictionary if you want **to**.

(1) 妹に出ていってくれと頼んでいるのに，彼女はそうしようとしない。
(2) 使いたいなら，私の辞書を使ってもいいよ。

(1) 助動詞の後の動詞を省略する

前に出た動詞を繰り返すことになる場合，動詞を省略して助動詞だけにすることができる。

- I've asked my sister to leave, but she **won't**.
  ▶ she won't leave（彼女は出ていこうとしない）という意味。

(2) 不定詞の to の後の動詞を省略する

不定詞の to だけを使い，動詞の原形を省略することがある。

- You can use my dictionary if you want **to**.
  ▶ if you want to は if you want to use it (= my dictionary) ということ。このように使う to は代不定詞と呼ばれる。

I'm sorry, I didn't mean **to**. (すみません。そのつもりはなかったんです。)
　[自分の言ったことやしたことを謝るときに使う表現]

 251　日本語の意味に合うように，（　）に適語を入れなさい。
1)「奥さんによろしく言ってね。」「そうするよ。」
　"Say hello to your wife." "I (　　)."
2)「映画を観に行きませんか。」「はい，行きたいです。」
　"Would you like to go to the movies?" "Yes, I'd like (　　)."

2 なくてもわかるものは省略する

TARGET 252

(1) Yoko hurt her back **while riding** a horse.
(2) I tried to persuade her **but failed**.

(1) ヨウコは乗馬をしているときに背中を痛めた。
(2) 私は彼女を説得しようとしたが，だめだった。

(1) 接続詞の後の〈主語＋be動詞〉を省略する

when（～するときに）やwhile（～する間に）のような接続詞の後では，〈主語＋be動詞〉を省略することがある。

- **Yoko** hurt her back **while riding** a horse.
  - while she was riding a horse（彼女が乗馬をしているときに）という意味。

 while riding a horseは分詞構文と考えることもできる（⇒p.195）。
Yoko hurt her back (while) **riding** a horse.

once（いったん～すれば，～するやいなや），until（～するまで），unless（～でない限り），if（もし～すれば），though（～だけれども）の後でも〈主語＋be動詞〉を省略することができる。

Though tired, he worked till late at night.
（疲れていたが，彼は夜遅くまで働いた。）[Though he was tired ということ]

Once in bed, I was unable to move.
（ベッドに入るとすぐに，私は動けなくなった。）[Once I was in bed ということ]

 if necessary（必要なら），if possible（可能なら）のように，ifの後の〈主語＋be動詞〉が慣用的に省略されることもある。

(2) 接続詞の後の主語を省略する

andやbutの後の主語が前の文の主語と同じであれば，接続詞の後の主語を省略することができる。

- **I** tried to persuade her **but failed**.
  - but I failed（しかし，私は失敗した）という意味。

主語以外の語句でも，繰り返しを避けるために省略することができる。

Mr. Smith is a vegetarian, but his wife isn't.
（スミスさんは菜食主義者だが，彼の奥さんはそうではない。）
[his wife isn't a vegetarianということ。a vegetarianまで言わなくもわかる]

252　日本語の意味に合うように，（　）内の語句を並べかえなさい。
1) 私は入院中にマクベスを読み終えた。
　 I read through *Macbeth* (when / the hospital / in).
2) 彼女はそのコインを拾って，私に手渡した。
　 She picked up the coin (handed / and / it) to me.

Ans. 251-1) will　2) to
252-1) when in the hospital　2) and handed it

EXERCISES

A 日本語の意味に合うように，____に適語を入れなさい。

1) ここでタバコを吸ってもよろしいですか。
   Do you mind _____ _____ smoke here?
2) 私はトランプをするよりもむしろテレビを見たいです。
   I would _____ watch TV _____ play cards.
3) 彼女がピアノを弾くのを聞いてみたいです。
   I would _____ to _____ her play the piano.
4) 彼が成功するのは当然です。
   _____ is natural that _____ _____ succeed.
5) 彼女は病気で寝ているそうです。
   _____ is said that _____ _____ sick in bed.

B 日本語の意味に合うように，（　）内の語を並べかえなさい。

1) 彼らは彼に1人で行ってはどうかと提案しました。
   They suggested to (he / him / go / that) alone.
2) コンピュータのおかげで，この作業が楽になりました。
   (this / computers / made / task) easy.
3) 濃い霧のせいで，私たちは高速道路を走ることができませんでした。
   A thick fog (us / driving / prevented / from) on the freeway.
4) 窓ガラスを割ったのはナオキでした。
   It (Naoki / broke / that / was) the window.
5) 私が生まれたのはこの病院です。
   It is (that / this / in / hospital) I was born.

C 各組の文がほぼ同じ内容を表すように，____に適語を入れなさい。

1) a) Ayumi sings well.
   b) Ayumi is a _____ _____ .
2) a) Why did you think so?
   b) _____ made you _____ so?
3) a) He died suddenly, so we were surprised.
   b) His _____ _____ surprised us.

SECTION 15 さまざまな表現 (解答 ▶ p. 486)

4) a) "I'm happy." "I'm happy, too."
   b) "I'm happy." "_____ am I."
5) a) "I can't speak French." "I can't, either."
   b) "I can't speak French." "Neither _____ _____."
6) a) I can't swim at all.
   b) I can't swim _____ _____ least.

D 日本語の意味に合うように，＿＿に適語を入れなさい。

1) 私は一度も日光を訪れたことがありません。
   Never _____ _____ visited Nikko.
2) きのうになってはじめて私はその知らせを聞きました。
   _____ until yesterday _____ I heard the news.
3) 眠いときに，車を運転すべきではない。
   When _____, you shouldn't drive a car.
4) 彼は来ると言いましたが，本当にやって来ました。
   He said that he _____ come, and he _____ come.
5) 彼らは駅のほうに向かって走りに走りました。
   They ran _____ ran toward the station.

E [ ]内の指示に従って，＿＿に適語を入れなさい。

1) I couldn't go out because I was ill. [ほぼ同じ意味に]
   Illness prevented _____ _____ _____ out.
2) If you take this medicine, you will feel better. [ほぼ同じ意味に]
   This medicine will _____ you _____ better.
3) This is the first time I've visited Japan. [ほぼ同じ意味に]
   This is _____ _____ visit to Japan.
4) He seldom goes to the movies. [seldomで始まる文に]
   Seldom _____ _____ _____ to the movies.
5) The man left his business to his son. [his businessを強調する文に]
   _____ was his business _____ the man left to his son.

SECTION 16 名詞・冠詞

理解へのアプローチ

1 数えられる名詞と数えられない名詞

英語の名詞には，数えられる名詞と数えられない名詞という区別があります。数えられる名詞は，「車」とか「家」とか「鳥」のように，**その形をはっきりとイメージできる**ものです。

形がはっきりとイメージできて，**その形の輪郭を描くことができる**ようなものが数えられる名詞なのです。このような名詞は，a car，a house，a birdのように，aをつけることで，ひとつの形をもったものとして表すことができます。複数であれば，two carsのように複数形にします。

a car　　a house　　a bird

There's **a car** in the garage.
（車庫には車が入っている。）

数えられない名詞は**輪郭を描くことができるようなはっきりとした形がない**ものです。「水（water）」とか「雪（snow）」とか「スープ（soup）」のようなものは数えられない名詞です。どのように輪郭を描けばよいかわかりませんね。数えられない名詞にはaをつけることはできませんし，複数形もありません。

water　　snow　　soup

There's **water** in the bucket.
（バケツには水が入っている。）

数えられない名詞の特徴は，どこをとっても同じものであるということです。たとえば，「パン（bread）」は数えられる名詞のように思えますが，どこで切ってもパンはパンですよね。meat（肉）やwood（木材）も同じで，このような名詞は数えられないのです。

では，数えられる名詞はどうでしょう。「車」をばらばらにしてしまうと，いろいろな部品になってしまって，それらを「車」と言うことはできないのです。

day（日）やyear（年）のように，始まりと終わりがあって，ひとつの単位として区切ることができるものや，park（公園）やteam（チーム）のように，まとまりがあって境界線を引くことができるものは数えられる名詞です。

　peace（平和）とかbaseball（野球）とかになると，まとまりとしてとらえることはできませんから，数えられない名詞になります。advice（助言），information（情報）などもひとつのまとまりとはとらえずに，数えられない名詞として扱います。

❷ 数えられる場合と数えられない場合

　それぞれの名詞が，数えられる名詞か数えられない名詞のどちらかになるわけではありません。ひとつのまとまった形のあるものとしてとらえるかどうかで，表し方は変わるのです。

an egg

　たとえば「卵」は数えられる名詞としてan eggと言いますね。でも，卵入りのサンドイッチを食べている人に「あごに卵がついているよ」と言うときは，

　　You have **egg** on your chin.

と言います。卵を数えられない名詞としてとらえているのです。an eggとしてしまうと，あごに卵が1個くっついていることになってしまいます。

　日本語ではどちらも「卵」と言えばわかりますが，英語ではan eggとeggでは表すものが違います。同じように，a chickenと言えば「1羽のニワトリ」を指しますが，「鶏肉」と言いたいときはchickenを使います。Beef or chicken?（ビーフにしますか，チキンにしますか？）と聞かれて，A chicken, please.と答えてしまうと，「ニワトリを1羽丸ごとください」という意味になってしまうのです。

❸ 冠詞の役割

　冠詞のaは，**後に続く名詞がひとつのまとまった形を持つもの**であることを示します。aが表すのはここまでです。それがどのようなものであるかはわかりません。

　　I bought **a guitar**. （僕はギターを買った。）

と言えば，相手は「どんなギターかはわからないけれど，とにかくギターを1本買ったんだな」ということがわかります。

　冠詞にはaのほかに**the**があります。theを使って，

　　I bought **the guitar**. （僕はそのギターを買った。）

と言うのは、相手がどのギターのことを言っているのかわかっている場合です。相手は「なるほど、あのギターね。やっぱり買ったんだね」みたいに思うことができるのです。前にそのギターについて話したことがあって、相手もどれのことかすぐわかるというような場合にtheを使うのです。

the guitar

aは数えられる名詞にしか使えませんが、theのほうは形を示すわけではないので、

The soup was very hot.（そのスープはとても熱かった。）

のように、数えられない名詞にも使うことができます。theを使うときのポイントは、**どれのことを言っているのか特定できるかどうか**、なのです。

❹ 名詞に何もつけない場合

数えられない名詞には決まった形がありませんから、

I had **fish** for **lunch**.

と言えば、「昼食に魚料理を食べた」という意味になります。fishもlunchも数えられない名詞として扱っています。このlunchは一般的な意味での「昼食」を指しているのです。

fish

「私は学校に自転車で通っています」と言うときの、

I go to **school** by **bicycle**.

も、「学校」や「自転車」をあるひとつの形を持った「学校」や「自転車」としてではなく、「学校」という教育機関、「自転車」という交通手段としてとらえているのです。

juice（ジュース）のような飲み物は数えられない。coffee（コーヒー）やtea（お茶）も同様。

family（家族）のような集合体は数えられる。

meat（肉）は決まった形がないので数えられない。

chair（いす）は形があって数えられる。

hair（髪）は「髪」全体を指すときは数えられない。髪の毛1本と言いたいときは数えることができる。

joy（喜び）のような抽象的な名詞は形がないので数えることができない。

学習ガイド

基本ゾーン

- **UNIT 1** 数えられる名詞 ……………………………………… p. 360
  - ❶ 普通名詞　❷ 集合名詞
- **UNIT 2** 数えられない名詞 …………………………………… p. 362
  - ❶ 物質名詞　❷ 抽象名詞
- **UNIT 3** 所有を表す形と複合名詞 …………………………… p. 364
  - ❶ 所有を表す名詞の形　❷ 複合名詞
- **UNIT 4** 数えられる名詞と数えられない名詞 ……………… p. 366
  - ❶ 数えられる場合と数えられない場合
  - ❷ 複数形で使う表現
- **UNIT 5** a/anの使い方 ………………………………………… p. 368
  - ❶ a/anの使い方(1)　❷ a/anの使い方(2)
- **UNIT 6** theの使い方 …………………………………………… p. 370
  - ❶ theの使い方(1)　❷ theの使い方(2)
- **UNIT 7** 冠詞なしで使う名詞 ………………………………… p. 372
  - ❶ 冠詞なしで使う名詞(1)　❷ 冠詞なしで使う名詞(2)

　　　　名詞の複数形と所有格 …………………………………… p. 376

名詞の種類

● **数えられる名詞**
　普通名詞：形や区切りがあって，その中の1つをイメージできる名詞
　　　　　　（book, table, house, pencilなど）
　集合名詞：人やものの集合体を表す名詞
　　　　　　（family, class, teamなど）

● **数えられない名詞**
　物質名詞：決まった形のない物質を表す名詞
　　　　　　（sugar, milk, air, goldなど）
　抽象名詞：具体的な形のない，抽象的なことを表す名詞
　　　　　　（happiness, freedom, hope, peaceなど）
　固有名詞：人の名前や地名，特定のものを表す名詞
　　　　　　（John, Africa, London, Tokyo Domeなど）

SECTION 16　名詞・冠詞

UNIT 1 数えられる名詞

1 普通名詞

TARGET 253

(1) I have **a dog** and **two hamsters**.
(2) There are **seven days** in **a week**.

(1) 私はイヌを1匹とハムスターを2匹飼っています。
(2) 1週間には7日あります。

(1) 数えられる形がある

dogやhamsterのように，**数えられる形がある**ものを普通名詞と呼ぶ。

- **I have a dog and two hamsters.**
  ▶ dogもhamsterも1匹, 2匹と数えることができる。

　数えられる名詞が不特定の1つのときは, a dogのようにaをつけ, 不特定の複数のときはdogsのような複数形にする。「私のイヌ」とか「このイヌ」のようにどういうものなのかを示したいときは, my dog / this dogのように代名詞をつける。

My brother has two children.（私の兄には2人の子どもがいます。）
I like dogs.（私はイヌが好きです。）

[dogsのように複数形だけで名詞を使うと, その名詞の種類全般を表すことができる。I like dogs. は, 「イヌというもの」全般について「好きだ」と言っていることになる]

(2) 始まりと終わりがある

形はなくても, ある一定の**始まりと終わりがあって数えられる**ものもある。

- **There are seven days in a week.**
  ▶ dayやweekも数えることができる。

We went to a rock festival last Sunday.
（この前の日曜日にロック・フェスティバルに行った。）
[festival（祭り）やceremony（儀式）にも始まりと終わりがある]

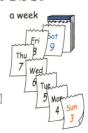

253

日本語の意味に合うように, (　) に適語を入れなさい。
1) 私は新聞を1部と雑誌を2冊買った。
　　I bought a (　　) and two (　　).
2) 壁にペンキを塗るのに3時間かかった。
　　I spent three (　　) painting the wall.

使い方は p.2 ▶

2 集合名詞

TARGET 254

(1) I have **a large family**.
(2) **Twelve families** live in this apartment house.

(1) 私の家族は大家族だ。
(2) このアパートには12家族が住んでいます。

(1) 数えられるまとまりがある

いくつかのものが集まってできた**集合体**を集合名詞と呼ぶ。集合名詞は数えることができる。

- I have **a large family**.
  ▶ 両親や兄弟などが集まって1つの「家族」をつくっている。

集合名詞には, audience（聴衆）, class（クラス）, crew（乗組員）, crowd（群衆）, staff（スタッフ）, team（チーム）などがある。

He was surprised to see **the crowd**.
（彼はその群衆を見て驚いた。）

(2) 集合名詞を複数形で使う

- **Twelve families** live in this apartment house.
  ▶ 12の「家族」がアパートに住んでいる, ということ。

 集合体を構成するそれぞれのメンバーを意識するときは, 単数形でも複数扱いすることがある（おもにイギリス英語の用法）。
All the crew were saved.（すべての乗組員が救助された。）
police（警察）は, 複数の警察官を意識するのでつねに複数扱いする。
The police are looking for the man.（警察はその男を捜している。）

 furniture（家具）のような異なる種類の集合を表す名詞は, 数えることはできない。baggage/luggage（手荷物）, clothing（衣類）, jewelry（宝石）, machinery（機械類）なども同様。

254

日本語の意味に合うように,（ ）に適語を入れなさい。
1) そのコンサートには多くの聴衆がいた。
   There was a large (   ) at the concert.
2) あなたの学校には何クラスありますか。
   How many (   ) are there in your school?

Ans. 253-1) newspaper/paper, magazines 2) hours
254-1) audience 2) classes

UNIT 2 数えられない名詞

1 物質名詞

TARGET 255

(1) This bridge is made of **wood**.
(2) How about **a cup of tea**?

(1) この橋は木でできている。
(2) お茶を1杯いかがですか。

(1) 物質には決まった形がない

物質名詞は，wood（木材）のように**決まった形がなく数えられない**。

- This bridge is made of **wood**.
  ▶「木材」には決まった形はない。

数えられない名詞には a/an はつけず，複数形にもしない。物質名詞には air（空気），bread（パン），gold（金），meat（肉），money（お金），paper（紙），stone（石），water（水）などがある。

He wrapped the glass in **paper**.（彼はそのグラスを紙で包んだ。）

I didn't have enough **money** to buy any **bread**.
（パンを買うのに十分なお金を持っていなかった。）

(2) 物質名詞は数える単位を使う

物質名詞は数えることはできない。数を表すときは a cup of tea のように，数えられる名詞を単位として使う。

- How about **a cup of tea**?
  ▶ 複数の場合は数える単位を複数形にして two <u>cups</u> of tea のようにする。

a piece/sheet of paper（紙1枚）　　a slice of bread（パン1枚）
a bottle of wine（ワイン1本）　　　a glass of water（水1杯）
a pound of butter（バター1ポンド）　a spoonful of sugar（砂糖ひとさじ）

Could you give me **a glass of water**?（水をグラス1杯ください。）

255　日本語の意味に合うように，（　）に適語を入れなさい。
1) お水をいただけませんか。
　 I'd like to have some (　　), please.
2) 父はワインを3本買った。
　 My father bought three (　　) of (　　).

362

2 抽象名詞

TARGET 256

(1) I asked him for **advice**.
(2) I've got **a piece of information** about the new movie.

(1) 私は彼に助言を求めた。
(2) その新しい映画についての情報を1つ手に入れた。

(1) 抽象的なものは形が意識できない

advice のような抽象名詞は，**具体的な形がなく数えられない。**

- I asked him for **advice**.
  ▶ advice (助言) 自体には，まとまりのある形はない。

抽象名詞には，beauty (美), belief (信念), freedom (自由), happiness (幸福), honesty (正直), homework (宿題), information (情報), kindness (親切) などがある。

I have a lot of **homework** today. (今日はたくさん宿題がある。)
[「宿題」は数えられないので複数形にできない]

Freedom of **speech** must be protected.
(言論の自由は守られなければならない。)

(2) 抽象名詞は piece で数を表す

抽象名詞の数を表したいときは，a piece of ... の形にする。

- I've got **a piece of information** about the new movie.
  ▶ information は数えられない名詞なので，a piece of を使って数を表す。具体的な数を表さず「いくつかの」と言うときは some information とする。

  参考 kindness (親切な行為) のような具体的な行為や，beauty (美人) のような具体的な例を表すときには，数えられる名詞として扱われる。
  Thank you for your **many kindnesses**.
  (いろいろ親切にありがとう。)

Q 256

日本語の意味に合うように，(　)内から正しいほうを選びなさい。
1) 私は仕事を探しています。
　I'm looking for (a work / work).
2) 君にアドバイスを1つあげよう。
　I have (an advice / a piece of advice) for you.

Ans. 255-1) water 2) bottles, wine
256-1) work 2) a piece of advice

UNIT 3　所有を表す形と複合名詞

1　所有を表す名詞の形

TARGET 257

(1) Didn't you see **Andy's** dog?
(2) I can't remember the title **of the movie**.

(1) アンディのイヌを見なかった？
(2) その映画の題名が思い出せません。

(1) だれのものかを表す

「アンディのイヌ」のように, だれの所有のものであるかを表すときは, 名詞の語尾に **'s** をつけて Andy's dog のようにする。

- Didn't you see **Andy's** dog?
  ▶「アンディのもの」という所有を表す。

Andy's　dog

名詞がsで終わる複数形のときは, 語尾に **'** だけをつける。

  Could you put the **babies'** toys away?
  （赤ちゃんたちのおもちゃを片づけてくださいませんか。）

sをつけない複数形の場合は **'s** をつける。

  She cleaned up her **children's** room.
  （彼女は子どもたちの部屋をきれいに掃除した。）

(2) of を使って所有を表す

the title of the movie のように of を使って所有の形をつくる。この場合, **A's B** は **the B of A** に相当する。

- I can't remember **the title of the movie**.
  ▶ the title of the movie で「その映画の題名」という意味になる。

Aにあたる名詞が人ではないときは, A's B ではなく, the B of A の形になる。

  I've broken **the window of the living room**.
  （私は居間の窓ガラスを割ってしまった。）

 ten minutes' break（10分間の休憩）のように時を表す場合や, three kilograms' weight（3キロの重さ）のように単位を表す場合には, A's B の形が使われる。today's meeting（今日の会議）のように「いつの～」を表すときも A's B の形を使う。

Japan's economy（日本の経済）のように国名に 's をつけたり, the government's decision（政府の決定）のように組織を表す名詞に 's をつけることもある。

a friend of mine ⇨ p.382

257

日本語の意味に合うように，( )内から正しいほうを選びなさい。

1) その男の子の名前を知っていますか。
   Do you know the (boy's / boys') name?
2) その通りの名前は何ですか。
   What is (the street's name / the name of the street)?

2 複合名詞

TARGET 258

(1) Keiko is **a math teacher**. She likes **chocolate cake**.
(2) It's only **a ten-minute walk** from here to the beach.

(1) ケイコは数学の先生です。彼女はチョコレートケーキが好きです。
(2) ここから海岸までは歩いてほんの10分です。

(1) 名詞を組み合わせる

math teacher や chocolate cake のように，名詞を2つ続けて1つの意味を表すことがある。

- Keiko is **a math teacher**.
  She likes **chocolate cake**.

a math teacher   chocolate cake

  ▶ math（数学）と teacher（教師）の組み合わせで「数学教師」となる。

  He was involved in **a traffic accident**. (彼は交通事故にまき込まれた。)

  [headache（頭痛）や weekend（週末）のように1語になる場合もある]

(2) 時間などを表す名詞を入れる

- It's only **a ten-minute walk** from here to the beach.

  ▶ ten-minute（10分）と walk（歩き）の組み合わせ。ten-minute で形容詞のように扱うため minute は単数形のままにする。ハイフンでつながない場合は ten minutes' walk のように複数形になる（⇨p.364）。

  We live in **a three-story house**. (私たちは3階建ての家に住んでいます。)

258

日本語の意味に合うように，( )に適語を入れなさい。

1) 私たちはルームサービスでサンドイッチを注文した。
   We ordered sandwiches from (   ) (   ).
2) ほんの2時間のフライトでした。
   It was only a (   ) flight.

Ans. 257-1) boy's 2) the name of the street
258-1) room service 2) two-hour

365

UNIT 4 数えられる名詞と数えられない名詞

1 数えられる場合と数えられない場合

TARGET 259

(1) I bought a paper at a kiosk.
(2) I need some paper.

(1) 私はキオスクで新聞を買いました。
(2) 何枚か紙が必要です。

(1) 決まった形を意識できる

名詞には，数えられる意味と数えられない意味の両方があるものも多い。「新聞」を表すpaperは，ひとつのまとまった形があるので，数えられる名詞として使う。

- I bought a paper at a kiosk.
  ▶「新聞」という意味のpaperは数えられる。

a paper　　paper

(2) 決まった形が意識できない

「紙」の意味のpaperは，物質名詞で数えることはできない。「紙」は細かくちぎっても「紙」と言えるので，数えられる決まった形はないということになる。

- I need some paper.
  ▶「紙」という意味のpaperは数えられない。

noiseは「物音」の意味では数えられ，「騒音」の意味では数えられない。stoneは「小石」の意味では数えられ，「石」という物質を表す場合は数えられない。また，roomは「部屋」という意味では数えられ，「余地」という意味では数えられない。いずれも，**数えることができる形があるかどうか**で使い方が決まる。

 teaやcoffeeは数えられない名詞だが，喫茶店などで注文するときは，a teaとかtwo coffeesと言うことができる。
fish(魚)やfruit(果物)は，単数形で複数の魚や果物を表すことができる。魚や果物の種類がいくつもあることを表すときは，fishesやfruitsのような複数形を使う。
I caught five fish. (僕は魚を5匹捕まえた。)

259
日本語の意味に合うように，(　)に適語を入れなさい。
1) そのアパートには3つの部屋がある。
　　There are (　) (　) in the apartment.
2) その車庫には車3台分の広さがある。
　　There's (　) for three cars in the garage.

2 複数形で使う表現

TARGET 260

(1) I'm going to buy **a pair of glasses**.
(2) You have to **change trains** at the next station.

（1）めがねを買おうと思っている。
（2）次の駅で乗り換えなければなりませんよ。

(1) ペアを意識する

glasses（めがね）のように，2つの構成要素が組み合わさってできていると考えるものは，複数形で表す。

● I'm going to buy **a pair of glasses**.

▶「めがね」は2つのレンズで成り立っているのが基本なので，複数形で表す。

gloves（手袋），jeans（ジーンズ），shoes（靴），sneakers（スニーカー），scissors（はさみ），socks（靴下），trousers / pants（ズボン）なども複数形を使う。

I want to buy new **sneakers**.（新しいスニーカーを買いたい。）

These jeans are very expensive.（このジーンズはとても高価だ。）

 構成要素の1つについて言うときは単数形になる。
I can't find the right glove.（右の手袋が見つからない。）
news（ニュース）は複数形ではない。

(2) 複数が必要となる

その行為をするのに複数のものが必要なときには，名詞は複数形になる。

● You have to **change trains** at the next station.

▶「乗り換え」なので trains と複数形にする。

They **shook hands** with each other.
（彼らはお互いに握手をした。）

260

日本語の意味に合うように，（ ）に適語を入れなさい。
1) ここで靴を脱いでください。
　Please take off your (　　) here.
2) 僕はピートと友だちになった。
　I made (　　) with Pete.

Ans. 259-1) three rooms 2) room
260-1) shoes 2) friends

UNIT 5　a/anの使い方

1　a/anの使い方(1)

> **TARGET 261**
>
> (1) There is **a cat** under my car.
> (2) Could you lend me **a pen**?
> (3) We moved to Tokyo from Osaka **a year** ago.
>
> (1) 私の車の下にネコがいます。
> (2) ペンを貸してくださいますか。
> (3) 私たちは1年前に，大阪から東京に引っ越しました。

(1) 初めて言及する場合はa/anを使う

数えられる名詞の単数形を初めて話題に出すときは，a catのような〈a/an＋名詞〉という形にする。

- There is **a cat** under my car.
  ▶ a catで「ある1匹のネコ」を表している。

catのような子音で始まる名詞にはaを，airportのような母音で始まる名詞にはanをつける。aは[ə]，anは[ən]と発音する。

　　There is **an airport** in my town.（私の町には空港があります。）

>
> **注意!!**　aとanの使い分けは，発音によるもので，文字によるものではない。
> a hand / an hour, a man / an MC, a university / an uncle

(2) 特定のものでない場合はa/anを使う

数えられる名詞の単数形が特定のものを指さないときも，〈a/an＋名詞〉という形にする。

- Could you lend me **a pen**?
  ▶ a penと言うことで「どのペンでもかまわない」ことを表している。

職業が何かを述べるときもa/anを使う。

　　My father is **an engineer**.（私の父は技術者です。）
　　［特定の技術者を指しているわけではないのでanをつける］

(3) a/anをoneの意味で使う

- We moved to Tokyo from Osaka **a year** ago.
  ▶ a yearで「1年」を表している。(1)や(2)ではa/anを日本語に訳さなくてもよいが，(3)ではoneの意味になるので，a yearなら「1年」とする。

261 日本語の意味に合うように，( )に適語を入れなさい。

1) 姉はNPOで働いています。
   My sister works for ( ) NPO.
2) このあたりに病院はありますか。
   Is there ( ) hospital around here?
3) ローマは1日にしてならず。
   Rome was not built in ( ) day.

2　a/anの使い方(2)

TARGET 262

(1) He practices the piano two hours **a day**.
(2) My father bought **a Toyota**.

(1) 彼は1日に2時間ピアノの練習をする。
(2) 私の父はトヨタ車を買った。

(1) a/anで「〜につき」を表す

a/anの後に数量や期間のような単位を表す名詞を続けると，「**〜につき**」という意味を表すことができる。

- He practices the piano two hours **a day**.
  ▶ a dayで「1日につき」を表している。

  This car can go 200 kilometers **an hour**.
  （この車は時速200キロで走ることができる。）

(2) 固有名詞にa/anをつける

〈a/an＋固有名詞〉は，「〜という人」「〜のような人」「〜の作品／製品」を表す。

- My father bought **a Toyota**.
  ▶ a Toyotaで「トヨタの車」を表している。

  A Mr. Smith phoned you.（スミスさんという人から電話がありました。）

262 日本語の意味に合うように，( )に適語を入れなさい。

1) このリボンは1メートルあたり100円です。
   This ribbon is 100 yen ( ) ( ).
2) 私のスマートフォンはソニーの製品です。
   My smartphone is ( ) ( ).

Ans. 261-1) an　2) a　3) a
262-1) a meter　2) a Sony

369

UNIT 6 theの使い方

1 theの使い方(1)

> **TARGET 263**
>
> (1) How can I get to **the station**?
> (2) I don't know **the man** you are talking about.
>
> (1) 駅へはどうやって行けばいいですか。
> (2) 私はあなたが話している人のことを知りません。

(1) どれのことかがわかる場合はtheを使う

すでに話題として出ているものを表すときに，〈the＋名詞〉の形を使う。theは母音で始まる語の前では [ði]，それ以外の場合は [ðə] と発音する。

My uncle has **a cat**. **The cat** is black.
（私のおじはネコを飼っています。そのネコは黒ネコです。）

(1)のthe stationのように，どれのことなのか聞き手にもわかるものを表すときは，〈the＋名詞〉を使う。

- How can I get to **the station**?

  ▶「最寄りの駅」のように，どの駅のことを言っているのかわかる場合は，the station とする。

Could you open **the window**?（窓を開けてくださいますか。）

My sister can play **the piano**.（私の妹はピアノを弾くことができます。）

［特定のピアノでなくても楽器の場合はtheをつけることができる］

> **参考** the earth（地球）やthe sun（太陽）のように，1つしか存在しないものを指す場合は〈the＋名詞〉を使う。

(2) 意味が限定される場合はtheを使う

名詞がどういうものかを説明する語句や節がついて，その名詞が特定のものを表すことになる場合は，〈the＋名詞〉を使う。

- I don't know **the man** you are talking about.

  ▶「あなたが話題にしている男の人」は特定の人。I know a man who owns a Ferrari.（フェラーリを持っている人を知っている。）のように，名詞を説明する語句や節がついても特定の人やものでなければtheはつけない。

My idea is exactly **the same** as yours.（私の考えは君とまったく同じだ。）

［the same as ... で「…と同じ」であることを表す］

 the Smiths（スミス夫妻，スミス一家），the Philippines（フィリピン諸島），the Alps（アルプス山脈）のように固有名詞の複数形にtheがつく場合がある。

263

日本語の意味に合うように，（　）に適語を入れなさい。

1) お塩を取ってください。
   Can you pass me (　　) (　　), please?

2) その俳優の名前を忘れました。
   I forgot (　　) (　　) of the actor.

2　theの使い方 (2)

TARGET 264

(1) He patted me on **the shoulder**.
(2) Rice is sold by **the kilogram** in this shop.

（1）彼は私の肩を軽くたたいた。
（2）この店では米はキログラム単位で売られている。

(1) だれの体の部分なのかがわかる場合は the を使う

前後関係から何を指すのかわかる場合は〈the＋名詞〉を使う。

- He patted me on **the shoulder**.
  ▶ the shoulder は「私の肩」を意味している。patted me の後なので，the shoulder で「私の肩」であることがわかる。

(2) 〈by the ～〉で単位を表す

by the kilogram のように，by の後で〈the＋単位を表す名詞〉を使うことがある。

- Rice is sold by **the kilogram** in this shop.
  ▶ by the kilogram で「キログラム単位で」という意味を表す。

  Part-time workers are paid by **the hour**.
  （パートの人は時給で支払われます。）

264

日本語の意味に合うように，（　）に適語を入れなさい。

1) 彼は僕の腕をつかんだ。
   He caught me by (　　) (　　).

2) その店では卵はダース単位で売られている。
   They sell eggs by (　　) (　　) at the shop.

Ans.　263-1) the salt　2) the name
　　　　264-1) the arm　2) the dozen

UNIT 7 冠詞なしで使う名詞

1 冠詞なしで使う名詞(1)

TARGET 265

(1) I like to eat French toast for **breakfast**.
(2) Ken is **captain** of the soccer team.

(1) 私は朝食にフレンチトーストを食べるのが好きだ。
(2) ケンはサッカーチームのキャプテンだ。

(1) 特定しない場合や，種類全般を表す場合は冠詞は使わない

数えられない名詞が特定のものを指さないとき (⇨p.362) や，複数形でその種類全般を表すとき (⇨p.360) は冠詞なしで使う。

Oil and **water** don't mix. (油と水は混ざらない。)

I'm afraid of **spiders**. (私はクモが怖い。)

breakfastのような食事を表す名詞は冠詞なしで使う。

● I like to eat French toast for **breakfast**.

  ▶ breakfastやlunchのような食事名は冠詞なしで使う。French toastは数えられない名詞なので冠詞をつけない。

I had **dinner** with his family. (私は彼の家族と一緒に食事をした。)

 食事を表す名詞に形容詞をつけると，その形がイメージできるようになるのでaをつける必要がある。
I had to have <u>a</u> quick lunch.
(私は急いで昼食をとらなければならなかった。)

(2) 役職名は冠詞なしで使うことができる

captain(キャプテン)やmayor(市長)のような役職を表す名詞を補語として使うときも，冠詞なしで使うことができる。

● Ken is **captain** of the soccer team.

  ▶ その集団に1人しかいない役職を表す名詞は，冠詞なしで使うことができる。

265
日本語の意味に合うように，( )に適語を入れなさい。
1) サトウさんは昼食中です。
   Mr. Sato is ( ) ( ) now.
2) 彼はアメリカ合衆国の大統領に選ばれた。
   He was elected ( ) ( ) the United States.

2 冠詞なしで使う名詞(2)

TARGET 266

(1) I've decided to go to college.
(2) We traveled across Europe by train.

(1) 私は大学に進学することにしました。
(2) 私たちは列車でヨーロッパを旅行しました。

(1) 具体的なものをイメージしない場合は冠詞は使わない

collegeを go to college のように冠詞なしで使うと, 大学全般を指すことになる。schoolも go to school や at school のように使うことができる。

- I've decided to go to college.
  ▶ go to college で「大学に進学する」という意味になる。

go to bed のように bed を冠詞なしで使うと, 具体的なベッドではなく, 寝るための場所を表すことになる。

　　It's time to go to bed.(寝る時間ですよ。)

(2) 移動手段や通信手段を表す場合は冠詞は使わない

「列車で」のように移動手段を表すときも, by train のように冠詞なしで使う。

- We traveled across Europe by train.
  ▶「列車」という乗り物をイメージしている。

I go to school by bus.(私はバス通学です。)
[go to school は「通学する」という意味で使っている]

注意!! 特定のものを指すときは次のようにする。
　　I came here in his car.(彼の車でここまで来ました。)

「電話で」のように通信手段を表す場合も冠詞なしで使う。

　　I reserved a hotel room by phone.(電話でホテルの部屋を予約した。)

266

日本語の意味に合うように, ( )に適語を入れなさい。
1) 私はふだんはキムと一緒に通学します。
　　I usually go ( ) ( ) with Kim.
2) ほとんどの人がそのパーティーに車で来た。
　　Most people came to the party ( ) ( ).

265-1) at/having/eating lunch 2) President of
266-1) to school 2) by car

EXERCISES

A 日本語の意味に合うように，＿＿に適語を入れなさい。

1) 私は1通の手紙を受け取りました。その手紙はルーシーからでした。
   I got _____ letter. _____ letter was from Lucy.
2) 彼女はその映画の題名を忘れました。
   She forgot _____ title _____ _____ movie.
3) すべての子どもたちが夏祭りを楽しみました。
   _____ _____ _____ enjoyed the summer festival.
4) 月は地球の周りを回っています。
   _____ moon goes around _____ earth.
5) 彼は曲を1つ作り，ギターでそれを演奏しました。
   He wrote _____ _____ of music, and played it on _____ guitar.

B 日本語の意味に合うように，（　）内の語を並べかえなさい。

1) 彼女はその店でジーンズを1本買いました。
   She bought (pair / jeans / a / of) at the store.
2) 彼は1日に1時間，英語の勉強をします。
   He studies English for (day / an / a / hour).
3) その子どもは私の手をつかんだ。
   The child (me / the / by / took) hand.
4) 私はそんなにすばらしい映画を観たことがありません。
   I've never seen (a / movie / such / wonderful).
5) 壁にはルノワールの作品がありました。
   There was (a / the / on / Renoir) wall.

C 次の文の（　）内の語を，必要に応じて適切な形に変えなさい。

1) There are five short (story) in this (book).
2) I have a (brother) and two (sister). We are a (family) of six.
3) We have a lot of (work) to do. There's no (time) to lose.
4) I had some (bread), two (orange), and two (cup) of (tea).
5) We shook (hand) with each other.

SECTION 16 名詞・冠詞 （解答 ▶ p. 487）

6) Peter found it hard to make (friend) with other (child).
7) My grandfather has a lot of (cow) and (sheep) on his farm.

D 次の文の＿＿に，a, an, the のうちから適切なものを入れなさい。何も入れる必要がない場合には，×を入れなさい。

1) 私の弟はバスで通学しています。
   My brother goes to ＿＿＿＿＿＿ school by ＿＿＿＿＿＿ bus.
2) 彼女はバイオリンを弾きます。古いバイオリンを1台持っているんです。
   She plays ＿＿＿＿＿＿ violin. She has ＿＿＿＿＿＿ old violin.
3) 私は朝食の後で，テレビを見ました。
   I watched ＿＿＿＿＿＿ TV after ＿＿＿＿＿＿ breakfast.
4) 彼はそのテストを1時間で終えたただ1人の学生でした。
   He was ＿＿＿＿＿＿ only student who finished the test in ＿＿＿＿＿＿ hour.
5) 私はアルバイトをしています。お金は時給で支払われます。
   I have ＿＿＿＿＿＿ part-time job. I'm paid by ＿＿＿＿＿＿ hour.
6) このクラブの会員の半数以上は10代の若者です。
   More than half ＿＿＿＿＿＿ members of this club are ＿＿＿＿＿＿ teenagers.

E 日本語の意味に合うように，（ ）内から正しいものを選びなさい。

1) a) その橋は石でできています。
      The bridge is made of (stone / a stone).
   b) その少年は石を拾い上げて，それを川に投げ込みました。
      The boy picked up (stone / a stone) and threw it into the river.
2) a) 上野駅で乗り換えなければなりません。
      You have to change (a train / trains) at Ueno Station.
   b) 私たちは列車に乗ってロンドンに行きました。
      We went to London on (a train / train).
3) a) 私の両親は毎週日曜日に礼拝に行きます。
      My parents go to (church / the church) every Sunday.
   b) その教会の前にはかつて大きな木がありました。
      There used to be a big tree in front of (church / the church).

名詞の複数形と所有格

❶ 名詞の複数形のつくり方

① 規則変化

規則変化する名詞は、語尾にsまたはesをつけて複数形をつくる。基本的な変化は、book→**books**のようにsをつけるもの。

語尾	変化のしかた	例
s x sh ch 子音字＋o	esをつける	bus**es**, class**es** box**es**, fox**es** dish**es**, bush**es** church**es**, bench**es** hero**es**, tomato**es**
f, fe	f, feをvに変えて esをつける	leaf→lea**ves**, wolf→wol**ves**, wife→wi**ves**, knife→kni**ves**
子音字＋y	yをiに変えてesをつける	city→cit**ies**, lady→lad**ies**, baby→bab**ies**

 stomach**s**（胃）, piano**s**（ピアノ）, photo**s**（写真）, roof**s**（屋根）, safe**s**（金庫）, belief**s**（信条）などは例外。
固有名詞は、どのような語でも語尾にsをつける。→three Mary**s**（3人のメアリー）
複数形の語尾の発音は [s] [z] [iz] の3種類があり、3人称単数現在の動詞の語尾の発音と同じ規則（⇨p.469）。

② 不規則変化

- 不規則変化をする代表的な名詞
man→men（男）, woman→women [wímin]（女）, foot→feet（足）, tooth→teeth（歯）, mouse→mice（ネズミ）, child→children（子ども）

- 単数形と複数形が同じ名詞
Japanese（日本人）, means（手段）, carp（コイ）, sheep（ヒツジ）, yen（円）など

- 複数形のつくり方のルールにあてはまらない名詞
datum→data（データ）, medium→media（メディア）, crisis→crises（危機）, analysis→analyses（分析）, phenomenon→phenomena（現象）

 dataは、単数扱いされることもある。

- 文字，数字，略語の複数形
  語尾に s または 's をつける。ただし，s だけをつけるほうがふつう。
  CD**s**/CD**'s**（CD），UFO**s**/UFO**'s**（UFO），the 90**s**/90**'s**（90年代）
- 複合名詞の複数形
  いくつかの単語でつくられた複合名詞は，中心となる名詞が複数形になる。
  fountain pen → fountain pen**s**（万年筆）
  college student → college student**s**（大学生）
  passer-by → passer**s**-by（通行人）

  注意!! 複合名詞の中に man や woman がある場合は，どちらも複数形となる。
  wom**a**n astronaut → wom**e**n astronaut**s**（女性宇宙飛行士）

❷ 所有格の表す意味

所有格は所有を表すだけでなく，次のような意味も表すことができる。
① 作者や対象を表す
   Soseki's novels（漱石の小説）
   a **women's** college（女子大学）
② 所有格の名詞がその後の名詞の主語の意味になる
   We were delighted by **Gary's** success.
   （私たちはゲーリーの成功をとても喜んだ。）
   ［成功したのはゲーリーなので，Gary succeeded. という関係になる］
③ 所有格の名詞がその後の名詞の目的語になる
   I have to save a lot of money for my **daughter's** education.
   （私は娘の教育のために，たくさんのお金をためなければならない。）
   ［娘を教育するので，educate my daughter という関係になる］

❸ 所有格の後の名詞の省略

所有格の後の名詞は，次のような場合に省略されることがある。
- 反復を避ける
  This bicycle is my **brother's** (bicycle).（この自転車は私の兄のものです。）
- 家・商店・病院などを表す語が続く
  I'm going to stay at my **uncle's** (house).（おじさんの家に泊まるつもりです。）
  Kate went to the **florist's** (shop).（ケイトは花屋さんに行きました。）

377

SECTION 17 代名詞・限定詞

理解へのアプローチ

1 名詞の代わりをする代名詞

代名詞は文の中で**名詞の代わり**をして，主語や目的語などになります。

This is Ken. I've known **him** for five years.
（これはケンです。彼のことは5年前から知っています。）

thisもhimもKenのことを指す代名詞で，thisは主語，himは目的語として使われています。himのような人称代名詞は文の中でのはたらきによって形を変えます。himは目的語なので，**目的格**という形です。主語にするときは**主格**という形を使います。

He is captain of the soccer team. （彼はサッカー部のキャプテンです。）

代名詞は名詞の代わりをするだけでなく，文の内容を指したり，不特定のものを指すときに使うことができます。

He broke the window, but he wouldn't admit **it**.
（彼は窓ガラスを割ったのに，それを認めようとしませんでした。）

He gave me **some** of these photos.
（彼がこれらの写真の何枚かをくれました。）

2 名詞がどういうものなのかを示す限定詞

代名詞には，**名詞の前に置いてその名詞がどういうものなのかを示す**はたらきをするものがあります。thisやthatのような**指示代名詞**と，myやyourのような人称代名詞の**所有格**です。

I bought **this** jacket at the shop near **my** house.
（このジャケットは僕の家の近くの店で買いました。）

this jacketで「このジャケット」，my houseで「私の家」という意味を表しています。thisとmyは後に続く名詞がどういうものなのかを示しているのです。

this

冠詞も同じように後に続く名詞がどういうものかを示します。aは形のある1つのものであること，theはどれなのかが特定できるものであることを示すわけです。後に続く名詞がどういうものなのかを示すはたらきをするものを，まとめて**限定詞**と呼びます。**名詞の前で使える限定詞は1つだけ**です。

　some, all, many, muchのような**数や量を表す代名詞や形容詞**も限定詞です。後に続く名詞がどのくらいの数や量であるかを示すものだからです。このタイプの限定詞は，all the money（すべてのお金）のように2つ続ける場合があります。

学習ガイド

基本ゾーン

UNIT 1　人称代名詞(1) ……………………………………… p. 380
　❶ 人称代名詞の形　❷ 特定の人を指さないyou / we / they

UNIT 2　人称代名詞(2) ……………………………………… p. 382
　❶ 所有代名詞　❷ 再帰代名詞

UNIT 3　itの使い方 ………………………………………… p. 384
　❶ すでに出た名詞・句・節を指す　❷ 特定のものを指さない

UNIT 4　this / that ………………………………………… p. 386
　❶ this / that (1)　❷ this / that (2)

UNIT 5　one / another …………………………………… p. 388
　❶ one　❷ another

UNIT 6　other ……………………………………………… p. 390
　❶ the other　❷ the others / others

UNIT 7　some / any ……………………………………… p. 392
　❶ some / any　❷ something / anything

UNIT 8　all / most / every / each ……………………… p. 394
　❶ all / most　❷ every / each

UNIT 9　no / none / everything / nothing …………… p. 396
　❶ no / none　❷ everything / nothing

UNIT 10　both / either / neither ……………………… p. 398
　❶ both　❷ either / neither

SECTION 17　代名詞・限定詞

UNIT 1 人称代名詞(1)

1 人称代名詞の形

TARGET 267

(1) **I** have a sister. **She** is a college student.
(2) Bill lost **his** key yesterday.
(3) Pass **me** the bag, please.

(1) 私には姉が1人います。彼女は大学生です。
(2) ビルはきのうかぎをなくした。
(3) かばんを取ってください。

I　she

(1) 主語として使う(主格)

● **I** have a sister. **She** is a college student.
　▶ I は話し手である「私」を，she は前の文の「私の姉」を指している。

I や she のような，文の**主語**として使う人称代名詞の形を**主格**と呼ぶ。

(2) 〈所有格＋名詞〉でだれのものなのかを表す

● Bill lost **his key** yesterday.
　▶ his は所有格で，his key で「彼のかぎ」を表している。

名詞の前に置いて「～の」という意味を表すときに使う形を**所有格**と呼ぶ。所有格の代名詞は〈**所有格＋名詞**〉の形で使う。

(3) 目的語として使う(目的格)

● Pass **me** the bag, please.
　▶ me は pass の目的語で，「私に～を渡す」という意味になっている。(⇨p.22)

人称	数	人称代名詞			所有代名詞	再帰代名詞
		主格	所有格	目的格		
1人称	単数	I	my	me	mine	myself
	複数	we	our	us	ours	ourselves
2人称	単数	you	your	you	yours	yourself
	複数					yourselves
3人称	単数	he	his	him	his	himself
		she	her	her	hers	herself
		it	its	it	—	itself
	複数	they	their	them	theirs	themselves

使い方は p.2 ▶

参考 主格を使うべきところで，目的格が使われることもある。
"Who is it?" "It's me."（「だれ？」「僕だよ。」）
"I agree with her." "Me, too."（「僕は彼女に賛成だ。」「僕もだ。」）
所有代名詞と再帰代名詞についてはUNIT 2（⇨p.382）で扱う。

267

日本語の意味に合うように，（　）に適語を入れなさい。
1) 彼らはきのう，私の家に来ました。
　　（　　）came to my house yesterday.
2) 私たちは明日，彼女の家でパーティーをすることになっています。
　　（　　）are having a party at（　　）house tomorrow.
3) 彼に電話するのを忘れないでね。
　　Don't forget to call（　　）.

2　特定の人を指さないyou/we/they

TARGET 268

You can't smoke in this restaurant.
このレストランは禁煙です。

一般の人々を表す代名詞

youは，特定の「あなた」や「あなたたち」を指す以外に，**一般の人々**を表すことができる。

● **You** can't smoke in this restaurant.
　▶ youは「一般の人々」を表していると考えられる。

weやtheyを使って「人々」を表すこともある。weは自分を含むときに使い，自分も相手も含まないときはtheyを使う。

We should learn from our mistakes.
（私たちは間違いから学ぶべきだ。）

They speak Spanish in Mexico.
（メキシコではスペイン語が話されています。）

268

日本語の意味に合うように，（　）内から適語を選びなさい。
彼は大富豪だといううわさだ。
(They / We / You) say that he is a billionaire.

267-1) They　2) We, her　3) him
268) They

381

人称代名詞（2）

1 所有代名詞

TARGET 269

(1) This is not my dictionary.　Is it **yours**?
(2) A friend of **mine** visited me last night.

(1)これは私の辞書ではありません。あなたのですか。
(2)昨夜，私の友だちが訪ねてきました。

(1) だれのものなのかを表す

yoursやmineのような代名詞を，所有代名詞と呼ぶ。所有代名詞は〈**所有格＋名詞**〉のはたらきをして，「～のもの」という意味を表す。

- This is not my dictionary.　Is it **yours**?
  ▶ yoursでyour dictionaryを表している。

  This jacket is **mine**, not my brother's.
  （このジャケットは私のものです。兄のではありません。）

(2)〈名詞＋of＋所有代名詞〉の形で使う

「私の友だちのひとり」と言うときは，a friendと所有格のmyを一緒に使うことができないので，a friend of mineとする。

- A friend of **mine** visited me last night.
  ▶ a friend of mineで「私の友だちの中のひとり」を表す。

名詞の所有格を〈**名詞＋of＋所有格**〉の形で使うことがある。

I met a friend of **my sister's** at the station.
（駅で姉の友だちに会った。）

 a friendは「不特定のひとりの友だち」を表し，my friendは「特定の私の友だち」を表す。My friend visited me.とすると，「私の唯一の友だち」というニュアンスが出てしまう。a friend of mineとすることで「私の友だちの中のある不特定のひとり」を表すことができる。

日本語の意味に合うように，（　）に適語を入れなさい。
1) これはだれのペンですか。僕のじゃないんですけど。
　　Whose pen is this?　This is not (　　).
2) 君のあのお兄さん，どうしてる？
　　How is that brother of (　　)?

2 再帰代名詞

> **TARGET 270**
>
> (1) I'm teaching **myself** to play the guitar.
> (2) You should do it **yourself**.
>
> (1) 私はギターを独学で学んでいる。
> (2) 自分でやるべきですよ。

(1) 目的語が主語と同じになる（再帰用法）

myselfやyourselfのような代名詞を再帰代名詞と呼ぶ。再帰代名詞は**目的語が文の主語と同じ人やものを表す場合に使う。**

- I'm teaching **myself** to play the guitar.
  ▶ teachの目的語が「自分自身」を表すmyselfなので，「自分に教える→独習する」という意味になる。

She looked at **herself** in the mirror.
（彼女は鏡の中の自分を見つめた。）[herselfは前置詞の目的語になっている]

> **注意!!** 再帰代名詞は，辞書などには**one**selfという形で出ている。oneの部分は必要に応じて形を変えて，**my**selfや**her**selfのようにする。

(2)「自分自身で」という意味を強める（強調用法）

再帰代名詞を文末に加えると，「自分で」という意味を**強調**することができる。

- You should do it **yourself**.
  ▶「（ほかの人に頼んだりせずに）君自身がやるべきだ」という意味を表している。

再帰代名詞を使った表現には次のようなものがある。

  Help **yourself** to the salad. （サラダをご自由にお取りください。）
  Please make **yourself** at home. （どうぞ楽にしてください。）
  I couldn't make **myself** understood in English. （英語が通じなかった。）
  I shouted to make **myself** heard. （自分の声が届くように私は叫んだ。）

270

日本語の意味に合うように，（　）に適語を入れなさい。
1) 自己紹介をしていただけますか。
  Could you introduce (　　)?
2) 彼はそのTシャツを自分でデザインしました。
  He designed the T-shirt (　　).

Ans. 269-1) mine 2) yours
270-1) yourself 2) himself

itの使い方

1 すでに出た名詞・句・節を指す

TARGET 271

(1) I bought a new bicycle, but **it** was stolen.
(2) He broke the window, but he wouldn't admit **it**.

(1) 新しい自転車を買ったが,盗まれてしまった。
(2) 彼はその窓ガラスを割ったが,それを認めようとしなかった。

(1) すでに出たものを指す

itは「それ」という意味で**人以外の名詞(単数)**を指すときに使う。人を指すときはheやsheなどの代名詞を使うのが基本。

- I bought a new bicycle, but **it** was stolen.
  ▶ itはすぐ前のa new bicycleを指している。

I don't like chocolate. I never eat **it**.
（僕はチョコレートが嫌いだ。僕は決してそれを食べない。）
[数えられない名詞についてもitを使うことができる]

 itの所有格は**its**で,**it's**は**it is**の短縮形。
The hotel has **its** own beach.
（そのホテルには,ホテル専用のビーチがあります。）

The house **itself** was unimpressive.
（その家自体には,強い印象は受けなかった。）
[itselfは再帰代名詞。再帰代名詞は主語の後に入れることもできる]

(2) 前の節や句を指す

itは前の**節や句の内容**を指すときにも使うことができる。

- He broke the window, but he wouldn't admit **it**.
  ▶ itは前のHe broke the windowを指している。

I wanted to buy four tickets, but **it** wasn't possible.
（私は4枚チケットを買いたかったが,それは無理だった。）
[itはto buy four ticketsという句を指している]

 itを形式的な主語や目的語として使うことがある。
It is true that Bill passed the exam.
（ビルが試験に受かったのは本当です。）(⇨p.456)
I found **it** difficult to solve the problem.
（その問題を解決するのは難しいと思った。）(⇨p.133)

参考 電話で名前を言うときにitを使うことができる。
Hello; it's Satoshi.（もしもし，サトシだけど。）

271

日本語の意味に合うように，(   )に適語を入れなさい。
1) このジャケットは着ないから，君にあげるよ。
   I don't wear this jacket, so you can have (   ).
2) 私は自転車のかぎをかけ忘れた。それは大失敗だった。
   I forgot to lock my bicycle. (   ) was a big mistake.

2 特定のものを指さない

TARGET 272

(1) **It**'s very hot today, isn't **it**?
(2) How's **it** going?

(1) 今日はとても暑いですよね。
(2) 調子はどう？

(1) 天候などについて述べる文の主語で使う

天候や寒暖，時間や距離などについて述べる文で，itを主語として使う。

● **It**'s very hot today, isn't **it**?
▶「暑い」のように寒暖を表す文では，itを主語にする。

It will be cloudy tomorrow.（明日は曇りでしょう。）

What time is **it**?（何時ですか。）

It's a long way to the airport.（空港まではずいぶん距離がある。）

(2) その時点での状況について述べる文の主語で使う

● How's **it** going?
▶尋ねている相手をとりまく状況をitで表している。

I can't stand **it** any longer.（もうがまんできないよ。）

272

日本語の意味に合うように，(   )に適語を入れなさい。
1) 3日間，雨が降り続いている。
   (   ) has been raining for three days.
2) ここはとても静かだ。
   (   ) very quiet here.

271-1) it 2) It
272-1) It 2) It's

385

this / that

1 this / that (1)

TARGET 273

(1) **This** is the jacket I bought last week.
(2) "Let's go shopping." "**That**'s a good idea."

(1) これが、私が先週買ったジャケットです。
(2) 「買い物に行こう。」「いい考えね。」

(1) 特定のものを指し示す

thisは**近くの特定の人やもの**を指すときに使う。

- **This** is the jacket I bought last week.
  ▶ thisは自分の近くにある the jacket を指している。

thatは**離れたところの特定の人やもの**を指すときに使う。

Is **that** your sister? （あれはあなたの妹さん？）

thisとthatは〈this / that＋名詞〉の形で，「この～」「あの～」と言うときに使う。

Do you like **this** movie?（この映画は好きですか。）

Who is **that** girl over there?（あそこにいるあの女の子はだれですか。）

 thisやthatのように，名詞の前につけて名詞の意味を限定するはたらきをするものを限定詞と呼ぶ。冠詞も限定詞に含まれる。thisやthatほど指示性が強くないときはtheを使う。

thisの複数形はthese，thatの複数形はthoseで表す。

These flowers are beautiful.（これらの花はきれいです。）

Pass me **those** magazines, please.（それらの雑誌を取ってください。）

(2) 前の文全体や一部を指す

- "Let's go shopping." "**That**'s a good idea."
  ▶ that は Let's go shopping. という相手の提案を指している。

I want to live in California. **This** is my dream.
（私はカリフォルニアに住みたい。これが私の夢なんです。）
[this は to live in California を指している]

 thisは心理的に近いもの，thatは近くないものを表す。相手の言ったことについてはthat，自分の言ったことについてはthisを使う。

273 日本語の意味に合うように，（　）内から正しいほうを選びなさい。

1) クミコは向こうのあの家に住んでいます。
   Kumiko lives in (this / that) house over there.
2) 私はこの靴をきのう買いました。
   I bought (this / these) shoes yesterday.

2　this / that (2)

> **TARGET 274**
>
> (1) The population of Yokohama is larger than **that** of Osaka.
> (2) **Those who** have finished the exam can leave the classroom.
>
> (1) 横浜の人口は大阪の人口より多い。
> (2) 試験が終わった人は教室を出てもいいですよ。

(1) 前に出た〈the＋名詞〉を指す

〈the＋名詞〉の繰り返しを避けるときにthatを使う。

- **The population** of Yokohama is larger than **that** of Osaka.

  ▶ thatはthe populationの繰り返しを避けるために使われている。比較の文では，比べるものの形をそろえる必要があるので，× than Osakaとはできない（⇨p.245）。

〈the＋名詞〉が複数のときはthoseで表す。

The fashions in New York are different from **those** in Paris.
（ニューヨークのファッションは，パリのものとは違う。）

(2) those who ... で「…である人々」を表す

- **Those who** have finished the exam can leave the classroom.

  ▶ whoは関係代名詞で，thoseが「人々」を表す。

274 日本語の意味に合うように，（　）に適語を入れなさい。

1) イングランドの気候はスコットランドよりも穏やかです。
   The climate of England is milder than (　　) of Scotland.
2) ブラウン教授をよく知っている人は，彼は変人だと言います。
   (　　) (　　) know him well say that Dr. Brown is eccentric.

Ans.　273-1) that　2) these
　　　274-1) that　2) Those who

SECTION 17 代名詞・限定詞

UNIT 5　one / another

1　one

TARGET 275

(1) "Which flower do you like?" "The red one."
(2) "Which sneakers do you want?" "The blue ones."

(1)「どの花が好き？」「赤いの。」
(2)「どのスニーカーがほしい？」「青いのだな。」

(1) 数えられる名詞の代わりに使う one

oneは前に出た**数えられる名詞の代わり**に使うことができる。

- "Which flower do you like?" "The red one."
  ▶ oneはflowerの代わりに使われている。

My watch has broken, so I want to buy a new one.
（腕時計が壊れたので，新しいのを買いたい。）[one = watch]

My car is the one next to that red Audi.
（僕の車は，あの赤いアウディのとなりのです。）[oneはcarを指し，the oneがどういう車なのかをnext to that red Audiで説明している。the oneの後に関係詞節を続けることもある]

oneを単独で使うときは，〈a/an＋名詞〉の意味を表す。

I don't have a computer. I need one.
（私はコンピュータを持っていません。1台必要です。）[one = a computer]

 すでに出た名詞と同一のものを指すときは，oneではなくitを使う。
My brother has a computer. Sometimes I use it.
（私の兄はコンピュータを持っています。私はときどきそれを使います。）
数えられない名詞をoneで表すことはできない。
My mother likes red wine better than white (wine).
（私の母は白ワインよりも赤ワインのほうが好きです。）
[whiteだけか，white wineとする。× white oneとすることはできない]

(2) 複数形の名詞の代わりに使う ones

- "Which sneakers do you want?" "The blue ones."
  ▶ onesはsneakersの代わりに使われている。onesは単独では使わない。

Old jeans are more comfortable than a pair of new ones.
（古いジーンズのほうが新しいのよりも履き心地がいい）[ones = jeans]

275

日本語の意味に合うように，（　）に適語を入れなさい。

1)「私のコートがどこにあるか知ってる？」「どのコート？」
"Do you know where my coat is?" "Which (　　)?"

2) 私は赤いセーターを1着，青いセーターを2着買いました。
I bought a red sweater and two blue (　　).

2 another

TARGET 276

(1) This ring doesn't suit me. Would you show me **another**?
(2) Would you like **another** piece of cake?

(1) この指輪は私に似合わないわ。ほかのを見せてもらえますか。
(2) ケーキをもう1つ召し上がりますか。

(1) 不特定のほかの1つを表す another

「ほかのもの」「もう1つのもの」という意味で，どれか**特定しないほかの1つ**を指すときに another を使う。

- This ring doesn't suit me. Would you show me **another**?
  ▶ another は「これ以外のほかの指輪1つ」という意味。

(2) 〈another＋名詞〉の形で使う

- Would you like **another piece** of cake?
  ▶ another piece は「もう1つの」という意味。

I'll stay here for **another three days**. (私はもう3日間ここに滞在します。)

[another の後に数を表す語句を続けると，「（さらに）もう〜」という意味になる]

> 参考　another は〈an＋other〉という組み合わせ。other が「ほかの」という意味なので，another は「不特定のほかの1つ」，the other は「特定のほかの1つ」，the others は「特定のほかの複数」を表す。

276

日本語の意味に合うように，（　）に適語を入れなさい。

1) フォークを落としてしまいました。別のをください。
I dropped my fork. Please give me (　　).

2) コーヒーをもう1杯いかがですか。
Do you want (　　) (　　) of coffee?

275-1) one 2) ones
276-1) another 2) another cup

UNIT 6 other

1 the other

TARGET 277

(1) I have two caps. One is black and **the other** is red.
(2) There is a bank on **the other** side of the street.

(1) 私は2つ帽子を持っている。1つは黒で，もう1つは赤だ。
(2) 通りの反対側に銀行があります。

(1) 特定のほかの1つを表すthe other

「ほかの1つ」という意味で，どれなのか**特定できるほかの1つ**を指すときにthe otherを使う。

- I have two caps. One is black and **the other** is red.
  ▶ the otherは黒い帽子ではないほうの帽子。

one　the other

(2) 〈the other＋名詞〉の形で使う

- There is a bank on **the other** side of the street.
  ▶ the other sideは「向こう側」という意味。

注意!! your other handのように人称代名詞の所有格を使うこともできる。
Open **your other** eye. (もう一方の目を開けてください。)

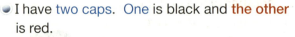

277

日本語の意味に合うように，（　）に適語を入れなさい。
1) ラケットを一方の手で持って，もう一方の手にボールを持ちなさい。
　　Hold the racket in one hand and the ball in (　　) (　　).
2) もう1人の医者は診療所にいなかった。
　　(　　) (　　) (　　) wasn't at the clinic.

2 the others / others

TARGET 278

(1) I haven't read her latest novel, but I have read all **the others**.
(2) Some students came by bicycle and **others** came on foot.

(1) 彼女の最新の小説は読んでいないが，それ以外は全部読んだ。
(2) 自転車で来た学生もいるし，徒歩で来た学生もいます。

(1) ほかの全部を表す the others

the others は「残った複数のものすべて」を表すときに使う。**特定できる複数**を指すことになる。

- I haven't read her latest novel, but I have read all the others.
  - ▶ the others は「最新の小説」以外のものを指している。

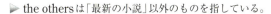
the others

〈the other ＋名詞の複数形〉で，特定できる複数を表すことができる。

The other tables are reserved.（ほかのテーブルは予約席です。）

She can sing better than all **the other** students in her class.
（彼女はクラスのほかのどの生徒よりも歌がうまい。）

(2) ほかのいくつかを表す others

「ほかのいくつか／何人か」という意味で，**特定しない複数**のものを指すときに others を使う。

- **Some** students came by bicycle and **others** came on foot.
  - ▶ some ... others ～ で「…もあれば，～もある」という意味になる。

〈other ＋名詞の複数形〉で，特定しない複数を表すことができる。

Are there any **other** questions?（ほかに質問はありませんか。）

〈other ＋名詞の単数形〉とするときは，some / any / no などが other の前に必要。

Why don't we go to the movies **some other** day?
（映画に行くのは別の日にしない？）
［特に決まった日ではなく「別の日」を表すときに some other day を使う。この some は選択肢がいくつかあることを示している。「別のときに」なら some other time とする］

I didn't have any **other** choice.（私にはほかの選択肢がなかった。）

参考　some は，ある程度の数や量があることを表すときに使う。some と any の使い方については UNIT 7（⇨p.392）で扱う。

278　日本語の意味に合うように，（　）に適語を入れなさい。
1) 卵は1つ割れているけど，ほかのはだいじょうぶです。
　　One egg is broken but (　　) (　　) are all right.
2) サッカーを好きな人もいれば，好きではない人もいる。
　　Some people like soccer and (　　) don't.

277-1) the other　2) The other doctor
278-1) the others　2) others

UNIT 7 some / any

1 some / any

TARGET 279

(1) You can take **some** of these photos.
(2) I need **some** glue. Do you have **any**?
(3) There aren't **any** letters for you.

(1) これらの写真から何枚か持っていっていいですよ。
(2) 接着剤が要るんだ。持ってない？
(3) あなたへの手紙はありませんよ。

(1) ある程度の数や量があることを表す some

some は**ある程度の数や量**を表す。some of ... という形にすると，「…のうちのいくつか」という意味で，全部ではなく一部であることを表す。

- You can take **some** of these photos.
  ▶「何枚か」という意味を表している。

(2)〈some＋名詞〉の形と疑問文で使う any

some は〈some＋名詞〉という形で使うことができる。また，数や量があるかないかを尋ねる疑問文では any を使う。

- I need **some** glue. Do you have **any**?
  ▶ any は any glue ということ。glue（接着剤）は数えられない名詞。some は数えられる名詞にも数えられない名詞にも使うことができる。

- I saw **some** squirrels in the park. （公園でリスを何匹か見ました。）

- Did you take **any** photographs? （写真を撮りましたか。）
  ［写真を撮ったのかどうかを尋ねている］

> **注意!!** 何かがあるかないかを尋ねる疑問文では any を使うが，相手に何かを勧めたり頼んだりする疑問文では some を使う。
> Would you like **some** more cake? （ケーキをもっといかが？）

(3) 否定文で使う any

- There aren't **any** letters for you.
  ▶「手紙」が1通もないことを any を使って表している。

any を肯定文で使うと「どれでも」という意味を表すことができる。

- Choose **any** book you like. （どれでも好きな本を選びなさい。）
  ［「どれでも1冊」の意味のときは any book，複数でもいいなら any books となる］

Q 279

日本語の意味に合うように，( )内から正しいほうを選びなさい。

1) この駅で止まらない列車もありますよ。
   (Some / Any) of the trains don't stop at this station.
2) 今日，ミネラルウォーターを買ってきてください。
   Could you buy (some / any) mineral water today?
3) 冷蔵庫に牛乳がないよ。
   There isn't (some / any) milk in the fridge.

2 something / anything

TARGET 280

(1) Would you like **something** to eat?
(2) Is there **anything** I can do to help?

(1) 何かお召し上がりになりますか。
(2) 何かお手伝いできることはありますか。

(1) something / somebody

特定のものではなく，「何か」「だれか」と言いたいときは，somethingやsomebodyを使う。「だれか」はsomeoneで表すこともできる。

- Would you like **something** to eat?
  ▶ something to eatで「何か食べるもの」を表す。不定詞to eatがsomethingを修飾している（⇨p.136）。

Someone is calling your name. (だれかが君の名前を呼んでいるよ。)

(2) anything / anybody

- Is there **anything** I can do to help?
  ▶ anythingを使って，助けが必要かどうかを聞いている。

I don't know **anything** about the incident.
(その事件のことについては何も知りません。)

Q 280

日本語の意味に合うように，( )に適語を入れなさい。

1) だれかがドアをノックしているよ。
   ( ) is knocking at the door.
2) だれにも言うなよ！
   Don't tell ( )!

279-1) Some 2) some 3) any
280-1) Someone/Somebody 2) anyone/anybody

UNIT 8 all / most / every / each

1 all / most

TARGET 281

(1) He ate **all** of the cookies.
(2) I've spent **all** the money.
(3) **Most** people like music.

(1) 彼はそのクッキーを全部食べた。
(2) 私はそのお金を全部使ってしまった。
(3) ほとんどの人は音楽が好きだ。

(1) 全部であることを表す all

all はいくつかの数やいくらかの量について「**すべて**」であることを表す。all of ... という形にすると，「…の全部」という意味になる。

- He ate **all** of the cookies.
  ▶ all of the cookies で「その（複数の）クッキー全部」を表す。

  He composed **almost all** of the music used in that movie.
  （彼はあの映画で使われているほとんどすべての曲を作曲しました。）
  [almost は「ほとんど」という意味で，almost all で「ほとんどすべて」となる]

(2) all に名詞を続ける

- I've spent **all** the money.
  ▶ all the money で「そのお金すべて」。all my books（私のすべての本）のように，人称代名詞の所有格を使うこともできる。all は the や my などの前に入れる。

  All animals must eat in order to live.
  （すべての動物は生きるために食べなければならない。）
  [all the animals とすると，ある特定の動物について「すべて」ということになる]

   主語について「～はすべて」という意味で all を使うことができる。
  We **all** live in this dormitory.（私たちは全員この寮に住んでいます。）
  We are **all** studying music.（私たちは全員音楽の勉強をしています。）

(3) ほとんどであることを表す most

most は「**ほとんど**」を表し，〈most ＋名詞〉や most of the ... という形で使う。

- **Most** people like music.
  ▶ most people で「ほとんどの人」という意味になる。

  He talked to **most** of the guests at the party.
  （彼はパーティーで招待客のほとんどと話をした。）

281

日本語の意味に合うように，（　）に適語を入れなさい。
1) 私たち全員が教室の掃除をしなければならないのですか。
　　Do (　　) (　　) us have to clean the classroom?
2) このCDの中の歌は全部好きです。
　　I like (　　) (　　) songs on this CD.
3) 私の友人のほとんどが結婚式に来てくれた。
　　(　　) (　　) my friends came to our wedding.

2　every / each

TARGET 282

(1) **Every** room in the hotel has a balcony.
(2) **Each** of us received a medal.

(1) そのホテルには，どの部屋にもバルコニーがある。
(2) 私たちはそれぞれメダルを受け取った。

(1) どれもであることを表す every

every は形容詞で，〈**every ＋名詞の単数形**〉の形で「**どの〜も**」という意味を表す。

● **Every** room in the hotel has a balcony.
　▶ every room で「どの部屋も」という意味になる。単数扱いなので has となっている。

(2) それぞれであることを表す each

each は複数のものの1つ1つを指して「**それぞれ**」という意味を表す。〈**each of ＋名詞の複数形**〉は単数扱いが原則。〈**each ＋名詞の単数形**〉という形でも使う。

● **Each** of us received a medal.
　▶ each of us で「私たちのそれぞれ」という意味。

　Each team has its own uniform.
　（それぞれのチームが自分たちのユニフォームを持っている。）
　[each は「それぞれ」という個別性に注目する表現]

282

日本語の意味に合うように，（　）に適語を入れなさい。
1) どのメンバーも黒いスーツを着ていた。
　　(　　) member was wearing a black suit.
2) どの車にもカーナビがついています。
　　(　　) of these cars has a car navigation system.

Ans. 281-1) all of 2) all the 3) Most of
282-1) Every/Each 2) Each

UNIT 9 no / none / everything / nothing

no / none

> **TARGET 283**
>
> (1) I have **no** money with me.
> (2) **None** of these clocks work.
>
> (1) 私はまったくお金を持っていません。
> (2) これらの時計は1つも動いていません。

(1) まったくないことを表す no

no は数や量が「**まったくない**」ことを表し，〈**no＋名詞**〉という形で使う。

● I have **no** money with me.
　▶ no money で，「お金がまったくない」ことを表す。

no の後に数えられる名詞を続けるときは，複数形にする。

No tourists are allowed to enter this area.
（観光客はこの区域に立ち入りを許されていない。）

 〈no＋数えられる名詞の単数形〉で「1つの～もない」という意味を表す。「1つあればいいのだがそれがない」という意味合い。
I have **no answer** to your question.
（君の質問への答えはないんだ。）

no と同じ意味を not any で表すこともできる。

I **don't** have **any** coins in my coin purse.
（私の小銭入れには硬貨が1つもありません。）

 no が直後の名詞の意味を強く否定するため，その名詞の逆の意味を表すことになる場合もある。
He is **no coward**. （彼は臆病者なんかじゃない。）
[no coward とすると「臆病者ではない」→「むしろ勇敢だ」という意味合いを持たせることができる]
That's **no easy job**. （それは簡単な仕事なんかじゃないよ。）

(2)「どれも～ない」を表す none

none は「**どれも～ない**」という意味で，none of ... という形で使う。〈**none of＋名詞の複数形**〉の場合は，単数・複数どちらの扱いもできる。

● **None** of these clocks work.
　▶ none of ... で「…のどれも～ない」を表す。works も可。

None of the information was useful.
（その情報はどれも役に立たなかった。）

283　日本語の意味に合うように，（　）に適語を入れなさい。
1) 通りにはだれもいなかった。
　　There were (　　) (　　) on the street.
2) 私たちのだれも，昨夜そのテレビ番組を見なかった。
　　(　　) (　　) us watched the TV program last night.

2 everything / nothing

TARGET 284

(1) **Everything** is all right now.
(2) There's **nothing** in the box.
　(1) 今はすべて順調です。
　(2) 箱の中には何も入っていません。

(1)「すべてのもの／すべての人」を表す everything / everybody

「すべてのもの」「すべての人」を表すときは，everything や everybody を使う。

● **Everything** is all right now.
　▶ everything は「すべてのもの」を表す。everything や everybody は単数扱い。

　He is known to **everybody**.
　（彼はみんなに知られています。）[everyone で「すべての人」を表すこともできる]

(2)「何もない／だれもいない」ことを表す nothing / nobody

● There's **nothing** in the box.
　▶ nothing は「何もない」ことを表す。

　Nobody believes it was my idea.
　（それが僕のアイデアだって，だれも信じない。）[no one を使うこともできる]

284　日本語の意味に合うように，（　）に適語を入れなさい。
1) 彼はすべてが変わってしまったと言った。
　　He said that (　　) had changed.
2) 申告すべきものは何もありません。
　　I have (　　) to declare.

Ans.　283-1) no people 2) None of
　　　284-1) everything 2) nothing

UNIT 10 both / either / neither

1 both

> **TARGET 285**
>
> (1) I like both of these caps.
> (2) Hold it in both hands.
>
> (1) これらの帽子は両方とも好きです。
> (2) それを両手でつかみなさい。

both

(1) 「両方とも」を表す both

2つについて「両方とも」と言いたいときに both を使う。

- I like both of these caps.
  ▶ both of ... で「…の両方とも」を表す。of の後は複数形の名詞。

  Both (of) the boxers are heavyweights.
  (どちらのボクサーもヘビー級だ。) [both of ... では of を省略することもできる]

(2) 〈both ＋名詞の複数形〉の形で使う

- Hold it in both hands.
  ▶ both hands で「両手」を表す。

  参考 主語について「〜はどちらも」という意味で both を使うことができる。
  We both got full marks. (私たちはどちらも満点を取った。)

285
日本語の意味に合うように,（　）に適語を入れなさい。
1) 私たちはどちらも博多の出身です。
  (　) (　) us are from Hakata.
2) どちらの学生もカナダ出身です。
  (　) (　) are from Canada.

2 either / neither

> **TARGET 286**
>
> (1) You can use either of these bicycles.
> (2) I could find neither of the books I was looking for.
>
> (1) これらの自転車のどちらかを使ってもいいよ。
> (2) 探していた本のどちらも見つからなかった。

(1)「どちらか一方」を表す either

eitherは2つについて「**どちらか一方**」という意味で使う。

- You can use **either** of these bicycles.
    - ▶ either of ... は「…のうちどちらか一方」という意味。

eitherは「**どちらでも**」という意味で使うこともできる。

Either of these buses takes you to the station.
（どちらのバスでも駅に行けます。）
[either of ... は単数扱いが原則。会話体では，疑問文や否定文で複数扱いすることがある]

否定文でeitherを使うと「どちらも～ない」という意味になる。

I don't know **either** of his sisters.（彼の姉妹はどちらも知りません。）

eitherは〈either＋名詞の単数形〉という形で使うこともできる。

Either plan will do.（どちらの計画でもうまくいくでしょう。）

 either side（両側）やeither end（両端）のように，「どちらも」の意味で使うこともある。
There are lots of cherry trees on **either side** of the street.
（通りの両側に桜の木がたくさんある。）

(2)「どちらも～ない」ことを表す neither

neitherは，2つについて「**どちらも～ない**」という意味で使う。

- I could find **neither** of the books I was looking for.
    - ▶ neither of ... で「…の両方とも～ない」という意味を表す。

 neitherも単数扱いにするのが正しい使い方だが，両方について「どちらも～ない」という表現なので，複数扱いすることもできる。
Neither of the books **are** useful.（どちらの本も役に立たない。）

neitherは〈neither＋名詞の単数形〉という形で使うこともできる。

Neither answer is correct.（どちらの答えも正しくない。）

286

日本語の意味に合うように，（ ）に適語を入れなさい。
1) あなたたちのどちらかが真実を知っているのですか。
　　Do (　　) of you know the truth?
2) 私たちはどちらもスペイン語を話しません。
　　(　　) of us speaks Spanish.

Ans. 285-1) Both of 2) Both students
286-1) either 2) Neither

EXERCISES

A 日本語の意味に合うように，＿＿に適語を入れなさい。

1) このかばんは彼女のものです。彼女はそれをイタリアで買いました。

   _____ bag is _____. _____ bought _____ in Italy.

2) 英語を話す人もいれば，日本語を話す人もいました。

   _____ spoke English, and _____ spoke Japanese.

3) 少年たちはそれぞれ自分のコンピュータを持っています。

   _____ of the boys has _____ own computer.

4) 「その2つのうちの1つをいただけませんか。」「どちらか1つあげますよ。」

   "Will you give me _____ of the two?" "You can have _____."

5) あの少女を知っていますか。彼女は私の友人です。

   Do you know _____ girl? She is a friend _____ _____.

6) このあたりにはレストランは一軒もありません。

   There are _____ _____ around here.

7) 彼の理論はだれにも理解できませんでした。

   _____ understood his theory.

B 日本語の意味に合うように，＿＿に適語を入れなさい。

1) a) _____ told _____ the story.（彼は彼女にその話をしました。）

   b) _____ told _____ the story.（彼女は彼にその話をしました。）

2) a) _____ of _____ will go.（私たちのうち1人が行きます。）

   b) _____ of _____ will go.（彼らのうちのだれも行かないでしょう。）

3) a) _____ of our parents are tall.（私たちの両親は両方とも背が高い。）

   b) _____ of their parents is tall.（彼らの両親はどちらも背が高くない。）

C 次の文の＿＿に適切な代名詞を入れなさい。

1) A: This is my book.

   B: Is this book _____, too?

2) A: Have you ever seen a koala?

   B: Yes, I saw _____ in Australia last summer.

3) A: How was the party?

   B: _____ was great! I enjoyed _____ very much.

SECTION 17 代名詞・限定詞 (解答 ▶ p. 487)

4) A: How far is _____ from here to the station?
   B: About one kilometer.
5) A: _____ 's very cold today. How about something hot to drink?
   B: _____ 's a good idea.
6) A: Do you have _____ books written in French?
   B: No, I have _____.

D　日本語の意味に合うように，(　)内から正しいものを選びなさい。

1) このシャツは小さすぎます。もっと大きいのがほしいです。
   This shirt is too small. I want a bigger (one / ones).
2) もう1杯，コーヒーをいただけますか。
   May I have (another / other) cup of coffee?
3) あの靴をはいてみてもいいですか。あそこにある茶色の靴です。
   May I try on (that / those) shoes? The brown (one / ones) over there.
4) 牛乳を買いに行ったのですが，牛乳はありませんでした。
   I went to buy (some / any) milk, but they didn't have (some / any).
5) あなたに言うべきことは何もありません。
   I have (none / nothing) to tell you.

E　日本語の意味に合うように，(　)内の語を並べかえなさい。

1) それはあなたには関係のないことです。
   That's (of / business / your / none).
2) 彼の言い訳は子どもがするようなものでした。
   His excuse was (a / like / of / that) child.
3) その通りの両側に店が並んでいます。
   There are stores on (the / of / either / side) street.
4) 会議にいたほとんどの人はその提案に賛成しました。
   (the / most / people / of) at the meeting agreed with the proposal.
5) これらの本のうち，どれでも好きなものを読んでいいですよ。
   You can read (these / of / any / books).

SECTION 18 形容詞・副詞

理解へのアプローチ

1 名詞について述べる形容詞

名詞の性質や状態などを述べるときに形容詞を使います。

What **a beautiful rose**! (なんて美しいバラなんでしょう。)

この文では，a rose（バラ）をbeautiful（美しい）という形容詞が修飾して，「美しいバラ」であることを表しています。形容詞は**名詞の前**に置いて，その名詞がどのような性質や状態のものなのかを述べるはたらきをします。名詞に限定詞（⇨p.378）がつくときは，形容詞はその後に続けます。

形容詞は，主語の名詞についてどうであるかを述べる**補語**にすることもできます。

This rose is **beautiful**. (このバラは美しい。)

This rose smells **sweet**. (このバラはいいにおいがする。)

2 名詞以外のものについて述べる副詞

副詞が修飾するのは，動詞や形容詞，ほかの副詞などさまざまです。名詞を修飾するのは形容詞ですから，**名詞以外のものを修飾する**のが副詞ということになります。

She **is singing happily**. (彼女は楽しそうに歌っている。)［動詞を修飾］

She **looks very happy**. (彼女はとても幸せそうだ。)［形容詞を修飾］

She **is singing quite happily**.
(彼女はとても楽しそうに歌っている。)［副詞を修飾］

文全体を修飾することができる副詞もあります。

Probably, she will win the contest.
(たぶん，彼女はコンテストで優勝するだろう。)

副詞は，様態・場所・時・程度・頻度などを表します。「どのように」を表すのが様態で，sing happily（楽しそうに歌う）のhappilyは**様態**を表しています。

I'm going **home** **now**. (もう帰るよ。)

home (家に) は**場所**を表す副詞で, now (今, これから) は**時**を表す副詞です。

I've **almost** finished the book. (私はその本をほとんど読み終えました。)

I **usually** walk to school. (私はふつうは歩いて学校に行きます。)

almost (ほとんど) は**程度**, usually (ふつうは) は**頻度**を表す副詞です。

　副詞の位置は比較的自由ですが, 動詞を修飾する場合は, 様態を表す副詞は動詞の後, 程度や頻度を表す副詞は動詞の前に置かれることが多いようです。

基本ゾーン

UNIT 1 形容詞の使い方 (1) ……………………………………… p. 404
　❶ 名詞を修飾する限定用法　❷ 名詞について述べる叙述用法

UNIT 2 形容詞の使い方 (2) ……………………………………… p. 406
　❶ 限定用法と叙述用法　❷ 主語に注意する叙述用法

UNIT 3 数や量を表す形容詞 (1) …………………………………… p. 408
　❶ many / much　❷ a lot of / enough

UNIT 4 数や量を表す形容詞 (2) …………………………………… p. 410
　❶ a few / a little　❷ few / little

UNIT 5 形容詞を使う表現 ………………………………………… p. 412
　❶ 可能性や確実性を表す　❷ 形容詞を使う表現

UNIT 6 副詞の使い方 (1) ………………………………………… p. 414
　❶ 様態を表す　❷ 場所や時を表す

UNIT 7 副詞の使い方 (2) ………………………………………… p. 416
　❶ 程度や頻度を表す　❷ 文を修飾する

UNIT 8 副詞の使い分け (1) ……………………………………… p. 418
　❶ late / lately　❷ very / quite / much

UNIT 9 副詞の使い分け (2) ……………………………………… p. 420
　❶ ago / before　❷ already / yet / still

UNIT 10 副詞の使い分け (3) ……………………………………… p. 422
　❶ surely / certainly / definitely　❷ too / either

UNIT 11 文の意味をつなぐ副詞 …………………………………… p. 424
　❶ 文の意味をつなぐ副詞 (1)　❷ 文の意味をつなぐ副詞 (2)

SECTION 18　形容詞・副詞

形容詞の使い方 (1)

名詞を修飾する限定用法

TARGET 287

(1) We went to a **beautiful small** island.
(2) He has developed software **useful** to designers.
(3) I want to drink something **cold**.

(1) 私たちは美しい小さな島に行った。
(2) 彼はデザイナーに役立つソフトを開発した。
(3) 何か冷たいものが飲みたい。

something　cold

(1) 名詞の前で説明を加える

形容詞は**名詞を修飾**して，その名詞がどういうものかを説明する。名詞を直接修飾するので，冠詞のような限定詞（⇨p.378）をつける場合は，〈**限定詞＋形容詞＋名詞**〉の語順になる。

● We went to a |beautiful small| island.

▶ an island に beautiful と small という2つの形容詞を加えている。

> **参考** 形容詞を複数使って名詞を修飾する場合は，〈人が判断すること〉→〈客観的なこと〉の順に並べる。beautiful は人が判断することなので，small の前になる。順番の原則は〈判断→大きさ→新旧→色→材料〉。「すてきな茶色い皮のジャケット」と言う場合は，a nice brown leather jacket という順番になる。

(2) 名詞の後で説明を加える

形容詞にほかの語句がつく場合は，〈**名詞＋形容詞＋α**〉という語順になる。

● He has developed software |useful to designers|.

▶ software の後に useful to designers という説明を加えている。a house as big as a castle（お城のように大きな家）のような形で名詞を修飾することもできる。

(3) something の後に形容詞を続ける

形容詞が something や anyone のような代名詞（⇨p.393）を修飾するときは，その代名詞の後ろに置く。

● I want to drink something |cold|.

▶ something cold で「何か冷たいもの」という意味。someone new なら「だれか新しい人」，anything pleasant なら「楽しいことならなんでも」となる。

使い方は p.2 ▶

287

日本語の意味に合うように，(　)内の語句を並べかえなさい。

1) 私はきのう白いシャツを買いました。
   I bought (shirt / a / white) yesterday.
2) 彼は学生でいっぱいの部屋に入っていった。
   He walked into (full / a / of / room) students.
3) パーティーではすてきな人に会いましたか。
   Did you meet (nice / anyone / at) the party?

2　名詞について述べる叙述用法

TARGET 288

(1) His father is **famous** as an architect.
(2) I left the window **open**.
(1) 彼の父親は建築家として有名だ。
(2) 私は窓を開けたままにしておいた。

(1) 補語として主語の名詞について述べる

形容詞は，主語の性質や状態について述べる補語として使うことができる。

- His father is = famous as an architect.

  ▶ SVCの文。主語である「彼の父親」のことについて述べている。

  参考　主語が何なのかを述べるときは名詞を使う (⇨p.24)。
  His father is **a famous architect**. (彼の父親は有名な建築家だ。)

(2) 補語として目的語の名詞について述べる

形容詞が動詞の後の名詞（目的語）について述べることもある。

- I left the window = open.

  ▶ SVOCの文。「窓」が「開いている」状態であることを表している。

288

日本語の意味に合うように，(　)内の語句を並べかえなさい。

1) このいすは座り心地がよさそうに見える。
   (comfortable / looks / this chair).
2) 私はそのいすが座り心地がよいことがわかった。
   I (the chair / found / comfortable).

287-1) a white shirt　2) a room full of　3) anyone nice at
288-1) This chair looks comfortable　2) found the chair comfortable

UNIT 2 形容詞の使い方 (2)

1 限定用法と叙述用法

TARGET 289

(1) The mountain is a **live** volcano.
(2) The whales are still **alive**.

(1) その山は活火山です。
(2) そのクジラたちはまだ生きている。

(1) 限定用法で使う形容詞

形容詞のliveとaliveは，どちらも「生きている」という意味だが，liveは限定用法で使い，aliveは叙述用法で使う。限定用法でしか使えない形容詞には，daily (日々の)，elder (年上の)，former (前の)，main (おもな)，only (唯一の)，total (全部の) などがある。

- The mountain is a **live** volcano.
  ▶ a live volcanoで「活火山」という意味。

(2) 叙述用法で使う形容詞

叙述用法でしか使えない形容詞には，awake (目が覚めて)，afraid (恐れて)，alike (似ている)，alone (ただひとりの)，content (満足して)，glad (うれしい)，sorry (残念で)，unable (できない)，well (元気な) などがある。

- The whales are still **alive**.
  ▶ aliveは「生きている」という意味。

形容詞には限定用法で使われる場合と，叙述用法で使われる場合とで，意味が異なるものもある。presentを限定用法で使うときは「現在の」という意味を表し，叙述用法では「出席している」という意味になる。

I'm not satisfied with the **present** situation.
(私は現状に満足していない。) [present situationは「現在の状況」という意味]

The president was **present** at the meeting.
(社長はその会合に出席していた。)

certainも，限定用法では「ある／ある種の」，叙述用法では「～を確信している」という意味になる。

His sister has a **certain** charm. (彼の妹にはある種の魅力がある。)

I'm **certain** that she'll be late. (彼女はきっと遅れてくるよ。)

late ([限定] 先の／最近亡くなった，[叙述] 遅れた)，right ([限定] 右の，[叙述] 正しい)，ill ([限定] 悪い，[叙述] 病気の) なども限定用法と叙述用法に意味の違いがある。

289

日本語の意味に合うように，（　）に適語を入れなさい。

1) 彼はひとりっ子です。
   He is an (　　) child.
2) 彼はいつも大きな家にひとりぼっちでいる。
   He is always (　　) in the big house.

2 主語に注意する叙述用法

TARGET 290

(1) Call me whenever it is **convenient** for you.
(2) I'm **glad** that you decided to join our team.

(1) いつでも都合のいいときに電話してください。
(2) 君がうちのチームに入る決心をしたことを，僕はうれしく思うよ。

(1) 人を主語にしない形容詞

形容詞にはconvenientのように人を主語にできないものと，gladのように人を主語にしなければならないものがある。essential（不可欠の），possible（可能な），needless（不要の），necessary（必要な）なども人を主語にできない。

- Call me whenever it is **convenient** for you.
  ▶ convenientは「都合のよい」という意味。ある状況が人にとって都合がよいかどうかを表すので，人を主語にできない。

(2) 人を主語にして使う形容詞

gladのほか，happy（うれしい），sad（悲しい），sorry（残念で）などは人を主語にする。

- I'm **glad** that you decided to join our team.
  ▶ gladは「うれしい」という意味。that節で表すことについて，「私はうれしい」と言っている。「うれしい」は人が感じることなので，人を主語にする。

I'm **sorry** to hear that.（それを聞いてお気の毒に思います。）
［不定詞で感情の原因を表している（⇨p.140）］

290

日本語の意味に合うように，（　）内から正しいほうを選びなさい。

1) あなたは医者に診てもらう必要がある。
   (You are necessary / It is necessary for you) to see a doctor.
2) またお会いできてうれしいです。
   (I'm happy / It is happy for me) to see you again.

289-1) only 2) alone
290-1) It is necessary for you 2) I'm happy

UNIT 3 数や量を表す形容詞 (1)

1 many / much

> **TARGET 291**
>
> (1) Do you have **many** books on history?
> (2) We haven't had **much** rain this summer.
>
> (1) 歴史の本をたくさん持っていますか。
> (2) 今年の夏はあまり雨が降っていない。

(1) 数が多いことを表す many

manyは**数が多い**ことを表し，**数えられる名詞の前**で使う。manyの後の名詞は複数形にする。

- Do you have **many** books on history?
  ▶ bookは数えられる名詞なので，多いことを表すときはmany booksとする。

(2) 量が多いことを表す much

muchは**量が多い**ことを表し，**数えられない名詞の前**で使う。

- We haven't had **much** rain this summer.
  ▶ rainは数えられない名詞なので，多いことを表すときはmuch rainとする。

 manyとmuchは疑問文や否定文で使うのがふつうで，肯定文ではa lot ofやplenty ofのような別の表現を使う。文章体ではmanyやmuchを肯定文で使うこともある。
Many people use the streetcar.（多くの人が路面電車を使う。）
I spend **much time** reading.（私は多くの時間を読書に費やす。）

 manyやmuchのように数や量を表す形容詞も，冠詞と同じように名詞の意味を限定する限定詞として使う（⇨p.378）。

manyやmuchは代名詞として使うこともできる。

Many of the employees agreed with his proposal.
（従業員の多くが彼の提案に賛成した。）
[theのような限定詞の前ではmany ofやmuch ofを使う]

Much of the city was built in the 18th century.
（その市の大半は18世紀に建てられた。）

何のことなのかがわかれば，manyやmuchの後の名詞を省略することもできる。

"Do you have any **money**?" "Not **much**."
（「お金，持ってる？」「たくさんは持ってないよ。」）

291

日本語の意味に合うように，（ ）内から正しいほうを選びなさい。

1) 今日は訪問者があまりいません。
   We don't have (many / much) visitors today.
2) お肉はどのくらい買ったの？
   How (many / much) meat did you buy?

2 a lot of / enough

TARGET 292

(1) There are **a lot of** beetles on this tree.
(2) There aren't **enough** chairs for everyone.

(1) この木にはたくさんカブトムシがいる。
(2) 全員が座るだけのいすがありません。

(1) 数や量が多いことを表す a lot of

a lot of は，**数や量が多い**ことを表すことができる。肯定文で多いことを表すときは a lot of を使うことが多い。

- There are **a lot of** beetles on this tree.
  ▶「たくさんのカブトムシ」を a lot of beetles で表している。

lots of や plenty of も数や量が多いことを表すことができる。

　　Masahiro drank **lots of** cola. （マサヒロはたくさんコーラを飲んだ。）

　　There's **plenty of** milk. （牛乳はたくさんあるよ。）

(2) 数や量が十分あることを表す enough

- There aren't **enough** chairs for everyone.
  ▶「いすが十分ない（足りない）」ことを enough を否定文で使って表している。
  enough の後の数えられる名詞は複数形にする。

　　Do you have **enough** time? （時間は十分ありますか。）

292

日本語の意味に合うように，（ ）に適語を入れなさい。

1) 私は今日，たくさん宿題があります。
   I have a ( ) ( ) homework today.
2) 彼女は私たちみんなに十分な数のサンドイッチを作ってくれた。
   She made ( ) ( ) for all of us.

291-1) many 2) much
292-1) lot of 2) enough sandwiches

数や量を表す形容詞 (2)

1 a few / a little

TARGET 293

(1) He gave **a few** lectures at the college.
(2) There is **a little** food in the refrigerator.

(1) 彼はその大学で講義を数回した。
(2) 冷蔵庫には食べ物が少し入っています。

(1) 数が少ないことを表す a few

数が少ないことを表すときはa fewを使う。a fewの後の名詞は複数形にする。

- He gave **a few** lectures at the college.
  ▶「講義の数が少ない」ことをa few lecturesで表している。

(2) 量が少ないことを表す a little

量が少ないことを表すときはa littleを使う。

- There is **a little** food in the refrigerator.
  ▶「食べ物の量が少ない」ことをa little foodで表している。

 (a) fewや(a) littleのように数や量を表す形容詞も, 冠詞と同じように名詞の意味を限定する限定詞として使う (⇨p.378)。
a few moreやa little moreの後に名詞を続けると,「もう少しの〜」という意味を表すことができる。
You need **a little more** effort. (君はもう少し努力が必要だね。)

a fewやa littleは代名詞として使うこともできる。

I've read **a few** of his novels. (彼の小説は少し読んだことがある。)
　　[hisやtheのような限定詞を使う場合はa few / little ofに続ける。his few novelsとすると「彼の数少ない小説」という意味になる]

He ate only **a little** of the salad. (彼はサラダをほんの少し食べた。)

何のことなのかがわかれば, a fewやa littleの後の名詞を省略することができる。

"Do you want some more cake?" "Just **a little**, please."
(「もう少しケーキを食べる？」「ほんの少しください。」)

 a fewやa littleにquiteやnotをつけて, quite a few, not a littleのようにすると, 多いことを表すことになる。
The room was crowded with **quite a few** guests.
(その部屋はたくさんの客で込み合っていた。)

293

日本語の意味に合うように,( )内から正しいほうを選びなさい。

1) いくつか質問をしたいのですが。
   I'd like to ask you (a few / a little) questions.
2) 私の母は中国語を少し話します。
   My mother speaks (a few / a little) Chinese.

2 few / little

TARGET 294

(1) He made **few** mistakes on the test.
(2) I had **little** time to prepare my presentation.

(1) 彼はテストでほとんど間違いをしなかった。
(2) 発表の準備をする時間がほとんどなかった。

(1) 数がほとんどないことを表す few

fewにaをつけずに使うと**数がほとんどない**ことを表す。a fewは数があることに,fewは数がないことに焦点をあてる表現。

- He made **few mistakes** on the test.
  ▶「間違いがほとんどない」ことを表している。a few mistakesとすると「間違いが少しはある」という意味で,思っていた数よりもあることを意味する。

(2) 量がほとんどないことを表す little

littleをaをつけずに使うと**量がほとんどない**ことを表す。fewと同じように,ないことに焦点をあてている。

- I had **little time** to prepare my presentation.
  ▶「時間がほとんどない」ことを表している。a little timeだと「時間が少しはある」という意味になる。

 a fewやa littleと同じように,代名詞としてfew ofやlittle ofの形で使うことができる。

294

日本語の意味に合うように,( )内から正しいほうを選びなさい。

1) 遊び場には子どもはほとんどいなかった。
   There were (few / little) children on the playground.
2) 今年の4月は雨がほとんど降らなかった。
   We had (few / little) rain this April.

 293-1) a few 2) a little
294-1) few 2) little

411

UNIT 5 形容詞を使う表現

1 可能性や確実性を表す

TARGET 295

(1) It is **likely** that he will win the prize.
(2) It is **certain** that he will be successful in the U.S.

(1) 彼はその賞を取りそうだ。
(2) 彼はきっとアメリカで成功するだろう。

(1) 可能性があることを表す

形容詞のlikelyを**It is likely that ...** という形で使うと，**可能性がある**ことを表すことができる。

● It is **likely** that he will win the prize.
　▶ likelyは「ありそうな」という意味。that節で「ありそうなこと」を述べている。

probableやpossibleを使って可能性について述べることもできる。

It is **probable** that they will return soon.
（彼らはたぶん，すぐに戻って来るでしょう。）

Is it **possible** that he is lying? (彼がうそをついている可能性はありますか。)

 likelyはthat節の主語を文の主語にして，不定詞を使って表すことができる（⇨p.150）。
He is **likely to win** the prize.
probableやpossibleをこの形で使うことはできない。

(2) 確実であることを表す

形容詞のcertainを**It is certain that ...** という形で使うと，**確実である**ことを表すことができる。

● It is **certain** that he will be successful in the U.S.

　▶ that節で表す内容について「確かだ」と述べている。確信している人を主語にして，I'm certain that he will be successful in the U.S. とすることもできる。

sureも**確実である**ことを表すが，**確信している人を主語**にして使う。

I'm **sure** that he will succeed. (彼は成功すると私は確信している。)
[sureはitを主語にして×It is sure that ... とはできない]

 certainとsureは不定詞を使って表すことができる（⇨p.150）。
He is **certain/sure to succeed**.

日本語の意味に合うように，( )に適語を入れなさい。
1) 彼らはその謎の手がかりを見つけそうだ。
　　It ( ) ( ) that they will find a clue to the mystery.
2) 彼が本当のことを言っているのは確かだ。
　　It ( ) ( ) that he is telling the truth.

2 形容詞を使う表現

TARGET 296

He isn't aware of my presence.
彼は私がいることに気づいていない。

〈be動詞＋形容詞＋前置詞〉の表現

be aware ofは「〜に気づいている」という意味。

● He **isn't aware of** my presence.
　▶「私の存在に気づいていない」ことを表している。

このような形で使う表現には，次のようなものもある。

◆ **be afraid of**（〜を恐れる，〜が怖い，〜がいやだ）
　　I'm afraid of being alone.（私はひとりぼっちになるのがいやだ。）
　　　［前置詞の後なので動名詞beingを使っている（⇨p.164）］

◆ **be fond of**（〜が大好きだ）
　　I'm fond of cooking.（私は料理が大好きだ。）

◆ **be familiar with**（〜に精通している）
　　He's familiar with Russian culture.
　　（彼はロシアの文化に精通している。）

◆ **be anxious about**（〜を心配している）
　　We're anxious about the future of our planet.
　　（私たちは地球の将来を心配しています。）

日本語の意味に合うように，( )に適語を入れなさい。
私は地震が怖い。
I'm ( ) ( ) earthquakes.

Ans. 295-1) is likely 2) is certain
296) afraid of

UNIT 6 副詞の使い方 (1)

1 様態を表す

TARGET 297

(1) The children are playing **happily**.
(2) He **quietly** came into the room.

(1) 子どもたちは楽しそうに遊んでいる。
(2) 彼は静かに部屋に入ってきた。

(1) 動詞の後に「どのように」を加える

様態を表す副詞は，動詞が表す意味に**「どのように」**という情報を加える。

- The children are playing **happily**.
  ▶「遊んでいる」という進行中の動作が「楽しそうに」なされていることを表している。

様態を表す副詞は，angrily（怒って），carefully（注意深く），politely（ていねいに），quickly（すばやく），quietly（静かに），slowly（ゆっくり），suddenly（突然）など，語尾がlyで終わるものが多い。

He **opened** the envelope **carefully**.（彼はその封筒を注意深く開けた。）

fast（速く），hard（一生懸命に），straight（まっすぐに），well（うまく）のように，形容詞と同じ形の副詞もある。

- I've been studying **hard** in order to pass the exam.
  （私はその試験に受かるように，ずっと一生懸命勉強している。）

(2) 動詞の前に「どのように」を加える

様態を表す副詞は，動詞の後（他動詞の場合は目的語の後）に置くことが多いが，動詞の前に入れることもある。

- He **quietly** came into the room.
  ▶「静かに」→「入ってきた」という語順。He came into the room quietly. という語順にすることもできる。

---

297 日本語の意味に合うように，（ ）に適語を入れなさい。
1) もっとゆっくり話してくださいますか。
   Could you speak more (   )?
2) その列車は突然止まった。
   The train (   ) stopped.

414

2 場所や時を表す

TARGET 298

(1) My father went abroad on business.
(2) I have to return these DVDs tomorrow.

(1) 父は仕事で外国へ行きました。
(2) これらのDVDを明日返却しなくてはならない。

(1) 場所についての情報を加える

場所を表す副詞は，動詞が表す意味に「**どこ**」という情報を加える。

- My father went abroad on business.
  ▶ どこに行くのかを abroad（外国へ）という副詞で表している。

場所を表す副詞は，away（離れて），here（ここで），home（自宅へ），off（離れて），out（外へ），there（そこで），upstairs（階上へ）などがある。

　　Is everybody here?（みんなここにいますか。）

(2) 時についての情報を加える

時を表す副詞は，動詞が表す意味に「**いつ**」という情報を加える。

- I have to return these DVDs tomorrow.
  ▶ いつ返さなければならないのかを tomorrow（明日）という副詞で表している。

時を表す副詞は，before（以前に），recently（最近），soon（すぐに），then（その時），today（今日），tonight（今夜），now（今），yesterday（きのう）などがある。

　　He was absent from school yesterday.（彼はきのう，学校を休んだ。）

場所を表す副詞と時を表す副詞を続けるときは，〈場所〉→〈時〉の順にすることが多い。

　　We met at the park last night.（私たちは昨夜，公園で出会った。）

> **注意!!** to London（ロンドンへ），in 1987（1987年に）のような前置詞句も，場所や時を表す副詞として使う。

日本語の意味に合うように，（　）に適語を入れなさい。
1) 昨夜はいつ帰宅しましたか。
　　When did you get (　　) last night?
2) 彼はここに今夜到着するでしょう。
　　He will arrive (　　)(　　).

297-1) slowly 2) suddenly
298-1) home 2) here tonight

UNIT 7 副詞の使い方 (2)

1 程度や頻度を表す

TARGET 299

(1) I have **almost** finished the book.
(2) I **always** walk to school.

(1) 私はその本をほとんど読み終えています。
(2) 私はいつも歩いて学校に行きます。

あと少し

(1) どのくらいの程度なのかを表す

almostのような副詞は,「どのくらい」という**程度**を表す情報を加える。

- I have **almost** finished the book.
  - ▶ almostがhave finishedを修飾して「ほとんど終えている」という意味になる。程度を表す副詞は動詞の前,助動詞やbe動詞の後に入れる。

程度を表す副詞は, absolutely (絶対に), completely (完全に), very (とても), much (大いに), nearly (ほとんど), quite (けっこう), fairly (かなり), rather (やや), hardly (ほとんど〜ない) などがある。程度を表す副詞が形容詞やほかの副詞を修飾するときは, 修飾する語の直前に置く。

The movie was **quite** good. (その映画は, けっこうよかった。)

(2) どのくらいの頻度なのかを表す

alwaysのような副詞は,「どのくらい」という**頻度**を表す情報を加える。

- I **always** walk to school.
  - ▶ alwaysがwalkを修飾している。頻度を表す副詞も動詞の前か助動詞の後。

頻度を表す副詞は, 頻度の高いものから順にalways (いつも), usually (ふつうは), often (しばしば), sometimes (ときどき), rarely/seldom (ほとんど〜ない), never (決して〜ない) となる。

My father is **usually** in his office until six.
(父はふつうは6時まで会社にいます。) [be動詞の後に頻度を表す副詞を入れる]

299

日本語の意味に合うように, ( ) に適語を入れなさい。
1) 私は彼女の誕生日を完全に忘れていた。
   I ( ) forgot her birthday.
2) 私の弟が私よりも早く起きることは決してない。
   My brother ( ) gets up earlier than me.

416

② 文を修飾する

TARGET 300

(1) **Luckily**, we got home before it started to rain.
(2) I've **obviously** lost my way.

（1）運よく，私たちは雨が降り出す前に家に帰り着いた。
（2）私は明らかに道に迷ってしまった。

(1) 文頭に文を修飾する副詞を入れる

副詞にはluckilyやobviouslyのように，**文全体を修飾**して，文の内容についての話し手の気持ちや判断を表すものがある。

- **Luckily,** we got home before it started to rain.
  ▶「雨が降り出す前に家に着いた」ことについて，「運よく」という気持ちを表している。

(2) 文を修飾する副詞を文中に入れる

文を修飾する副詞は，文の中に入れることもある。

- I've **obviously** lost my way.
  ▶「道に迷った」ことについて「明らかに」という判断を表している。

文を修飾する副詞には次のようなものがある。

◆ 話し手の気持ちや意見を表す
　fortunately（幸運にも），happily（幸いにも），naturally（もちろん），sadly（悲しいことに），unfortunately（残念なことに）など

◆ 話し手の判断を表す
　certainly（確かに），clearly（明らかに），probably（おそらく），surely（確かに）など

> **参考** 動詞を修飾する場合と文を修飾する場合とでは意味が変わる。
> He explained everything **clearly**.
> （彼はすべてをはっきり説明した。）
> **Clearly**, he explained everything.
> （明らかに彼はすべてを説明した。）

日本語の意味に合うように，（　）に適語を入れなさい。
1) 残念なことに，私は修学旅行に行けなかった。
　　（　　　），I couldn't go on the school trip.
2) おそらく，君は正しいよ。
　　You're（　　　）right.

299-1) completely 2) never
300-1) Unfortunately 2) probably

UNIT 8 副詞の使い分け(1)

1 late / lately

TARGET 301

He has been staying up **late** at night **lately**.

彼は最近，夜遅くまで起きている。

形は似ていても意味が異なる副詞

副詞にはlateとlatelyのように，形は似ていても意味が異なるものがある。

- He has been staying up **late** at night **lately**.
  ▶ lateは「遅く」，latelyは「最近」という意味。

  He arrived **late** for the appointment.
  （彼は約束の時間に遅れた。）

  How has your grandmother been doing **lately**?
  （おばあさんは最近どうしていますか。）

形と意味に注意すべき副詞には，次のようなものがある。

hard（一生懸命に）	**hardly**（ほとんど～ない）
late（遅く）	**lately**（最近）
most（最も）	**mostly**（たいていは）
near（近くに）	**nearly**（ほとんど）
sharp（[時間が]ぴったり）	**sharply**（鋭く，厳しく）

He always **works hard**. （彼はいつも一生懸命に働く。）

I **hardly know** him. （私は彼のことをほとんど知らない。）

注意!! friendly（親切な），lonely（孤独な），lovely（すてきな）は形容詞。
She gave me a **lovely** smile.
（彼女はすてきな笑顔を見せてくれた。）
early（[形容詞]早い，[副詞]早く），weekly（[形容詞]毎週の，[副詞]毎週）のように，形容詞と副詞が同じ形のものもある。

Q 301

日本語の意味に合うように，（　）に適語を入れなさい。

1) 会議は10時ぴったりに始まります。
   The meeting starts at ten o'clock (　　).

2) 彼は私のミスを厳しく指摘した。
   He pointed out my mistake (　　).

2 very / quite / much

> **TARGET 302**
>
> (1) She is **very** fond of musicals.
> (2) Thank you **very much** for inviting me.
>
> (1) 彼女はミュージカルが大好きだ。
> (2) ご招待くださってどうもありがとう。

(1) 形容詞や副詞を修飾する very

● She is **very** fond of musicals.
　▶ 形容詞の fond（好きで）を very が強調している。

His story was **very** interesting.（彼の話はとても興味深かった。）
［形容詞として使う現在分詞や過去分詞も very で強調する］

She speaks **very** fast.（彼女はとても早口で話す。）［副詞の fast を強調している］

quite で形容詞や副詞を修飾して「かなり」「非常に」という意味を表すことができる。

Your speech was **quite** good.（君のスピーチはかなりよかった。）
［quite recently（つい最近）のように副詞を修飾することもある］

The meal was **quite** delicious.
（食事は大変おいしかったです。）［delicious は「とてもおいしい（very tasty）」という意味なので very で修飾できない。amazing や enormous なども同様］

(2) 動詞を修飾する much

● Thank you **very much** for inviting me.
　▶ 肯定文では very much とすることが多い。

形容詞や副詞の比較級や最上級を強調するときは much を使う（⇨p.244, 248）。

This car is **much** bigger than my father's.
（この車は父の車よりずっと大きい。）

日本語の意味に合うように，（　）内から正しいほうを選びなさい。
1) 彼女は父親のことをとても誇りに思っています。
　She is (very / much) proud of her father.
2) 私の両親は旅行が大好きです。
　My parents enjoy traveling (very / very much).

Ans. 301-1) sharp 2) sharply
302-1) very 2) very much

419

副詞の使い分け (2)

1 ago / before

TARGET 303

(1) The concert finished ten minutes **ago**.
(2) She told me that she had received the letter two days **before**.

(1) コンサートは10分前に終了しました。
(2) 彼女は2日前にその手紙を受け取ったと私に言った。

(1)「~前に」を表す ago

ago は「**今から~前に**」を表すときに使い、時間を表す語句の後に置く。

- The concert finished **ten minutes ago**.
  ▶ ten minutes ago は「今から10分前に」という過去の時点を表している。

(2)「~前に」を表す before

「**過去のある時点から~前に**」を表すときは before を使う。

- She told me that she had received the letter **two days before**.
  ▶ two days before は「彼女がそう言った時点から2日前」を表している。

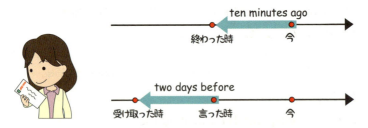

before は単独で「**以前に**」という意味を表すことができるので、現在完了形や過去完了形の文で使うことができる。ago は単独で使うことはできない。

I have read this book **before**. (私は以前、この本を読んだことがある。)
I met her **a long time ago**. (私はずいぶん前に彼女に会った。)

303　日本語の意味に合うように、( ) 内から正しいほうを選びなさい。
1) 彼は今から2年前にシンガポールに引っ越した。
　　He moved to Singapore two years (ago / before).
2) 私は彼女にその数年前に会ったことがあった。
　　I had met her several years (ago / before).

② already / yet / still

TARGET 304

(1) I've **already** finished my lunch.
(2) The airplane has not arrived **yet**.
(3) Will you tell me you **still** love me?

(1) お昼はもう食べました。
(2) 飛行機はまだ着いていません。
(3) まだ私のことを愛してるって言ってくれる？

(1)「すでに」「もう」を表す already

already は「**すでに**」「**もう**」という意味を表す。

- I've **already** finished my lunch.
  - already を使って「すでに昼食を食べた」ことを表している。

  Are you leaving **already**?（もう行くのですか。）

(2)「まだ」を表す yet

- The airplane has not arrived **yet**.
  - yet を使って「まだ到着していない」という意味を表している。

  "Have you had lunch?" "**Not yet**."
  （「お昼は食べましたか。」「まだです。」）

(3)「まだ」を表す still

- Will you tell me you **still** love me?
  - still を使って「まだ愛している」という意味を表している。(that) you still love me は tell の目的語。tell は目的語を2つ続けることができる（⇒p.22）。

  He's **still** waiting for you!（彼はまだ君のことを待ってるよ！）

304

日本語の意味に合うように，（ ）に適語を入れなさい。
1) 私がホールに着いたとき，コンサートはすでに終わっていた。
　 The concert was (　　) over when I arrived at the hall.
2) 私はまだその手紙を受け取っていません。
　 I haven't received the letter (　　).
3) その橋はまだ工事中だ。
　 The bridge is (　　) under construction.

Ans.
303-1) ago　2) before
304-1) already　2) yet　3) still

421

UNIT 10 副詞の使い分け (3)

1 surely / certainly / definitely

TARGET 305

(1) He is **surely** wrong on this matter.
(2) She will **certainly** be on time.
(3) I **definitely** remember lending the CD to Miki.

(1) この件についてはきっと彼が間違っているよ。
(2) 彼女は間違いなく時間どおりに来るよ。
(3) 僕はミキにそのCDを貸したことをはっきりと覚えている。

(1)「きっと」を表す surely

surelyは「きっと」「確かに」という意味で，話し手がそうだと思っている主観的判断を表す。

● He is **surely** wrong on this matter.
　▶ 話し手は「彼が間違っている」と確信している。

(2)「間違いなく」を表す certainly

certainlyは「間違いなく」「確かに」という，客観的事実などに基づく判断を表す。

● She will **certainly** be on time.
　▶ 話し手は「彼女が時間どおりに来る」と確信する何らかの情報を持っている。

 形容詞の sure や certain を使って表すこともできる（⇨ p.412）。
　I'm **sure** that he is wrong on this matter.
　It is **certain** that she will be on time.
　[She is certain to be on time. という言い方もできる（⇨ p.150）]

certainlyは依頼に対する承諾の返事として使うことができる。

　"Can you help me do the dishes?" "**Certainly**."
　　（「皿洗いを手伝ってくれる？」「いいよ。」）

(3)「絶対に」「はっきりと」を表す definitely

● I **definitely** remember lending the CD to Miki.
　▶ definitely は「絶対に」「はっきりと」「確かに」という意味を表す。

definitelyは提案や質問に対する返事として使うことがある。

　"I think we should accept his offer." "**Definitely**."
　　（「私は彼の申し出を受けるべきだと思う。」「確かにね。」）
　［「間違いなくそうではない」と言いたいときはDefinitely not. と言う］

305

日本語の意味に合うように，（　）に適語を入れなさい。
1) 彼女の意見はきっと正しいよ。
　　Her opinion is (　　) correct.
2) あれは僕が今まで観た中で間違いなく最高の映画だ。
　　That's (　　) the best movie I've ever seen.
3) 私は絶対にそんなことは言っていません。
　　I (　　) didn't say that.

2　too / either

TARGET 306

(1) My sister likes video games, and I do **too**.
(2) "I didn't watch the movie." "I didn't **either**."

（1）姉はテレビゲームが好きで，私もそうです。
（2）「その映画は観なかったんだ。」「僕もだよ。」

(1)「～もまた」を表す too

「～もまたそうだ」を表すときは too を使う。

● My sister likes video games, and I do too.

▶ I do too は「私もテレビゲームが好きだ」という意味。do は like の代わりをしている。so を使って and so do I とすることもできる（⇨p.351）。会話では，"I'm tired." "Me too." (「疲れたよ。」「僕も。」) のような言い方もできる。

(2)「～もまた」を表す either

「～もまたそうではない」を表すときは either を使う。

● "I didn't watch the movie." "I didn't either."

▶ I didn't either. は「僕もその映画を観なかった」という意味。neither を使うと，Neither did I. となる（⇨p.351）。会話では Me neither. と言うこともある。接続詞の nor を使って Nor did I. とすることもできる。

306

日本語の意味に合うように，（　）内から正しいほうを選びなさい。
1) 兄がバスを降りて，僕もそうした。
　　My brother got off the bus, and I did (too / either).
2) 君がテニス部に入らないのなら，僕も入らない。
　　If you don't join the tennis club, I won't (too / either).

Ans.　305-1) surely/certainly　2) certainly/definitely　3) definitely
　　　　306-1) too　2) either

UNIT 11 文の意味をつなぐ副詞

文の意味をつなぐ副詞 (1)

> **TARGET 307**
>
> (1) I like this shirt very much. **However**, it is too expensive.
> (2) I know nothing about it; **otherwise** I could tell you.
>
> (1) 私はこのシャツがとても気に入っています。でも，値段が高すぎます。
> (2) 私はそのことについて何も知りません。そうでなければお話しできるのですが。

(1)「しかしながら」を表す however

副詞には，文と文をつなぐ接続詞のようなはたらきをして，意味のつながりをわかりやすくするものがある（接続副詞と呼ぶことがある）。

- I like this shirt very much. **However**, it is too expensive.
    - ▶ however は副詞なので，接続詞のように文と文をつなぐことはできない。

(2)「さもなければ」を表す otherwise

- I know nothing about it; **otherwise** I could tell you.
    - ▶ セミコロン (;) は文と文をつなぐはたらきがある。otherwise は前の文の内容を受けて「さもなければ」という意味を表している。

文をつなぐはたらきをする副詞には，次のようなものがある。

besides (さらに)	**anyway** (それはともかく，いずれにせよ)
instead (それよりも)	**furthermore** (そのうえ)
first (まずはじめに) / **second** (次に)	**moreover** (さらに)
still (それでも)	**nevertheless** (それにもかかわらず)
nonetheless (それでもなお)	**therefore** (したがって)
meanwhile (一方では)	**similarly** (同様に)
thus (したがって)	**hence** (それゆえに) など

The only solution, **therefore**, is to reduce costs.
（したがって，唯一の解決策は経費を削減することなのです。）[Demand for our products is falling.（我が社の商品への需要が落ちている。）のような文の後で]

307

日本語の意味に合うように，（ ）に適語を入れなさい。
1) 野菜を全部食べなさい。そうでないと，デザートをあげませんよ。
　　Eat all of your vegetables. ( ) I won't give you any dessert.
2) 彼はとても頭がいい。にもかかわらず，彼には学ぶことがたくさんある。
　　He is very smart. ( ), he has a lot to learn.

424

2 文の意味をつなぐ副詞 (2)

TARGET 308

On the contrary, she felt happy about it.

それどころか，彼女はそのことで幸せだったのです。

「それどころか」を表す on the contrary

前置詞句が文の意味をつなぐ副詞のはたらきをすることがある。

- **On the contrary**, she felt happy about it.
  > She wasn't disappointed by his proposal. <u>On the contrary</u>, she felt happy about it. (彼女は彼の申し出にがっかりしませんでした。それどころか，彼女はそのことで幸せだったのです。) のような文脈で使う。

文をつなぐ副詞のはたらきをする前置詞句には，次のようなものがある。

as a result (その結果)	**in short** (手短に言うと)
in conclusion (要するに)	**in addition** (さらに，そのうえ)
on the other hand (一方)	**in the meantime** (その間に)
in contrast (対照的に)	**in the first place** (まず最初に)
for instance (たとえば)	**in fact** (実際は)
by the way (ところで)	**in other words** (言い換えると)
in the long run (結局は)	**after all** (結局) など

> 参考 文の意味をつなぐ副詞を使うと，次のように文のつながりがよくなる。
> I don't think we should send Grandma to that nursing home. **For one thing**, it's expensive. **For another**, it's an hour's drive from here, so it won't be easy to visit her. **In any case**, she says she wants to stay in her own home.
> (おばあちゃんをあの老人ホームに入れるべきではないと思います。ひとつには，費用がかかるということがあります。ほかに，ここから車で1時間かかるので，会いに行くのが簡単ではないということもあります。とにかく，おばあちゃんは自分の家にいたいと言っているんです。)

Q 308 日本語の意味に合うように，（ ）に適語を入れなさい。

その結果，彼がその部署の責任者になった。

( ) ( ) ( ), he became the chief of the department.

Ans. 307-1) Otherwise 2) Nevertheless
308) As a result

EXERCISES

A 日本語の意味に合うように、___に適語を入れなさい。

1) a) Does she have _____ books?（彼女は本をたくさん持っていますか。）
   b) She has a _____ comics.（彼女はマンガを少し持っています。）
2) a) We didn't have _____ rain yesterday.
   （きのうは雨があまり降らなかった。）
   b) We had a _____ rain today.（今日は少し雨が降った。）
3) a) He is _____ busy.（彼はたいてい忙しい。）
   b) He is _____ free.（彼はときにはひまがあります。）
4) a) I saw her two days _____.（私は2日前に彼女に会いました。）
   b) I have seen her _____.（私は以前に彼女に会ったことがあります。）
5) a) He has _____ left Tokyo.（彼はすでに東京を出発しました。）
   b) He hasn't arrived in Paris _____.（彼はまだパリに到着していません。）

B 次の文の___に（　）内から適語を選んで入れなさい。

1) "Be _____ when you move that glass." "OK. I'll _____ put it on the table."（ careful / carefully ）
2) "They live _____ in the village." "I'm _____ to hear that."
   （ happy / happily ）
3) "Dad always comes home _____, doesn't he?" "Yes, he's been busy at work _____."（ late / lately ）
4) "_____, I saw some shooting stars." "Oh. You were very _____."
   （ lucky / luckily ）
5) "Did you study _____ yesterday?" "No. I _____ studied, actually."
   （ hard / hardly ）

C 日本語の意味に合うように、___に適語を入れなさい。

1) 彼は現在の市長です。今日は会議に出席しています。
   He is the _____ mayor. He is _____ at the meeting today.
2) 「僕はロックがとても好きなんだ。」「私もよ。」
   "I like rock music very much." "Me, _____."

3)「私はピクニックに行かなかったの。」「僕も行かなかったんだ。」
"I didn't go to the picnic." "I didn't go, _____."

D 日本語の意味に合うように，（　）内の語を並べかえて___に入れなさい。

1) 彼は私たちにたくさんの役に立つ情報を提供してくれました。
He gave us _____ _____ _____ _____ _____.
(a / information / of / lot / useful)

2) 子どもたち全員にあげられるだけの数のノートはありませんでした。
We didn't have _____ _____ _____ _____ the children.
(all / notebooks / for / enough)

3) 私は何か熱いものが飲みたい。
I want to _____ _____ _____.
(something / drink / hot)

4) 彼は水のいっぱい入ったバケツを運びました。
He carried a _____ _____ _____ _____.
(full / water / of / bucket)

5) 赤ん坊のせいで私は一晩中眠れませんでした。
Our baby _____ _____ _____ _____ night.
(me / all / awake / kept)

6) ご都合がよければ，どうぞうちに来てください。
Please come and visit us, if _____ _____ _____ _____.
(convenient / it's / you / for)

E 各組の文がほぼ同じ内容を表すように，　　に適語を入れなさい。

1) a) How fast Tom runs!
   b) What a _____ _____ Tom is!

2) a) Kate likes reading detective stories very much.
   b) Kate is _____ fond _____ reading detective stories.

3) a) You don't have to attend the meeting.
   b) It is not _____ _____ you to attend the meeting.

4) a) It is certain that they will get married.
   b) _____, they will get married.

SECTION 19 前置詞

理解へのアプローチ

1 前置詞のはたらきと基本イメージ

前置詞は〈前置詞＋名詞〉という形で，場所や時などを表す**副詞**として，また，名詞に続けてその名詞について説明を加える**形容詞**のはたらきをします。

I met him **at the station**. (私は駅で彼と会った。)のat the stationは，文に場所の情報を加える副詞のはたらきを，I saw a man **on the roof**. (私は屋根の上の男を見た。)のon the roofは，a manに説明を加える形容詞のはたらきをしているのです。

atやon, inのようなよく使われる前置詞にはさまざまな意味がありますが，まったく関係のない意味がたくさんあるというわけではありません。前置詞には**基本となる意味**があって，そこからさまざまな意味へとひろがっていっているのです。

基本となる意味とは，**at**は「**一点**」，**on**は「**接触**」，**in**は「**内部**」というようなものです。

2 基本イメージからの意味のひろがり

では，onを例にとって意味のひろがりを見てみましょう。onの基本となる意味は「接触」で，「何かにくっついている」ことを表します。「**ぴたっ**」というのがonの基本イメージなのです。

「ベンチに座っている少女」なら，

　a girl sitting **on** a bench

です。ほかにも，

　a hat **on** her head（頭にかぶった帽子）

　a smile **on** her face（顔に浮かんだほほえみ）

　a ring **on** her finger（指にはめてある指輪）

のようにonを使うことができますが，これらはどれも，何かにくっついているというイメージで使われているのです。

on timeが「時間どおりに」という意味になるのも，on Sundayのように特定の曜日や日にちを表すときにonを使うのも，「ぴたっ」というイメージからですね。on saleが「販売中」であることや，on dutyが「勤務中」であることを表すのも，そういう状態に「ぴたっ」とくっついているからなのです。

　また，depend on（〜に頼る）では，頼る相手にくっついているイメージ，insist on（〜を主張する）では，主張する内容にくっついて離れないイメージを持つことができるのです。

学習ガイド

基本ゾーン

UNIT 1　at / on / in ……………………………………………… p. 430
　❶ 場所を示す at / on / in　❷ 時を示す at / on / in

UNIT 2　from / to / for …………………………………………… p. 432
　❶ 方向を示す from / to / for
　❷ 期間を示す from A to B / for

UNIT 3　of / about / by / with ………………………………… p. 434
　❶ of / about　❷ by / with

UNIT 4　時を示す前置詞 …………………………………………… p. 436
　❶ by / until / since　❷ in / after / before

UNIT 5　位置を示す前置詞 (1) …………………………………… p. 438
　❶ over / under / above / below
　❷ in front of / behind / opposite

UNIT 6　位置を示す前置詞 (2) …………………………………… p. 440
　❶ around / between / among
　❷ along / across / through

UNIT 7　その他の前置詞 …………………………………………… p. 442
　❶ into / out of / onto　❷ as / despite / against

UNIT 8　群前置詞 …………………………………………………… p. 444
　❶ 2語で前置詞のはたらきをする
　❷ 3語で前置詞のはたらきをする

前置詞のまとめ ……………………………………………………… p. 448

SECTION 19　前置詞

UNIT 1 at / on / in

1 場所を示す at / on / in

TARGET 309

(1) I saw my father standing **at** the bus stop.
(2) There is a tennis ball **on** the floor.
(3) My mother is **in** the kitchen.

(1) 父がバス停に立っているのが見えた。
(2) 床にテニスボールがある。
(3) 母は台所にいます。

(1) at は点としてとらえる場所を示す

● I saw my father standing **at** the bus stop.
　▶「バス停」を場所の一点としてとらえている。

　I met Kenji **at** the station.（私はケンジに駅で会った。）

　My brother-in-law studied math **at** Harvard.
　（私の義理の兄はハーバード大学で数学を学んだ。）

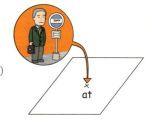

(2) on は接触している場所を示す

● There is a tennis ball **on** the floor.
　▶「床」にボールが接触しているととらえている。

　Look at the picture **on** the wall.（壁にかけてある絵を見なさい。）

(3) in は空間としてとらえる場所を示す

● My mother is **in** the kitchen.
　▶「台所」という入れ物の中にいるととらえている。

　I saw Mary **in** the library.
　（私は図書館でメアリーを見かけた。）

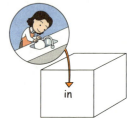

309

日本語の意味に合うように，（ ）に適語を入れなさい。
1) まっすぐ行って，次の角を右に曲がってください。
　　Go straight and turn right (　　) the next corner.
2) 天井にとまっているハエが見えますか。
　　Can you see the fly (　　) the ceiling?
3) 私の妹はニューヨークに住んでいます。
　　My sister lives (　　) New York.

UNIT 1

使い方はp.2 ▶

2 時を示す at / on / in

TARGET 310

(1) We left home **at** three o'clock.
(2) How about going fishing **on** Sunday?
(3) My uncle was born **in** June, 1960.

(1) 私たちは3時に家を出ました。
(2) 日曜日に釣りに行きませんか。
(3) おじは1960年の6月に生まれました。

(1) at は時刻や時点を示す

- We left home **at** three o'clock.
  ▶ 「時刻」を時の一点ととらえている。

The exam begins **at** nine. (試験は9時に始まる。)

(2) on は特定の時を示す

- How about going fishing **on** Sunday?
  ▶ on は曜日や日付を示すときに使う。「クリスマス」や「元日」のような特定の日を示すときも on を使う。ただし，next Sunday のように next や last をつける場合は on を使わない。

We'll have a party **on** Christmas Day. (クリスマスにはパーティーをします。)

(3) in は幅のある期間を示す

- My uncle was born **in** June, 1960.
  ▶ in は年月のようなある程度の幅のある期間を表す表現を続ける。

Don't call me **in** the morning. (午前中は電話しないでください。)

[「夜間に」は at night か in the night を使う。特定の日を示す場合は on Friday night のように on を使う]

310

日本語の意味に合うように，( )に適語を入れなさい。
1) 式典は正午に始まります。
　The ceremony starts ( ) noon.
2) 学園祭は11月2日に行われます。
　The school festival is going to be held ( ) November 2.
3) その事故は初夏に起こった。
　The accident happened ( ) early summer.

SECTION 19 前置詞

Ans. 309-1) at 2) on 3) in
　　　310-1) at 2) on 3) in

431

UNIT 2　from / to / for

1　方向を示す from / to / for

TARGET 311

(1) Has the plane from Fukuoka arrived?
(2) Let's go to the park.
(3) The train has already left for Sapporo.

(1) 福岡からの飛行機は着きましたか。
(2) 公園に行こうよ。
(3) その列車はもう札幌に向けて出発しました。

(1) from は起点・出発点を示す

- Has the plane from Fukuoka arrived?
  ▶「福岡」が出発点になっている。

  Tom has just come back from school.
  （トムは学校から帰ってきたところです。）

(2) to は到達点を示す

- Let's go to the park.
  ▶「公園」が到達点になっている。

  How far is it from Kyoto to Tokyo?
  （京都から東京まではどのくらいの距離がありますか。）

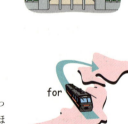

(3) for は方向・目標・目的を示す

- The train has already left for Sapporo.
  ▶「札幌」が向かう方向（目標）になっている。「～に向かって」と言うときに，He walked toward me.（彼は私のほうに歩いてきた。）のように toward を使うこともある。

  There's a phone call for you.（君への電話だよ。）

311

日本語の意味に合うように，(　) に適語を入れなさい。
1) この本を図書館から借りました。
　 I borrowed this book (　　) the library.
2) おじさんが本を何冊か僕に送ってくれた。
　 My uncle sent some books (　　) me.
3) ドライブへ行こうよ。
　 Let's go (　　) a drive.

2 期間を示す from A to B / for

TARGET 312

(1) I'll be on vacation **from** July 5 **to** July 9.
(2) I'm staying here **for** five days.

(1) 7月5日から7月9日まで，私は休暇をとります。
(2) 5日間ここに滞在します。

(1) fromは時の起点, toは到達点を示す

- I'll be on vacation **from** July 5 **to** July 9.
  ▶「7月5日」が起点で「7月9日」が到達点。toの代わりにuntilかtillを使うこともある。

「〜からずっと」と言うときはsinceを使う（⇨p.436）。

I've known him **since** 1990.
（彼のことは，1990年からずっと知っています。）

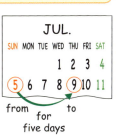

 fromは時の起点を表すだけなので，完了形の文では使えない。ただし, from birth（生まれた時から), from childhood（子どものころから）のような表現は, 完了形の文でも使うことができる。

(2) forは期間を示す

- I'm staying here **for** five days.
  ▶「5日間」という期間を表している。現在進行形でこれからの予定を表している。

Could you wait here **for** a while? （しばらくここでお待ちいただけますか。）

何の間なのかを具体的に示すときは, duringを使う。

I slept for ten minutes **during** the movie.
（僕はその映画の間に10分間眠ってしまった。）
[forはどのくらいの期間なのか, duringは何の間なのかを示す]

312 日本語の意味に合うように，( )に適語を入れなさい。
1) その旅行代理店は月曜から金曜まで開いている。
   The travel agency is open ( ) Monday ( ) Friday.
2) ここで30分間待ち続けています。
   I've been waiting here ( ) thirty minutes.

Ans. 311-1) from 2) to 3) for
312-1) from, to 2) for

of / about / by / with

1 of / about

> **TARGET 313**
>
> (1) Some **of** my friends saw me off at the station.
> (2) They are talking **about** their trip.
>
> (1) 友だちの何人かが，私を駅で見送ってくれました。
> (2) 彼らは旅行のことについて話しています。

(1) ofは所属していることや部分であることを表す

- Some **of** my friends saw me off at the station.
  ▶「私の友だちの一部」を表している。

The arm **of** the chair is broken.
（いすのひじ掛けが壊れている。）

This shirt is made **of** silk.
（このシャツは絹でできています。）[材料を示すときはofを使う。原料について述べるときは，Butter is made **from** milk. のようにfromを使う]

some　　of my friends

参考 ofが〈分離〉を表すこともある。
I cleared the sidewalk **of** snow.（私は歩道の雪かきをした。）
[雪を歩道から分離することを表している]

(2) aboutは関連していることや周辺であることを表す

- They are talking **about** their trip.
  ▶「〜について」「〜に関して」という意味を表している。

We were walking **about** the town.
（私たちはその町をぶらぶら歩いた。）[この意味ではaroundを使うこともできる]

I think she's **about** thirty.
（彼女は30歳くらいだと思うよ。）[この意味でもaroundを使うことができる]

313 日本語の意味に合うように，（　）に適語を入れなさい。
1) 私たちはその山の頂上に到達した。
　　We reached the top (　　) the mountain.
2) 私の父は彼に，中古車を買うことについての助言をした。
　　My father gave him some advice (　　) buying a used car.

2 by / with

TARGET 314

(1) That man standing **by** Lucy is my father.
(2) Come **with** me, please.

(1) ルーシーのそばに立っている人は，私の父です。
(2) 一緒に来てください。

(1) by は近接であることを表す

- That man standing **by** Lucy is my father.
  ▶「～のすぐそばに」を by を使って表す。

  They live **near** the station. (彼らは駅の近くに住んでいる。)
  [near は「～の近くに」，close to は「～のすぐ近くに」を表す]

by は何かをするときの**手段**や，何かをする**動作主**を示す。

  I want to send this letter **by** airmail.
  （この手紙を航空便で送りたいのです。）

  This picture was taken **by** Ken. (この写真を撮ったのはケンです。) [受動態]

(2) with は伴っていることを表す

- Come **with** me, please.
  ▶「私と一緒に」という意味を表している。

  My mother is in bed **with** a bad cold.
  （私の母はひどいかぜで，寝込んでいる。）

  I'm satisfied **with** your work.
  （君の仕事には満足しています。）[「～に」という対象を示している]

with は何かをするときに使う**道具**を示す。

  He cut the tree **with** a saw. (彼はその木をのこぎりで切った。)

314

日本語の意味に合うように，( ) に適語を入れなさい。
1) 私はヨーロッパを列車で旅してみたい。
   I want to travel across Europe (　　) train.
2) 僕は兄と一緒に模型の飛行機を作った。
   I made a model plane (　　) my brother.

Ans. 313-1) of 2) about
     314-1) by 2) with

UNIT 4 時を示す前置詞

1 by / until / since

TARGET 315

(1) I'll be back **by** three o'clock.
(2) He waited for her **until** five o'clock.
(3) He has been waiting for her **since** three o'clock.

(1) 3時までに戻りますね。
(2) 彼は彼女のことを5時まで待った。
(3) 彼は3時からずっと彼女のことを待っている。

(1) byは期限を示す

- I'll be back **by** three o'clock.
  ▶「3時までに」という期限を示している。

  You should finish this report **by** next Monday.
  (このレポートは来週の月曜までに仕上げるべきだよ。)

(2) untilは継続の終点を示す

- He waited for her **until** five o'clock.
  ▶「5時まで待った」という終点を示している。
  untilと同じ意味でtillを使うこともできる。

  We'll stay here **until** tomorrow.
  (私たちは明日までここに滞在します。)

(3) sinceは継続の起点を示す

- He has been waiting for her **since** three o'clock.
  ▶「3時からずっと」という起点を示している。「3時から5時まで待った」のようにある一定期間続いたことを表すときは, from three to [until] fiveのようにfromを使う (⇨p.433)。

315　日本語の意味に合うように, ( )に適語を入れなさい。
1) 明日までに電話代の支払いをしなければなりませんよ。
   You have to pay the phone bill (　　) tomorrow.
2) そのレストランは真夜中までやっています。
   The restaurant remains open (　　) midnight.
3) 私たちは1990年からこの町に住んでいます。
   We have lived in this town (　　) 1990.

2   in / after / before

TARGET 316

(1) The museum will close **in** 30 minutes.
(2) We play tennis every weekday **after** school.
(3) He got home **before** five o'clock.

(1) その博物館は30分後に閉館しますよ。
(2) 私たちは平日はいつも，放課後にテニスをします。
(3) 彼は5時前に帰宅した。

(1) inは「今から〜後」であることを表す

- The museum will close **in** 30 minutes.
  - ▶「30分」という枠を設定して，その枠が終わる時点を示している。in 30 minutes' timeという言い方をすることもある。

   「〜以内に」という時間の範囲を示すときはwithinを使う。
  Please return the book **within** a week.
  (1週間以内にその本を返してください。)

(2) afterは「〜の後」であることを表す

- We play tennis every weekday **after** school.
  - ▶「学校が終わった後に（＝放課後に）」をafter schoolで表している。

  He came back **after** an hour. (彼は1時間後に戻ってきた。)

(3) beforeは「〜の前」であることを表す

- He got home **before** five o'clock.
  - ▶「5時より前に」をbefore five o'clockで表している。

  Take the medicine **before** meals. (食前に薬を飲んでください。)

316

日本語の意味に合うように，(　)に適語を入れなさい。
1) 1時間後に戻ってきます。
　 I'll be back (　　) an hour.
2) 私たちは夕食の後でトランプをした。
　 We played cards (　　) supper.
3) 暗くなる前に家に戻らなければいけませんよ。
　 You must come home (　　) dark.

Ans. 315-1) by 2) until/till 3) since
316-1) in 2) after 3) before

UNIT 5 位置を示す前置詞(1)

1 over / under / above / below

TARGET 317

(1) There were dark clouds **over** our heads.
(2) You must clean **under** your desk.
(3) The sun rose **above** the horizon.
(4) Don't write anything **below** this line.

(1) 私たちの頭上に黒い雲があった。
(2) 机の下を掃除しなくてはいけませんよ。
(3) 太陽が水平線の上に昇った。
(4) この線より下には何も書いてはいけません。

overは「～の上」，underは「～の下」，aboveは「～よりも上」，belowは「～よりも下」という上下関係を表す

- There were dark clouds **over** our heads.
  ▶ 雲が頭上を覆っていることを表している。

  It's **over** my budget.（予算オーバーです。）

- You must clean **under** your desk.
  ▶ 掃除する場所が机の下であることを示している。

  The road is **under** construction.（その道路は工事中です。）

- The sun rose **above** the horizon.
  ▶ aboveはある基準よりも上であることを表す。

- Don't write anything **below** this line.
  ▶ belowはある基準よりも下であることを表す。

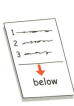

317

日本語の意味に合うように，（ ）に適語を入れなさい。

1) 彼女は子どもに毛布をかけた。
   She put a blanket (　　) her child.
2) 20歳未満の人はアルコール類を買うことはできません。
   Nobody (　　) 20 can buy alcohol.
3) 彼らは私たちの上の階の部屋に住んでいます。
   They live in the apartment (　　) ours.
4) 気温は1日中氷点下だった。
   The temperature remained (　　) freezing all day.

2 in front of / behind / opposite

TARGET 318

(1) Don't park your car **in front of** the hotel.
(2) The post office is **behind** that apartment house.
(3) The bank is **opposite** the supermarket.

(1) ホテルの前に駐車しないでください。
(2) 郵便局はあのアパートの裏にあります。
(3) 銀行はスーパーの向かいです。

in front of は「～の前」，behind は「～の後ろ」，opposite は「～の反対側」という位置関係を表す

- Don't park your car **in front of** the hotel.
  ▶ 「ホテルの前に」を in front of the hotel で表している。

- The post office is **behind** that apartment house.
  ▶ 「アパートの後ろ」を behind that apartment house で表している。

- The bank is **opposite** the supermarket.
  ▶ 「スーパーの反対側」を opposite the supermarket で表している。on the other side of the street ということ。

318

日本語の意味に合うように，（　）に適語を入れなさい。
1) 門の前で待っていますね。
　 I'll wait for you (　　) (　　) of the gate.
2) そのイヌは家の裏にある庭で寝ていた。
　 The dog was sleeping in the garden (　　) the house.
3) 彼は会議のときに，僕の反対側に座った。
　 He sat (　　) me at the meeting.

Ans. 317-1) over 2) under 3) above 4) below
318-1) in front 2) behind 3) opposite

UNIT 6 位置を示す前置詞 (2)

1 around / between / among

TARGET 319

(1) We sat **around** the campfire.
(2) I sat **between** Kaori and Yoko.
(3) The man disappeared **among** the people in the crowd.

(1) 私たちはキャンプファイアの周りに座った。
(2) 私はカオリとヨウコの間に座った。
(3) その男は人込みの中に消えた。

aroundは「〜の周辺」, betweenは「〜と…の間」, amongは「〜に囲まれて」という位置関係を表す

- We sat **around** the campfire.
  ▶「キャンプファイアの周り」を表している。

  He'll arrive **around** three o'clock. (彼は3時ごろ到着するでしょう。)

- I sat **between** Kaori and Yoko.
  ▶「カオリとヨウコの間」を表している。

- The man disappeared **among** the people in the crowd.
  ▶「人々に囲まれている」ことを表している。betweenは何かと何かにはさまれていることを表すが, amongは集団に囲まれていたり, 含まれていることを表す。

Q 319

日本語の意味に合うように, ( ) に適語を入れなさい。

1) 私たちはその湖の周りを歩いた。
   We walked ( ) the lake.

2) 授業と授業の間は何をしますか。
   What do you do ( ) classes?

3) あの桜の木に囲まれた家にはだれが住んでいるの？
   Who lives in that house ( ) the cherry trees?

2 along / across / through

TARGET 320

(1) We walked **along** the river.
(2) It's difficult to swim **across** the river.
(3) I ran **through** the forest.

(1) 私たちはその川に沿って歩いた。
(2) その川を泳いで渡るのは難しい。
(3) 私はその森を走って通り抜けた。

(1) **along**は「〜に沿って」を表す

- We walked **along** the river.
  ▶「川に沿って」という運動の方向を示している。

(2) **across**は「〜を横切って」を表す

- It's difficult to swim **across** the river.
  ▶「川を横切って」という運動の方向を示している。

(3) **through**は「〜を通り抜けて」を表す

- I ran **through** the forest.
  ▶「森を通り抜けて」という運動の方向を示している。

I saw her **through** the window.
（私は窓越しに彼女を見た。）

They played cards all **through** the night.
（彼らは一晩中トランプをした。）

He got the job **through** his uncle.
（彼はおじさんを通してその仕事を得た。）[「〜を通して」を表している]

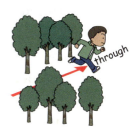

320　日本語の意味に合うように, ( )に適語を入れなさい。

1) この通りをもう2ブロック進んでください。
   Walk ( ) this street for another two blocks.
2) その男性は太平洋を単独で航海した。
   The man sailed ( ) the Pacific Ocean alone.
3) その川は私たちの町を貫くように流れている。
   The river runs ( ) our town.

Ans. 319-1) around 2) between 3) among
320-1) along 2) across 3) through

UNIT 7 その他の前置詞

1 into / out of / onto

TARGET 321

(1) Please go into the living room.
(2) Come out of the room immediately!
(3) The cat jumped onto the table.

(1) どうぞ居間にお入りください。
(2) 今すぐ部屋から出てきなさい！
(3) そのネコはテーブルの上に跳び乗った。

(1) into は「～の中へ」を表す

● Please go into the living room.
  ▶「居間の中に入る」という移動を表している。

The car crashed into the wall. (その車は壁に激突した。)

She cut the cake into five pieces.
（彼女はそのケーキを5つに切った。）

Could you translate this sentence into Japanese?
（この文を日本語に翻訳していただけませんか。）

(2) out of は「～の中から外へ」を表す

● Come out of the room immediately!
  ▶「部屋の中から出る」という移動を表している。

Get out of here! (ここから出て行けよ！)

(3) onto は「～の上へ」を表す

● The cat jumped onto the table.
  ▶「テーブルの上に乗る」という移動を表している。

321　日本語の意味に合うように，（　）に適語を入れなさい。
1) 鳥が水中にもぐるのを見た。
　　I saw a bird dive (　　) the water.
2) 私は切符をポケットの中から取り出した。
　　I took the ticket (　　)(　　) my pocket.
3) 彼女はゆっくりとステージの上に歩いていった。
　　She walked slowly (　　) the stage.

2 as / despite / against

TARGET 322

(1) The old castle is used **as** a museum.
(2) **Despite** the fog, they went for a walk.
(3) Only three members voted **against** the proposal.

(1) その古城は, 美術館として使われています。
(2) 霧にもかかわらず, 彼らは散歩に出かけた。
(3) たった3人のメンバーが, その提案に反対投票した。

(1) asは「～として」という意味を表す

- The old castle is used **as a museum**.
  ▶ 「美術館として」をas a museumで表している。

(2) despiteは「～にもかかわらず」という意味を表す

- **Despite the fog**, they went for a walk.
  ▶ despite the fogで「霧にもかかわらず」という意味を表している。「～にもかかわらず」はin spite ofで表すこともできる (⇨p.445)。

(3) againstは「～に向かって」「～に反対して」という意味を表す

- Only three members voted **against the proposal**.
  ▶ against the proposalで「その提案に反対」であることを表している。賛成の場合はforを使う。

> likeは「～のような[に]」という意味の前置詞として使うことができる。
> Megumi is **like** her mother.（メグミはお母さんみたいだ。）
> exceptは「～を除いて」という意味の前置詞。
> They all came here **except** Megumi.
> （メグミ以外は全員ここに来た。）

322

日本語の意味に合うように, (　)に適語を入れなさい。
1) 彼女は秘書として働いています。
　　She is working (　　) a secretary.
2) 努力にもかかわらず, 彼らは成功できなかった。
　　(　　) their effort, they couldn't succeed.
3) 彼らは風に逆らって歩いていた。
　　They were walking (　　) the wind.

321-1) into　2) out of　3) onto
322-1) as　2) Despite　3) against

UNIT 8 群前置詞

1 2語で前置詞のはたらきをする

TARGET 323

(1) **Thanks to** Ann's help, I was able to finish the crossword.
(2) The trip was canceled **because of** heavy snow.

(1) アンの手助けのおかげで，私はそのクロスワードを完成することができた。
(2) 大雪のため，旅行は中止になった。

(1) thanks to は「〜のおかげで」という意味を表す

複数の語の組み合わせで前置詞のはたらきをするものを群前置詞と呼ぶ。

- **Thanks to** Ann's help, I was able to finish the crossword.
  ▶ thanks to Ann's help で「アンの手助けのおかげで」という意味になる。

(2) because of は「〜が原因で」という意味を表す

- The trip was canceled **because of** heavy snow.
  ▶ because of heavy snow で「大雪のため」を表す。because は接続詞なので，1語で使うときは because it snowed heavily のように〈主語＋動詞〉を続ける。

2語の群前置詞には，ほかに次のようなものがある。

according to（〜によれば）	**apart from**（〜から離れて，〜を別にすれば）
as for（〜について言えば）	**as to**（〜については）
but for（〜がなければ）	**due to**（〜のために）
instead of（〜の代わりに）	**owing to**（〜のために）
up to（〜まで）	**with all**（〜にもかかわらず）

As for me, I'm not interested in soccer.
（私はと言えば，サッカーには興味がないんです。）

Up to four people can stay in this room.
（この部屋には，4人まで泊まることができます。）

323 日本語の意味に合うように，（ ）に適語を入れなさい。
1) 天気予報によると，台風が近づいているということだ。
 (　　)(　　) the weather forecast, the typhoon is approaching.
2) 塩はかつてお金の代わりに使われていた。
 Salt was once used (　　)(　　) money.

2　3語で前置詞のはたらきをする

> **TARGET 324**
>
> (1) He was able to escape **by means of** the secret tunnel.
> (2) **In spite of** the typhoon, they held a barbecue.
>
> (1) 彼は秘密のトンネルによって脱出することができた。
> (2) 台風にもかかわらず，彼らはバーベキューをした。

(1) by means of は「～によって」という意味を表す

- He was able to escape **by means of** the secret tunnel.
  ▶「秘密のトンネルによって」という手段を表している。means は「方法」「手段」という意味の名詞。

(2) in spite of は「～にもかかわらず」という意味を表す

- **In spite of** the typhoon, they held a barbecue.
  ▶ in spite of the typhoon で「台風にもかかわらず」という意味。despite も同じ意味を表すが文章体のかたい表現なので，in spite of を使うことが多い。

3語以上の群前置詞には，ほかに次のようなものがある。

as far as（～まで）	**by way of**（～経由で）
for the sake of（～のために）	**for fear of**（～を恐れて，～しないように）
for the purpose of（～するために）	**in addition to**（～に加えて）
in case of（～の場合には）	**on account of**（～という理由で）
on behalf of（～に代わって）	**with regard to**（～に関して）

　　She moved to the countryside **for the sake of** her health.
　　（彼女は健康のために，いなかに引っ越した。）[何かのためになることを表す]

　　On behalf of our club, I would like to thank you all.
　　（クラブを代表して，みなさまに感謝申し上げます。）[on behalf of は「～を代表して」「～に代わって」という意味を表す]

324　日本語の意味に合うように，（　）に適語を入れなさい。
1) 非常の際はこのボタンを押してください。
　　Press this button （　　） （　　） （　　） emergency.
2) 彼は病気のせいで，仕事をやめなければならなかった。
　　He had to quit his job （　　） （　　） （　　） his illness.

SECTION **19** 前置詞

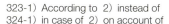

Ans.　323-1) According to　2) instead of
　　　324-1) in case of　2) on account of

445

EXERCISES

A 日本語の意味に合うように，＿＿に適切な前置詞を入れなさい。

1) 彼は2001年に妻と一緒に日本に来ました。
   He came ＿＿＿＿＿ Japan ＿＿＿＿＿ his wife ＿＿＿＿＿ 2001.
2) 博多からの列車は10時に到着しました。
   The train ＿＿＿＿＿ Hakata arrived ＿＿＿＿＿ ten o'clock.
3) 私は4月7日にローマに出発する予定です。
   I'm going to leave ＿＿＿＿＿ Rome ＿＿＿＿＿ April 7.
4) 彼女は先週からずっと仕事でパリにいます。
   She has been ＿＿＿＿＿ Paris ＿＿＿＿＿ business ＿＿＿＿＿ last week.
5) 空港はストの間，3日間営業を中止しました。
   The airport was silent ＿＿＿＿＿ three days ＿＿＿＿＿ the strike.
6) 私は仕事に行く途中，公園を歩いて通り抜けます。
   I walk ＿＿＿＿＿ the park ＿＿＿＿＿ my way ＿＿＿＿＿ work.

B イラストに合うように，＿＿に適切な前置詞を入れなさい。

1) There is a picture ＿＿＿＿＿ the wall.
2) There is a TV set ＿＿＿＿＿ the door and the window.
3) There are several books ＿＿＿＿＿ the desk.
4) There is a soccer ball ＿＿＿＿＿ the bed.
5) There aren't any chairs ＿＿＿＿＿ the room.

C 日本語の意味に合うように，＿＿に適切な前置詞を入れなさい。

1) a) She works ＿＿＿＿＿ nine ＿＿＿＿＿ five.
   （彼女は9時から5時まで働きます。）
   b) She works ＿＿＿＿＿ eight hours.（彼女は8時間働きます。）
2) a) I have to finish this work ＿＿＿＿＿ tomorrow.
   （私は明日までにこの仕事を終えなければなりません。）
   b) I'll stay at this hotel ＿＿＿＿＿ tomorrow.
   （私は明日までこのホテルに滞在するつもりです。）

446

3) a) The hospital is _____ _____ _____ the hotel.
   (その病院はホテルの前にあります。)
   b) The bookstore is _____ the restaurant.
   (その本屋はレストランのそばにあります。)
4) a) He came _____ _____ the room. (彼は部屋から出てきました。)
   b) He went _____ the kitchen. (彼は台所に入って行きました。)
5) a) Go straight _____ the street. (通りに沿ってまっすぐ行ってください。)
   b) He ran _____ the street. (彼は走って通りを横断しました。)

D 日本語の意味に合うように，(　)内から正しいものを選びなさい。

1) その先生は歌手としてのほうが知られています。
   The teacher is more famous (as / for) a singer.
2) 鉛筆でその書類に記入しないでください。
   Don't fill in the form (by / with) a pencil, please.
3) 好天のおかげで、すばらしいピクニックでした。
   (Despite / Thanks to) the good weather, we had a great picnic.
4) 思考は言葉によって表現されます。
   Thoughts are expressed (because of / by means of) words.

E 各組の____に共通して入れることができるものを，下の語群から選びなさい。

1) a) Draw lines _____ the words you don't know.
   b) We sat _____ the cherry blossoms and had lunch.
2) a) The bridge _____ the river is closed.
   b) The dog jumped _____ the fence into someone's garden.
3) a) He is _____ the other students in mathematics.
   b) I was sitting _____ the driver in the back seat of the car.
4) a) The math problem is _____ me.
   b) The sun is still _____ the horizon.
5) a) She had to leave school _____ her will.
   b) He was leaning _____ the tree.
   [above / against / behind / over / under]

前置詞のまとめ

前置詞の基本イメージとさまざまな意味をまとめておこう。

❶ at, on, in

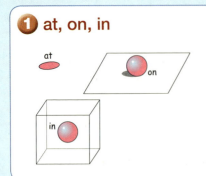

at 〈一点〉
【場所】at the gate, 【時】at two o'clock
【目標・方向】(look) at the cat

on 〈接触〉
【場所】on the desk, 【時】on Sunday
【手段・方法】on TV, 【目的・用件】on a trip
【関連】on his plan

in 〈内部〉
【場所】in the library, 【時】in the morning
【手段・方法】in English, 【状態】in trouble
【所属】in this club, 【経過】in two days

❷ from, for, to

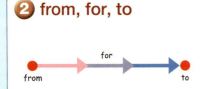

from 〈起点〉
【場所】from Canada, 【時】from May 1
【原因】from war, 【根拠】from the graph

for 〈目標, 期間〉
【目標・目的】for my birthday, 【代理】for me
【期間】for two days, 【原因・理由】for this reason

to 〈到達点〉
【場所】to the station, 【時】to Friday
【対象】(give it) to him

❸ into, through

into 〈中へ〉
【場所】into the hole
【変化】into Japanese

through 〈通り抜けて〉
【場所】through the forest
【手段】through his help
【時】through the summer

❹ over, under, across

over 〈上〉
【上】over the mountain
【一面】(all) over the world
【以上】over 200

under 〈下〉
【下】under the desk

across 〈横切って〉
【横切って】across the street

❺ among, between

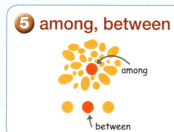

among〈囲まれて〉
【場所】among the people

between〈間に〉
【場所】between Asia and Europe

❻ with, by, near

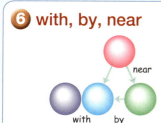

with〈同伴〉
【一緒】with my family, 【手段・方法】with a knife
【所有】with blue eyes, 【様態】with a smile

by〈近接・手段・動作主〉
【場所】by the window, 【手段・方法】by train
【動作主】by my father

near〈近く〉
【場所】near my house

❼ of, about

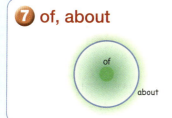

of〈所属・部分〉
【所属・部分】(a member) of the team
【関連】(the story) of the trip
【位置】(the west) of the country

about〈関連・周辺〉
【周辺】about noon
【関連】(a book) about the country

❽ before, after, during

before〈時や順序の前〉
【前】before summer, before dinner

after〈時や順序の後〉
【後】after school, after me

during〈期間〉
【期間】during the trip

❾ since, until

since〈起点〉
【時】since last Sunday

until〈終点〉
【時】until two o'clock

SECTION 20 接続詞

1 何かと何かをつなぐ

　語句と語句をつなぎたいときは，**my father and I**（私の父と私）のように and を使います。and のように，**何かと何かをつなぐ**のが接続詞のはたらきです。接続詞は，文と文をつなぐときに使うこともできます。

　I have a cat and she has a dog.
　（僕はネコを飼っていて，彼女はイヌを飼っています。）

　I have a cat. という文と，She has a dog. という文を and でつないでいます。and は，2つの文を並べて対等の関係でつなぐ接続詞です。

　接続詞には，文を文の一部として組み込むために使うものがあります。

　I found that he was quick-tempered.（僕は彼が短気であることがわかった。）

he was quick-tempered という文を I found の後に続けるために，接続詞の that を使っています。

　My sister was using my computer when I came home.
　（僕が家に帰ったとき，妹は僕のコンピュータを使っていた。）

　My sister was using my computer. が表しているのがいつのことなのかを，when I came home で表しています。

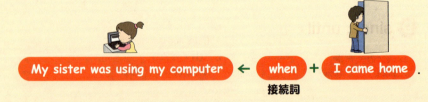

組み込まれた文のはたらき

接続詞のthatやifを使うと，文に**名詞のはたらき**をさせることができます。

　I asked him **if he could help me move the desk**.
　（私は彼に，机を動かすのを手伝ってくれるかどうか尋ねた。）

if he could help me move the deskは，askの目的語になっています。同じifでも次の文でははたらきが違います。

　Come to my house **if you are free tomorrow**.
　（もし明日ひまなら，私の家にいらっしゃい。）

このif you are free tomorrowは，「もし～なら」という条件を表しています。文に情報を加えていますから，**副詞のはたらき**をしているということになります。

基本ゾーン

UNIT 1　and / but / or (1) ………………………………………… p. 452
　❶ and　❷ but / or

UNIT 2　and / but / or (2) ………………………………………… p. 454
　❶ both A and B / either A or B / neither A nor B
　❷ not A but B / not only A but (also) B

UNIT 3　that / whether / if ………………………………………… p. 456
　❶ that　❷ whether / if

UNIT 4　時を表す接続詞 ………………………………………… p. 458
　❶ when / while　❷ as soon as / as

UNIT 5　時や理由を表す接続詞 ………………………………… p. 460
　❶ after / before / since / until
　❷ because / since

UNIT 6　条件を表す接続詞 ……………………………………… p. 462
　❶ if / unless　❷ as long as / as far as

UNIT 7　その他の接続詞 ………………………………………… p. 464
　❶ although / even if / while　❷ whether A or B

and / but / or (1)

1 and

> **TARGET 325**
>
> (1) I bought a cheeseburger **and** French fries.
> (2) Bob arrived **and** we started the meeting.
> (3) Go straight, **and** you will find the theater on your right.
>
> (1) 私はチーズバーガーとフライドポテトを買った。
> (2) ボブが到着して,私たちは打ち合わせを始めた。
> (3) まっすぐ行くと,右手に劇場が見えますよ。

(1) andを使って語句と語句をつなぐ

語句と語句を並列し**対等の関係**でつなぐときにandを使う。

- I bought a cheeseburger **and** French fries.
  ▶「チーズバーガー」と「フライドポテト」を並べている。

He speaks English, French **and** Spanish.
(彼は英語とフランス語とスペイン語を話す。)
[3つ以上をつなぐときはコンマを使って, A, B(,) and Cのようにする]

(2) andを使って節と節をつなぐ

- Bob arrived **and** we started the meeting.
  ▶「ボブが到着した」→「打ち合わせを始めた」というつながり。andはand thenという意味で,時間的な順序や結果を表すことができる。

My father sat down **and** read the newspaper. (父は座って新聞を読んだ。)
[andの後の主語が前の節と同じ場合は, andの後の主語は省略できる(⇨p.352)]

(3) 命令文の後にand ... を続けて「そうすれば…」を表す

- Go straight, **and** you will find the theater on your right.
  ▶「まっすぐ行きなさい」→そうすれば→「見つかる」という流れ。

日本語の意味に合うように, ( )に適語を入れなさい。
1) 彼の母親と父親は岡山の出身だ。
   His ( ) ( ) ( ) are from Okayama.
2) 彼はかぎを取り出して,その箱を開けた。
   He took out a key ( ) ( ) the box.
3) 今すぐ出発しなさい。そうすればコンサートに間に合うよ。
   ( ) right now, ( ) you'll be in time for the concert.

使い方は p.2 ▶

2 but / or

TARGET 326

(1) I like dogs **but** my sister doesn't.
(2) Are you free tonight, **or** are you busy?
(3) Take the express train, **or** you will miss the plane.

(1) 私はイヌが好きですが，妹はそうではありません。
(2) 今夜はひまですか，それとも忙しいですか。
(3) 急行列車に乗りなさいよ。そうでないと飛行機に乗り遅れるから。

(1) but を使って対立する内容をつなぐ

● I like dogs **but** my sister doesn't.

▶ my sister doesn't は my sister doesn't like dogs ということ。

I studied hard **but** failed the exam. (私は懸命に勉強したが，試験に落ちた。)

 I'm sorry や Excuse me の後で but を使うことがある。
I'm sorry **but** I have to go. (すみませんが行かなければなりません。)

(2) or を使って選択肢を並べる

● Are you free tonight, **or** are you busy?

▶ 「今夜はひまなのか」それとも「今夜は忙しいのか」と尋ねている。

Can you bring a salad **or** something? (サラダか何かを持ってきてよ。)

[… or something (like that) は「…か何か（そのようなもの［人］）」という意味]

(3) 命令文の後に or … を続けて「そうしないと…」を表す

● Take the express train, **or** you will miss the plane.

▶ 「急行に乗りなさい」→ そうしないと →「飛行機に乗り遅れる」という流れ。

326

日本語の意味に合うように，( ) 内から正しいほうを選びなさい。
1) 私はその知らせは本当だと思っていたが，そうではなかった。
   I thought the news was true, (and / but) it wasn't.
2) 野球とサッカーとでは，どちらが好きですか。
   Which do you like better, baseball (and / or) soccer?
3) コートを着なさい。そうしないとかぜをひくよ。
   Put on a coat, (and / or) you will catch a cold.

Ans. 325-1) mother and father 2) and opened 3) Leave/Start, and
326-1) but 2) or 3) or

UNIT 2 and / but / or (2)

1 both A and B / either A or B / neither A nor B

TARGET 327

(1) Lucy is good at both singing and dancing.
(2) Is either Saturday or Sunday convenient for you?
(3) I locked neither the front door nor the back door.

(1) ルーシーは歌うのも踊るのもうまい。
(2) 土曜日か日曜日のどちらか，ご都合がつきますか。
(3) 私は玄関も裏口もかぎをかけなかった。

(1) both A and Bで「AとBの両方とも」を表す

● Lucy is good at **both** singing **and** dancing.
  ▶「歌うのも踊るのもどちらも」という意味。

Both my brother **and** I went to the camp.
（兄も僕も２人ともそのキャンプに行った。）

(2) either A or Bで「AかBのどちらか」を表す

● Is **either** Saturday **or** Sunday convenient for you?
  ▶「土曜日か日曜日のどちらか」という意味。

You can have **either** a cat **or** a hamster.
（ネコかハムスターのどちらかなら飼ってもいいよ。）

(3) neither A nor Bで「AもBもどちらも～ない」を表す

● I locked **neither** the front door **nor** the back door.
  ▶「玄関も裏口もどちらも～ない」という意味。I didn't lock either the front door or the back door. という否定文で表すことができる。

Neither Makoto's mother **nor** his father set the alarm.
（マコトの母親も父親も目覚ましのセットをしなかった。）
[Makoto's mother didn't set the alarm, **nor** did his father. で表すこともできる]

注意!! both A and Bを主語にする場合は，複数扱いする。
Both you and I <u>are</u> wrong.（君も僕も間違っている。）
either A or Bやneither A nor Bを主語にする場合は，Bに人称や数を合わせるのが正しい用法だが，複数扱いすることもある。
Either you or I <u>am</u> wrong.（君か僕が間違っている。）
Neither you nor I <u>are</u> wrong.（君も僕も間違っていない。）

327　日本語の意味に合うように，( )に適語を入れなさい。
1) ガールフレンドも僕も，どちらもピアノを弾きます。
   (　　) my girlfriend (　　) I play the piano.
2) お皿を洗うか，テーブルをきれいにするかしなさいよ。
   You must (　　) do the dishes (　　) clean the table.
3) 彼の小説は良くも悪くもなかった。
   His novel was (　　) good (　　) bad.

2 not A but B / not only A but (also) B

TARGET 328

(1) It was **not** Jack **but** Bill that saved the child.
(2) He is **not only** an actor **but also** a singer.

(1) その子どもを救助したのは，ジャックではなくてビルだった。
(2) 彼は俳優であるだけではなくて，歌手でもある。

(1) not A but B で「AではなくB」を表す

● It was **not** Jack **but** Bill that saved the child.
   ▶「ジャックではなくビルだ」ということ。It was ~ that ... は強調構文(⇨p.349)。

(2) not only A but (also) B で「AだけでなくBも」を表す

● He is **not only** an actor **but also** a singer.
   ▶「俳優だけでなく歌手も」ということ。also を省略して He is not only an actor but a singer. のようにすることが多い。

Not only do they need food, **but** they need medicine.
（彼らは食料が必要なだけでなく，薬も必要なのだ。）[not only の後は倒置(⇨p.350)]

 not only A but also B が主語のときは，B に人称や数を合わせる。
Not only you but also I <u>am</u> wrong.
（君だけでなく僕も間違っている。）

328　日本語の意味に合うように，( )に適語を入れなさい。
1) クジラは魚ではなく，ほ乳類だ。
   A whale is (　　) a fish (　　) a mammal.
2) 彼は野球だけでなくバスケットも得意だ。
   He is not only good at baseball (　　) (　　) basketball.

 327-1) Both, and 2) either, or 3) neither, nor
328-1) not, but 2) but also

UNIT 3 that / whether / if

1 that

TARGET 329

(1) The problem is **that** nobody knows how to use it.
(2) Do you believe **that** dreams have meaning?

(1) 問題は，だれもその使い方を知らないことです。
(2) あなたは夢に意味があると思いますか。

(1) that 節を補語や主語にする

接続詞のthatは〈主語＋動詞〉を後に続けて「…ということ」という**名詞節**をつくり，**補語**や**主語**として使うことができる。thatがつくる節のことをthat節と呼ぶ。

- The problem is **that** nobody knows how to use it.
  ▶ that節は主語のthe problemが何かを述べる補語。

  It was exciting **that** we won the competition.
  （私たちがその競争に勝ったのは，興奮することだった。）
  [that we won the competitionが主語で，文頭のitは形式主語。
  that節が主語になるときは形式主語を使うのがふつう]

(2) that 節を目的語にする

- Do you believe **that** dreams have meaning?
  ▶ that dreams have meaningがbelieveの目的語になっている。このthatは省略されることが多い (Do you believe dreams …?)。

  I think **it** strange **that** he isn't at home.
  （彼が家にいないのは不思議だと思う。）[thinkの後のitは形式目的語]

名詞の直後にthat節を続けて，その名詞の内容を具体的に説明することもある。

- I heard the news **that** they're going to get married next month.
  （彼らが来月結婚するという知らせを聞いた。）
  [the news that …は「…という知らせ」という意味で，the news = that … という同格の関係。同格のthat節を続ける名詞にはidea, decision, fact, rumorなどがある]

329 日本語の意味に合うように，（　）に適語を入れなさい。
1) 君の問題点は，僕の言うことを聞かないことだよ。
　　The trouble with you (　　) (　　) you don't listen to me.
2) 彼の身に何かよくないことが起こったことを知っています。
　　I (　　) (　　) something bad has happened to him.

形容詞の後に続く that 節 ⇨ p.407, 412

456

2 whether / if

TARGET 330

(1) The question is **whether** she knew the fact or not.
(2) I asked him **if** he could help me move the desk.

(1) 疑問なのは，彼女が事実を知っていたかどうかだ。
(2) 私は彼に，机を動かすのを手伝ってくれるかどうか尋ねた。

(1) whether 節を補語や主語にする

接続詞の whether は「…かどうか」という**名詞節**をつくり，**補語**や**主語**として使うことができる。

- The question is **whether** she knew the fact or not.
  ▶ whether 節は主語の the question について述べる補語。whether ... or not で「…かそうでないのか」(この or not は省略できる)。

Whether you like it or not doesn't matter.
(君がそれを好きかどうかは問題ではない。) [whether 節が主語]

It is unknown **whether** there is life on other planets.
(ほかの惑星に生物がいるかどうかはわからない。) [whether 節が主語で，文頭の it は形式主語]

(2) whether / if 節を目的語にする

whether のように if も「…かどうか」という名詞節をつくり，**目的語**として使う。

- I asked him **if** he could help me move the desk.
  ▶ if 節が動詞 ask の目的語になっている。

I wonder **whether** she is interested in this CD.
(彼女はこの CD に興味があるかなあ。)

I'm not sure **whether** he is still there.
(彼がまだそこにいるかどうかわかりません。)
[whether / if 節は sure や certain の後に続けることができる]

330　日本語の意味に合うように，(　)に適語を入れなさい。

1) 問題は，私たちがスポンサーを見つけられるかどうかです。
　The question (　　) (　　) we can find a sponsor.

2) 彼がそのレースに勝つかどうかわかりません。
　I don't know (　　) he will win the race.

Ans. 329-1) is that 2) know that
330-1) is whether 2) if / whether

UNIT 4 時を表す接続詞

1 when / while

TARGET 331

(1) **When** my mother came back, I was watching TV.
(2) I drank three cups of coffee **while** I was waiting for Meg.

(1) 母が帰ってきたとき，私はテレビを見ていた。
(2) 私はメグを待っている間に，コーヒーを3杯飲んだ。

(1) whenを使って「…のときに」を表す

接続詞のwhenは，**特定の時**を表す副詞節をつくる。

- **When** my mother came back, I was watching TV.
  ▶ when my mother came backは「母が帰ってきたとき」という特定の時を表している。

My mother played volleyball **when** she was a student.
（母は学生のころ，バレーボールをしていた。）

whenは「～してから」という意味で使うこともできる。

When I had finished my homework, I took a bath.
（私は宿題をやり終えてから，おふろに入った。）

(2) whileを使って「…の間に」を表す

接続詞whileは，**特定の期間**を表す副詞節をつくる。

- I drank three cups of coffee **while** I was waiting for Meg.
  ▶ while I was waiting for Megは「メグを待っている間」という特定の期間を表している。

参考 whileの意味を前置詞で表すときはduringを使う（⇨p.433）。
Meg called me **during** the meal.
（食事中にメグが電話をしてきた。）

Q 331

日本語の意味に合うように，（　）に適語を入れなさい。

1) 彼は私を見ると，手を振った。
   (　　) he saw me, he waved his hand.

2) 私たちがトランプをしている間に，母がケーキを作ってくれた。
   My mother made a cake (　　) we were playing cards.

2 as soon as / as

TARGET 332

(1) **As soon as** the bell rang, the dog started barking.
(2) He whistled **as** he cleaned the windows.

(1) ベルが鳴るとすぐに，イヌがほえ始めた。
(2) 窓ガラスをふきながら，彼は口笛を吹いた。

(1) as soon as を使って「…とすぐに」を表す

- **As soon as** the bell rang, the dog started barking.
  ▶「ベルが鳴るとすぐに」を as soon as the bell rang で表している。

We'll start **as soon as** he's ready. （彼の準備が出来次第すぐに出発します。）

(2) as を接続詞として使って時を表す

as を接続詞として使うと，「～しているときに」「～しながら」という意味を表すことができる。

- He whistled **as** he cleaned the windows.
  ▶「窓ガラスをふきながら」を as he cleaned the windows で表している。分詞構文で He whistled cleaning the windows. とすることもできる（⇒p.192）。

as を使って「～するにつれて」という意味を表すこともできる。

As it got darker, it became colder.
（暗くなるにつれて，寒さが増していった。）

> once は「いったん～すると」という意味を表す。
> **Once** you've started, you can't stop.
> （いったん始めてしまったら，やめることはできませんよ。）
> by the time は「～するまでに」という意味を表す。
> **By the time** Kaori came, I was ready to go.
> （カオリが来るまでに，出かける準備はできていた。）

332

日本語の意味に合うように，（　）に適語を入れなさい。
1) 彼女はその知らせを聞くとすぐに，部屋を出て行った。
   She went out of the room （　）（　） as she heard the news.
2) バスに乗ろうとしているときに，ケンを見かけた。
   I saw Ken （　） I was getting on the bus.

 331-1) When 2) while
332-1) as soon 2) as/when

UNIT 5 時や理由を表す接続詞

1 after / before / since / until

TARGET 333

(1) He worked for an NGO **after** he graduated from college.
(2) You should go home **before** it gets dark.
(3) I have lived in this town **since** I was a child.
(4) Please wait here **until** I get back.

(1) 彼は大学を卒業した後に, NGOで仕事をしていた。
(2) 暗くなる前に家に帰るべきですよ。
(3) 私は子どものころからずっとこの町に住んでいる。
(4) 私が戻るまでここで待っていてください。

afterは「…の後」, beforeは「…の前」, sinceは「…以来」（継続の起点）, untilは「…まで」（継続の終点）を表す

- He worked for an NGO **after** he graduated from college.
    ▶「大学を卒業した後に」を after he graduated from college で表している。
- You should go home **before** it gets dark.
    ▶「暗くなる前に」は現在形で before it gets dark とする (⇒p.53)。
- I have lived in this town **since** I was a child.
    ▶「子どものころから（ずっと）」を since I was a child で表している。
- Please wait here **until** I get back.
    ▶「私が戻るまで（ずっと）」を until I get back で表している。till も同じ意味で使う。tillは会話体でuntilを使うことのほうが多い。

 after / before / since / until の前置詞としての使い方は, Section 19 (⇒p.436, 437) で扱う。

333
日本語の意味に合うように,（ ）に適語を入れなさい。
1) 宿題を終えてから, 電話するよ。
  I'll call you (   ) I've finished my homework.
2) 寝る前に歯をみがきなさい。
  Brush your teeth (   ) you go to bed.
3) 私は6歳のときからこの家に住んでいます。
  I have lived in this house (   ) I was six years old.
4) 彼女が話しかけてくるまで, 彼女がだれだかわからなかった。
  I didn't recognize her (   ) she spoke to me.

460

2 because / since

TARGET 334

(1) We didn't go camping **because** the weather was bad.
(2) **Since** he left early, he should have arrived by now.

(1) 天気が悪かったので，私たちはキャンプに行きませんでした。
(2) 彼は早く出かけたのだから，もう到着しているはずだ。

(1) because を使って「…なので」という原因・理由を表す

- We didn't go camping **because** the weather was bad.
  ▶「キャンプに行かなかった」理由を the weather was bad で述べている。

  Because you've done a good job, you'll be praised.
  (君はいい仕事をしたので，ほめられるだろうね。)

(2) since を使って「…なので」という原因・理由を表す

since を使うのは，その理由を相手もわかっているような場合。

- **Since** he left early, he should have arrived by now.
  ▶ 原因・理由を表す since は文頭で使うことが多い。

  Since you have a fever, you should stay home.
  (熱があるんだから，家にいるべきだよ。)
  [you should stay home が伝えたい内容]

 as も原因や理由を表すことができる。
As you were not at home, I went shopping alone.
(あなたが家にいなかったので，1人で買い物に行ったんです。)

so を使うと，「それで…」という意味で文をつなぐことができる。
I was very tired, **so** I went to bed early.
(とても疲れていたので，早く寝ました。)

now that は「今や…だから」という意味の接続詞として使う。
Now that you are twenty, you have the right to vote.
(君は20歳になったから，投票する権利があります。)

334

日本語の意味に合うように，( )に適語を入れなさい。
1) 景色がとてもきれいだったので，私は写真を撮ったんです。
   I took a photo ( ) the view was very beautiful.
2) 君はとても忙しいんだから，だれかに助けてもらうべきだよ。
   ( ) you are very busy, you should ask someone for help.

Ans. 333-1) after 2) before 3) since 4) until/till
334-1) because 2) Since

条件を表す接続詞

if / unless

TARGET 335

(1) **If** you have a student ID, you will get a discount.
(2) You can't do anything **unless** you start.

(1) 学生証を持っていれば，割引を受けられますよ。
(2) 始めなければ，何もできませんよ。

(1) ifを使って「もし…なら」という条件を表す

- **If** you have a student ID, you will get a discount.
  ▶「もし学生証を持っていれば」という条件を表している。

We'll be disappointed **if** you can't come to the party.
（もし君がパーティーに来られないとすると，僕たちはがっかりするよ。）

(2) unlessを使って「もし…でなければ」「…でない限り」という条件を表す

- You can't do anything **unless** you start.
  ▶「何もできない」という内容に，「始めなければ」という条件をつけている。

You will not pass the test **unless** you study hard.
（がんばって勉強しないと，その試験には通らないよ。）

 参考 unlessはif ... notを使って表すことができる場合が多い。
You can't do anything **if** you **don't** start.
ただし，unlessは**例外**を示すので，We'll be disappointed **if** you can't come to the party.という文でunlessは使えない。unless you can come to the partyとすると，「あなたがパーティーに来ることができる場合を除いて」となるため意味が不自然になる。

in caseを使って「もし…なら」という条件を表すこともできる。

In case I'm late, start without me. （もし私が遅れたら，私抜きで始めてね。）
[in caseは「…だといけないから」という意味で使うこともある]

Q 335 日本語の意味に合うように，（　）に適語を入れなさい。
1) 雪が降り始めたら，その山に登るのは延期します。
　　We will put off climbing the mountain (　　　) it starts to snow.
2) 列車が遅れない限り，7時にそこに着きます。
　　I'll be there at seven (　　　) the train is late.

2 as long as / as far as

TARGET 336

(1) I'll lend you my camera **as long as** you use it carefully.
(2) **As far as** I know, he is an honest man.

(1) 気をつけて使ってくれるなら，私のカメラを貸してあげるよ。
(2) 私が知っている限りでは，彼は誠実な男です。

(1) as long as を使って「…の限り」という条件を表す

● I'll lend you my camera **as long as** you use it carefully.

▶「それ(カメラ)を気をつけて使う」という条件を提示して，その限りにおいて「貸してあげるよ」と言っている。only if の意味と考えることができる。

 as long as が「…の間」という期間を表すこともある。
I'll never forget him **as long as** I live.
(私が生きている間は，彼のことは決して忘れない。)

(2) as far as を使って「…の限りでは」という範囲を表す

● **As far as** I know, he is an honest man.

▶「私が知っている」を範囲として設定して，その範囲内で「彼は誠実な男だ」と言っている。

There were no trees around here **as far as** I can remember.
(私が覚えている限りでは，このあたりには木はありませんでした。)

As far as I'm concerned, that's absolutely true.
(私の意見としては，それは間違いなく真実です。)
[as far as I'm concerned は「私の意見としては」「私に関する限り」という意味で，自分の意見を述べるときに使う表現]

 as far as を使って距離を表すこともできる。
He ran **as far as** he could. (彼はできるだけ遠くまで走った。)

336

日本語の意味に合うように，(　)に適語を入れなさい。
1) フラッシュを使わない限り，写真を撮ってもいいですよ。
　You can take photographs (　) (　) (　) you don't use a flash.
2) 私たちが知っている限りでは，彼女は日本で最高齢の女性です。
　(　) (　) (　) we know, she is the oldest woman in Japan.

Ans. 335-1) if 2) unless
336-1) as long as 2) As far as

UNIT 7 その他の接続詞

1 although / even if / while

> **TARGET 337**
>
> (1) **Although** this isn't what I wanted, it's OK.
> (2) **Even if** you go now, you will miss your train.
> (3) My father drinks beer, **while** my mother prefers wine.
>
> (1) これは私がほしかったものではありませんが、まあいいですよ。
> (2) たとえ今すぐ行っても、君の乗る予定の電車には間に合わないだろう。
> (3) 私の父はビールを飲むが、母はワインが好きです。

(1) althoughを使って「…だけれど」という譲歩の意味を表す

- **Although** this isn't what I wanted, it's OK.
  ▶「私のほしかったものではないけれど」と言った後で，it's OKを続けている。thoughを使って，Though this isn't what I wantedとすることもできる。

even thoughを使うと，「…だけれど」という意味を強調することができる。

Even though he was injured, he managed to reach the goal.
（彼はけがをしていたのだが，なんとかゴールにたどり着いた。）
[evenの後にalthoughを続けることはできない]

(2) even ifを使って「たとえ…でも」という意味を表す

even thoughは事実について「…だけれど」と言う表現。「たとえ…でも」という想定や仮定を表すときはeven ifを使う。

- **Even if** you go now, you will miss your train.
  ▶「たとえ今すぐ行っても」という想定を表している。「今すぐ行く」ことをイメージして言っているので現在形を使っている。

I wouldn't tell you **even if** I knew the truth.
（たとえ真実を知っているとしても，あなたには話しません。）
[仮定法過去で現実とは違うことを表している（⇨p.268）]

(3) whileを使って「…の一方で」という意味を表す

あることとあることを比べてその違いを示すときに，whileを使うことができる。

- My father drinks beer, **while** my mother prefers wine.
  ▶「私の父はビールを飲む」と「私の母はワインが好きだ」という対比をwhileで示している。

337　日本語の意味に合うように，（　）に適語を入れなさい。
1）彼は駅まで走ったのだが，その列車に乗れなかった。
　　（　　）he ran to the station, he didn't catch the train.
2）明日雨が降っても，キャンプに行きます。
　　We will go camping, （　　）（　　）it rains tomorrow.
3）トムは数学が得意なのだが，彼の弟はそうではない。
　　（　　）Tom is good at math, his brother isn't.

2 whether A or B

TARGET 338

Whether you agree **or** not, I won't change my mind.
あなたが賛成しようとしまいと，私は考えを変えません。

whether A or Bで「AであろうとBであろうと」という意味を表す

● **Whether** you agree **or** not, I won't change my mind.
　▶「賛成しようと賛成しまいと」という意味を表している。

　I'll buy this skirt **whether** you like it **or** not.
　（私はこのスカートを買うわ。あなたが好きでもそうでなくてもね。）

whether ... or notを，whether or not ... という語順にすることもできる。

Whether or not you feel hungry, you should eat breakfast.
（おなかがすいていてもいなくても，朝食は食べるべきです。）

338　日本語の意味に合うように，（　）に適語を入れなさい。
彼が金持ちであろうとなかろうと，関係ありません。
It doesn't matter （　　）he is rich （　　）not.

　asを使う表現には次のようなものもある。
　　As I told you, I hardly remember it.
　　（お話ししたように，そのことはほとんど覚えていないのです。）
　　I bought **the same** watch **as** yours[you have].
　　（あなたのと同じ腕時計を買いました。）
　　I've never seen **such** a big spider **as** this.
　　（こんなに大きなクモは見たことがありません。）

　337-1) Although/Though　2) even if　3) While
　338) whether, or

EXERCISES

A 日本語の意味に合うように，＿＿に適切な接続詞を入れなさい。

1) あなたはこの計画に賛成ですか，それとも反対ですか。
   Are you for _____ against this plan?
2) ジョンは打者としてはすぐれているが，守備はそれほどうまくない。
   John is a good batter, _____ not a very good fielder.
3) あなたはそのうわさは本当だと思いますか。
   Do you think _____ the rumor is true?
4) メアリーがパーティーに来るかどうか知っていますか。
   Do you know _____ Mary will come to the party?
5) もし明日晴れたら，公園でキャッチボールをしようよ。
   _____ it is fine tomorrow, let's play catch in the park.
6) あなたが一緒に来てくれなければ，私はそこへ行きません。
   _____ you come with me, I won't go there.
7) 好きであろうとなかろうと，私たちはそれをしなければなりません。
   _____ we like it _____ not, we have to do it.

B 日本語の意味に合うように，（ ）内の語を並べかえなさい。

1) 彼はフランス語もスペイン語も両方とも話します。
   He speaks (French / Spanish / both / and).
2) 彼女はフランス人ではなく，スペイン人です。
   She is (French / Spanish / not / but).
3) 問題は，彼らが日本語を話すかどうかです。
   The question is (they / Japanese / speak / whether).
4) お久しぶりですね。
   It's been ages (you / I / since / saw) last.
5) 生きている限り，希望はあります。
   (is / life / while / there), there is hope.
6) あなたは酔っ払っているのだから，車を運転してはいけません。
   (are / since / drunk / you), you must not drive a car.

SECTION 20 接続詞

C 意味が通じるように，左の語句に右の語句を続けなさい。

1) As far as I know,　　　・　　・　a) as soon as he comes.
2) Start at once,　　　　・　　・　b) we can have hope.
3) I'm not sure　　　　　・　　・　c) he is honest and reliable.
4) Let's go on a picnic　　・　　・　d) if I can do it myself.
5) As long as we are living,　・　・　e) or you'll miss the train.

D 日本語の意味に合うように，___に適語を入れなさい。

1) サユリと僕はカラオケを歌ったけれど，マミは歌わなかったよ。
   Sayuri _____ I sang karaoke, _____ Mami didn't.
2) 僕はサッカーだけでなくテニスも好きだ。
   I like _____ _____ soccer _____ _____ tennis.
3) 彼女は菜食主義者なので，肉も魚も食べません。
   She eats _____ meat _____ fish _____ she is a vegetarian.
4) 私の意見としては，それはよい考えではありません。
   _____ _____ _____ I'm concerned, that isn't a good idea.

E 日本語の意味に合うように，___に適語を入れなさい。

1) もっと熱心に勉強すれば，高得点が取れるでしょう。
   a) Study harder, _____ you'll get a high score.
   b) _____ you study harder, you'll get a high score.
2) 交通渋滞のため，私たちは会議に遅刻しました。
   a) We were late for the meeting _____ _____ the heavy traffic.
   b) We were late for the meeting _____ the traffic was heavy.
3) 私が忠告したにもかかわらず，彼はタバコをやめませんでした。
   a) In _____ of my advice, he didn't stop smoking.
   b) _____ I advised him, he didn't stop smoking.
4) 暖かくなければ，私は決して泳ぎに行きません。
   a) I never go swimming _____ it is warm.
   b) I never go swimming _____ it _____ warm.

付録

動詞の活用

① be, have, doの活用

原形	現在形	過去形	過去分詞形	-ing 形
be	I am you are he/she is it is we/you are they are	I was you were he/she was it was we/you were they were	been	being
have	I have you have he/she has it has we/you have they have	had	had	having
do	I do you do he/she does it does we/you do they do	did	done	doing

② 一般動詞の現在形

be, have, do以外の動詞を一般動詞と呼ぶ。一般動詞の現在形は原形と同じ形だが、主語が3人称単数の場合はs/esをつける。

❶ s/esのつけ方

- ふつうは原形の語尾にsをつける。
  come → comes　get → gets　hear → hears　know → knows　like → likes
- s, x, ch, sh,〈子音字＋o〉で終わる動詞にはesをつける。
  miss → misses　mix → mixes　teach → teaches　finish → finishes　go → goes
- 〈子音字＋y〉で終わる動詞はyをiに変えてesをつける。
  cry → cries　study → studies　try → tries

468

❷ s/esの発音

s/esの発音は原形の語尾の音によって決まる。

- [s, ʃ, tʃ, z, ʒ, dʒ] で終わる動詞の場合は [iz] と発音する。
  misses, washes, teaches, rises, judges
- [z, ʒ, dʒ] 以外の有声音で終わる動詞の場合は [z] と発音する。
  goes, plays, knows, sells, reads, gives, runs
- [s, ʃ, tʃ] 以外の無声音で終わる動詞の場合は [s] と発音する。talks, jumps, laughs

> **注意!!** saysは [sez]、doesは [dʌz] と発音する。

> **参考** 無声音は声帯を振動させないで出す音で、[p, t, k, f, s, ʃ, θ] などの子音。有声音は声帯を振動させて出す音で、すべての母音と [b, d, g, v, l, m, n, z, ʒ, ð] などの子音。

❸ 一般動詞のing形

原形の語尾にingをつければよいが、語尾のつづりによっては注意が必要。

- ふつうは原形の語尾にingをつける。
  play → playing　read → reading　start → starting
- 〈子音字＋e〉で終わる動詞はeを除いてingをつける。
  come → coming　give → giving　make → making
- ie [ai] で終わる動詞はieをyに変えてingをつける。
  die → dying　lie → lying　tie → tying
- 〈1母音字＋1子音字〉で終わる動詞は最後の子音字を重ねてingをつける。
  cut → cutting　drop → dropping　get → getting　begin → beginning
  forget → forgetting　occur → occurring

> **注意!!** 〈1母音字＋1子音字〉で終わる動詞で、最終音節にアクセントがないものはそのままingをつける (énter → entering　vísit → visiting)。

> **参考** 音節とは、単語の発音上の区切りのことで、1音節で発音する母音の数は1つ。cutのように単語に発音上の区切りのないものを1音節語と呼び、be-ginのように2つに区切られるものを2音節語と呼ぶ。それぞれの単語がどこで区切られるかは、辞書で確認する。

- cで終わる動詞はkを加えてingをつける。
  panic → panicking　picnic → picnicking

付録

❹ 一般動詞の過去形・過去分詞形

一般動詞には原形の語尾にedをつけて過去形と過去分詞形をつくる規則動詞と，不規則な活用をする不規則動詞とがある。

❶ 規則動詞の変化

- 規則動詞の多くは原形の語尾にedをつけて過去形と過去分詞形をつくる。
  listen - listened - listened　talk - talked - talked　need - needed - needed
- eで終わる動詞は語尾にdだけをつける。
  hope - hoped - hoped　live - lived - lived　use - used - used
- 〈子音字＋y〉で終わる動詞はyをiに変えてedをつける。
  carry - carried - carried　cry - cried - cried　study - studied - studied

  注意!! 〈母音字＋y〉で終わる動詞はそのままedをつける。
  enjoy - enjoyed - enjoyed　play - played - played

- 〈1母音字＋1子音字〉で終わる動詞は最後の子音字を重ねてedをつける。
  beg - begged - begged　stop - stopped - stopped
  compel - compelled - compelled　regret - regretted - regretted

  注意!! 〈2母音字＋1子音字〉で終わる1音節の動詞はそのままedをつける。
  look - looked - looked　pour - poured - poured

  注意!! 〈1母音字＋1子音字〉で終わる動詞でも，最終音節にアクセントがないものはそのままedをつける。
  óffer - offered - offered　vísit - visited - visited

- 原形の語尾が-cで終わる動詞はkを加えてedをつける。
  panic - panicked - panicked　picnic - picnicked - picnicked

❷ edの発音

edの発音は原形の語尾の発音に応じて決まる。

- [t], [d] で終わるものは [id] と発音する。
  started, visited, ended, needed
- [t] 以外の無声音で終わるものは [t] と発音する。
  asked, liked, passed, pushed, stopped, watched
- [d] 以外の有声音で終わるものは [d] と発音する。
  called, listened, loved, named, played, studied

APPENDIX

❸ 不規則動詞の活用

come - came - come などのように，活用が不規則な不規則動詞は，よく使われる重要なものが多い。以下のリストを利用してそれぞれの活用をきちんと覚えておこう。

- A - A - A型
  cost - cost - cost　cut - cut - cut　hit - hit - hit　hurt - hurt - hurt
  let - let - let　put - put - put　set - set - set　shut - shut - shut

  注意!! readは発音に注意する。read [riːd] - read [red] - read [red]

- A - B - B型
  bring - brought - brought　build - built - built　buy - bought - bought
  keep - kept - kept　make - made - made　pay - paid - paid
  sell - sold - sold　send - sent - sent　teach - taught - taught
  tell - told - told　win - won - won

  注意!! mean, say, hearは発音に注意する。
  mean [miːn] - meant [ment] - meant [ment]
  say [sei] - said [sed] - said [sed]
  hear [hiər] - heard [həːrd] - heard [həːrd]

- A - B - A型
  become - became - become　come - came - come　run - ran - run

- A - B - C型
  blow - blew - blown　eat - ate - eaten　give - gave - given
  grow - grew - grown　see - saw - seen　speak - spoke - spoken
  take - took - taken　throw - threw - thrown　write - wrote - written

- A - A - B型
  beat - beat - beaten（過去分詞がbeatの場合もある）

❹ 活用に注意すべき動詞

- rise（上がる［自動詞］），raise（上げる［他動詞］）
  rise [raiz] - rose [rouz] - risen [rizn]　raise [reiz] - raised - raised
- lie（横になる［自動詞］），lay（横たえる［他動詞］）
  lie [lai] - lay [lei] - lain [lein]　lay [lei] - laid [leid] - laid [leid]

  注意!! lie（うそをつく）の活用は lie - lied - lied。

471

付録

数詞

❶ 基数と序数

one, two, three ... を基数と呼び，first, second, third ... を序数と呼ぶ。第1，第2，第3のように，順番を表すときには序数を使う。

	基　数	序　数	
1	one	first	(1st)
2	two	second	(2nd)
3	three	third	(3rd)
4	four	fourth	(4th)
5	five	fifth	(5th)
6	six	sixth	(6th)
7	seven	seventh	(7th)
8	eight	eighth	(8th)
9	nine	ninth	(9th)
10	ten	tenth	(10th)
11	eleven	eleventh	(11th)
12	twelve	twelfth	(12th)
13	thirteen	thirteenth	(13th)
14	fourteen	fourteenth	(14th)
15	fifteen	fifteenth	(15th)
16	sixteen	sixteenth	(16th)
17	seventeen	seventeenth	(17th)
18	eighteen	eighteenth	(18th)
19	nineteen	nineteenth	(19th)
20	twenty	twentieth	(20th)
21	twenty-one	twenty-first	(21st)
22	twenty-two	twenty-second	(22nd)
30	thirty	thirtieth	(30th)
40	forty	fortieth	(40th)
50	fifty	fiftieth	(50th)
100	one hundred	one hundredth	(100th)
101	one hundred and one	one hundred and first	(101st)
1000	one thousand	one thousandth	(1000th)

 fifth などはつづりに注意する語。
序数には the をつけるのがふつう。

APPENDIX

❷ さまざまな数の表し方

① 数の読み方

1,000以上の数は，3ケタずつの単位で読む。

<pre>
1,   2 3 4,   5 6 7,   8 9 0,   1 2 3
| | | |
trillion（兆） billion（十億） million（百万） thousand（千）
</pre>

5,567 → five thousand five hundred (and) sixty-seven

143,650 → one hundred forty-three thousand, six hundred (and) fifty

> **注意!!** hundred, thousandには複数のsはつけない。

② 小数の読み方

小数は，小数点をpointと読み，小数点以下は数字をひとつずつ読む。
0はzero，またはohと読む。

4.56 → four point five six

0.45 → zero point four five

③ 分数の読み方

分数は，分子を先に基数で読み，続けて分母を序数で読む。分子が2以上の場合には分母を複数にする。

ただし，$\frac{1}{2}$はa/one half, $\frac{1}{4}$はa/one quarterと読むことに注意。

$\frac{1}{5}$ → a/one fifth

$\frac{2}{5}$ → two fifths

$\frac{3}{4}$ → three quarters

$2\frac{3}{7}$ → two and three sevenths

数字が大きい分数の場合はoverを用いて，$\frac{b}{a}$ → b over aと読むことがある。

$\frac{25}{58}$ → twenty five over fifty eight

④ 数式の読み方

3 + 5 = 8 → Three plus five equal(s) eight.
　　　　　→ Three and five is/are/make(s) eight.

9 − 7 = 2 → Nine minus seven equal(s) two.
　　　　　→ Seven from nine is/are/leave(s) two.

473

付　録

　　　6 × 4 = 24 → Six (multiplied) by four equal(s) twenty-four.
　　　　　　　　→ Six times four is/are/make(s) twenty-four.
　　　8 ÷ 2 = 4　→ Eight divided by two equal(s) four.
　　　　　　　　→ Two into eight is/are/go(es) four.

⑤ 年号の読み方
　　794　→ seven (hundred and) ninety-four
　　1985 → nineteen eighty-five
　　2000 → (the year) two thousand
　　2006 → two thousand and six

⑥ 日付の読み方
　　アメリカとイギリスでは読み方が違う。
　　　●アメリカ英語 → April 30 (April thirtieth / thirty)
　　　●イギリス英語 → 30(th) April (the thirtieth of April)

⑦ 時刻の読み方
　　8時10分 → ten (minutes) past eight ／ ten (minutes) after eight
　　6時15分 → a quarter past six ／ a quarter after six
　　7時50分 → ten (minutes) before eight ／ ten (minutes) to eight
　　ただし，会話体ではpastやbeforeを用いず，時・分の順で言うのがふつう。
　　8時30分 → eight thirty

⑧ 電話番号の読み方
　　電話番号は，並んでいる数字をそのままひとつずつ読んでいけばよい。
　　523-7068 → five two three, seven zero/oh six eight
　　2つ同じ数字が並んだときは，doubleを使うことがある。
　　224-0075 → double two four, double zero/oh seven five

⑨ 金額
　　$2.20 → two dollars (and) twenty (cents)
　　£5.30 → five pounds, thirty (pence)
　　￥500 → five hundred yen

⑩ 温度
　　28℃（セ氏）→ twenty-eight degrees centigrade [Celsius]
　　92°F（カ氏）→ ninety-two degrees Fahrenheit

 centigrade [séntəgrèid], Celsius [sélsiəs], Fahrenheit [fǽrənhàit]

❸ 数詞を使った表現

① ばくぜんとした多数を指す

hundreds of（何百もの），thousands of（何千もの），tens of thousands of（何万もの）[hundredsのようにsがつくことに注意]

Every year, **tens of thousands of** people visit the beautiful lake.
（毎年，何万という人たちがその美しい湖を訪れる。）

② in one's twenties（20代に）のような表現

She is an intelligent woman **in her mid-thirties**.
（彼女は30代なかばの知的な女性だ。）
[in one's early forties（40代前半に），in one's late fifties（50代後半に）]

> **注意!!** teens は「10代」と訳すことが多いが，正確には13歳〜19歳（teenがつく）を指す。

③ in the nineteen twenties（1920年代に）のような表現

The building was built **in the nineteen sixties/1960s / 1960's**.
（その建物は1960年代に建てられた。）

④ a seven-year-old boy（7歳の少年）のような表現

数詞とほかの語をハイフンでつなぎ，形容詞のように使うことが多い。

a **300-page** book（300ページの本）
a **50-meter-high** tower（高さ50メートルの塔）

> **注意!!** year，page，meter などが単数形になることに注意。

⑤ 〈数詞＋複数名詞〉

期間や距離，金額などを〈数詞＋複数名詞〉で表し，それをひとまとまりのものとして考えるときには単数扱いとなる。

Five minutes **is** enough to answer the question.
（その問題に答えるには5分あれば十分だ。）

 Five minutes **have** passed since the exam started.
（試験が始まってから5分たった。）
[ひとまとまりとして考えず，1分ごとの経過に焦点を当てている]

付録

国名

国名	形容詞	国民(全体)	個人
America	American	the Americans	an American
Australia	Australian	the Australians	an Australian
Egypt	Egyptian	the Egyptians	an Egyptian
Germany	German	the Germans	a German
China	Chinese	the Chinese	a Chinese
Japan	Japanese	the Japanese	a Japanese
Switzerland	Swiss	the Swiss	a Swiss
Britain	British	the British	a Briton
England	English	the English	an Englishman / an Englishwoman
France	French	the French	a Frenchman / a Frenchwoman
Spain	Spanish	the Spanish	a Spaniard
Pakistan	Pakistani	the Pakistani(s)	a Pakistani
Thailand	Thai	the Thai(s)	a Thai

注意!! アメリカ合衆国はthe United States of America, イギリスはthe United Kingdomが正式名称で, それぞれthe U.S.A., the U.K. と略す。なお, Englandは正しくは「イングランド(大ブリテン島からスコットランドとウェールズを除いた地方)」を指す。

APPENDIX

英文中で使われるおもな記号と表記法

① コンマ (,)

- 節と節の区切りをはっきりさせるために用いる。
  Even if you fail, you can start all over again.
  (たとえ失敗しても、また最初からやり直せるよ。)

- 語句を3つ以上並べるときに、〈A, B(,) and C〉の形で用いる。
  I'll have a fish burger, French fries(,) and a vanilla shake.
  (フィッシュバーガー、フライドポテト、それからバニラシェイクをください。)

- 同格 (⇨ p.510) を表すときに用いる。
  I'd like you to meet Garry Olivan, an exchange student from the Philippines.
  (フィリピンからの交換留学生、ガリー・オリバンを紹介したいのですが。)
  [orを使って語句の言い換えをすることもある]

- 挿入を表すときに用いる。
  Solar energy is, I think, an energy that is friendly to the earth.
  (太陽エネルギーは、私は思うのだが、地球にやさしいエネルギーだ。)
  [I thinkのほか、I hope (願わくば)、I'm afraid (残念ながら) などがよく挿入される]

② コロン (:)

- 直前の語句を言い換えたり、具体的に説明したりするときに用いる。
  An English essay is usually made up of three parts: an introduction, a body and a conclusion.
  (英語のエッセーは、通常3つの部分で構成されている。導入、本文、そして結論だ。)

③ セミコロン (;)

- 2つの文を、接続詞を使わないでつなぐときに用いる。
  Ann's favorite subjects are math and physics; Mary is good at English.
  (アンの大好きな教科は数学と物理で、メアリーは英語が得意だ。)

④ ダッシュ (—)

- 直前の語句を言い換えたり、具体的に説明したりするときに用いる。
  There are four people in my family — my mother and father, my brother and me. (うちは4人家族です。父母と兄と私です。)

⑤ イタリック (斜体字)

- 外来語や書名などに対して用いる。
  We paraded through the town carrying a *mikoshi*.
  (私たちは、「みこし」をかついで町をねり歩いた。)

EXERCISES
解答・問題文訳

SECTION 1 pp. 38-39

【解答】
A 1) game started
2) He made sandwiches
3) book looked interesting
4) gave him a CD
5) makes me happy
B ① show ② went
③ was ④ found
⑤ enjoyed
C 1) got 2) made
3) for 4) to
5) at
D 1) sent him 2) Did, for
3) he doesn't 4) Is, he, is
5) When did 6) Where were
E 1) are 2) have
3) Clean your 4) Don't be
5) We, because 6) but they
7) After I

【問題文訳】
B
　写真を見せるね。この前の夏, 沖縄に行ったんだ。ダイビングはとてもおもしろかった。とてもわくわくするものだってわかったんだ。旅行はとっても楽しかったよ。
D
1)「彼に何を送ったの?」「彼にハガキを送りました。」
2)「君のお父さんがこの本を君に買ってくれたの?」「そうです。」
3)「君の弟はバスで通学してるの?」「いいえ, 違います。」
4)「あなたのお父さんは教師ですか。」「いいえ, 違います。医者です。」
5)「彼女のところをいつ訪れましたか。」「月曜日に彼女のところを訪れました。」
6)「昨夜あなたはどこにいましたか。」「おじさんの家にいました。」

SECTION 2 pp. 58-59

【解答】
A 1) knows
2) was
3) are working
4) are going to help
5) comes
6) will be enjoying
B 1) am eating/having
2) ate/had
3) was eating/having, came
4) will eat/have, is
C 1) cooks
2) is cooking
3) cooked
4) was cooking
5) going to cook
6) will cook
D 1) I'm reading
2) went, studied
3) will, is
E 1) are going to the concert
2) go home before it gets dark
3) is always playing video games
4) old will you be
5) will be leaving the hospital

【問題文訳】
C
1) 彼女は料理が好きです。彼女は毎日, 料理をします。
2) 彼女は今, 台所で料理をしています。
3) 彼はきのう, 夕食を作りました。
4) きのう私が訪ねたとき, 彼は料理をしていました。
5) あなたは今夜, 夕食を作るつもりですか。
6) 私は明日, 夕食を作ります。
D
1) A: あなたは何をしていますか。
　　B: 私はマンガの本を読んでいます。

478

EXERCISES 解答・問題文訳

2) A: あなたはきのう，何をしましたか。
   B: 私は図書館に行って，英語の勉強をしました。
3) A: あなたは明日何をするつもりですか。
   B: そうですね。もし晴れたら海に行きます。

SECTION 3   pp. 74-75

【解答】
A 1) We have lived
  2) have never seen
  3) Has he cleaned
  4) has been writing
B ① seen   ② saw
  ③ seen   ④ see
C 1) have known 2) been
  3) playing   4) had studied
  5) had left   6) will have been
D 1) has been
  2) lost, haven't
  3) has been reading
  4) had, eaten/had
  5) had been working
  6) come, will have finished
E 1) has gone
  2) has been, for
  3) has not written, yet
  4) How long have, been
  5) will have dried

【問題文訳】
B
ケン：もうその映画観た？
リカ：いいえ，まだよ。
ケン：僕は先週観たよ。
リカ：どうだった？
ケン：わくわくしたよ！ 僕はこれまであんなにすばらしい映画を観たことがないな。
リカ：ほんと？ じゃあ私，明日その映画を観るわ。
E
1) ジョンはカナダに行って，今ここにいません。
   ジョンはカナダに行ってしまった。
2) 2時間前に雪が降り始めて，まだ降っている。
   2時間雪が降っている。

3) 私の姉〔妹〕はもうレポートを書いてしまった。
   私の姉〔妹〕はまだレポートを書いていません。
4) 彼らは結婚して10年になる。
   彼らは結婚してどのくらいになりますか。
5) 服はまもなく乾くでしょう。
   明日の朝までには服は乾くでしょう。

SECTION 4   pp. 106-107

【解答】
A 1) Can you play
  2) don't have/need to
  3) Shall I
  4) were not able to
  5) cannot/can't have done
B 1) May   2) must, can't
  3) would   4) Shall
  5) used to
C 1) can, cannot/can't
  2) must, must/should not
  3) won't, may/might
  4) had to
  5) will be able to
  6) must have been
D 1) May/Can
  2) may/must
  3) Shall
  4) Will/Would/Can/Could
E 1) Did, have   2) May/Can, can't
  3) should have 4) may not
  5) had better

【問題文訳】
A
1) あなたはギターが弾けます。
   あなたはギターが弾けますか。
2) あなたは会議に出席しなければいけません。
   あなたは会議に出席しなくてもかまいません。
3) この箱を開けてくれませんか。
   私がこの箱を開けましょうか。
4) 私たちはその試合に勝つことができませんでした。
5) デイビスがそれを自分でやったなんて信じられない。

479

EXERCISES 解答・問題文訳

デイビスがそれを自分でやったはずがない。
D
1)「お手伝いいたしましょうか。」「ええ，お願いします。」
2)「ここでたばこを吸ってはいけません。」「わかりました。」
3)「スーツケースを運びましょうか。」「あら，ありがとう。」
4)「僕たちの写真を撮ってもらえませんか。」「いいですとも。」

SECTION pp. 126-127

【解答】
A 1) temple was built
  2) was named Momotaro
  3) has been elected
  4) is being cleaned
  5) must be finished
  6) was laughed at
B 1) is liked
  2) were sent to
  3) was bought for
  4) is called
  5) can be seen
  6) was spoken to
C 1) made   2) taken
  3) spoken 4) built
  5) held   6) invented
D 1) is being fixed
  2) were, to
     was given some flowers
  3) will be eaten up
E 1) was not taken
  2) was asked, by
  3) What is, called
  4) will be
  5) Who was, written

【問題文訳】
B
1) a) 彼のファンはその歌が好きです。
   b) その歌は彼のファンに好かれています。
2) a) ジョンは私に何冊かの英語の雑誌を送ってくれました。
   b) 何冊かの英語の雑誌が私にジョンから送られてきました。
3) a) 彼女のお母さんは彼女にそのきれいな服を買ってあげました。
   b) そのきれいな服は彼女にお母さんが買いました。
4) a) 彼らは彼女をマコと呼びます。
   b) 彼女はマコと呼ばれています。
5) a) 私たちはここでたくさんの星を見ることができます。
   b) ここではたくさんの星が見られます。
6) a) 外国人が駅で，私に話しかけてきました。
   b) 私は駅で，外国人に話しかけられました。
C
1)「この靴は中国で作られましたか。」「はい，そうです。」
2)「だれが病院に運ばれましたか。」「タクシー運転手です。」
3)「オーストラリアでは何語が話されていますか。」「英語です。」
4)「あの塔はいつ造られましたか。」「3年前です。」
5)「そのコンサートはどこで開かれましたか。」「東京ドームです。」
6)「電話はだれによって発明されましたか。」「ベルです。」
D
1) マリは今，私の車を修理しています。
   私の車は今，マリに修理されています。
2) 花がロミオからジュリエットに与えられました。
   ジュリエットはロミオから花をもらいました。
3) ツヨシは食べ物をすべて平らげるでしょう。
   食べ物はすべてツヨシに平らげられるでしょう。

SECTION pp. 156-157

【解答】
A ① to take   ② to prepare
  ③ to return ④ practice
  ⑤ to be   ⑥ to do
  ⑦ to win
B 1) to do

480

EXERCISES 解答・問題文訳

  2) to study
  3) to live
  4) you to help
  5) us not to be
  6) how to use
C 1) want to watch
  2) time to go
  3) to see the play
  4) surprised to see
  5) very easy to talk to
  6) it difficult to solve
D 1) to meet
  2) tired to walk
  3) for, to see
  4) of, to lend
  5) to be elected
  6) to have won
E 1) Let me
  2) enough to say
  3) her to go
  4) only to be
  5) to have lost

【問題文訳】
A
　今週は受けなければならないテストが2つあるんだ。でも，たぶんその準備をする時間は十分にはなさそうだ。水曜日には，本を返すために図書館に行かなくちゃ。週の後半は，放課後に野球をしなければならない。コーチは僕たちに厳しい練習をさせるだろうな。コーチはいつも僕たちに怠けないようにって言うんだ。僕たちにとっては，全力をつくすことが大切なんだよね。土曜日の試合には勝ちたいなあ。

D
1) 私はパーティーで彼に会ってうれしかった。
2) a) 私はとても疲れているので，これ以上歩けません。
　 b) 私はあまりにも疲れていて，これ以上歩けません。
3) あなたは医者に診てもらう必要があります。
4) 彼は親切にも私に自分の自転車を貸してくれました。
5) ジョンはきっと議長に選ばれるでしょう。
6) ジェニファーが優勝したようです。

SECTION 7   pp. 176-177

【解答】
A 1) Eating
  2) talking
  3) writing
  4) meeting
  5) drawing
  6) seeing
B 1) c)   2) d)
  3) b)   4) e)
  5) a)
C 1) cleaning
  2) to become
  3) swimming
  4) to call
  5) for inviting
D 1) of his having helped
  2) don't like them using
  3) you mind my opening
  4) I'm used to cooking
E 1) about going
  2) like giving
  3) no telling
  4) worth reading
  5) Joe/Joe's not passing
  6) having told

【問題文訳】
B
1) テレビゲームをするのはとても楽しい。
2) 私のおじの仕事は大学で数学を教えることです。
3) 彼はひと言も言わないで出て行きました。
4) その少女は，その人形をなくすことを恐れていました。
5) その少年は父親が勇敢であることを誇りに思っています。

E
1) ドライブに行こうよ。
2) パーティーをする気分じゃない。
3) 明日何が起こるかはわからない。
4) この本は2度以上読む価値がある。
5) 私はジョーが試験に受からなかったことに驚いた。

481

EXERCISES 解答・問題文訳

6) 君にそんなうそを言ったことを恥ずかしく思います。

SECTION 8　pp. 200-201

【解答】
A 1) flying
　2) used
　3) made in Germany
　4) standing by the window
　5) using the computer
　6) spoken in this country
B 1) a) excited　　b) exciting
　2) a) surprising　b) surprised
　3) a) bored　　　b) boring
　4) a) interesting　b) interested
C 1) called　　　2) walking
　3) locked　　　4) listening
　5) Being　　　 6) Seen
D 1) We sat talking
　2) heard her playing
　3) kept you waiting
　4) Speaking of sports
　5) had my hat blown off while
　6) Having watched the weather report on
E 1) the letter written in
　2) the girl dancing with
　3) Having, to do
　4) with her eyes closed
　5) Never having met

【問題文訳】
A
1) あの飛んでいる鳥が見えますか。
2) 彼女は中古のカメラを持っています。
3) 彼はドイツ製の車を買いました。
4) 窓のそばに立っているあの背の高い男の子を見てごらん。
5) そのコンピュータを使っている少年は私の兄〔弟〕です。
6) この国で話されている言語はスペイン語です。

B
1) a) 私はその試合を観てとても興奮しました。
　b) 私はとてもわくわくする試合を観ました。
2) a) 結果は彼女にとって驚くべきものでした。
　b) 彼女はその結果に驚きました。
3) a) 彼はそのテレビドラマに退屈しました。
　b) そのテレビドラマは彼にとっては退屈でした。
4) a) 歴史は私にはとても興味深い教科です。
　b) 私は歴史にとても興味があります。

SECTION 9　pp. 230-231

【解答】
A 1) which　　　2) which
　3) whom　　　4) what
　5) why　　　　6) who
B 1) who plays the flute
　2) which we climbed
　3) when the movie begins
　4) where they had dinner
　5) that he appeared in
C 1) which/that I like
　2) whom/who/that she invited
　3) who/that can speak English
　4) whose name is Naoto
　5) when we met
　6) where they stayed
D 1) what　　　2) that
　3) how　　　4) which/that
　5) where　　6) which
　7) whoever
E 1) whose eyes
　2) which/that I wear
　3) which/that, wrote
　4) when school begins
　5) why you don't eat
　6) who/whom/that I met

【問題文訳】
A
1) 9時に出発する電車に乗ったほうがいいよ。
2) 私は安いコンピュータを買ったが，それは2日で動かなくなりました。
3) 彼女が，君がプレゼントをあげた女の子なの？
4) 彼は私がほしかったものをくれたわ。

EXERCISES 解答・問題文訳

5) 彼が学校を休んでいる理由を知っていますか。
6) ユカは，高校生ですが，留学することに決めました。

C
1) 私が好きな花はチューリップです。
2) 彼女が招待した男性を知っていますか。
3) 私たちは英語を話せる人を必要としています。
4) 名前がナオトという少年がドアのところで待っています。
5) 私たちが会った日は８月２日でした。
6) 私は彼らが泊まったホテルの名前を知っています。

E
1) 私の娘は青い目の人形を持っています。
2) a) 私はバイクに乗るときはこの手袋をします。
   b) これは私がバイクに乗るときにする手袋です。
3) 私は村上春樹が書いた小説を読んでいます。
4) a) 日本では，学校は４月に始まります。
   b) 日本で学校が始まる月は４月です。
5) a) 君は肉を食べないね。理由を教えてよ。
   b) 君が肉を食べない理由を教えてよ。
6) a) 私は公園で少年に会った。その子はトムの弟〔兄〕だった。
   b) 私が公園で会った少年はトムの弟〔兄〕だった。

SECTION 10　　pp. 260-261

【解答】
A
1) as tall as
2) cannot/can't, as/so, as
3) harder than
4) the best of
5) the most popular

B
1) Jill is
2) Alice is.
3) tall as
4) the second
5) earliest of

6) Yes, she did

C
1) twice as large as
2) as slowly as possible
3) all the better for
4) the second fastest
5) by far the most
6) one of the richest countries

D
1) not as/so, as
2) half as, as
3) not so much
4) The more, the better
5) No fewer than

E
1) the best of
2) better/more than any other
3) No other, as, as
4) No other, more exciting
5) the most exciting, ever

【問題文訳】
B
アリス：私は16歳です。身長は170センチです。今朝は６時に起きました。
スーザン：私は17歳です。身長は160センチです。今朝は５時半に起きました。
ジル：私は17歳です。身長は165センチです。今朝は11時に起きました。
1)「ジルとアリスでは，どちらが年上ですか。」「ジルです。」
2)「だれが一番年下ですか。」「アリスです。」
3)「スーザンはジルと同じくらいの背の高さですか。」「いいえ，違います。」
4)「３人の中で，２番目に背が高いのはだれですか。」「ジルです。」
5)「３人の中で，一番早起きしたのはだれですか。」「スーザンです。」
6)「アリスはジルよりも早く起きましたか。」「ええ，そうでした。」

D
1) a) この車はあの車よりも値段が高い。
   b) あの車はこの車ほど値段が高くない。
2) a) この家は私の家の倍の広さだ。
   b) 私の家はこの家の半分の広さだ。
3) ウィリアムズ氏は教師というよりも学者だ。
4) a) 彼のことをより多く知るにつれて，彼のことをもっと好きになった。

483

EXERCISES 解答・問題文訳

b) 彼のことを知れば知るほど, ますます彼のことを好きになった。
5) 50人もの新入生が野球部に入った。

SECTION pp. 282-283

【解答】
A 1) had, could
　2) were, would
　3) had, have got
　4) were
　5) had lost
B 1) had, could complete
　2) had had, have completed
　3) he could come
　4) he could have come
　5) were not, would fail
　6) had not been, have
C 1) weren't/wasn't, could play
　2) had arrived, could have got/gotten
　3) Without, have changed
　4) had had/eaten, wouldn't be
D 1) I could drive
　2) Had he not been, would have called
　3) If only I knew
　4) about time the game started
　5) With a little more care, would not have made
E 1) should
　2) were to
　3) could, would
　4) Had, known, could have
　5) as if, were/was

【問題文訳】
C
1) a) 僕は病気なので, 友だちと野球をすることができません。
　b) もし病気でなければ, 僕は友だちと野球ができるのに。
2) a) 君は少し遅れて着いたので, チケットを買うことができなかった。
　b) もう少し早く着いていたら, 君はチケットを買うことができたのに。
3) a) あなたの助けのおかげで, なんとかあのタイヤを交換することができました。
　b) あなたの助けがなかったら, 私はあのタイヤを交換することができなかったでしょう。
4) a) 今朝, 朝食を食べなかったので, 今おなかがすいています。
　b) 朝食を食べていたら, 今おなかはすいていないでしょう。

SECTION pp. 298-299

【解答】
A 1) a) isn't
　　b) doesn't speak
　　c) can't/cannot play
　2) a) not
　　b) didn't go
　　c) haven't had
B 1) never
　2) hardly
　3) rarely/seldom
　4) yet
C 1) are not always economical
　2) cannot thank you too
　3) us never to tell
　4) didn't wake up until
　5) is not uncommon for
D 1) will never be
　2) didn't make any
　3) don't like all
　4) Not every
　5) don't, rain
　6) be, last
E 1) fails to　　2) far
　3) free　　　4) not, long
　5) had hardly

【問題文訳】
A
1) a) フレッドはオーストラリアの出身です。
　b) フレッドは英語を話します。
　c) フレッドはギターがひけます。
2) a) 私はフランス人です。

EXERCISES 解答・問題文訳

b) 私はコンサートに行きました。
c) 私はもう朝食を食べました。

E
1) a) トーマスは毎週日曜日に来ます。
   b) トーマスが日曜日に来なかったことはありません。
2) a) そのミュージカルはまったく成功しませんでした。
   b) そのミュージカルは成功からはほど遠かった。
3) この地域はまったく大気汚染がありません。
4) あなたの夢はまもなく実現するでしょう。
5) 私が家に帰るとすぐに，電話が鳴った。

SECTION pp. 318-319

【解答】

A 1) Are you 2) Does she go
   3) Who 4) Whose
   5) Which 6) How
B ① When ② Who/Whom
   ③ Where ④ What
   ⑤ Why ⑥ How long
C 1) No 2) did
   3) isn't 4) can't
   5) have 6) How
   7) What
D 1) where she lives
   2) who wrote this poem
   3) why Alan went home
   4) how old he is
E 1) What kind of work
   2) How soon can I
   3) Do you know what this is
   4) What do you think this is
   5) What an interesting idea
   6) How come they know

【問題文訳】

A
1) A: あなたはこの学校の生徒ですか。
   B: はい，そうです。
2) A: 彼女はバスで通学しますか。
   B: いいえ。彼女は徒歩で通学します。
3) A: この写真はだれが撮りましたか。
   B: 私の父です。
4) A: これはだれのカメラですか。
   B: 私のです。
5) A: 魚と肉とどちらが好きですか。
   B: 魚です。
6) A: 昨夜のコンサートはどうでしたか。
   B: すばらしかったです。

B
ヒデト：いつ京都に行きましたか。
ロブ：先週です。
ヒデト：だれと一緒に旅行しましたか。
ロブ：ケビンとアンです。
ヒデト：京都ではどこに泊まりましたか。
ロブ：みどり旅館です。
ヒデト：京都で何をしましたか。
ロブ：僕たちはそこで10以上のお寺を訪ねました。
ヒデト：どうしてそんなにたくさんのお寺を訪ねたのですか。
ロブ：僕たちは日本建築に興味を持っているからです。
ヒデト：どのくらいの間，京都に滞在したのですか。
ロブ：3日間です。

C
1) 「疲れていないの？」「ええ，疲れていません。」
2) メアリーは明かりを消さなかったんでしょ。
3) このカバンはあなたのですよね。
4) あなたのお兄さん〔弟さん〕はスペイン語を話すことができるんですよね。
5) あなたはまだお昼を食べていないんでしょ。
6) あなたのドレスはなんてきれいなんでしょう。
7) 彼はなんてすばらしいテニス選手なんでしょう。

D
1) a) 彼女はどこに住んでいますか。
   b) 彼女がどこに住んでいるか知っていますか。
2) a) この詩はだれが書いたのですか。
   b) この詩はだれが書いたのか，私は知りません。
3) a) なぜアランは家に帰ったのですか。
   b) なぜアランが家に帰ったか，教えてくれ

485

EXERCISES 解答・問題文訳

るかな。
4) a) 彼は何歳ですか。
   b) 彼は何歳かしら。

SECTION 14　pp. 332-333

【解答】

A 1) was　　　2) loved
  3) had to　　4) had done
  5) hadn't said

B 1) would　　2) not to
  3) if　　　　4) had solved
  5) what

C 1) that she had
  2) knew, had been
  3) told, he had cleaned his
  4) asked, where she lived
  5) told, to join them

D 1) told, she didn't
  2) asked, if/whether I liked
  3) told, she was, then
  4) I'll, here, comes
  5) told, how beautiful our, was
  6) Let's

E 1) when she had bought
  2) me what I wanted
  3) that Ken had married
  4) the girl why she was crying
  5) thought Jimmy would be

【問題文訳】

A
1) ジムは親切だと私は思う。
   ジムは親切だと私は思った。
2) ナンシーがジムを愛していることを私は知っている。
   ナンシーがジムを愛していることを私は知っていた。
3) 君は会議に出なければならないと思うよ。
   君は会議に出なければならないと思った。
4) 君がベストを尽くしたことを私は知っている。
   君がベストを尽くしたことを私は知っていた。
5) マイクがそんなばかなことを言ってはいないと私は信じている。
   マイクがそんなばかなことを言ってはいな

いと私は信じていた。

D
1) a) 彼女は私に、「私はチョコレートが好きではありません」と言いました。
   b) 彼女は私にチョコレートは好きではないと言いました。
2) a) 彼女は私に、「あなたはチョコレートが好きですか」と言いました。
   b) 彼女は私にチョコレートが好きかと尋ねました。
3) a) 彼女は私に、「今ケーキを作っているの」と言いました。
   b) 彼女は私にその時ケーキを作っていたと言いました。
4) a) ケンは私にメアリーが来るまでそこで待つつもりだと言いました。
   b) ケンは私に、「メアリーが来るまでここで待つよ」と言いました。
5) a) 彼は私たちに、「あなたたちの家はなんて美しいんだ!」と言いました。
   b) 彼は私たちに、私たちの家はなんて美しいんだと言いました。
6) a) ジャックは私たちにドライブに出かけることを提案しました。
   b) ジャックは私たちに、「ドライブに行こうよ」と言いました。

SECTION 　pp. 354-355

【解答】

A 1) if I
  2) rather, than
  3) like, hear
  4) It, he should
  5) It, she is

B 1) him that he go
  2) Computers made this task
  3) prevented us from driving
  4) was Naoki that broke
  5) in this hospital that

C 1) good singer
  2) What, think
  3) sudden death
  4) So

486

EXERCISES 解答・問題文訳

    5) can I
    6) in the
D 1) have I   2) Not, did
   3) young   4) would, did
   5) and
E 1) me from going
   2) make, feel
   3) my first
   4) does he go
   5) It, that

【問題文訳】
C
1) a) アユミは上手に歌います。
   b) アユミはいい歌手です。
2) a) なぜあなたはそう考えたの？
   b) 何があなたにそう考えさせたの？
3) a) 彼は突然亡くなったので，私たちは驚いた。
   b) 彼の突然の死は，私たちを驚かせた。
4)「私は幸せです。」「私もです。」
5)「私はフランス語を話せません。」「私もです。」
6) 私はまったく泳げません。
E
1) 病気だったので，外出できなかった。
2) この薬を飲めば気分がよくなりますよ。
3) 日本を訪れるのは今回が初めてです。
4) 彼はめったに映画を観にいきません。
5) その男は息子に事業を残した。
   その男が息子に残したのは，彼の事業だった。

 SECTION 16   pp. 374-375

【解答】
A 1) a, The
   2) the, of the
   3) All the children
   4) The, the
   5) a piece, the
B 1) a pair of jeans
   2) an hour a day
   3) took me by the
   4) such a wonderful movie

    5) a Renoir on the
C 1) stories, book
   2) brother, sisters, family
   3) work, time
   4) bread, oranges, cups, tea
   5) hands
   6) friends, children
   7) cows, sheep
D 1) ×, ×   2) the, an
   3) ×, ×   4) the, an
   5) a, the   6) the, ×
E 1) a) stone   b) a stone
   2) a) trains   b) a train
   3) a) church   b) the church

【問題文訳】
C
1) この本には5つの短編小説が入っています。
2) 私には弟〔兄〕が1人と，姉妹が2人います。うちは6人家族です。
3) 私たちにはするべき仕事がたくさんあります。むだにする時間はありません。
4) 私はパンと，オレンジ2個と，紅茶2杯をいただきました。
5) 私たちはお互いに握手をしました。
6) ピーターはほかの子どもたちと友だちになるのは難しいと思った。
7) 私のおじいさんは，農場でたくさんの牛と羊を飼っています。

 SECTION 17   pp. 400-401

【解答】
A 1) This, hers, She, it
   2) Some, others/some
   3) Each, his
   4) one, either
   5) that, of mine
   6) no restaurants
   7) Nobody
B 1) a) He, her   b) She, him
   2) a) One, us   b) None, them
   3) a) Both   b) Neither
C 1) yours
   2) one

487

EXERCISES 解答・問題文訳

3) It, it
4) it
5) It, That
6) any, none

D 1) one
2) another
3) those, ones
4) some, any
5) nothing

E 1) none of your business
2) like that of a
3) either side of the
4) Most of the people
5) any of these books

【問題文訳】
B
1) A: これは私の本です。
   B: この本もあなたのですか。
2) A: コアラを見たことがありますか。
   B: はい，去年の夏，オーストラリアで見ました。
3) A: パーティーはどうでしたか。
   B: すばらしかったです。私はとてもパーティーを楽しみましたよ。
4) A: ここから駅までどのくらいの距離ですか。
   B: 約1kmです。
5) A: 今日はとても寒いですね。何か熱い飲み物はいかがですか。
   B: いいですね。
6) A: フランス語で書かれた本を持っていますか。
   B: いいえ，1冊も持っていません。

SECTION pp. 426-427

【解答】
A 1) a) many   b) few
2) a) much   b) little
3) a) usually b) sometimes
4) a) ago   b) before
5) a) already b) yet

B 1) careful, carefully
2) happily, happy
3) late, lately

4) Luckily, lucky
5) hard, hardly

C 1) present, present
2) too
3) either

D 1) a lot of useful information
2) enough notebooks for all
3) drink something hot
4) bucket full of water
5) kept me awake all
6) it's convenient for you

E 1) fast runner
2) very, of
3) necessary for
4) Certainly

【問題文訳】
B
1)「あのグラスを動かすときは気をつけてね。」
  「わかった。注意してテーブルに置くよ。」
2)「彼らはその村で幸せに暮らしています。」「それを聞いてうれしく思います。」
3)「お父さんはいつも帰りが遅いね。」「ええ。最近，仕事で忙しいのよ。」
4)「幸運なことに，流れ星を見たんだ。」「あら。すごく運がよかったわね。」
5)「きのうは一生懸命勉強したの?」「いいえ，実はほとんど勉強しなかったんです。」

E
1) a) トムはなんて速く走るんだろう!
   b) トムはなんて速い走者なんだ!
2) ケイトは探偵小説を読むのがとても好きです。
3) あなたはその会議に出る必要はありません。
4) a) 彼らが結婚するのは確かです。
   b) 間違いなく，彼らは結婚するでしょう。

SECTION pp. 446-447

【解答】
A 1) to, with, in
2) from, at
3) for, on
4) in, on, since
5) for, during

488

EXERCISES 解答・問題文訳

    6) through, on, to
B 1) on   2) between
  3) on   4) by
  5) in
C 1) a) from, to   b) for
  2) a) by   b) till/until
  3) a) in front of   b) by
  4) a) out of   b) into
  5) a) along   b) across
D 1) as
  2) with
  3) Thanks to
  4) by means of
E 1) under
  2) over
  3) behind
  4) above
  5) against

【問題文訳】
B
1) 壁に絵がかかっています。
2) ドアと窓の間にテレビがあります。
3) 机の上には本が数冊あります。
4) ベッドのそばにサッカーボールがあります。
5) 部屋の中にはイスがありません。
E
1) a) 知らない単語の下に線を引きなさい。
   b) 私たちは桜の木の下に座って, 昼食を食べた。
2) a) 川にかかっている橋は閉鎖されている。
   b) そのイヌは柵を跳び越えて, だれかの庭に入っていった。
3) a) 彼は数学においては, ほかの生徒に遅れをとっている。
   b) 私は車の後部座席で, 運転手の後ろに座っていた。
4) a) その数学の問題は私の手には負えない。
   b) 太陽はまだ水平線の上にある。
5) a) 彼女は自分の意志に反して学校をやめなければならなかった。
   b) 彼はその木にもたれかかっていた。

SECTION 20 pp. 466-467

【解答】
A 1) or   2) but
  3) that   4) if/whether
  5) If   6) Unless
  7) Whether, or
B 1) both French and Spanish
  2) not French but Spanish
  3) whether they speak Japanese
  4) since I saw you
  5) While there is life
  6) Since you are drunk
C 1) c)   2) e)
  3) d)   4) a)
  5) b)
D 1) and, but
  2) not only, but also
  3) neither, nor, because
  4) As far as
E 1) a) and
   b) If
  2) a) because of
   b) because
  3) a) spite
   b) Though/Although
  4) a) unless
   b) if, isn't

【問題文訳】
C
1) 私が知る限り, 彼は誠実で信頼できます。
2) すぐに出発しなさい。そうでないと電車に遅れますよ。
3) それを自分でできるかどうかはさだかではありません。
4) 彼が来たらすぐにピクニックに行こうよ。
5) 生きている限り, 希望を持つことができます。

489

INDEX
さくいん

あい

相手の意向を尋ねる	87
意志	50, 84
意志未来	50
イタリック	477
一時的な状態	47
1人称	9, 380
一番であることを表す	246
位置を表す前置詞	438, 440
一般的な状態	44
一般動詞	468
一般の人々を表す	381
いつもすること	45, 55
意図	51, 154
意味上の主語	
不定詞の――	135
動名詞の――	166
分詞の――	187, 196
依頼	
（命令文）	34
（Will/Can you ...?）	86
引用符	324

うえお

運命	154
英語の語順	12
応答疑問	312
同じくらいであることを表す	238

音節	469
温度	474

か

回数を示す	66
確信	96, 97, 104
過去完了形	70, 270, 325
過去完了進行形	71
過去形	48, 65
過去進行形	49
過去の事実とは違うこと	270
過去の習慣	48, 100
過去の状態	48, 101
過去の能力	83
過去分詞	183, 185
（分詞構文）	191
have＋――	62
had＋――	70
be動詞＋――	114
過去分詞形	470
数を表す形容詞	408, 410
数えられない名詞	356, 362, 366
数えられる名詞	356, 360, 366
仮定法	264
――過去	268
――過去完了	270
可能	
（can）	82
（be動詞＋不定詞）	154
可能性（助動詞）	98, 103, 104
可能性がなさそうなこと	268

感覚を表す動詞	44, 145
関係詞	204
関係代名詞	208
――を省略	211
――と前置詞	214
関係副詞	220, 222
冠詞	356
固有名詞と――	369, 371
冠詞なしで使う名詞	372
感情の原因（不定詞）	140
感情を表す（受動態）	125, 140, 185, 340
間接疑問	314
間接目的語	22
間接話法	324, 326
（感嘆文）	331
（疑問文）	328
（命令文）	330
寒暖（it）	385
感嘆文	300, 315
願望	272, 273
勧誘	34, 86, 87, 175
完了・結果	64, 70, 72
完了形	60
受動態の――	119
――の動名詞	168
――の不定詞	148
――の分詞構文	194

き

期間を表す前置詞	431, 433
基数	472
規則動詞	470
規則変化	

INDEX

さくいん

(比較)	262
(名詞の複数形)	376
義務	
（must/have to）	90
（be動詞＋不定詞）	154
疑問形容詞	306
疑問詞	
──＋be動詞＋	
過去分詞	120
──＋不定詞	134
──と前置詞	307
──を使う疑問文	32
──を使う受動態	120
疑問代名詞	304, 306
疑問副詞	308, 310
疑問文	30, 300
（完了形）	64
（受動態）	115
（助動詞）	82
強調	348
（再帰代名詞）	383
強調構文	349
許可（can/may）	88
許可を求める	89, 337
拒絶（will not）	84
距離（it）	385
金額	474
禁止	
（must not）	92
（命令文）	34

く

句	232
群前置詞	444
群動詞	28, 215
──を使う受動態	117

け

計画	51, 52
経験	66, 70, 72
警告（命令文）	34
形式主語	132, 162, 384
形式目的語	133, 384
継続	68, 71, 72
形容詞	10, 402
──＋enough＋	
不定詞	152
──と結びつく不定詞	
	150
──の順番	404
──のはたらきをする	
不定詞	136
──のはたらきをする	
分詞	184
限定用法	404, 406
叙述用法	405, 406
数や量を表す	408
人の性質を表す	141
形容詞句	232
形容詞節	233
結果を表す	64, 139, 342
原因（感情の）	140
原級	262
──を使う比較	238, 240
──で最上級を表す	250
現在完了形	64
──と過去形	65
未来の時や条件を表す	
	73
現在完了進行形	69
現在形	44, 52, 56
未来の時や条件を表す	53

現在進行形	46, 52
現在の習慣的動作	45
現在の事実とは違うことを	
表す	269
現在の状態	44
現在分詞	182, 184
（分詞構文）	190
限定詞	378
限定用法	
（関係代名詞）	218
（形容詞）	404, 406

こ

後悔（助動詞）	105
国名	476
個人的な予定	52
ことわざ	56
固有名詞	359
コロン	477
コンマ	477

さ

再帰代名詞	383
最上級	262
──を使う比較	246, 248
──の強調	248
差があることを表す	242
差の程度を表す	244
3単現のs	9
3人称	9

し

時間（it）	385
時間を表す（不定詞）	153
時刻の読み方	474
指示	57

491

INDEX

さくいん

時制 40
時制の一致 320, 322
　——をしない場合 323
自然にそうなるだろうこと 50
している途中の動作 46
自動詞 16
　——＋不定詞 146
　——の過去分詞 184
習慣（的動作）
　現在の—— 45
　過去の—— 48, 100
集合名詞 361
修辞疑問 317
重要 339
主格
　（関係代名詞） 208
　（代名詞） 380
主語 8
　（関係代名詞） 208, 216
　（動名詞） 162
　（不定詞） 132
　（名詞節） 456
主語について述べる 24
主語＋be動詞＋said
　＋不定詞 341
主語＋動詞 16
主語＋動詞＋前置詞
　＋名詞 20
主語＋動詞＋名詞 18
主語＋動詞＋名詞
　＋分詞 188
主語＋動詞＋
　名詞／形容詞 24
主語＋動詞＋名詞
　＋名詞 22
主語＋動詞＋名詞

　＋名詞／形容詞 26
主語＋動詞＋何を
　＋to/for＋人 23
主語＋動詞＋名詞＋
　不定詞 142
主語＋動詞＋名詞＋
　動詞の原形 144
手段 435
述語動詞 8
受動態 110
　（完了形） 119
　（疑問文） 115, 120
　（群動詞） 117
　（助動詞を含む文） 118
　（進行形） 119
　（否定文） 115
　（不定詞） 148
受動態にできる動詞と
　できない動詞 116
種類全般を表す 360
準動詞 202
状況（it） 385
状況を表す 197
条件 53, 73, 193, 268
条件を表す接続詞 462
小数の読み方 473
状態
　一時的な—— 47
　現在の—— 44
　過去の—— 48, 101
状態を表す動詞 44, 47
譲歩を表す接続詞 464
情報を加える（関係詞）
　　　　　　220, 222
省略 352
　関係代名詞の—— 211

ifの——（仮定法） 280
主語＋be動詞の—— 353
所有格の後の名詞の——
　　　　　　　　　377
職業について述べる 45
助言（had better） 95
叙述用法 405, 406
序数 472
助動詞 10, 78
　——＋be＋過去分詞 118
　——＋have＋過去
　　分詞 102
　——＋主語＋be＋
　　過去分詞 121
　——を含む受動態 118
所有格
　（関係代名詞） 213
　（名詞） 364, 377
　（代名詞） 380
所有代名詞 380, 382
進行形 46, 54
　——にしない動詞 47
　——の不定詞 148
　受動態の—— 119
真理や事実 56, 323

す

推量 96, 98
　過去のことに関する——
　　　　　　　　　102
数詞 472
数式の読み方 473
すでに計画されている未来の
　行動 54

492

INDEX
さくいん

せそ

節	233
接続詞	11, 36, 450
セミコロン	477
先行詞	208
選択疑問文	303
前置詞	11, 428
関係代名詞と――	214
――＋whom/which	215
――＋関係代名詞	220
――＋動名詞	164
――＋名詞	20
――と疑問詞	307
前置詞句	415, 425
全否定	290
想像	268
想定	53, 73
挿入	477
存在を表す	35

た

態（受動態）	110
大過去	70
代不定詞	352
代名詞	378
対立する文をつなぐ	30
ダッシュ	477
他動詞	18
一時的な状態	47
短縮形	30, 50, 286
単純未来	50

ち

個人的な予定	52
忠告（had better）	95

抽象名詞	363
直接目的語	22
直接話法	324, 326

つて

「～に違いない」という確信	
	97
提案	338
程度（副詞）	416
程度を表す	152, 342
程度を否定する	288
ていねいな表現	279
天候（it）	385
伝達動詞	326
電話番号の読み方	474

と

同格	477
動作の最中	46
動作を表す動詞	45
動詞	9, 16
――＋動名詞	170
――＋不定詞	171
――の活用	468
――の原形	34, 144, 338
動詞と前置詞の組み合わせ	
（群動詞）	29
動詞と副詞の組み合わせ	
（群動詞）	28
同時に行われる動作	192
倒置	350
動名詞	158
――の否定	167
完了形の――	168
受動態の――	168
――と不定詞	170

時（副詞）	415
時を表す（分詞構文）	192
時を示す前置詞	431, 436
時を表す接続詞	458, 460
独立不定詞	155
独立分詞構文	196

なに

難易を表す形容詞	151
何度も繰り返される動作	55
二重否定	291
2人称	9, 380
人称	9, 380
人称代名詞	380, 382

ねの

年号の読み方	474
能動態	114
能力（can）	82
望ましい行動	94

は

倍数	240
場所（副詞）	415
場所を示す前置詞	430
判断の根拠（不定詞）	141

ひ

被害	188
比較	234
比較級	262
――を使う比較	242, 244
――の強調	244
――で最上級を表す	250
――＋and＋比較級	348
比較級＋than	242

493

INDEX

さくいん

比較変化	262	
非限定用法		
(関係代名詞)	218, 224	
(関係副詞)	222	
日付の読み方	474	
必要	90, 339	
否定	284	
——疑問文	302	
否定文	30	
(完了形)	64	
(受動態)	115	
人の性質を表す形容詞	141	
非難	105	
費用を表す (不定詞)	153	
頻度 (副詞)	416	
頻度を否定する	289	

ふ

付加疑問	312
不規則動詞	471
不規則変化	
(比較)	263
(名詞)	376
不許可 (can't/may not)	92
複合関係代名詞	226
複合関係副詞	227
複合名詞	365
副詞	11, 402, 414
——＋enough＋	
不定詞	152
——のはたらきをする	
不定詞	138, 140
文の意味をつなぐ——	
	424
文を修飾する——	417
副詞句	232

副詞節	233
複数形	367, 376
付帯状況を表す	197
物質名詞	362
普通名詞	360
不定詞	128
——の否定	135
完了形の——	148
受動態の——	148
進行形の——	148
動名詞と——	170
不必要 (don't have to)	92
部分否定	290
分詞	178
分詞＋名詞	184
分詞構文	190
——の否定	194
完了形の——	194
接続詞を使う——	195
意味上の主語	196
分数	473
文を修飾する	
(不定詞)	155
(副詞)	417
文を組み込む	36

ほ

方向を示す前置詞	432
補語	24
(関係代名詞)	216
(形容詞)	405
(動名詞)	162
(不定詞)	132
(分詞)	185
(名詞節)	456
補足説明 (関係詞)	218

ま・み

前からそう思っていること	51
未来完了形	
(will＋完了形)	72
未来進行形	
(will＋進行形)	54
未来のことについての仮定	
	269
未来のことを表す	50, 52, 72
未来の時点で進行して	
いるであろう動作	54
未来のことを予測	50
未来の時や条件を表す	
	53, 73

む

無冠詞 (冠詞なし)	372
無生物主語	344

め

名詞	8, 356
——のはたらきをする	
動名詞	162, 164
——のはたらきをする	
不定詞	132
名詞＋of＋所有格	382
名詞句	232
名詞構文	346
名詞節	233, 456
名詞の所有格	377
名詞の内容を説明する	
(不定詞)	137
(of＋動名詞)	164
(that節)	456
名詞の複数形	376

INDEX
さくいん

名詞を修飾する	
（形容詞）	404
（不定詞）	136
（分詞）	182, 184
名詞を２つ続ける	22
命令（be動詞＋不定詞）	154
命令文	34
──＋and	452
──＋or	453
──＋will you?	86

も

目的	138, 343
目的格	
（関係代名詞）	210, 212
（代名詞）	380
目的語	18
（関係代名詞）	210, 214, 216
（動名詞）	163
（不定詞）	133
（名詞節）	456

やよ

役職を表す名詞	372
要求	338
様態（副詞）	414
要望を表す	336
予測	50
予定	52
（be動詞＋不定詞）	154

りれ

理由を表す（分詞構文）	
	192
理由を表す接続詞	461
量を表す形容詞	408, 410

連続して行われる動作	192

わ

話法	320, 324

英語
さくいん

A

a/an	368
──＋固有名詞	369
a bit	244
a bottle of	362
a cup of	362
a few	410
a glass of	362
a good cook	347
a good singer	347
a good speaker	347
a little	244, 410
a lot	244
a lot of	409
a pair of	367
a piece of	362, 363
a pity	340
a pound of	362
a sheet of	362
a slice of	362
a spoonful of	362
ability	137
about	434
above	438
abroad	415
absolutely	416
according to	444
across	441
add	326
admit	169, 170
advice	363
advise	142, 330, 338

495

INDEX
さくいん

afraid	140, 293, 406
after	
（前置詞）	437
（接続詞）	37, 53, 460
after all	425
against	443
ago	420
agree	57, 171
air	362
alike	406
alive	406
all	290, 394
all of which	225
all of whom	225
all the＋比較級	255
all things considered	196
allow＋人＋不定詞	143, 344
almost	416
alone	406
along	441
already	64, 421
although	464
always	45, 55, 290, 416
among	440
an early riser	347
and	36, 450, 452
angrily	414
another	389
answer	326
anxious＋不定詞	150
any	392
any＋比較級	259
any other＋名詞	250, 391
anything	393, 404
anything but	297

anyway	424
apart from	444
apologize	57
appear	24, 146
approach	21
around	440
as	443, 459, 461, 465
as＋原級＋as	238, 240
as＋原級＋as ever	241
as＋原級＋as possible	241
as＋原級＋as you can	241
as＋原級＋as you like	241
as a result	425
as black as crow	253
as cold as ice	253
as cool as cucumber	253
as early as	253
as far as	445, 463
as for	444
as if	274
as long as	241, 463
as many as	253
as many＋名詞＋as	238
as much as	253
as much＋名詞＋as	238
as quiet as a mouse	253
as soon as	459
as soon as possible	241
as though	275
as to	444
ask	142, 329
at	430, 431
attempt	137, 172
attend	21
audience	361

avoid	170
awake	406
away	350, 415

B

baggage	361
be	44
be動詞＋being＋過去分詞	119
be動詞＋ing	46
be動詞＋過去分詞	114
be動詞＋主語＋過去分詞	121
be動詞＋不定詞	154
be able to	82
be about＋不定詞	154
be accustomed to＋動名詞	165
be born in	124
be busy -ing	199
be caught -ing	189
be covered with	124
be disappointed (at)	125, 140
be excited about	125
be going to	51
be good at	164
be injured in	124
be interested in	164
be known to	124
be pleased with	125
be proud of	169
be said＋不定詞	149, 341
be scared of	125
be supposed＋不定詞	154
be surprised (at)	125, 140

496

INDEX
さくいん

be unable to	82	by	435, 436	class	361
be used to＋ing	165	by bus	373	clearly	417
beauty	363	by far	248	clothing	361
because	37, 309, 461	by means of	445	coffee	366
because of	444	by phone	373	come	24
become	24	by the way	425	come＋不定詞	147
before		by the time	459	come＋分詞	186
（副詞）	415, 420	by train	373	come about	28
（接続詞）	53, 460	by way of	445	come across	29
（前置詞）	437			come up with	29
begin	172	**C**		comfortable＋不定詞	151
behind	439	call	26, 123	completely	290, 416
being＋過去分詞	168	call off	28	consider	170
belief	363	can	82, 88, 98	considering ...	196
believe	44	Can I/we ...?	89	contain	44
belong	44	Can you ...?	86	content	406
below	438	cannot/can't	82, 92, 98	continue	172
besides	424	cannot ... too	294	convenient	407
between	440	cannot but ...	294	cook	22
bored	185	cannot have＋過去分詞		cost	153
boring	185		104	could	83, 98, 269
both	398	cannot help but ...	294	could have＋過去分詞	103
both A and B	454	cannot help -ing	294	Could I ...?	89
both of which	225	captain	372	Could you ...?	86
brave	141	care for	29	couldn't	83
bread	362	carefully	414	couldn't have＋過去	
break down	28	careless	141	分詞	104
break out	28	carry on with	29	crew	361
breakfast	372	carry out	28	crowd	361
bring up	28, 117	catch up with	29		
but	36, 453, 455	cause	344	**D**	
but for	276, 444	certain	150, 406	daily	406
buy	22	certainly	89, 417, 422	dangerous＋不定詞	151
buy型の動詞	22	change trains	367	deal with	29, 117
（受動態）	122	choose	22	decide	171
by（受動態）	114	claim	148, 326	definitely	422

497

INDEX
さくいん

demand	338
deny	170, 326
desire	171
despite	443
difficult＋不定詞	151
dinner	372
discuss	21, 170
do（強調）	348
do away with	29
Do you mind …?	175, 337
Do you want me …?	142
Don't forget …	291
don't have to	92
don't need to	93
due to	444
during	433

E

each	395
eager＋不定詞	150
early	418
easy＋不定詞	151
either	398, 423
either A or B	454
elder	406
elect	26, 123
enable＋人＋不定詞	344
encourage	142
enjoy	163, 170
enough	152, 409
enter	21
escape	170
essential	339, 407
even if	464
even though	464
ever	67

every	395
everybody	397
everything	397
except	443
excited	185
exciting	185
expect	142, 171
explain	326

F

fairly	416
family	361
far	244
far from	297
fast	414
feel	24, 44, 189
feel＋名詞＋動詞の原形	145
feel＋名詞＋現在分詞	189
feel comfortable -ing	199
feel like -ing	174
few	288, 411
fewer	243
find	22, 26
finish	170
first	424
fish	366
for	23, 68, 432, 433
for＋意味上の主語	135
for fear of	445
for instance	425
for the purpose of	445
for the sake of	445
force	143, 344
forget	57, 173
former	406
fortunately	417

frankly speaking	196
free＋不定詞	150
free from / of	297
freedom	363
friendly	418
from	432
from A to B	433
fruit	366
funny	340
furniture	361
furthermore	424

G

generally speaking	196
get	22, 24
get（受動態）	124
get＋人＋不定詞	143
get＋名詞＋過去分詞	188
get＋名詞＋現在分詞	188
get used to＋動名詞	165
give	22, 122
give型の動詞	22
（受動態）	122
give a speech	347
give up	28, 170
glad	140, 406, 407
glasses	367
gloves	367
go＋ing	198
go on	28
go out with	29
go to bed	373
go to college	373
go to school	373
gold	362
grow	24

INDEX
さくいん

grow up＋不定詞	139	

H

had＋過去分詞	70
had been＋ing	71
had better	95
had hardly ... when	295
had to	91
half as ... as	240
hand	22
happen＋不定詞	147
happily	414, 417
happiness	363
happy	140, 150, 407
hard	414, 418
hard＋不定詞	151
hardly	288, 350, 416, 418
hardly any	288
hardly ever	289
Hardly had ...	350
hate	172
have	44
have＋過去分詞	64
have＋主語＋been＋過去分詞	121
have＋名詞＋分詞	188
have＋人＋動詞の原形	144
have a rest	347
have a sleep	347
have a talk	347
have been to	66
have been＋ing	69
have been＋過去分詞	119
have difficulty/trouble -ing	199
have fun -ing	199
have gone to	66
have got	64
have got to	90, 97
have only to	90
have to	90
have yet＋不定詞	296
having been＋過去分詞	195
having＋過去分詞	169, 194
hear	20, 44, 57
hear＋名詞＋動詞の原形	145
hear＋名詞＋分詞	189
hear from	29
help oneself	383
help＋人＋不定詞	145, 344
hence	424
here	415
home	415
homework	363
honesty	363
hope	44, 171
how（関係詞）	223
how（疑問詞）	33, 308, 310
how（感嘆文）	315
how＋不定詞	134
How about ...?	175, 311
How big ...?	310
How come ...?	311
How do you feel about ～?	316
How far ...?	310
How long ...?	69, 310
How many ...?	310
How much ...?	310
How often ...?	310
How old ...?	310
How soon ...?	310
however	424
however＋形容詞／副詞	229

I

I hope ...	57, 292
I hope not.	293
I hope so.	293
I don't believe ...	292
I don't suppose ...	292
I don't think ...	292
I don't think so.	293
I was wondering if ...	279
if（接続詞）	53, 73, 329, 353, 457, 462
if it had not been for	277
if it were not for	277
if necessary	353
if only＋仮定法	273
if possible	353
if＋主語＋should	278
if＋主語＋were to	278
if 節に相当する内容	281
if の省略（仮定法）	280
ill	406
I'm afraid not.	293
I'm afraid so.	293
imagine	170
important	339
impossible＋不定詞	151
in	246, 430, 431, 437
in addition	425

INDEX
さくいん

in addition to	445	It takes＋時間	153	let＋人＋動詞の原形	144
in case	462	It's about time ...	274	Let's ...	34
in case of	445	It's high time ...	274	Let's ..., shall we?	87
in conclusion	425	It's time ...	274	like	44, 142, 172, 443
in contrast	425	It was not long before	295	likely＋不定詞	150
in fact	425	It will not long before ...		listen	20
in front of	439		295	little	288, 350, 411
in order＋不定詞	138	It would be nice if ...	279	Little does he ...	350
in order not＋不定詞	138	**J**		live	44
in other words	425			live（形容詞）	406
in short	425	jeans	367	lonely	418
in spite of	445	jewelry	361	look	20, 24
in the first place	425	judging from	196	look after	29, 117
in the long run	425	junior	259	look down on	29
in the meantime	425	just	64	look for	29
in which case	224	**K**		look forward to	29, 165
inferior	259			look into	29
information	363	keen＋不定詞	150	look out	28
insist	57, 338	keep	24, 27, 186, 344, 345	look up to	29
insist on	163	keep＋名詞＋分詞	187	lots of	409
instead	424	keep up with	29	love	44, 172
instead of	444	kind	141	lovely	418
intend	172	kindness	363	luckily	417
interesting	340	know	44	luggage	361
into	442	know better than	245	**M**	
Is it all right if ...?	337	**L**		main	406
it	384			make	22, 27
（形式主語）	132, 162, 384	late	406, 418	make＋人＋動詞の原形	
（形式目的語）	384	lately	418		144, 344
It costs＋費用	153	learn＋不定詞	171	make a decision	347
It is believed that ...	341	least	247	make a speech	347
It is no use/good -ing	174	leave	22, 26	make oneself	
It is said that ...	341	leave＋名詞＋分詞	187	——at home	383
It is ... that ～（強調構文）		lend	22	——heard	383
	349	less	243, 256	——understood	383
It is＋形容詞＋of＋人	141				

500

INDEX
さくいん

make out	28	
manage＋不定詞	171	
many	408	
many more	244	
marry	21	
may	88, 99	
may as well ...	99	
May I ...?	89	
may have＋過去分詞	102	
may not	92	
may well ...	99	
mayor	372	
mean	171	
meanwhile	424	
meat	362	
mention	326	
might	99, 270	
might have＋過去分詞	102	
mind	175	
miss	170	
money	362	
more（比較）	242	
more＋名詞＋than	242	
more B than A	252	
more than ...	256	
moreover	424	
most	394, 418	
most（比較）	246	
most of whom	225	
mostly	418	
much	408, 416, 419	
much（強調）	244, 248	
must	90, 96	
must have＋過去分詞	104	
must not／mustn't	92	

N

name	26	
natural	340	
naturally	417	
near	418, 435	
nearly	416, 418	
necessary	290, 339, 407	
need	91, 148, 168	
need not／needn't have＋過去分詞	105	
needless	407	
needless to say	155	
needn't	93	
neither	398	
neither A nor B	454	
neither have I	351	
neither of whom	225	
never	67, 287, 416	
never＋不定詞	135, 139	
never fail	291	
Never have I ...	350	
nevertheless	424	
nice	141	
no	396	
no＋比較級	259	
no＋比較級＋than	258	
no better than	258	
no fewer than	257	
no less than	256	
no less ～ than ...	258	
no longer	259	
no matter	228, 229	
no more than	256	
no more ～ than ...	258	
No other＋名詞	250	

nobody	290, 397	
none	290, 396	
none of which	225	
none the less	255	
nonetheless	424	
not	30, 286, 292	
not A but B	455	
not a few	410	
not a little	410	
not all	290	
not always	290	
not any	396	
not as／so＋原級＋as	239	
not ... at all	348	
not completely	290	
not impossible	291	
not in the least	348	
not less than	257	
not more than	257	
not only A but (also) B	455	
not so much A as B	252	
Not until ...	350	
not ... until	295	
not ... without	291	
nothing	136, 290, 397	
nothing but	297	
notice	145, 189	
now	415, 461	

O

obviously	417	
of	246, 434	
off	415	
offer	22, 171	
often	416	
on	430, 431	

501

INDEX
さくいん

on account of	445		pleasing	185		recommend	57, 170, 338
on behalf of	445		plenty of	409		refuse	171
on -ing	174		police	361		regret	169
on the contrary	425		polite	141		rely on	29
on the other hand	425		politely	414		remain	24, 44, 186
once	66, 353, 459		possible	241, 353, 407		remember	44, 169, 172
one	388		postpone	170		remind	142, 345
one of the＋最上級			power	137		reply	326
＋複数名詞	248		practice	163, 170		report	341
ones	388		prefer	336		request	142, 338
only	406		present	406		require	168
only＋不定詞	139		prevent	170, 345		resemble	21, 44, 116
only have to	90		probably	417		right	340, 406
onto	442		prohibit	170		room	366
opposite	439		promise	57, 137, 164, 171		rude	141
or	303, 453		propose	338		run away	28
order	142		prove＋不定詞	147		run out of	29

■ S

other	390		put off	28, 170		s/esのつけ方	468
others	390		put on	28		s/esの発音	469
otherwise	276, 424		put up with	29		sad	140, 407
ought to	94, 96					sadly	417
out	415					safe＋不定詞	151

■ Q

out of	442		quickly	414		say	326
over	438		quietly	414		scarcely	288
owing to	444		quit	170		scissors	367
own	44		quite	290, 416, 419		second	424
			quite a few/little	410		see	20, 44, 57

■ P

						see＋名詞＋動詞の原形	145
pants	367					see＋名詞＋分詞	189

■ R

paper	362, 366		rarely	289, 416		seem	24
pass	22		rather	416		seem＋不定詞	146, 148
pay	22		rather than	252		seldom	289, 416
permit	143, 344		reach	21		sell	22, 122
persuade	142		ready＋不定詞	150		send	22, 122
plan	171		reason why	223			
pleased	185		recently	68, 415			

INDEX

さくいん

senior	259	some of whom / which	225	surprising	185, 340
set out	28	someone	393		
shake hands	367	something	393, 404	**T**	
Shall I ...?	87	sometimes	416	take	153, 345
Shall we ...?	87	soon	415	take a nap	347
sharp	418	sorry	140, 407	take after	29, 117
sharply	418	sound	24	take off	28
shoes	367	sound like	24	talk about	21, 163
should		speaking of ...	196	taste	24, 44
	94, 96, 278, 338, 340	spend ... -ing	199	tea	366
should have＋過去分詞		staff	361	teach	22, 122
	103, 104	stand＋分詞	186	team	361
shouldn't have		stand by	29	tell	22, 326
＋過去分詞	105	stand for	29	tell＋人＋不定詞	142, 330
show	22, 122	stand out	28	tend＋不定詞	147
silly	141	start	172	thanks to	444
similarly	424	stay	24	that	
since		still	421, 424	（関係詞）	212
	68, 433, 436, 460, 461	stone	362	（指示代名詞）	378
sit＋分詞	186	stop	170, 173, 345	（接続詞）	36
slowly	414	straight	414	that 節	338, 340, 342
smell	24, 44	strange	340	that/this is how ...	223
sneakers	367	strange to say	155	that/this is why ...	223
so	342	stupid	141	the	370
so＋形容詞＋a/an		such a/an＋（形容詞）		the＋固有名詞	371
＋名詞	342	＋名詞	342	the＋最上級	246
so as＋不定詞	138	such ... that ...	342	the＋比較級 ..., the＋	
so as not＋不定詞	138	suddenly	414	比較級 〜	254
so ... as＋不定詞	152	suggest		the＋比較級	251
so do I	351		57, 170, 331, 338	the last ...＋不定詞	296
so far	67	superior	259	the least ...	247
so that	343	suppose	281	the next time ...	53
so 〜 that ...	152, 342	sure＋不定詞	150	the other	390
so to speak	155	sure	89	the others	390
socks	367	surely	417, 422	the second＋最上級	248
some	392	surprised	140	the very＋最上級	248

503

INDEX
さくいん

the very＋名詞	348	too＋形容詞／副詞		want＋人＋不定詞	142
then	415	＋不定詞	152	warn	142
there	415	total	406	was able to	83
There being ...	196	toward	432	wasn't able to	83
There is/are ...	35, 67	trousers	367	water	362
There is＋名詞＋分詞	199	try	173	we	381
there is no -ing	174	turn	24	weather permitting	196
There used to be ...	101	turn down	28	weekly	418
therefore	424	turn on	28	well	406, 414
these	386	turn out＋不定詞	147	were（仮定法）	269
they	381	turn up	28	were to（仮定法）	278
think	26	twice	66	what	
this	386	twice as ... as	240	（関係詞）	216
those	386			（疑問詞）	32, 304, 306
those who	387	**U**		what＋不定詞	134
though	353, 464	unable	82, 406	what＋名詞	217, 306
through	441	under	438	what a/an＋形容詞	
thus	424	understand	57	＋名詞	315
time	137	unfortunately	417	What＋be動詞＋主語	
times（倍数）	240	unless	53, 353, 462	＋like?	316
to	23, 432, 433	until		What do you say to	
to＋動詞の原形	132	（前置詞）	436	＋ing?	175
to＋動名詞	165	（接続詞）	53, 460	What do you think of	
to be＋過去分詞	148	up to	444	〜?	316
to be＋現在分詞	148	upstairs	415	What ... for?	316
to be frank	155	urgent	339	What if ...?	316
to be honest	155	used to	100	what is called	217
to be sure	155	usually	416	What is the point of	
to have＋過去分詞	149			-ing?	174
to make matters worse		**V**		what is more	217
	155	very	248, 348, 416, 419	what is worse	217
to tell the truth	155	very much	419	what kind of	306
today	415			what she used to be	217
tomorrow	415	**W**		what you/we/they call	217
tonight	415	walk＋分詞	186	whatever	226, 228
too	423	want	44, 168, 171	when	

INDEX
さくいん

(関係詞)	221, 222	
(疑問詞)	33, 308	
(接続詞)	37, 53, 73, 195, 458	
when＋不定詞	134	
whenever	227, 229	
where		
(関係詞)	220, 222	
(疑問詞)	33, 308	
where＋不定詞	134	
wherever	227, 229	
whether	329, 457	
whether A or B	465	
whether or not	457, 465	
which		
(関係詞)	209, 210	
(疑問詞)	304, 306	
(非限定用法)	219, 224	
which＋不定詞	134	
which＋名詞	306	
which＋名詞(関係詞)	224	
whichever	226, 228	
while	37, 193, 353, 458, 464	
who		
(関係詞)	208, 210, 218	
(疑問詞)	32, 120, 304	
who/whom＋不定詞	134	
who I think (関係詞)	208	
whoever	226, 228	
whom		
(関係詞)	210, 215	
(疑問詞)	120, 305, 307	
whose		
(関係詞)	213	
(疑問詞)	306	

whose＋名詞	306	
why		
(関係詞)	223	
(疑問詞)	33, 308	
Why don't you/we ...?	311	
Why not?	317	
Why not ...?	311	
will	50, 84, 96	
will＋完了形	72	
will＋進行形	54	
will be able to	82	
will be＋ing	54	
will be＋過去分詞	118	
will have＋過去分詞	72	
will have been＋ing	72	
will have to	91	
Will you ...?	86	
willing＋不定詞	150	
wise	141	
wish	171	
wish＋仮定法	272	
with	276, 435	
with＋名詞＋分詞	197	
with all	444	
with regard to	445	
within	437	
without	168, 276	
won't	84	
Won't you ...?	86	
wood	362	
worth＋ing	174	
would	85, 96, 100, 268	
would have＋過去分詞	270	
Would it be all right if ...?	279	
would like	142, 336	

would rather	336	
Would you ...?	86	
wouldn't	85	
wrong	340	

Y

Yes/No 疑問文	31, 302
yesterday	415
yet	64, 421
you	381

言語のはたらき

- **人との関係を円滑にする**
  - あいさつをする
    - whatやhowを使う　317
  - あいづちを打つ
    - ～もそうだ
      - 351, 421, 423
    - 本当にそうだ　351
    - そうだといい　293
  - 様子を尋ねる
    - how　309
  - 同意を求める／確認する
    - 付加疑問　312
    - 否定疑問　302
  - 聞き返す
    - 応答疑問　312
  - 意見や感想を尋ねる
    - whatやhowを使う　316

- **気持ちを伝える**
  - 感情の原因や判断の基準を述べる
    - that節　340
    - 不定詞　140
  - 感情や心理状態を述べる
    - 状態動詞　44
    - 受動態　125
    - ～せずにはいられない　294
    - ～するのを楽しみに待つ　165
    - ～したい気がする　174
  - 感情を表す
    - 感嘆文　315
  - 願望を表す

- 仮定法　272
- 非難や後悔を述べる
  - 助動詞＋have＋過去分詞　105
- **情報を伝える**
  - 能力があることや可能であることを述べる
    - can　82
  - 完了したことについて述べる
    - 現在完了形　64
  - 継続していることについて述べる
    - 現在完了形　68
  - 経験について述べる
    - 現在完了形　66
  - 原因や理由を述べる
    - 接続詞　461
    - 不定詞　140
    - 無生物主語　344
  - 習慣について述べる
    - 現在の習慣　45
    - 過去の習慣　100
  - 情報を追加する
    - 関係詞　218
    - 副詞　415
    - 分詞構文　190
  - 存在を伝える
    - There is ...　35
  - 見たり聞いたりしたことを述べる
    - see/hear　145, 189
  - ほかの人が言ったことを伝える

- 話法　324
  - ～だと言われている　341
- 何かをされたことや被害を伝える
  - 受動態　114
  - have＋名詞＋過去分詞　188
- **考えや意図を伝える**
  - 自分の考えを伝える
    - I will ...　84
    - frankly speakingなどを加える　196
    - I don't think ...　292
    - I hope ...　292
    - I'd rather ...　336
    - ～してもむだだ　174
    - ～する価値がある　174
    - 修辞疑問　317
  - 申し出る
    - Can I ...?　89
    - I'd like to ...　336
  - 相手の意向を尋ねる
    - Shall I/we ...?　87
    - ～したらどう？　311
  - 許可を求める
    - Can I ...? / May I ...?　89
    - Do you mind ... など　175, 337
    - 仮定法　279
  - 意図や計画を述べる
    - be going to　51
  - 予定を述べる

506

言語のはたらき

現在形, 進行形　　52
will＋進行形　　54
be動詞＋不定詞　154
予測を述べる
will　　　　　　50
仮定する
現実とは違うこと　268
過去の事実とは違うこと
　　　　　　　　270
推論や判断を述べる
can / may　　　98
should / must　96
助動詞＋have＋過去
　分詞　　　102, 104
may well　　　99
seem / appear
　　　　　146, 148
程度を表す　152, 342
可能性・確実性を表す
　　　　　　150, 412
難易を表す　　151
最も〜しそうにない
　　　　　　　　296
目的を述べる
不定詞　　　　138
so that　　　343

重要や必要を述べる
It is ... that 〜　339
譲歩を表す
〜だけれど…　464
言いたいことを強調する
強調構文　　　349
do　　　　　　348
● **相手の行動を促す**
許可を与える／与えない
can / may　　　88
義務を表す
助動詞　　　90, 94
be動詞＋不定詞　154
忠告する
had better　　95
予定や計画を尋ねる
be going to　　51
will＋進行形　　54
提案を表す
Let's ...　　　　34
You must ...　 90
suggestなどの動詞を
　使う　　331, 338
Why don't you ...　311
依頼する
Can / Will you ...?　86

仮定法を使うていねい
　な依頼　　　　279
命令する
命令文　　　　34
命令文＋and / or
　　　　　452, 453
質問する
疑問文　　　31, 32
禁止する
命令文　　　　34
You must not ...　92
相手に行動させる
want＋人＋不定詞
　　　　　　　　142
have＋人＋動詞の原形
　　　　　　　　144
相手の注意を促す
Here comes ...　350
情報を求める
疑問詞＋不定詞　134

文法用語解説

格 名詞や代名詞が，文の中でほかの語とどういう関係にあるかを示すもの。主語として使うものは主格，目的語として使うものは目的格，my car（私の車）のmyのように名詞の前に置いて所有を表すものは所有格と呼ばれる（⇨p.380）。

可算名詞 数えられる名詞のこと（⇨p.360）。

仮定法 動作や状態を事実とは違うものとして述べる方法（⇨p.264）。現在の事実と違うことを述べるときは過去形（仮定法過去），過去の事実と違うことを述べるときは過去完了形（仮定法過去完了）を使う。

帰結節 条件節に対応する主節のこと。If I were you, I would buy the car.（僕が君なら，その車を買うよ。）の場合, If I were youが条件節で, I would buy the carが帰結節となる。

句 2語以上の語のかたまりが文の中でひとつの品詞のはたらきをして，その中に〈主語＋動詞〉がないもの（⇨p.232）。

群動詞 動詞と副詞，動詞と前置詞が組み合わさって，ひとつの動詞と同じはたらきをするもの（⇨p.28）。句動詞と呼ばれることもある。

形式主語 本来の主語が句や節のときに主語の位置に置くitのこと。仮主語と呼ばれることもある。It's important to study hard.（一生懸命勉強することは大切なことです。）のように使う。この場合はto study hardという不定詞句が本来の主語（真主語）。

形式目的語 目的語の後に補語が続く場合に，目的語の位置に置くitのこと。目的語が句や節の場合で，補語とのつながりをわかりやすくするためにitを使う。仮目的語と呼ばれることもある。I found it difficult to answer the question.（その質問に答えるのは難しいと思った。）のitが形式目的語で，この場合の本来の目的語はto answer the questionという不定詞句。

原形不定詞 toを使わない不定詞のこと。makeのような使役動詞や，seeのような知覚動詞を使って, I made my brother do the dishes.（私は弟に皿洗いをさせた。）, I saw my brother do the dishes.（私は弟が皿洗いをするのを見た。）のような文をつくるときのdoが原形不定詞。この参考書では原形不定詞のことを単に「動詞の原形」と呼んでいる。

限定詞 冠詞, thisのような指示代名詞, 人称代名詞の所有格, 数や量を表す形容詞など, 名詞の前につけて，その名詞がどういうものかを示すもの（⇨p.378）。

限定用法（関係詞） 名詞の後に関係詞を続けて，それがどういうものなのかを説明する用法。名詞の意味を限定することから，限定用法と呼ばれる。制限用法と呼ぶこともある。

限定用法（形容詞） 名詞を直接修飾する形容詞の用法。hot water（熱湯）のhotのように，名詞の直前に置くことが多い。

肯定文 否定文ではない文のこと。

使役動詞 「人に何かをさせる」ことを表すときに使う動詞で，おもにhave, let, makeのことを指す。これらの動詞は〈主語＋動詞＋名詞＋動詞の原形〉という語順で使い, I have my brother repair my bicycle.（私は弟に自転車を修理してもらった。）のような文をつくる（⇨p.144）。haveはI had my bicycle repaired.（私は自転車を修理してもらった。）のような形で使うこともできる（⇨p.188）。

指示代名詞 thisやthatのように，どれのことかを示すときに使う代名詞のこと。

時制 述語動詞が表す時のことで，英語では現在時制と過去時制の2つがある。英語の動詞には未来形がないので，未来時制というものはない。

文法用語解説

自動詞 主語だけで何かをすることを表すことができる動詞（⇨p.16）で，他動詞のように名詞を直接続けることはできない。The girl smiled.（その少女は微笑んだ。）のように使い，「だれに」を表すのであれば，The girl smiled at me.（その少女は僕に微笑みかけた。）のように前置詞を入れる。

修飾語 ほかの単語や文について説明を加える語のこと。形容詞と副詞が修飾語になる。修飾語は情報を加えるはたらきをするものなので，修飾語がなくても文が成り立つことが多い。

従属節 文に組み込まれたり，文に情報を加える節。I was watching TV when you called me.（君が電話してきた時，僕はテレビを見ていたんだ。）であれば，when you called meが従属節。従属節は，whenのような従属接続詞を使ってつくるほか，疑問詞を使う疑問詞節，関係詞を使う関係詞節などがあり，文の中で副詞，名詞，形容詞のはたらきをする。

従属接続詞 従属節をつくる接続詞のこと。名詞節をつくるthatや，副詞節をつくるwhen, becauseなどがある。thatを使う節はthat節と呼ばれる。

重文 ひとつの文に複数の〈主語＋動詞〉の組み合わせがあって，それらがand, but, orのような等位接続詞で結びついている文のこと。

主節 ひとつの文の中に節が複数ある場合の，文の中心となる節。I was watching TV when you called me.（君が電話してきた時，僕はテレビを見ていたんだ。）であれば，I was watching TVが主節になる。

受動態 主語が「〜される」という意味を表すときに使う動詞の形のことで，〈be動詞＋過去分詞〉で表す（⇨p.110）。動作をする側を主語にする場合の動詞の形は，能動態と呼ぶ。

述部 文の「〜だ」「〜する」にあたる部分で，述語動詞が中心となる。Mike bought a car last month.（マイクは先月，車を買った。）であれば，bought a car last monthが述部になる。

主部 文の「〜は」「〜が」にあたる部分。主語になる名詞を中心とした語のかたまりのことで，The book on the desk is mine.（机の上の本は私のものです。）であれば，The book on the deskが主部ということになる。この参考書では，主部のことも主語と呼んでいる。

準動詞 不定詞，動名詞，分詞のこと。動詞の性質を持ちながら，ほかの品詞のはたらきをする。

準否定語 「ほとんどない」ことを表す否定語で，程度について表すhardly, 頻度について表すrarely / seldom, 数について表すfew, 量について表すlittleがある。notやneverのように意味を完全に否定するわけではないので，準否定語と呼ばれる。

条件節 条件や仮定を表す節のこと。ifを使ってつくる条件節のことをif節と呼ぶこともある。

状態動詞 人やものがどういう状態にあるのかを表す動詞。人の心理，知覚・感覚を表す動詞も状態動詞（⇨p.44）。

譲歩 「〜だけれども…だ」のように，ある事実をふまえたうえで逆の内容のことを述べること。また，「たとえ〜でも…だ」「どんなに〜しても…だ」と，あることを想定したうえで，それでも成り立つことを述べること。

叙述用法（形容詞） 主語について，どういう性質のものか，どういう状態のものかを述べる形容詞の用法。The water is hot.（その水は熱い。）と言うときのhotは叙述用法。

節 〈主語＋動詞〉を含む語のかたまりが，文の一部となっているもの（⇨p.232）。

先行詞 関係詞を使って説明を加える名詞の

509

文法用語解説

- **相** 英語では進行形，完了形のことを指す。現在時制，過去時制における動作や状態について述べる方法。こと。the man who lives next door（となりに住んでいる男の人）の場合は，the manが先行詞になる。

- **他動詞** 動詞の意味を表すために主語以外の名詞を必要とする動詞で，break（壊す）やbuy（買う）などがある（⇨p.18）。他動詞は直後に名詞を続けて，break the window（窓ガラスを割る），buy a car（車を買う）のようにする。

- **単文** 〈主語＋動詞〉の組み合わせが文の中にひとつだけの文のこと。

- **知覚動詞** 「見る」「聞く」のような，人の感覚を表す動詞。see, hear, feelなどの動詞を指す。これらの動詞は〈主語＋動詞＋名詞＋動詞の原形〉という語順で，I saw a man enter the room.（私はひとりの男がその部屋に入るのを見た。）のような文をつくることができる（⇨p.145）。また，分詞を使って，I saw her standing there.（私は彼女がそこに立っているのを見た。）のような形で使うこともできる（⇨p.189）。知覚動詞のことを**感覚動詞**と呼ぶこともある。

- **直説法** 動作や状態を事実として述べる方法。仮定法や命令法以外の文が直説法になる。

- **定冠詞** 名詞の前につけるtheのことで，後に続く名詞がどういうものなのかわかる特定のものであることを示す。

- **等位節** 等位接続詞で結びつけられたそれぞれの節のこと。

- **等位接続詞** 語と語，文と文を対等の関係で並べるand, but, orのような接続詞のこと。

- **同格** 名詞の意味を説明したり，言いかえたりするために，名詞の後に名詞のはたらきをする語句を続けること。the news that they're going to get married（彼らが結婚するという知らせ）と言うときのthe newsとthat they're going to get marriedは同格の関係にある。

- **動作主** 動作をする側のこと。受動態ではbyを使って表す。

- **動作動詞** 動きや変化のある動作を表す動詞のこと。

- **倒置** 〈主語＋動詞〉という基本語順ではなく，助動詞や動詞が主語の前に出ること（⇨p.350）。

- **二重目的語** 動詞が目的語を2つ続けることで，He gave me a book.（彼は私に本をくれた。）のような文を指す（⇨p.22）。この場合の「～に」を表す最初の目的語のことを**間接目的語**，「～を」を表す目的語のことを**直接目的語**と呼ぶ。直接目的語を動詞の直後に続けると，He gave a book to me.という文になる。

- **人称** 話し手，聞き手，第三者の区別のこと（⇨p.9）。

- **人称代名詞** I, you, itのような，**1人称**，**2人称**，**3人称**を表す代名詞のこと。数や格によって形が変わる。

- **非限定用法（関係代名詞）** 名詞の意味について，関係詞を使って補足的に説明を加える用法。関係詞の前にコンマを入れて，名詞の意味を限定する説明（限定用法）ではないことを示す。**非制限用法**，**連続用法**，**継続用法**と呼ぶこともある。

- **不可算名詞** waterのような数えられない名詞のこと（⇨p.362）。

- **複合関係詞** whoever, whereverのような関係詞にeverがついたもの。先行詞なしで使い，whomeverの場合は「～する人はだれでも」という意味を表す。複合関係詞は接続詞のはたらきをして，「～しようとも」という意味を表すこともできる。

- **複文** ひとつの文に複数の〈主語＋動詞〉の組み合わせがあって，それらがthat, when, becauseのような従属接続詞で結びついている文のこと。

文法用語解説

自動詞 主語だけで何かをすることを表すことができる動詞(⇨p.16)で, 他動詞のように名詞を直接続けることはできない。The girl smiled.(その少女は微笑んだ。)のように使い,「だれに」を表すのであれば, The girl smiled at me.(その少女は僕に微笑みかけた。)のように前置詞を入れる。

修飾語 ほかの単語や文について説明を加える語のこと。形容詞と副詞が修飾語になる。修飾語は情報を加えるはたらきをするものなので, 修飾語がなくても文が成り立つことが多い。

従属節 文に組み込まれたり, 文に情報を加える節。I was watching TV when you called me.(君が電話してきた時, 僕はテレビを見ていたんだ。)であれば, when you called meが従属節。従属節は, whenのような従属接続詞を使ってつくるほか, 疑問詞を使う疑問詞節, 関係詞を使う関係詞節などがあり, 文の中で副詞, 名詞, 形容詞のはたらきをする。

従属接続詞 従属節をつくる接続詞のこと。名詞節をつくるthatや, 副詞節をつくるwhen, becauseなどがある。thatを使う節はthat節と呼ばれる。

重文 ひとつの文に複数の〈主語+動詞〉の組み合わせがあって, それらがand, but, orのような等位接続詞で結びついている文のこと。

主節 ひとつの文の中に節が複数ある場合の, 文の中心となる節。I was watching TV when you called me.(君が電話してきた時, 僕はテレビを見ていたんだ。)であれば, I was watching TVが主節になる。

受動態 主語が「〜される」という意味を表すときに使う動詞の形のことで,〈be動詞+過去分詞〉で表す(⇨p.110)。動作をする側を主語にする場合の動詞の形は, 能動態と呼ぶ。

述部 文の「〜だ」「〜する」にあたる部分で, 述語動詞が中心となる。Mike bought a car last month.(マイクは先月, 車を買った。)であれば, bought a car last monthが述部になる。

主部 文の「〜は」「〜が」にあたる部分。主語になる名詞を中心とした語のかたまりのことで, The book on the desk is mine.(机の上の本は私のものです。)であれば, The book on the deskが主部ということになる。この参考書では, 主部のことも主語と呼んでいる。

準動詞 不定詞, 動名詞, 分詞のこと。動詞の性質を持ちながら, ほかの品詞のはたらきをする。

準否定語 「ほとんどない」ことを表す否定語で, 程度について表すhardly, 頻度について表すrarely / seldom, 数について表すfew, 量について表すlittleがある。notやneverのように意味を完全に否定するわけではないので, 準否定語と呼ばれる。

条件節 条件や仮定を表す節のこと。ifを使ってつくる条件節のことをif節と呼ぶこともある。

状態動詞 人やものがどういう状態にあるのかを表す動詞。人の心理, 知覚・感覚を表す動詞も状態動詞(⇨p.44)。

譲歩 「〜だけれども…だ」のように, ある事実をふまえたうえで逆の内容のことを述べること。また,「たとえ〜でも…だ」「どんなに〜しても…だ」と, あることを想定したうえで, それでも成り立つことを述べること。

叙述用法(形容詞) 主語について, どういう性質のものか, どういう状態のものかを述べる形容詞の用法。The water is hot.(その水は熱い。)と言うときのhotは叙述用法。

節 〈主語+動詞〉を含む語のかたまりが, 文の一部となっているもの(⇨p.232)。

先行詞 関係詞を使って説明を加える名詞の

509

文法用語解説

- **相** 英語では進行形, 完了形のことを指す。現在時制, 過去時制における動作や状態について述べる方法。
- **他動詞** 動詞の意味を表すために主語以外の名詞を必要とする動詞で, break (壊す) や buy (買う) などがある (⇨p.18)。他動詞は直後に名詞を続けて, break the window (窓ガラスを割る), buy a car (車を買う) のようにする。
- **単文** 〈主語＋動詞〉の組み合わせが文の中にひとつだけの文のこと。
- **知覚動詞** 「見る」「聞く」のような, 人の感覚を表す動詞。see, hear, feel などの動詞を指す。これらの動詞は〈主語＋動詞＋名詞＋動詞の原形〉という語順で, I saw a man enter the room. (私はひとりの男がその部屋に入るのを見た。) のような文をつくることができる (⇨p.145)。また, 分詞を使って, I saw her standing there. (私は彼女がそこに立っているのを見た。) のような形で使うこともできる (⇨p.189)。知覚動詞のことを**感覚動詞**と呼ぶこともある。
- **直説法** 動作や状態を事実として述べる方法。仮定法や命令法以外の文が直説法になる。
- **定冠詞** 名詞の前につける the のことで, 後に続く名詞がどういうものなのかわかる特定のものであることを示す。
- **等位節** 等位接続詞で結びつけられたそれぞれの節のこと。
- **等位接続詞** 語と語, 文と文を対等の関係で並べる and, but, or のような接続詞のこと。
- **同格** 名詞の意味を説明したり, 言いかえたりするために, 名詞の後に名詞のはたらきをする語句を続けること。the news that they're going to get married (彼らが結婚するという知らせ) と言うときの the news と that they're going to get married は同格の関係にある。
- **動作主** 動作をする側のこと。受動態では by を使って表す。
- **動作動詞** 動きや変化のある動作を表す動詞のこと。
- **倒置** 〈主語＋動詞〉という基本語順ではなく, 助動詞や動詞が主語の前に出ること (⇨p.350)。
- **二重目的語** 動詞が目的語を2つ続けることで, He gave me a book. (彼は私に本をくれた。) のような文を指す (⇨p.22)。この場合の「〜に」を表す最初の目的語のことを**間接目的語**, 「〜を」を表す目的語のことを**直接目的語**と呼ぶ。直接目的語を動詞の直後に続けると, He gave a book to me. という文になる。
- **人称** 話し手, 聞き手, 第三者の区別のこと (⇨p.9)。
- **人称代名詞** I, you, it のような, **1人称, 2人称, 3人称**を表す代名詞のこと。数や格によって形が変わる。
- **非限定用法 (関係代名詞)** 名詞の意味について, 関係詞を使って補足的に説明を加える用法。関係詞の前にコンマを入れて, 名詞の意味を限定する説明 (限定用法) ではないことを示す。**非制限用法, 連続用法, 継続用法**と呼ぶこともある。
- **不可算名詞** water のような数えられない名詞のこと (⇨p.362)。
- **複合関係詞** whoever, wherever のような関係詞に ever がついたもの。先行詞なしで使い, whomever の場合は「〜する人はだれでも」という意味を表す。複合関係詞は接続詞のはたらきをして, 「〜しようとも」という意味を表すこともできる。
- **複文** ひとつの文に複数の〈主語＋動詞〉の組み合わせがあって, それらが that, when, because のような従属接続詞で結びついている文のこと。

文法用語解説

付帯状況 何かをしているときに、同時に行われていること。主となる動作に付帯していることから付帯状況と呼ばれる。付帯状況は分詞構文(⇨p.192)や、〈with＋名詞＋分詞〉(⇨p.197)で表す。

不定冠詞 名詞の前につけるaやanのことで、後に続く名詞が数えられる名詞で、不特定のひとつであることを表す。

不定代名詞 one, some, anyなど、不特定のものを指す代名詞のこと。

文型 動詞の使い方をパターン化したもの。主語(S)、動詞(V)、目的語(O)、補語(C)の組み合わせを5つにまとめたものを**5文型**と呼ぶ。SV, SVC, SVO, SVOO, SVOCが5文型。この参考書ではSection 1の「英語の語順」で、5文型に相当する英語の文のパターンを示している。

分詞形容詞 分詞の形をしているが、形容詞として使われているもの。interesting(おもしろい)、surprised(驚いた)のようなものを指す(⇨p.185)。

平叙文 疑問文や命令文ではない、〈主語＋動詞〉の語順で表す文のこと。

補語 主語について何なのかを述べる名詞、どういう性質や状態なのかを述べる形容詞のこと。He is angry.(彼は怒っている。)と言うときのangryは補語。目的語について述べる場合もあり、We call him Andy.(私たちは彼のことをアンディと呼ぶ。)のAndyは目的語のhimについて述べている補語、ということになる。

命令法 相手に向かって命令するときに使う方法で、Open the door.(ドアを開けなさい。)のように動詞の原形で文を始める。

目的語 動詞の後に直接続く名詞のことで、kick the ballのthe ballのように、動詞が表す意味に必要なものを指す。前置詞の後に続く名詞も、前置詞の目的語と呼ばれる。

話法 だれかが話したことを伝える方法のことで、そのままの形で伝える**直接話法**と、自分のことばに直して伝える**間接話法**がある(⇨p.320)。

初　版第 1 刷発行　2018 年 2 月 10 日

編著者
鈴木 希明（すずき のりあき）
立教大学大学院異文化コミュニケーション研究科修士課程修了。英語教材編著者としてさまざまな教材製作に携わりながら東洋大学，武蔵野大学にて非常勤講師を務める（2017年現在）。著書には『組み立てる英文法』（桐原書店），『総合英語 be』（いいずな書店），『総合英語 Evergreen』（共著，いいずな書店），『Step-by-step for The TOEIC TEST』（共著，アルク）などがある。PCソフト『えいご漬けルールとしくみ』（プラト）やDSソフト『もっとえいご漬け』（任天堂），e-learning システム『アルクネットアカデミー英文法コース』（アルク）など電子教材の製作にも携わる。

編 著 者	鈴木 希明
発 行 者	前田 道彦
発 行 所	株式会社 いいずな書店

〒110-0016　東京都台東区台東1-32-8　清鷹ビル4F
TEL 03-5826-4370　　振替 00150-4-281586
ホームページ http://www.iizuna-shoten.com

印刷・製本	株式会社 ウイル・コーポレーション

ISBN978-4-86460-253-2 C7082

乱丁・落丁本はお取替えいたします。
本書の内容を無断で複写・複製することを禁じます。

◆ 英文校閲／Guy Fisher
◆ イラスト／クヤマデザイン
◆ 装丁・本文デザイン・DTP／伊東岳美
◆ 編集協力・DTP／オフィス・チャーリー

不規則動詞の活用表

原形	現在形	過去形	過去分詞形	ing形
be(〜である)	am/is/are	was/were	been	being
become(〜になる)	become(s)	became	become	becoming
begin(始まる)	begin(s)	began	begun	beginning
break(〜を折る)	break(s)	broke	broken	breaking
bring(〜を持ってくる)	bring(s)	brought	brought	bringing
buy(〜を買う)	buy(s)	bought	bought	buying
catch(〜をつかまえる)	catch(es)	caught	caught	catching
choose(〜を選ぶ)	choose(s)	chose	chosen	choosing
come(来る)	come(s)	came	come	coming
cut(〜を切る)	cut(s)	cut	cut	cutting
do(〜をする)	do/does	did	done	doing
drink(〜を飲む)	drink(s)	drank	drunk	drinking
eat(〜を食べる)	eat(s)	ate	eaten	eating
feel(感じがする)	feel(s)	felt	felt	feeling
find(〜を見つける)	find(s)	found	found	finding
fly(飛ぶ)	fly/flies	flew	flown	flying
forget(〜を忘れる)	forget(s)	forgot	forgot/forgotten	forgetting
get(〜を手に入れる)	get(s)	got	got/gotten	getting
give(〜を与える)	give(s)	gave	given	giving
go(行く)	go(es)	went	gone	going
have(〜を持っている)	have/has	had	had	having
hear(〜が聞こえる)	hear(s)	heard	heard	hearing
hold(〜を抱える)	hold(s)	held	held	holding
keep(〜を持ち続ける)	keep(s)	kept	kept	keeping
know(〜を知っている)	know(s)	knew	known	knowing
leave(去る)	leave(s)	left	left	leaving
lie(横になる)	lie(s)	lay	lain	lying
lose(〜を失う)	lose(s)	lost	lost	losing